続 南洋日本町の研究

続 南洋日本町の研究

――南洋島嶼地域分散日本人移民の生活と活動――

岩 生 成 一 著

岩 波 書 店

はしがき

十六世紀の中頃に始まったヨーロッパ人の渡来は、長年にわたる国内の分裂抗争を経て、漸く中央政権による封建制再編成の過程にあった日本の社会に多大の影響を及ぼさずにはおかなかった。これに対して日本側の各方面にその反応が起ったが、中でもその顕著なものは、その刺激によって国民の海外に対する視野が拡大され、これに随伴して積極的な海外活動が起ったことと、主としてキリスト教問題を契機として徳川幕府の採択した鎖国政策が、その後の政治、経済や文化の方面に直接間接に深刻な影響を及ぼしたこととがある。そしてこの政策の影響をもろに受けたことの中に、一は海外貿易と、他は海外移民とがあった。もっとも海外貿易と言っても、ヨーロッパ船やシナ船など東アジア諸国の船を迎えての貿易は概して受動的であったのに対して、日本人自身が南洋各地との間で行なった朱印船貿易は極めて積極的能動的であって、一時南洋各地で栄えた日本人の集落である日本町もこの線に沿って発展したものであった。しかし日本町以外の南洋各地、特に島嶼地域に分散していた日本人移民の行動は、主としてオランダ人の植民政策の一環として組み込まれたもので、一応受動的であったとは言えるが、ひとたび鎖国政策が断行されると、前者がこの政策の実施を境として次第に凋落の方向をたどったのに対して、後者はその初期の間は一応オランダ人の植民政策遂行に協力して生活し行動していたが、鎖国頃から漸く自立自営に転ずるようになり、一時その活動はかえって活潑化多様化した観があって、両者は極めて対照的である。そこで両者を綜合して概観し比較することによって、初めて日本人南方移住発展の原因と、その性格やその特徴と実態とを把握できる。

しかしいずれにしても、彼等は遠く故国を離れて生活し活動し、その大多数が無名の人々で占められていて、その消息を伝える文書や記録の日本国内に残存するものは極めて僅少であって、これをその当時この地方に進出して来たヨーロッパ人の軍事・貿易や布教関係の見聞や報告、記録や文書について捜索せねばならぬのが実状である。

そこで、昭和の初年以来、これらの諸問題について、百方関係史料の捜索発掘に努めてこの研究を進め、まず稿成って『南洋日本町の研究』と題して発表し、広く世に問うたが、その間これと並行して日本人分散移住民関係の史料の蒐集にも努めてきた。ところが全く幸運なことには、特にジャカルタの文書館に、日本人移民に関する多数の重要なる史料が保存されていることが判明し、その中でも彼等に関係した公正証書は十七世紀末葉のものまでもあって、他に例を見ない貴重な史料であり、これを通じて彼等の日常生活の消息が、多方面にわたって闡明されたので、ここに前著を承けてその続編として、彼等の生活や活動について研究執筆し、漸く本書の上梓に漕ぎつけた次第である。

この拙著の成るは、一に専ら先学や恩師、学友の懇切な誘導と貴重な示唆や、さらに各地の文書館や図書館の係官各位の深い理解と好意、及びわが在外公館や商社の駐在員各位の温かい援助の賜に他ならない。これに対して衷心から深甚なる謝意を捧げるものである。

昭和六十二年九月三十日

著者しるす

［付記］　本書の刊行に際しては、昭和六十二年度文部省科学研究費補助金「研究成果公開促進費」の交付を受けた。

例　言

一、本書の題名並びに書中に用いた「南洋」なる語は、第二次世界大戦中まで主としてわが国で用いられた語で、今日一般に言われている東南アジアと同一地域を指す。

一、文中「東インド地方」とあるのは、インドネシア共和国独立以前の用例による。

一、その他、ボルネオ(カリマンタン)、セレベス(スラウェシ)、暹羅《シャム》(タイ)、バタビア(ジャカルタ)などの地名も、専ら本研究に利用した古文書や古典の用例に従った。

一、人名の読み方は、オランダ人、イギリス人などヨーロッパ人の場合は、それぞれオランダ語、英語などの読み方に従ったが、日本人をも含めてそれ以外の国の人々が洗礼名などヨーロッパ風の名前を用いている場合は、時に応じてポルトガル語、スペイン語の読み方をとった場合がある。

一、書中に引用した人名や地名を表した欧文に正しく該当する発音の仮名文字がない場合、f, v, についてはハ行またはバ行で表示し、オランダ語の g, ch については、ハ行を以て表示し、l と r はラ行を以て示した。

一、人名についてはできる限り原綴を併記し、また同一人物について数種類の綴り方のある場合はその該当箇所にできるだけこれを示した。同一人物について二通り以上の表記法のある場合(たとえばナイエンローデとニュウロード、ニューエンローデなど)もあるが、これらはできる限り史料に忠実にそれぞれの表記を掲げ、索引において参照するようにした。

一、本文および付録に引用、掲載した史料に基づいて議論を展開している場合、人名等の原綴は省略した。

一、左に掲げる洗礼名が単独で用いられている場合(たとえば「平戸のマリヤ」など)は、煩を避けて原綴の記載を省略した。ただし、これと異なる原綴のある場合はこれを記載した。

アールチエ	Aeltge	エレナ	Elena	ディエゴ	Diego
アンゲラ	Angella	ガスパル	Gaspar	トビヤス	Tobias
アントニイ	Anthony	カタリナ	Catharina	トマス	Thomas
アントニオ	Anthonio	コルネリス	Cornelis	ドミンガ	Dominga
アンドレ	Andre	コルネリア	Cornelia	ドミンゴ	Domingo
アンドレア	Andrea	ゴンサール	Gonsael	ドミンゴス	Domingos
アンナ	Anna	コンスタンシヤ	Constantia	トメ	Thome
アンニカ	Annica	サラ	Sara	パウロ	Paulo
アンネケン	Anneken	サルバドール	Salvador	バルバラ	Barbara
アンネチェ	Annetje	ジェロニマ	Jeronima	ピーテル	Pieter
イザベラ	Isabella	ジェロニモ	Jeronimo	フワナ	Juanna
ウルスラ	Orsela	ジョアン	Joan	フワン	Juan
エスペランス	Esperance	ジョアンナ	Joanna	フランシスコ	Francisco
エリザベス・カタリナ	Elisabeth Catharina	スザンナ	Susanna	フルシヤナ	Fulciana
		ダニール	Daniel	ペドロ	Pedro

ヘレナ　Helena
ベンツーラ　Ventura
マグダレナ　Magdalena
マタイス　Mathijs
マダレナ　Madalena
マチヤス　Mathias
マテウス　Matheus
マヌエル　Manuel
マリカ　Marica
マリヤ　Maria
マルタ　Martha
ミヒール　Michiel
モニカ　Monica
ヤコブ　Jacob
ヤン　Jan
ヤンネケン　Janneken
ヤンネチエ　Jannetje
ヤンネチェン　Jannetgen
ヨハン　Johan
ヨハンナ　Johanna
ヨハンネス　Johannes
リスベット　Lysbet
リマ　Lyma
ルイシヤ　Luysia
ルシヤ　Lucia

一、本書に現れる日本の人名と地名は、欧文原文書などの中のローマ字綴に対して、仮りに比定したものが多い。

一、地名については特に必要な場合を除いて原綴は掲げなかった。

一、本書において主として利用したオランダ語、英語未刊文書の種類とその内容については、巻末の引用文献目録を参照していただきたい。

一、本文もしくは付録に引用した史料を参照する場合は、本文中に「(二五〇ページ参照)」、あるいは「(史料一三)」のように指示してある。それ以外の注は巻末にまとめてある。ただし、著者の参照した未刊文書の中、その後機会を得て刊行されたものについては、注においてもっぱら刊本を参照するようにした。これは読者の便宜を考慮してのことである。

一、注に引用した書名等はおおむね簡単に省略してある。それらの原題等については巻末の「引用文献目録」を参照していただきたい。

一、オランダ東インド会社の職員の階級の訳語は次のようである。

Gouverneur-Generaal	総督
Directeur-Generaal	政務総監
Gouverneur	長官
Commissaris	査察特使
Oppercoopman	上級商務員
Coopman	商務員
Ondercoopman	下級商務員
Assistant	商務員補、試補

一、本書中しばしば表示した貨幣単位は、オランダ銀貨フルデン Gulden であるが、さらに小額単位としてスタイフェル Stuiver とペンニング Penning を表示した。一フルデンは二〇スタイフェル、一スタイフェルは一六ペンニングに当る。このほか、大型銀貨レイクスダールデル Rijksdaalder は、それぞれその時点で相場が付記された場合が多いが、僅少の差違の動きに過ぎないので、本書ではすべて二フルデン半に換算した。

一、本書中で用いた「レアル」Reaal, Real は「レアル・ファン・アハテン」Real van Achten の略記であって、当時スペイン人植民地から、広く南アジア各地のスペイン人やポルトガル人の通商地域にも流通したスペイン銀貨の単位で、年によって蘭貨との比率に多少の変動があったが、普通二フルデン半前後であった。なお史料によってはレイクスダールデルとレアルを混用している場合があるが、両者はほぼ同価値なので混乱は生じない。

一、その他中国から東南アジア各地に用いられた通貨の単位タエル Tael、マス Maas、コンドリン Condrin もあって、それぞれ両、匁、分に該当するものであるが、一両は普通二フルデン半前後に換算されていた。
一、本書中に引用した著書や論文の筆者に対しては、すべて敬称を省略した。
一、本書の主題と関連した論文をこれまでに専門雑誌などに若干発表したが、その内容叙述について本書と相違する点は、本書によって最終的に補訂せられたものとする。
一、本書中において言及した拙著『南洋日本町の研究』は、専ら岩波書店発行の第三刷(一九七八年二月)によっている。昭和十五年南亜細亜文化研究所からその初版を発行して以来、補足すべき史料をかなり発見したので、改版に当り、その骨子においては毫も変更はないが、細部にわたって多くの改訂増補をしたからである。
一、本書中随所に引用もしくは言及したオランダやイギリスの未刊文書、その中でも特にインドネシアの国立文書館所蔵の公証人文書などはオランダ本国にもそのコピーが全くなく、日本人移民の生活と活動を各方面において非常によく表現しているので、できればことごとく巻末に付録として訳載したかったが、何分にも数量が余り多いので、その中から典型的にして興味深く思われるものを若干選んで訳載し、遺憾ながら他を割愛せねばならなかった。

目　次

付録　日本人移民関係史料

図版目次

数表目次

数表目次

数表目次

数表目次

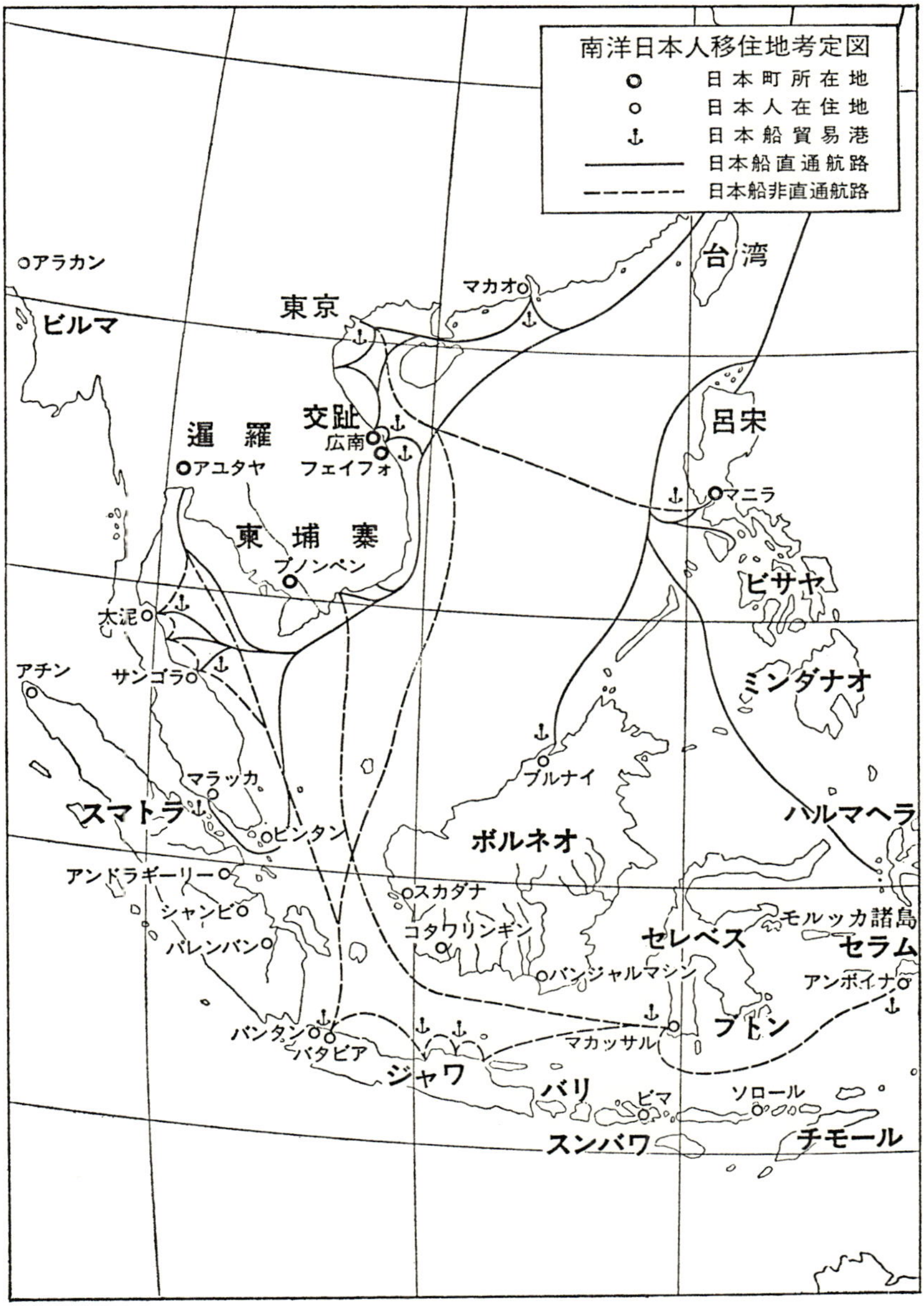
南洋日本人移住地考定図
日本町所在地
日本人在住地
日本船貿易港
日本船直通航路
日本船非直通航路
アラカン
ビルマ
東京
マカオ
台湾
交趾
広南
フェイフォ
暹羅
アユタヤ
呂宋
マニラ
東埔寨
プノンペン
ビサヤ
太泥
アチン
サンゴラ
ミンダナオ
ブルナイ
マラッカ
スマトラ
ビンタン
ハルマヘラ
ボルネオ
アンドラギーリー
スカダナ
シャンビ
モルッカ諸島
コタワリンギン
セレベス
パレンバン
セラム
バンジャルマシン
アンボイナ
ブトン
バンタン
バタビア
マカッサル
ジャワ
バリ
ビマ
ソロール
スンバワ
チモール

日本人南洋移住考定図

第一章　序　説

第一節　日本人のバタビア移住

近世初頭から始まった日本人の海外進出は、江戸幕府の朱印船制度確立後、わが商船の南洋方面への渡航貿易の発展に伴い一層盛んになった。そうしてついに便乗日本人の中には、南方各地における朱印船の渡航先に踏み留まって定着する者も出るようになった。中でも呂宋《ルソン》、交趾《コウチ》、柬埔寨《カンボジヤ》、暹羅《シャム》などには、彼等の集落である日本町さえ建設されたが、日本人移民の活動はその他の南洋各地の要衝港津にして彼等の姿を現わさない所がないほどの盛況を呈し、さらに転じて遠くインドから欧米両大陸にその足跡を印する者さえ出てきた。

このような日本人南方発展の趨勢にさきがけて、早くもわが弘治年間(一五五五―一五五八)に、遥かに赤道を越えて東インド諸島のジャワ島方面に渡航した者さえあった。すなわち一五五六年一月七日にイルマンのルイス・フロエス Luis Froēs がマレー半島のマラッカからインドのイエズス会に送った書翰の中に、

ディオゴ・ペレイラ Diogo Pereira の船で日本人八名がスンダ Sunda からシナに着いた(1)。

と報じられている。スンダとはジャワ島の西部地方のことで、これより先何等かの経路によって同地に渡航した日本人が、ポルトガル船に便乗してシナに着いたことを報じたものである。これはポルトガル人の日本島発見といわれる種子島来着の一五四三年から算えて十三年、イエズス会のフランシスコ・シャビエルの日本伝道開始の一五四九年に

後れること僅か七年目のことで、日本人の東インド地方渡航の先駆ではないかと思われる。その後二十三年を経て一五七九年の初め頃、マラッカからイエズス会のベルナルディノ・フェラロ Bernardino Ferraro が報ずるところによれば、かつてポルトガル人の奴隷であったが、六ヶ月前に信仰に入って洗礼を受け、アントニオという教名を授けられた一日本人がポルトガル船に傭われてジャワ島に渡り、船長等の罪を引きかぶり、スンダ国王の面前に曳かれて処刑されたが、その際彼の他にも日本人がいたということである。(2)その後一五八二年二月に同会のガスパル・コエリョ Gaspar Coelho が長崎から出した一五八一年度の日本年報にもほぼ同様の事件が報ぜられていて、(3)あるいは同一事件を伝聞して、年報の末に書き添えたのではないかとも思われる。その頃多数の日本人男女がポルトガル人に買取られ、海外に送られて各地で苦役に服していたが、このことは信仰の本義にもとる人道上の問題として、ポルトガル本国においても出先にあっても非難された。(4)

このようにして日本人が早くからポルトガル船などに便乗して、南洋などに到る者も必ずしも絶無ではなかったとしても、管見の限りこの他にその当時の文献に上るものはなく、この方面における日本人の本格的渡航移住の始まったのは、その後遥かに遅れて十七世紀に入り、オランダ人がジャワ島に根拠地を据え、ついで北上して日本との間に定期的に通交貿易を開始してからのことである。しかし当時は未だ同方面と日本との間に日本船の直航するものも殆んどなかった頃であるから、日本人の同方面各地への渡航移住は専ら外国船によるものであって、しかもその大多数は彼等の自発的な渡航ではなくして、むしろオランダ人の誘導輸送によったもののようである。

オランダ人は十六世紀の末葉に初めて東インド諸島に到達し、最初はジャワ島西部、スンダ地方のバンタンに拠り、ついで幾許もなくしてその東方に近いジャカタラ Jacatra、即ち今のジャカルタに転じて同方面の経略に着手し、殊に一六一九年五月末日にイギリス軍の包囲を解いて同地を恢復した後に、町と城塞とを一層拡大強化し、彼等の民族名に因んで同地をバタビア Batavia と改称し、翌々年八月以後いよいよこの公称を用いて、オランダ人東方発展の中心根拠地と定めた。(5)

これより先、オランダ人は北上して日本と通交貿易を開始し、一六〇九年九月にわが平戸に商館を設置して以来、夙に日本人の性質怜悧にして、労働者としては勤勉実直、兵士としては勇猛果敢、しかも低賃銀で雇傭し得ることに着目して、常に日本人を南洋各地における彼等の植民地に輸送して、労力と兵力の不足を補わんとした。即ち、平戸のオランダ商館開設後幾許もなくして、早くも日本人三百名の輸送計画を立て、まず一六一三年二月(慶長十七年十二月)オランダ船ローデ・レーウ・メット・パイレン de Roode Leeuw met Pijlen がジャワ島に帰航するに当り、六十八名の兵士、水夫、職人を雇傭して輸送した。商館長ヘンドリック・ブルーウェル Hendrick Brouwer は同年二月十一日付で一書をしたためて、河内浦から同船に託して、東インド総督ピーテル・ボット Pieter Both に左の如く報告している。

我等が当地において見るところによれば、日本人は性質怜悧にして有能であるが、その給料は低廉にして、米と塩魚など極めて安価な賄いで養うことができる。閣下の口頭の特別命令に基づいて、本船と共に三百名を送るはずであったけれども、多量の食糧を必要とするを以て、今回は僅かに六十八名を送るに過ぎないが、その中には大工九名、鍛冶職三名、左官二、三名がいて、その他は水夫と兵士である。閣下、もし彼等が充分役に立つようならば、既に皇帝[将軍]からも必要なだけ海外に輸送し得べき許可を得たから、今後は当地で充分な人員を傭入れることができるであろう。なおこれらの日本人の使用に供するために、積荷送状の如く当地で日本の着物と襦袢とを購入したが、これは適当な時に彼等の給料の代りに充てんがためである。(6)

この日本人送致は総督ボットから平戸の商館長ブルーウェルに通じた「口頭の特別命令」によるものであったから、

これが当時南洋におけるオランダ最高政庁の既定方針に基づいていたことは疑いないところである。しかもこの報告には「皇帝からも必要なだけ海外に輸送し得べき許可を得た」と明記してあるから、この時点においては、日本人送致について既に幕府当局との間に充分な諒解さえ成立していたと見ねばなるまい。

その後もオランダ人の日本人招致の方針は依然として継続した。後年東インド総督となって、南洋におけるオランダ人勢力の基礎を確立したヤン・ピーテルスゾーン・クーン Jan Pieterszoon Coen も、一六一八年三月三十日付で平戸の商館長ヤックス・スペックス Jacques Specx に与えた指令の中に、

バンタン及びジャカタラにおいて使用するため、傭入れることができる中で最も有能にして勇敢な日本人青年二十五名を最初の機会に当地に送致すべし。(7)

と記し、ついで翌年三月彼が総督に就任するや、さらに一六二〇年二月二十八日付で平戸のスペックスに与えた書翰の中にも、

貴下は機会あるごとに、年々引続いて多数の日本人を送致せられたし。しかれども多数のシナ人をジャカタラに送致することには特に努力すべし。彼等は陸海軍の総集合地の建設に非常に必要である。(8)

とも記して、年々日本人を送致することを要請し、ついで同年六月十二日付で再び同人に送った書翰の中でもまた同様の主旨を繰返しているが、(9)同月二十六日付で同人に送った書信には日本人の送致について前掲二書翰に述べた点を一層敷衍して、来着後における日本人使用の目的や、日本人送致に要する出費の節約について次のように述べている。

帆船及びジャンク船の便あるごとに、時と事情の許す限り、多数の勇敢な日本人を当地に送致されたし。これは労働のためではなく、むしろ戦争に使役せんがためである。かつもし会社の使用人でない自由移民が得られるならば、多数送られたし。それは我々の歓迎するところであって、また当地において極めて好都合のことである。

俸給のために会社に過重の負担をかけぬように、月給の約束をなさずに相当な人数を適宜会社船または日本のジャンク船によって送ることが宜しいであろう。(10)

即ち日本人をできるだけ多数ジャカタラに招致して、軍務と労役に使用せんとしたのは、当時南洋におけるオランダ東インド会社の不断の政策であったのである。この点については、一六二二年頃にしたためられた東インド各地の軍務報告の中にも、

日本の皇帝は我等の用に供するため、我等が必要とする限りの日本兵をその国から輸送することを許可したので、もし必要ならば、数千名をも入手できる。これらの日本人は優れた兵員である。(11)

と述べられている。しかも南洋においてはシナ人を始め諸国人の補充が充分であったにもかかわらず、特に遠く日本人移民に着目したのは、彼等のジャワ島到着後における待遇が必ずしも前掲ブルーウェルの報告の文面通りではなかったとしても、彼等が他の移民に比較して著しく優れた素質と能力を持っていたにもかかわらず、比較的低賃銀で使用しえたことによるものに相違ない。

このようにしてオランダ人は早くも一六一三年に日本人三百名輸送の計画を立て、まず同年二月の便船で六十八名を送致したのを手始めとして、その後における集団的な日本人移民輸送の管見に上るものを拾えば、一六一五年には平戸商館で日本人六十七名と三年間の雇傭契約を結んでジャンク船フォルタイン de Fortuijn 及び帆船エンクハイゼン Enckhuijsen でジャカタラに輸送したが、その雇傭人名簿によれば、大坂出身の高級船員楠市右衛門 Kusunoki Itsiemon 以下、主として長崎平戸地方出身の船員等五十一名、大工五名および馬丁一名の氏名、出身地、身元保証人の氏名、船中での手当並びに到着上陸後の俸給契約がそれぞれ記入されており(史料一-一)、輸送に当っては、彼等の船中並びに上陸後の服務規律十一ヶ条を別に規定した。即ちこれを要約すれば、

一、喧嘩、闘争、賭博、泥酔せざること
一、婦人・子女に強迫・暴力を加えないこと
一、船長、航海士、オランダ人上司や頭領の指揮に服し、反抗せざること
一、自ら暴動を起したり、あるいは他の暴動を援助しないこと
一、船長や他の上司に対して威嚇やその他の行為を以て反抗したり、又は裏切り行為を犯したならば、死刑を以て罰せられ、その両親、妻、子女、その保証に当てられた保証人もそれ相応に処罰せられること
一、船中たると陸上たるとを問わず、船長の指揮の下に服務して、その命令を三十六ヶ月間忠実に履行すること

元和元年十一月十一日

とあって(史料一－二)、傭入れた日本人の統制について実に詳細にわたって規定し、彼等に対して厳しい態度で臨んでいる。ついで一六一九年十二月中旬にも日本人九十名がハリヤッセ de Galliasse 及びバンタン Bantam の両船で相ついでジャカタラに到着し(史料三)、翌一六二〇年にもジャンク船シナ China は日本で買付けた武器や食糧を積んで平戸を出帆したが、途中暴風雨にあって難破し、たまたま便乗していた日本人移民百名乃至百二十名ばかりは積荷と共に沈没したことが報ぜられている。(12) 即ちオランダ人が最初日本人移民三百名の輸送計画を立ててから七年間に、日本から輸送した人員数の管見に上るものだけでも、これを表示すれば、次のようになる。

年　次	輸送数	船　名
一六一三(慶長十七)年	六八	ローデ・レーウ・メット・パイレン
一六一五(元和　元)年	六七	フォルタイン、エンクハイゼン
一六一九(元和　五)年	九〇	ハリヤッセ、バンタン

一六二〇(元和　六)年　一〇〇　シナ

合　計　三二五

即ち彼等は最初計画しただけの人員をほぼ傭入れ、途中海に覆没した百余名を除いて、結局二百二十五名の集団的日本人契約移民を送致したことになる。

このほか日本バタビア間を往復する他のオランダ船で随時傭入れて、バタビアに送致した日本人労働者もあったようである。例えば一六二〇年度の同地東インド会社解雇人名簿中には、明らかにこれより先一六一七年に帆船スワルテン・レーウ de Swarten Leeuw で到着した日本人一名ミヒールと、一六一八年帆船アウデ・ゾンネ de Oude Sonne で到着した日本人三名の氏名、並びにこの年解雇された他の日本人合計十一名の氏名とその勤務年限と解雇手当が記入されている(史料二)。また一六二三年度解雇人名簿にも、アウデ・ゾンネで渡航した他の日本人一名、一六二一年ジャンク船フィランド Firando で渡航した日本人一名、並びにこの年解雇された他の日本人合計十名の氏名が列記されている(史料五)。

しかしオランダ人がバタビアに送致したのは、前述の如き兵士、水夫、職人等の筋肉労働に従事する契約移民男性のみではなかった。さきに総督クーンは一六二〇年六月二十六日付で平戸の商館長スペックスに送った書信の中で、「もし会社の使用人でない自由移民が得られるならば、多数送られたく、それは我々の歓迎するところであって、また当地で極めて好都合のことである」と述べているが、これより先一六一五年六月十日に彼がスペックスに送った書翰の中でも、日本からジャワに帰航するジャンク船フォルタインで日本人移民並びに軍需品を輸送すべきことを命じ、さらに「もし貴下が同船でアンボイナとバンダに居住させる既婚日本人若干名、並びにその妻子、及び未婚婦人をも送致することができるならば、決してこれを等閑に付すなかれ」と書き添え(二四九ページ参照)、また翌年五月十四日

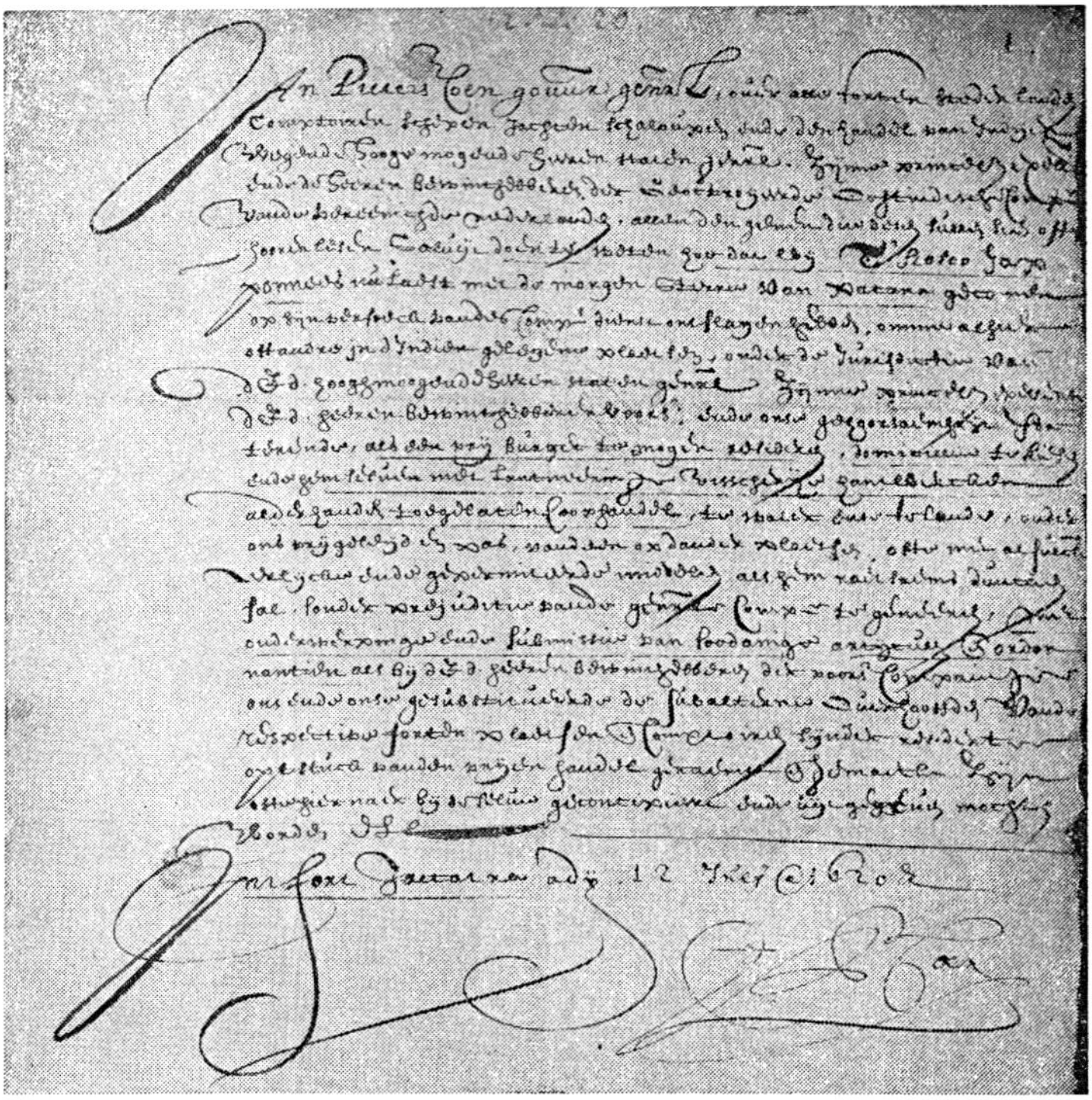

1620年7月12日付総督クーンの長蔵に対する特許状(史料13)

付で同人に送った書信の中にも「既婚日本人並びに未婚の女性等が適当な時に来ることを待ちうけている」とも記している。[13]

当時バタビアの東インド会社当局は新植民地の開拓経営に当り、女性移民の少ないことを憂え、常にこれを本国に訴えて、その送致を切望し[14]、たまたま本国からの便船で到着した未婚の女性等は大いに歓迎されて、直ちに会社の高級社員との婚姻が取結ばれたほどであった。[15]他の南洋各地の日本人移民の場合に比して、バタビア移住日本人の中に比較的に女性移民の数が多かったかと思われるのは、全くこのような会社の方針もその一因をなしていたに相違ない。

日本人のバタビア移住者の中にはこのようにオランダ船によって日本から直接

同地に輸送された者の外に、南洋各地の移住先から種々な事情や経路によって同地に転住するようになった者も出てきた。日本人アンドレ・ロドリグォスは日蘭通交貿易開始以前の一六〇八年の暮にマラッカの近海でピーテル・ウィルレムスゾーン・フェルフーベンの率いる艦隊に捕えられ、爾後十一ヶ年間会社に仕え、一六二〇年一月十三日にバタビアで解雇され、日本人ヤン・ヤサゲ(弥助ヵ)はマレー半島北岸の太泥《パタニ》附近でポルトガル人の一小舟から捕えられ、二年間会社に勤務した後、一六二〇年三月十五日に手当一一三フルデン余を得てバタビアで解雇されている(史料二)。また一日本人宗右衛門はスヒップ船サムソン de Sampson で暹羅からバタビアに渡り、三十一ヶ月間勤務した後、一六二三年四月十一日に解雇され(史料五)、日本人長蔵もオランダ船モルヘン・ステルレ de Morgen Sterre で太泥からバタビアに転住し、一六二〇年七月十二日に総督クーンから各種営業自由の特許状を受けている(史料一三)。

日本人の東インド諸島、特にバタビアへの移住はこのようにして既に日蘭通交開始以前に始まり、あるいは集団契約移民として、あるいは個人的自由移民として漸次渡航し、ただに男性ばかりでなく、その家族、夫人、小児から未婚の女性に至るまでも、はるばる赤道を越えて同地に赴き、その移住の経路も日本から直接バタビアに移住した者の外に、他の南洋各地の移住先からさらにバタビアに転住する者もあって、日蘭通交貿易開始後数年間に、同地在住日本人の戸口数は漸次増加したもののようである。

第二節　日本人のバタビア向け輸送禁止と追放

日本人がオランダ人の要請に基づいて直接バタビアに移住することは、最初の契約移民輸送以来年々ほぼ順調に進捗したかに見えたが、一六二一年九月十三日(元和七年七月二十七日)に至ってにわかに幕府の命令によって禁止されることとなった。当時オランダの優勢な艦隊は頻りにシナ近海を遊弋して、ポルトガルやイスパニヤなどの敵国商船を始め、シナのジャンク船を拿捕したので、彼等はこれに堪りかねて、ついに一六一八年の夏に相こぞって江戸に上り、幕府にオランダ人の不法行為を愁訴した。[16] 翌年に至りオランダとイギリスの両国は防禦同盟 Treaty of Defence を結び、両国の連合艦隊は平戸を根拠地としてマニラ近海に出没し、かえってますます暴威を逞しくしたので、前記三国民等が再び幕府に運動した結果、幕府はオランダ人並びにイギリス人に対して、戦争に使役するために日本人を国外に輸送することを禁じたようである。即ち「一六一八年七月以降一六一九年現在に至るフィリッピン群島現状報告」によれば、当時日本の一朱印船がマニラ湾口にあったオランダ艦隊の封鎖線を無事通過せしめられた記事に引続いて、

　別の時、日本から食糧を積んだ他の二船が敵[オランダ艦隊]の所に着いた。両船にはひそかに本国を脱出した日本人多数が乗船していた。彼等はもし日本の当局者がこれを知ったならば、自分たちを処刑したであろうといっていた。それは彼等がオランダ人と共に我等を攻撃するために来たからである。[17]

と報じている。

日本人海外輸送禁止の報に接した総督クーンは一六二一年五月六日付の書信でこの事情を母国の本社に転報するとともに、[18] 同年六月十一日付の指令を平戸のオランダ商館長レオナルト・カンプス Leonard Camps に発して、「司令官[ウィルレム・ヤンスゾーン]にも通達したように、再び日本人国外輸送の許可を得るために努力し、またできるだけ多人数をジャカタラに送致すべし」と命じた。[19]

ちょうどこの頃マカオの長老三名が連署して、元和七年六月二十五日付の歎願書を幕老土井大炊助利勝に呈し、

　近年ハおらんだのばはん舟十三そう、海中ニうかめ居申候ニ付而、大黒船は不レ成レ罷、小舟にて渡し、何共迷惑仕候間、おなしくはばはん舟平とに不レ置レ召候様ニ、被ニ仰付一被レ下候は、忝可レ存候。[20]

とて、ポルトガル側は洋上におけるオランダ艦隊の海賊行為によって非常な迷惑を蒙り、船脚の速くない大型船を控えて、小型船を日本向けに転用せざるを得なくなった苦境を訴え、できれば平戸を根拠地とするオランダ艦隊の活動を差止めるように要請した。これに対して土井利勝は同年九月に返書を与えて、

抑黒船之渡海、先レ自レ是雖レ無二寇讎之妨一、至二近年一者、賊船数艘相二浮于海上一、大船之往来不レ任二其心一、幷白糸之売買欲レ及二押奪一之示諭、日本近々之海上者、依二国主之命一、堅制ヨ止海寇一矣。(21)

と答えて、マカオの長老連の訴願を容れて、日本近海における海賊行為を制止した。しかるにこの返書に先立って、幕府は同年七月二十七日に別に「異国へ人売買並武具一切売渡申間敷之旨」を発令した。

急度申入候。仍而異国江男女を買取て、渡海之由被二聞召一、堅可二停止一之旨被二仰出一候。兼又、刀・脇差、総而武具之類、異国へ不レ可二差越一之旨候。其上異国人等日本之体をまねび、於二洋中一ばはん仕之由、依レ有二其聞一、旁以可レ制レ之由上意候。右御法度之趣、御分領中被レ入二御念一可レ被二仰付一候。恐々謹言

七月廿七日　土井大炊助利勝（在判）

本多上野介正純（在判）

酒井雅楽頭忠世（在判）

細川内記殿(22)

右の禁令の文言の中には、表面上はマカオの長老等三名の訴願と直接関係ある字句は何等見当らないようであるが、禁令の後段に「異国人等……於二洋中一ばはん仕之由、依レ有二其聞一、旁以可レ制レ之由上意候」とあるのは、ちょうど日時が接近しているマカオの長老三名の訴願と関連するものと見ねばならない。しかもその前段において、「異国江男女を買取て、渡海之由被二聞召一、堅可二停止一之旨被二仰出一候」とあるのは、これより先総督クーンが同年五月六日付

の書信で報じたように、幕府がポルトガル人等の運動により、オランダ人とイギリス人に対して今後戦争に使役するために日本人を国外に輸送することを禁止した事実と関連するものでなくてはならぬ。

また幕府は細川忠利に発した前掲の日本人海外売渡し禁止令と全然同文の一通を、同日付を以て肥前の大村民部少輔純頼にも送付し、(23)別に平戸の松浦隆信にも発したようであるから、当時外国人や外国船と関係が深く、しばしば交渉があったこれらの西国大名に対して均しくこれを発令して、この禁令の徹底を期したものと思われる。大村・細川両家に発した前掲禁令の内容は簡単であるが、翌七月二十八日、即ち一六二一年九月十四日に松浦隆信がオランダとイギリス両国商館長を自邸に召して通達した幕命は一層具体的であった。即ち同年十月十五日付館長カンプスの書信によれば、

平戸の殿(日本において慣例上諸大名は如何に強大なりとも年々履行せねばならぬように、彼は皇帝陛下に敬意を表するため三、四ヶ月間上府中であったが)は九月八日に下向して、次の十四日[元和七年七月二十八日]に我等をその邸宅に召して、自ら皇帝陛下の禁止命令を読み聞かせて、我々並びにイギリス人にその日本文の写しを与えた。その内容は次のようであった。

日本人が皇帝陛下の免許状を所持してジャンク船を運航する場合の外には、如何なる手段によっても、汝等の船では、日本人、即ち彼等が男、女、小児、奴隷即ち買入れた人々のいずれであっても、これを海外に輸出すべからず。

武器、即ち刀、槍、弓、鉄砲、大砲を輸出すべからず。また如何なる軍需品をも決して搬出すべからず。

如何なる船舶であっても、それが日本船、シナ船またはポルトガルのフレガット船であろうとも、皇帝陛下の国土、並びに海洋においては決してこれを海賊の如く掠奪損壊すべからず。そして汝等が日本国内に滞留する限り

これを遵守し、あらゆる手段を尽して実行することを約束すべし。(24)

とあって、即ち七月二十七日付の禁令を敷衍して、このようにポルトガル船掠奪禁止令をも特に書き添えている点から見ても、この日本人海外移送禁止令は前年来のポルトガル人等の運動がその功を奏したことを語るものに他ならない。なおこの禁令は七月二十七日に三老中連署の上、西国大名に宛てられたもののようであるが、松浦隆信が発令日の翌日にオランダ・イギリス両商館長を城中に召してこれを読み聞かせ、その写しを手交したところを見ると、この禁令の日付より遥か以前にあらかじめこれを送付しておいて、この日を期して一斉に禁令の実施に移ったものと思われる。そして平戸のイギリス商館長リチャード・コックス Richard Cocks はこの禁令に接して後、同年九月三十日付でイギリス東インド会社に書信を送って、ポルトガル人とイスパニヤ人は自分等に好意を寄せている長崎奉行長谷川権六に運動して、ついにこの発令を見たとさえ述べ、(25)前オランダ商館長スペックスもこの問題について長文の覚書をしたため、ほぼ同様の見解を披瀝して、日本近海派遣オランダ艦隊司令官ウィルレム・ヤンスゾーン Willem Janszoon の注意を喚起している。(26)

日本人並びに武器海外輸出禁止令発布の通知に接した総督クーンは、翌一六二二年四月九日付でさらに司令官ヤンスゾーン及び商館長カンプスにそれぞれ書翰を送って、ポルトガル人の運動によって日本人並びに武器の輸出が禁止されたが、今後努めて皇帝(将軍)の意を和らげ、再び許可を得て、できるだけ多数の日本人と刀剣及び手銃を当地に送致すべきことを命じ、(27)さらに六月二日には重ねて、平戸の松浦侯と謀って解禁運動をなすべしとの旨を詳細にわたって命じている。(28)

このようにオランダ人の日本人海外輸送はポルトガル人の策動によって一応禁ぜられたが、これにはそれと並んで当時幕府の最も神経を尖らしていたキリスト教問題も関係していたのではあるまいか。すなわち一六二六年二月三日

（寛永三年一月七日）に総督カルペンチール並びに参議員が本国の東インド会社重役に致した一般報告の中には、

日本においてはローマ・キリスト教の追及が日々厳しくなって、皇帝の名による緊急の命によって、我等の船舶で（それが如何なる地方からであろうとも）日本人及びシナ人キリスト教徒を決して連れ込まないよう警告された。これは一に伴天連またはローマ教徒を同国から遠ざけるためである。ポルトガル人やイスパニヤ人も今後は日本に居住することはできない。(29)

とあって、ただに日本人の海外輸送ばかりでなく、彼等の帰国もこの時点で既に禁ぜられたようである。

そしてこれらの禁令は一応厳重に励行されたらしく、これより先一六二一年十月五日に平戸を出帆したオランダ船ズワーン de Swaen に投じてひそかにバタビアに渡ろうとした日本人三名が発覚して十字架に懸けられた。(30) しかしなおもこの禁令を潜ってオランダ船に便乗し、ひそかにバタビアに直航した者も必ずしも絶無ではなかったらしく、『バタビア城日誌』によれば、日本から澎湖島を経て一六二四年四月二日に同地に入港した帆船ホープ de Hoop で平戸から日本人女性五名が来航したこともあった。(31) また平戸で商館長在任中に死亡したコルネリス・ファン・ナイエンローデ Cornelis van Neyenroode が二名の日本人女性との間に儲けたコルネリヤとヘステルの二女は、特別の詮議を以て父の死後幾許もなくその母親から引離され、一六三七年にバタビアに送り届けられたようなこともあった。(32)

このほか既に述べたように、当時南洋各地には多くの日本人が移住していたが、彼等の中にはその間なお時々種々な経路によってバタビアに転住する者もあった。一六二二年十一月オランダ船エンクハイゼンは南シナの近海で拿捕した暹羅船乗組の暹羅人並びに日本人二十名を乗せてバタビアに帰航し、(33) 翌年にはマニラに在住していた一日本人がセレベス島のマカッサルを経てバタビアに転住し、(34) 一六二七年十二月十七日には暹羅から小型ジャンク船一隻が同地に入港したが、この船で数名の日本人が来着し、(35) 一六三五年の三月にはバタビアに渡航を願出たシナ人五十九名がオランダ船ブレダム de Bredamme で台湾を出発したが、この船には彼等の他に、かつて拿捕した日本通いのシナ人所有のジャンク船乗組の日本人四名、並びにシナ人十五名も便乗した。(36) また一六三七年初めビンタン Bintam 島付近でオランダ船ランゲラーク de Langeraeck に捕えられたポルトガルのジャンク船乗組の五十四名がバタビアに拉致されたが、『バタビア城決議録』一六三七年一月十四日の条によると、その中には日本人十三名が含まれていた(史料一九)。

さてこれら十三名の日本人はかつて柬埔寨国王の傭兵であって、王の使節に随ってマカオに派遣され、ついでマラッカを経て同国に帰航せんとして途中で捕えられたもので、彼等の後の処遇については、さらに『決議録』の翌十五日の条に詳記されているが、それによると、彼等はバタビア在留日本人一同、並びにその甲必丹の熱心な請願によって、今後バタビアに居住し、あらかじめ当局の諒解許可を得るに非ざれば同市の外に出ないことを条件として、甲必丹が彼等の保証人となって釈放されている(史料一九)。なおこれとは逆に、これより先一六三一年の初めに日本人とシナ人が暹羅船でバタビアに渡航せんとして、途中でポルトガル船に捕えられ、乗組の日本人等はマラッカに送られて解放され、シナ人の方はインドのゴアに転送されたようなこともあったことが伝えられている。(37) こう見て来ると、上記管見の史料からだけでも少なくとも四十名以上の日本人のバタビア転住が確認される。

南洋各地在住日本人の中には、このようにしてその移住先からさらに他の外国船によってバタビアに転住する者もあったが、当時日本人の持船がこれらの各地から同地に入港することも稀にはあったので、あるいはこれに便乗して同地に渡航し、上陸残留する者も出たかとも思われる。例えば一六二九年の春には山田長政のジャンク船が暹羅から米穀を積んでバタビアに入港し、(38) 一六三二年一月二十三日には暹羅に向かった長崎奉行竹中采女の船が針路を誤り、マラッカ近海からオランダ船に導かれてバタビアに入港した。(39) また一六三四年七月には柬埔寨からマカッサルに通商に赴いた一日本船がオランダ艦隊に拉致されてバタビアに入港した。(40) その後同船は一旦柬埔寨に帰航して、翌々一六三六年三月二十九日再び同地に渡航したが、同船は柬埔寨在住日本人の有力者宗右衛門の持船であった[41]。しかしこれらの諸船によって果して幾許の日本人が同地に転住したかについては明記がなく、いずれにしても幕府の日本人海外輸送禁止以後において、南洋各地からバタビアに移住したものは、前述のように極めて間歇的であって、したがってその数も僅少であったに相違ない。

この間にあって日本国内では幕府の吉利支丹取締りが漸次強化されて、元和九(一六二三)年にはかねてこの宗門との関係が深いことを疑われていたイスパニヤとポルトガル両国人在留者、並びにその妻や子女の追放に着手し[42]、いよいよ寛永十二年五月(一六三五年七月)には禁令を発布して、日本船並びに日本人の海外渡航と帰国とを絶対無条件に禁じて鎖国の態勢を完成したが、この時さらにその法令に次の二ヶ条を追加した。即ち、

一、南蛮人子孫不㆓残置㆒、詳ニ堅可㆓申付㆒事。若令㆓違背㆒、残置族有㆑之ニおゐてハ、其者ハ死罪、一類之者ハ、科之軽重ニより可㆓申付㆒事。

一、南蛮人長崎ニ而持候子並右之子共之内、養子ニ仕候之父母等、悉雖㆑為㆓死罪㆒、身命を助ヶ南蛮人[?]へ被㆑遣候間、自然彼者共之内、重而日本江来歟、又者文通有㆑之おゐてハ、本人者勿論死罪、親類以下迄、随㆓科之軽重㆒可㆓申付㆒事[43]。

との厳命を長崎奉行に伝えた。そしてこの命に基づいて、同年十月二十二日にはポルトガル人系の男女小児二百八十七名とその資財銀二三五〇箱を長崎から帰帆するポルトガル船四隻に乗せてマカオに追放したが[44]、長崎の人西川如見の筆を借りれば、この近親の悲惨な永遠の離別は「町〲戸々の悲しみ、いかなるむくつけきあら夷も袖しぼらぬはなかりし」と伝えられている[45]。

その後幾許もなく幕府はさらに取締の徹底を期して、島原の乱の後、寛永十六年二月二十一日(一六三九年三月二十

五日）に、老中安藤対馬守、阿部豊後守、松平伊豆守三名連署の条令を長崎に帰任する奉行馬場三郎左衛門に与えたが、その中には、

一、おらんた人、於二日本一子を持候儀、可レ為二停止一、此跡持つ子者、其父につれ、母ともに異国え可レ遣レ之事。

一、平戸に在レ之南蛮人之子、已前きりしたん宗門穿鑿之儀ニ付、忠節申出候。天川え越候者死罪にあふ事可レ有レ之間、いつれの国与不レ及二差図一、其身之心次第異国え可レ遣レ之事。

一、長崎住宅之唐人、致二帰国一度と申者之儀、以来商売にハ渡候とも、居住不レ仕様ニ申付、望次第妻子ともに可レ遣レ之事。

一、長崎に令二住宅一おらんた人、右同前之事。

一、異国に被レ遣者之内、孫を養ひ候うは之儀、母相果、孫を、うはかんとくいたし候之間、其儘差置事。[46]

なる条項が追加され、これまで比較的寛大であったオランダ人やシナ人に対しても取締を及ぼし、この条令に基づいて蘭英人系混血児とこれを生んだ日本人母親を調査して、彼等をバタビアに追放することに決し、[47]同年即ち一六三九年六月十六日に平戸藩の奉行はオランダ人に対して、同年出帆の最寄りの便船で彼等を輸送すべきことを厳命した。[48]この時追放された人々の氏名のわが記録で判明する者は、仲村善均の随筆中に載せた「外国通信志」によれば、

阿蘭陀

ヒセンテ　年七十歳、　女房　年五十歳、

ヱゲレス

女房　年三十七歳、　娘まん　年十九歳、

同はる　年十五歳、　孫万吉　年三歳、

右六人

寛永十六年卯九月十四日

筑後町乙名
　久保十左衛門

阿蘭陀
メイス　年七十歳、　女房　年五十歳、
ウイ(リ)ウン　年二十九歳、　女房　年十六歳、
悴ケ(ラ)ウル　年二歳、
　右五人

寛永十六年卯九月十四日

榎津町乙名
　田仲荘左衛門
組合　西　次郎兵衛
　　宮崎　仁兵衛

表書の男女六人五人当年戻候阿蘭船に慥に相渡可レ被レ申候。

九月十七日

大河内　善兵衛
馬場三郎左衛門

松浦肥前守殿
　家老中(49)

とあって、合計十一名を挙げているに過ぎないが、オランダ側のこの時の追放人受入名簿によれば、かつてオランダ

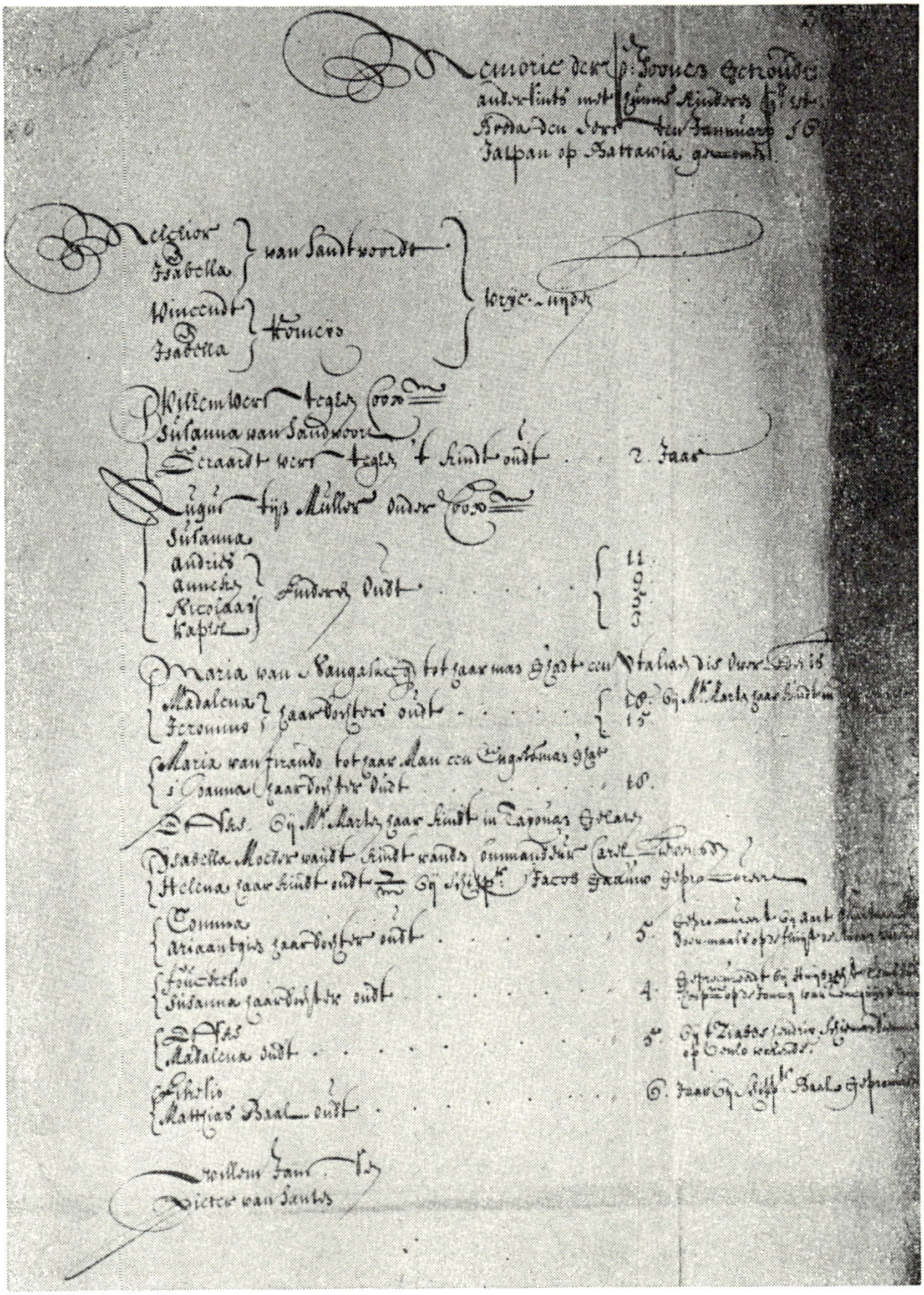

1640年1月1日付ジャカタラ追放蘭英系日本人名簿(史料6)

船リーフデ de Liefde の船員として一六〇〇年に初めて日本に渡来し、爾後長崎に在住していた貿易商メルヒオール・ファン・サントフォールト、及びイスパニヤの太平洋航路の船員で、やはり長崎に在住して手広く各地で貿易をしていたビセント・ロメイン及び彼等の日本人夫人、並びにその子女、その他このような外国人とその日本人夫人及び小児等三十一名が帆船ブレダ Breda で長崎を出発し、翌一六四〇年一月一日にバタビアに到着した(史料六)。そして「外国通信志」に挙げられたヒセンテとはこのビセント・ロメインであって、女房とは、名簿によればイザベラに当り、また、ヱゲレス女房、娘まん(十九歳)、同はる(十五歳)、孫万吉(三歳)とあるのは、長崎のマリヤと娘マダレナ、同ジェロニモ[マ]、並びにマダレナと故メーステル・マルチン Mr. Martin との間に生れ、台湾に残された孫のことに違いない。ここに長崎のマリヤをヱゲレス女房と記してあるが、実はその亡夫とはイタリア人ニコラース・マリン Nicolaes Marin のことであって、彼はポルトガル船のパイロットであったが、何等かの事情によって罷めて下船し、長崎に住みつき、かねてポルトガル人とは不仲であったイギリス人やオランダ人に接近していったらしく、既に一六一八(元和四)年八月十七日には、平戸のイギリス商館長コックスがバンタンにいるジョージ・ボール George Ball 宛の書翰をこのマリンに託したが、彼がそれを返して来たことを伝えて、両人の間に接触のあったことがわかる。(50) さらにその後三年たってコックスの日記の一六二一年八月十九日の条に、

日が暮れてからイタリア人でポルトガル人のパイロットであったニコラース・マリンが予を訪ねてきた。これは昼間は彼もそうすることがさすがにできないからである。それは彼の語るところによれば、イギリス人やオランダ人と売買したり、彼等と会話を交わしたり、または町中で彼等に挨拶するため帽子をぬいだりすると、[ポルトガル人から]一切交際を断ち切られるからであるとのことであった。(51)

とあって、彼はイギリス人、オランダ人との交際のためにポルトガル人社会から疎外され、またそのために町乙名の

届にも彼の妻マリヤをエゲレス女房と記されたものと思われる。そして長女マダレナの年齢から逆算すれば、二人が結婚したのは遅くともこの一六二一年頃までであったらしい。やがて一六二三年暮にイギリス人は日本から撤退したが、その後七年を経てオランダの使節ウイルレム・ヤンセン Willem Janssen の滞日中の覚書一六三〇年三月五日の条によれば、

午後、我々はロメイン、カロンと共にヤハト船エラスムス Erasmus の所にいった。……我々はここを出て長崎の町を通り、ビセント・ロメインとニコラース・マリンの家を訪ねた。途中で「メルヒオール・ファン・」サントフォールトに逢ったが、彼は五島町の我々の宿までついて来た[52]。

とあって、マリンは同年秋頃までは未だ存命していて、長崎に住んでオランダ人と交際していたことがわかる。そして次女のジェロニマ・春の姓名を正式にエロニマ・マリノ、又はヒエロニマ・マリヌスとかジェロニマ・マリノなどと記してあるのは、その姓名をオランダ語またはポルトガル語流に記し、当然のことながら父の姓マリンを承けたものである。メイスと女房(五十歳)、ウイウン(リ)と女房(十六歳)、悴ゲラル(二歳)とあるのは、メルヒオール・ファン・サントフォールトと妻のイザベラ、ウィルレム・フェルステーヘンと妻のスザンナ・ファン・サントフォールト、並びに両人の間に儲けたヘラルト・フェルステーヘン(二歳)に相当する(史料六)。彼等はいずれもブレダに便乗してバタビアに赴く途中、台湾に寄港した暫しの間を利用して同地の教会で結婚式を挙げ、正式に夫婦として認知登録されることとなった[53]。時の総督アントニオ・ファン・ディーメン Antonio van Diemen は彼等がバタビアに来着したことを喜び、なお今後多数の日本人及びその妻子が同地に追放されるとの報を受けて、「彼等はバタビアの繁栄に寄与し、我等の役に立つであろう」と述べている(史料七)。

翌一六四一年十月に日本を出帆したオランダ船フルデン・バイス de Gulden Buis にはオランダ系日本人女性数名

が便乗していたが、台湾を経てバタビアに向かう途中に、交趾沖で暴風雨に遭って、あわれにも船もろともに沈没したようなこともあった。[54] またこの頃オランダ商館長として敏腕を振ったフランソア・カロン François Caron の妻も平戸の人江口十左衛門の姉で(史料八)、両人の間に儲けたダニール、トビヤス、フランソア François の三名の男子と、ペトロネラ Petronella、マリヤの二名の女子等も共にまた追放命令に接したが、彼は暫くの出発猶予を願出て、翌一六四一年二月十五日に妻子を伴ってカスツリクム Castricum で日本を出発し、四月二十一日にバタビアに到着した。[55] カロンの妻はその後幾許もなくして、彼が所用のためオランダ本国に帰国の留守中、不幸にして死亡したが、彼はバタビアに帰還の後、一六四三年九月二十六日に総督に請願して五子を入籍し、ついでその手続の不備を懸念して、一六四六年十月二十九日の総督府評議員会で重ねて正式入籍完了の決議を得た。[56]

また、ちょうどその頃平戸の商館員として大いに活躍し、後年カロンと同じく総督府の政務総監になったカーレル・ハルチンク Carel Hartinck も、平戸で日本人女性との間にピーテルとウィルレム・カーレル Willem Carel 兄弟の二児を儲けた。彼は一六四一年十二月に日本を離任する際に妻子を連れて台湾に渡り、暫く勤務して後バタビアに転じたが、この間に妻を失い、両児を伴ってオランダ本国に帰った。兄のピーテルは長じてライデン大学に学び、数学に大いに才能を発揮し、師のライデン大学教授フランス・ファン・スホーテン Frans van Schooten がその師ルネ・デカルト René Descartes の近世数学史上画期的な業績といわれる『幾何学』をラテン語に訳出上梓する際に貢献している。父は再び東インドに渡って総督府に勤務し、一六六二年十月になって、この二子を正式な嫡子として認知している。[57]

第二章　バタビアにおける日本人

第一節　戸　口　数

前章において述べたように、主としてオランダ人の日本人移民招致歓迎政策により、慶長年代の半ば過ぎ頃から、あるいは契約移民となり、あるいは自由移民となって、日本人男女のバタビアに移住する者が次第に増加し、元和七(一六二一)年の輸送禁止令通達後にも、なお間歇的に移住する者もあって、同地在住日本人の人口はかなりの数に上ったようである。彼等はおよそ東インド会社の使用人としてオランダ人に使役される者と、会社とは雇傭関係なく、自由市民としてバタビア市に居住し、各種の業務職種に従う者とに大別できるが、前者の場合、かつて総督クーンが「時と事情の許す限り、多数の勇敢な日本人を当地に送致されたし。これは労働のためではなく、むしろ戦争に使役せんがためである」と述べたように(四ページ参照)、会社使用の兵員となる者が多かった。

一六一八年十二月中旬、クーンは、急遽来襲したトーマス・デール Thomas Dale の統率するイギリス艦隊の鋭鋒を避けて、一時オランダ艦隊を率いてアンボイナ島に退いたが、この時の軍務報告の中に、

我等の退却した艦隊の中には当時兵員五百二名があって、その中オランダ兵は四百名、日本人五十名、その他は青年召使とその助手とであった。[1]

と報じ、日本人五十名がオランダ艦隊に乗組んでいたことを伝えているが、またこの時ジャカタラ城塞に残留してイ

ギリス軍の攻撃を頑強にふせいだ司令官ピーテル・ファン・デン・ブルック Pieter van den Broecke 以下四百名の人員表の中にも、日本人二十五名と掲げられている。(2) したがって当時オランダ人に雇傭されて、その海陸軍に従軍したものが少なくとも七十五名はあったことになる。そしてイギリス軍側では、かねて城塞内に多数の日本兵がいるかとも懸念して、極度に警戒したほどであった。(3) 翌年クーンはイギリス軍を掃蕩して後、ジャカタラ城塞を改築拡大し、その南方に町を建設して、南洋におけるオランダ人根拠地の基礎を確立したが、翌一六二〇年一月二十二日現在のジャカタラ在住東インド会社使用人名簿によれば、総督クーン以下八百七十三名の中に日本人七十一名があって、その氏名と俸給がそれぞれ記入されている(史料四)。そして同年七月中の同市の全人口は約二千名であったが、その中在住シナ人の数は既に八百名にも上っていた。(4) しかるに翌一六二一年八月二十日現在のジャカタラ在住東インド会社使用人名並びに俸給簿によれば、総督以下全員千二百八十五名中に日本人五十三名と、奴隷百九十一名中に日本人奴隷一名があり、(5) 一六二二年一月二十日現在のバタビア城塞在住人名簿には、総督以下全員九百四十四名の中に日本人三十名が記されている。(6)

このようにジャカタラ城塞内に雇傭されている日本人の数は、契約移民として日本から送致された移民数に比して著しく僅少であったが、これは彼等の死亡や解雇による減少もあろうが、また他方彼等がオランダ人の必要に応じて随時バタビア以外の南洋各地に派遣されたことにもよるものである。即ち一六一三年七月のチドール島の遠征には、四十名からなる日本人部隊も従軍して死傷者を出し、(7) 翌々一六一五年五月のバンダ島遠征にも、日本兵を乗組員とせる一船がオランダ艦隊に随航したことがあった。(8) ついで一六二〇年一月十七日にはアンボイナ島において発見された銀鉱採掘のために、作右衛門等日本人二十二名がオランダ船アムステルダム Amsterdam 及びアレント den Arent に分乗して派遣された(二四九—二五〇ページ参照)。翌一六二一年二月総督クーンはバンダ島遠征に際して十五隊約二千名の兵員を率いて出征したが、そのうち帆船ニュー・ホランディヤ Nieuw Hollandia とジーリックゼー de Zierickzee にはそれぞれ四十二名と四十五名とから成る二隊の日本兵総数八十七名が乗船従軍していた。(9) また一六二三年一月三十一日のコルネリス・ライエルセン Cornelis Reyerssen の率いる南シナ方面派遣艦隊の出帆に当っても、バタビア在住日本人市民の中から三十七名が志願従軍した。(10)

この外、バタビア在住日本人の中から南洋各地の商館に勤務するために派遣された者もあった。日本人藤蔵 Toso は、かつて暹羅航路のオランダ船や平戸の商館に勤務し、ついでバタビアに渡り、自由市民として生活していたが、一ヶ月一〇レアルの俸給で再び暹羅のオランダ商館に勤務するために、一六二四年七月にヤハト船クレーン・ゼーラント Cleen Zeeland で派遣され、(11) 一六三三年六月には日本人ディエゴがヤハト船ブラウェルス・ハーベン Brouwers-haven で交趾のフェイフォ Faifo に赴き、(12) 一六三六年柬埔寨のオランダ商館開設に当っても、バタビアから館員としてオランダ人十二名、黒人一名と共に、日本人も一名派遣されている。(13) また一六四四年一月にカロンが台湾長官として赴任した際にも、バタビアから日本人青年フランス・スネル Frans Snel を給仕として任地に同伴している。(14)

陸上勤務の日本人以外に、当時南洋各地に派遣されたオランダ船の乗組員となる者もあった。一六一六年五月二十四日にはジャンク船フォルタインの乗員に不足を告げたので、新たにバタビアにおいてオランダ人二十名と日本人船員十二名を補充し、(15) 一六二〇年一月二十二日現在の東インド会社所属帆船、ヤハト船、及びフレガット船控によれば、日本人船員三十九名が左の六隻に乗組んでいた。

船名	乗組日本人船員数
ベルヘン・ボート de Bergen Boot	一三
ワルヘレン de Walcheren	一

ハリヤス de Gallias	二
モルヘンステルン	七
アレント	一〇
サムソン	六
計	三九[16]

このような会社の日本人使用人中には、契約期限満了後に手当を受けて解雇され、自由の身となる者もあった。一六二〇年の解雇人名簿には、日本人アンドレ・ロドリグォス、藤四郎、シセコ等十一名の雇傭経緯、勤務年限、解雇日、手当が記入されており(史料三)、一六二三年二月四日から同年十二月八日までの間に会社がバタビアにおいて解雇した人員の名簿の中にも、日本人作右衛門、孫左衛門等十名の雇傭経緯、勤務年限、解雇日付が記されている(史料五)。また彼等の中には契約期限満了後、再び契約を結んで会社に採用される者もあり、『ジャカタラ城決議録』一六一九年七月十八日の条には再雇傭契約を結んで採用された日本人藤兵衛、シセコ等九名の最初の雇傭経緯と新俸給額が記されている。[17]右のロドリグォスは一六〇八年の末にマラッカ近海でオランダ船に捕えられ、爾後十一ヶ年勤務の後、一六二〇年一月二十日に手当五五四フルデン余を得て解雇されたが(史料三)、これより先『バンタン商館決議録』一六一六年十一月二十四日の条には、彼には会社の商務員補として爾後三ヶ年間月給二〇フルデンを支給されるべきことが記されている。[18]シセコに該当する実名は明らかでないが、一六一九年七月の再契約によれば、彼は一六一五年に最初の集団移民六十八名中の一人としてローデ・レーウ・メット・パイレンに便乗してバタビアに渡航した者で、一六二〇年一月二十二日現在のジャカタラ在住東インド会社使用人名簿では月給四レアル半を受け(史料四)、同年五月六日に手当三二六フルデン余を支給されて解雇されているから、再契約の全期間は勤務しなかったのであろう。その

後はるかに遅れて一六五四年九月一日にも、日本人マルテン・市右衛門 Marten Itchemon が解雇されたが、彼も一六四四年に商務員補に採用された者であった。[19] これらの解雇日本人移民の中には、あるいは故国日本に帰った者や、他の南洋各地に移住した者もあろうが、恐らくその大多数はバタビアに踏留まって、他の自由移民と共に市民として各方面に活動したようで、この点についてはさらに章を改めて詳述することとしたい。

さてバタビア移住日本人自由市民の数については、一六二三年一月末日現在のバタビア市内在住市民表によれば、自由市民二千百九十五名中に日本人自由市民は百二十二名と記され、他にライエルセンの南シナ方面派遣艦隊に志願して従軍した日本人自由市民が三十七名あったから、[20] 当時バタビア在籍日本人自由市民は少なくとも合計百五十九名であったことになる。同月二十七日総督クーンの帰国に当ってこれらの日本人自由市民約百三十名には、餞別費その他として総額二七五レアルの寄付が割当てられている。[21] 翌一六二四年一月三日に後任の総督ピーテル・デ・カルペンチール Pieter de Carpentier が本社に送った報告によれば、当時バタビア在住民は、会社の使用人であるオランダ人、自由市民、マルダイケル mardijker(三八ページ参照)、奴隷、捕虜、並びにシナ人、日本人、イギリス人、及びその他の住民等合計六千四百二十五名であって、彼は別に住民表をも添送したはずであるが、[22] ヘーグ市の国立中央文書館において百方捜索したけれども、ついにこれを発見することができなかった。その後十年を経て、一六三二年十一月一日の調査によれば、バタビアの人口は次のようであった。

	男	女	児童	男女奴隷	計
会社使用のオランダ人	一五六〇	一〇六	六四	一八二	一九一二
バタビア市民	二二九	二六〇	一四九	七三五	一三七三
日本人	四八	二四	一一	二五	一〇八

マルダイケル	二四九	一四〇	一〇六	一五四	六四九
シナ人	一七〇二	五五四	一三四	三四	二四二四
会社所属の半奴隷	六三一	四六〇	一六三		一二五四
鎖に繋がれた会社の奴隷					三四〇
合計					八〇五八《ママ》[23]

即ちこの頃バタビア市の総人口は八千五十八名に増加したにもかかわらず、日本人市民数はかなり減少して、その家族と使用人とで、合計百八名に過ぎなかった。

以上述べたバタビア在住日本人の戸口の移動増減を、市の総人口、会社使用人の数と対比表示すれば次の如くなる。

	全市民	会社使用人	会社使用日本人	日本人自由市民
一六一八年十二月	?		七五	?
一六二〇年一月	二〇〇〇	八七三	七一	?
一六二一年八月	?	一二八五	五四	?
一六二二年一月	?	九四四	三〇	?
一六二三年一月	二一九五	?	?	一五九
一六二四年一月	六四二五	?	?	?
一六三二年十一月	八〇五八《ママ》	一九一二	?	八三

右の表によれば、一六一八年、二〇年、二一年、二二年、二四年の各年度における日本人自由市民数と、一六二三年、

二四年、三二年の各年度における東インド会社雇傭の日本人数は明らかでない。したがって各年度バタビア在住日本人の全人口を知ることはできないが、仮りに一六二二年から一六二三年度中における会社の日本人使用人に余り移動増減がなかったとすれば、一六二三年一月初には少なくとも合計百八十九名がバタビアに在籍していたことになる。

これより先一六二一年、即ちわが元和七年七月二十七日にはオランダ人等の日本人海外輸送が禁止されたが、その頃までに集団的契約移民としてバタビアに送致された日本人の総数が、乏しい管見の限りでも前述のように少なくとも二百四十一名以上であったとすれば、この他随時個別的に移住した者四十名以上を加算して、死亡、及びバタビアを経由して他の南洋各地に一時派遣された日本人数を控除すれば、一六二三年一月末頃における百八十九名は恐らく当時バタビア在籍日本人総数の最少限を示す数字で、その実数は多分三百名ぐらいには達していたのではないかと推せられる。因みにこれより先一六二〇年度アンボイナ島在住日本人の人口のみでも六十三名であったから、(24) これを加算しただけでも、既に東インド諸島方面に三百名近くの日本人移民の在住していたことが推定されるから、恐らくなおこれを相当数上廻る多数の日本人の在住する者があったに相違ない。

第二節　婚姻と出身地

バタビアに移住した日本人にして未婚の男女の中には、その生活が安定してくると、同地においてそれぞれ適当な配偶者を選んで婚姻を結ぶ者も少なくなかった。彼等はあるいは日本人同士で結婚し、あるいは現地住民男女を、あるいはまた外来東洋人やヨーロッパ人を配偶者にする者もあった。当時同市の市民中、ヨーロッパ人を始めとして、その他のキリスト教徒の結婚は、総督府の命令によってそれぞれ彼等の所属する教会がこれを司ることになっていた。(25)

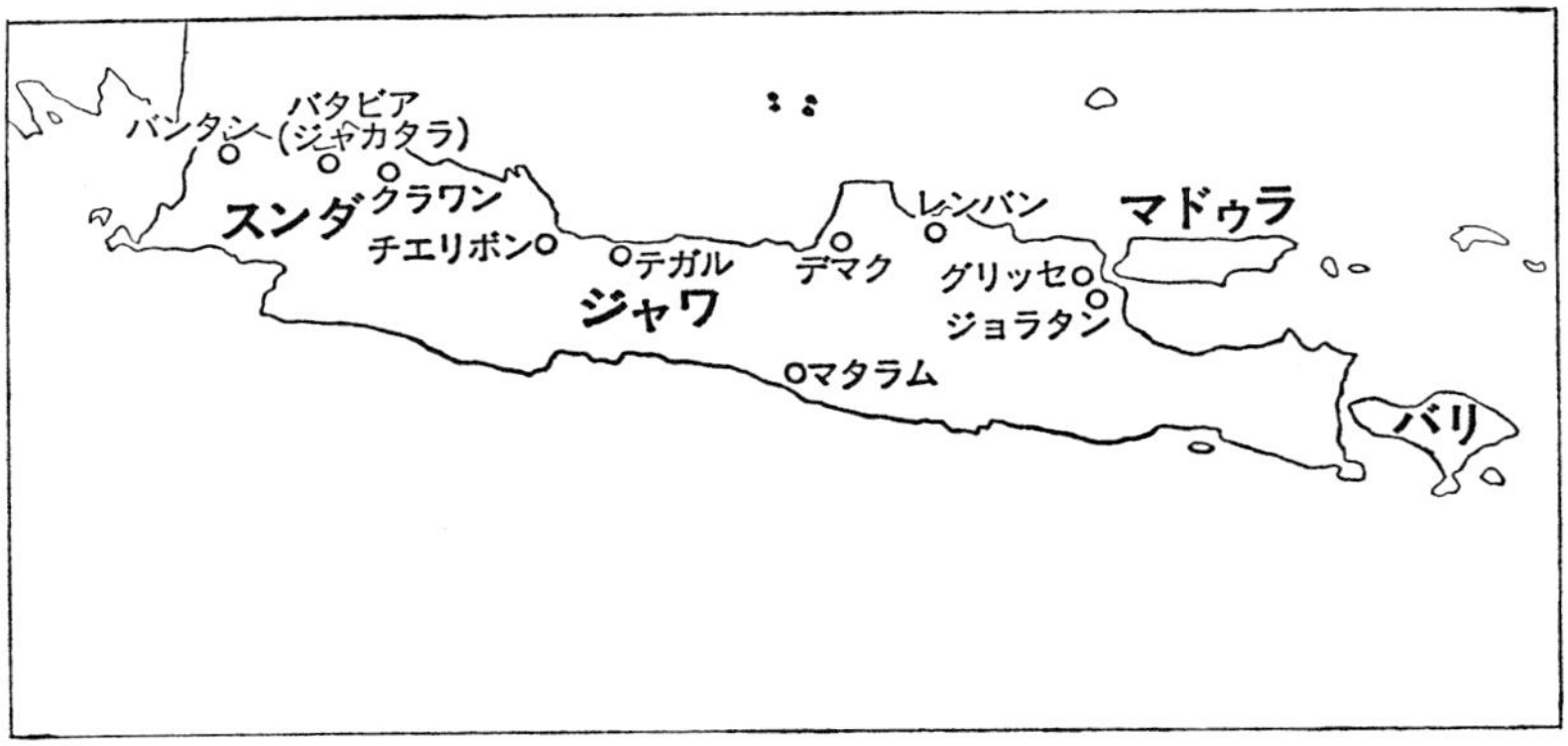

17世紀初頭のジャワ，バリ

そこで求婚した男女はオランダの習慣に従ってまずこれを教会に届出で、教会は求婚男女の氏名、出身地、身分などを記して、二週間前後の期間内に三度これを公示し、異議の申立てがない場合に始めてこれを承認し、挙式を司ったのである。日本人移民キリスト教徒ももとよりこの習慣に従ったようであるが、未信者の中には婚姻成立直前に洗礼を受ける者もあった。今、同地の教会における結婚登記の中で特に日本人移民関係事項の散見する帳簿は二種二冊あるが、その一は『オランダ人婚姻簿』といい、その記事の内容は一六一六年から一六五七年にわたっている(史料九)。他は単に『婚姻簿』と称して、一六二一年から一六四九年に及ぶ結婚の登記である(史料一〇)。両書の年代の重複せる期間に在っては、登記内容の重複したものも少なからずあるが、これによって当時バタビア在住民の結婚関係を知悉することができる。

さて登記の形式は、登記日の下方または右方に結婚当事者双方の氏名、身分、出身地、性別、及び再婚の有無などが記入してあり、やや後年になると、当事者双方の年齢もそれぞれ記入してあるが、この婚姻簿二冊には年齢の記載がない。ここに一例として日本人甲必丹ミヒール・市右衛門の結婚登記を摘記すれば、

Anno Domini 1626
den 24 September 1626
Michiel van Osacka,
Capiteijn van de
japanders
met
Barbara van Balij
Weduwe van Adrijaen
van de Werff.

一六二六年度
一六二六年九月二十四日
日本人甲必丹
大坂のミヒール
と
アドリヤーン・ファン・デ・ウェルフの寡婦バリのバルバラ

とあるが（史料九）、この両人の間で一六二五年十月三十日にあらかじめ作成した結婚契約書によれば、彼は当時四十二歳とあるから（史料一二）、彼は一六一五年に三十二歳でバタビアに渡航し、その後十年たって生活も落着いてきて、めでたく結婚したのであった。

次に薩摩出身のヨハンの結婚登記は、

Anno Domini 1629
………
September 7 voor de /// reise
Johan van Sasmas,
jongman, borger alhier
met
Anna de Sosa van
Bengale

一六二九年度
九月七日、三回告示、異議なし
当市の市民で薩摩の青年ヨハン
と
ベンガルのアンナ・デ・ソーザ

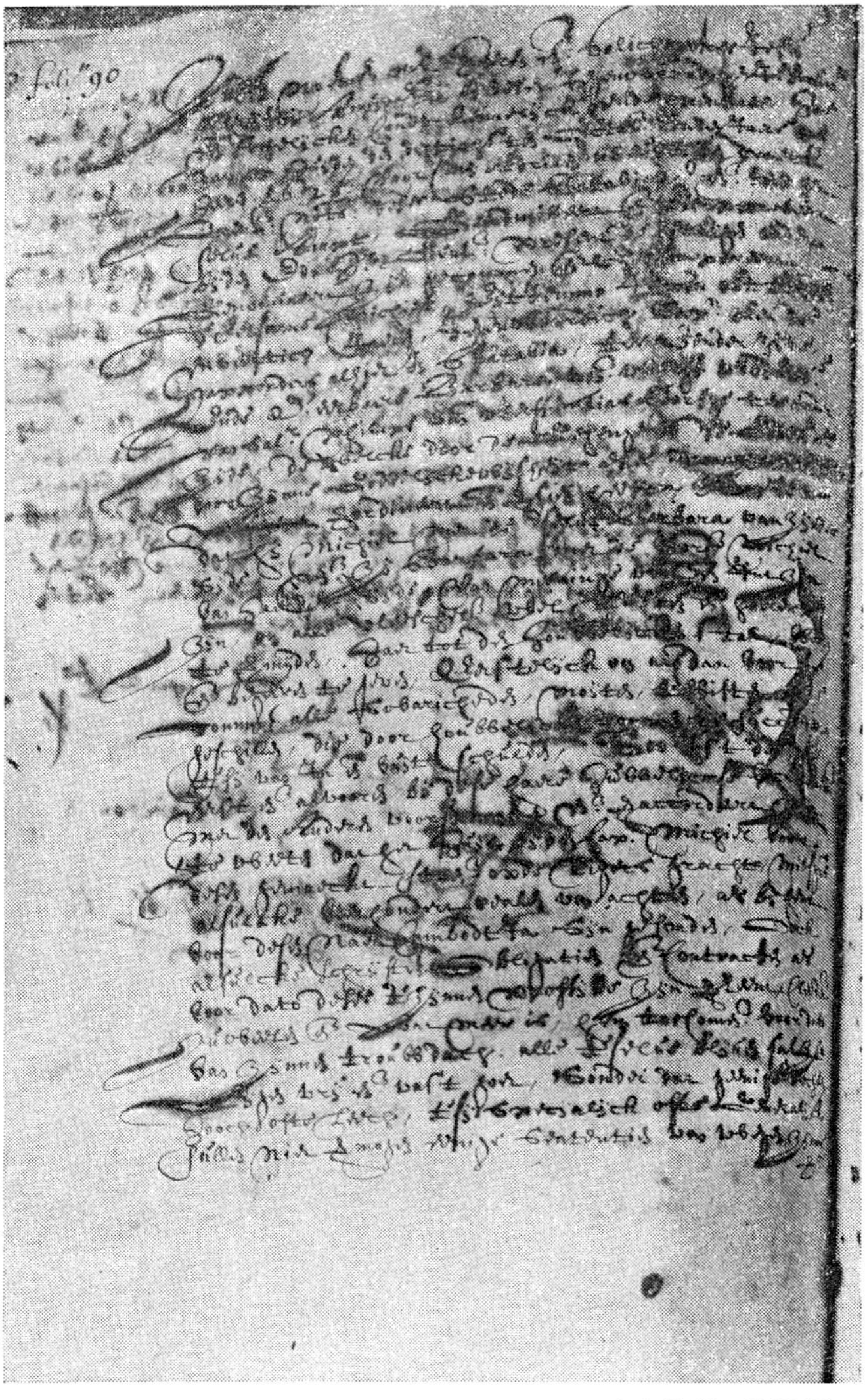

1625年10月30日付日本人甲必丹ミヒール・市右衛門の結婚契約書(史料11)

とあり(史料九)、多くは欄外に三度公告したことを示すのに三線を書入れ、異議の申立てがない場合には最後にこの三線を抹殺して、公告が滞りなく終了したことを示している。もとより在住キリスト教徒の結婚登記であるから、オランダ人関係の結婚登記がその大部分を占めているが、日本人移民関係の結婚登記も両書の中から少なからず摘出することができる。即ち前書に五十四組、後書に五十六組(うち重出二)あって、この中両書に重複した登記が三十二組あるから、一六一八年から一六五五年に至る三十八年間に日本人関係の結婚登記が記入されたものは、なんらかの理由によって中止されたものをも含めて合計七十七組である。この外両婚姻簿に漏れたと覚しいオランダ人洗礼簿に見える一六二二年八月二十八日に結婚した日本人パウロとバリのマッカル、教名マグダレナの一件(史料一二－二)、および一六二九年四月十二日に結婚した日本人ナジン五郎 Nazingoro と現地住民女性、及び一六四九年五月四日に結婚した一日本人と現地生れのシナ人 Bappa Chinees の前妻との二件と、[26]さらに一六四七年十一月十三日付のビセント・ロメインの寡婦イザベラの遺言状に記したブレーメン出身のヘンドリック・ドッベルツセンとその妻平戸のスザンナ夫妻(二〇八ページ参照)の合計四件が追加される。但しスザンナの場合はその結婚の年月は明らかでないが、その当時この夫婦がバタビアに在住生活していたことは確かであるから、仮りにイザベラの遺言状作成の日を以て彼等の結婚の日と見なして、これを追加した。この外もう一件として一六二五年七月三日に結婚を申請した軍曹クラーレンバウト Claerenbout と日本人女性京のマリヤ Maria van Meaco の場合は、金銭上などの面倒なトラブルがあって、結局彼女はこれを拒否し、両者の結婚は成立しなかったようであるが、[27]京のマリヤの名が結婚問題に関連して初めて記録に上るので、これをもさらに一件と見なして追加した。その後僅か三年たって、教会の決議録一六三〇年十月十日の条にこのクラーレンバウトの寡婦コルネリヤ・ピーテルス Cornelia Pieters のことが記されているから、[28]彼は京のマリヤとの結婚が成立せずして、やがてこの女性と結婚し、間もなく死亡したものと見える。村上直次郎博士は『婚姻簿』によって、一六五〇年十一月十日に結婚したアムステルダム生れの長崎 Langesack のアンナと、一六五五年七月二十二日にバリ島出身の女性と結婚したマルダイケルの中尉アントニイ・日本 Anthony Japon の両名を日本人と見なしているが、前者はランゲラック Langerack を誤って長崎と比定したもので、後者はインドの東南端ツチコリン Tuticorin 地方出身のマルダイケルで、軍務に服して中尉となり、日本人とは全く関係がなく、したがってこれは日本人移民の結婚とは認められない。(29)

結局『婚姻簿』等から日本人移民の婚姻関係が判明するものは八十二組であって、関係男女の登録された者の延人員は九十二名に上っている。今これを年次別にまとめて表示すれば次のようになる。

年次別バタビア在住日本人結婚登記表(一六一八—五五年)

年次	結婚件数 総数	結婚件数 配偶者別件数 日本人	結婚件数 配偶者別件数 日本人以外	関係日本人 男性(うち鰥夫)	関係日本人 女性(うち寡婦)	関係日本人 合計
一六一八	一		一	一		一
一六一九	二		二	二		二
一六二〇	四		四	四		四
一六二一						
一六二二	四		四	四		四
一六二三	一		一	一		一
一六二四	七		七	二	五	七
一六二五	八	二	六	五	五(二)	一〇
一六二六	一		一	一		一

一六二七	一六二八	一六二九	一六三〇	一六三一	一六三二	一六三三	一六三四	一六三五	一六三六	一六三七	一六三八	一六三九	一六四〇	一六四一	一六四二	一六四三	一六四四	一六四五	一六四六	一六四七	一六四八	一六四九	一六五〇
三		三	五	一		一		二	三	五		一	六		五	三	四		五	二	二	一	
										一			一		三	一	一						
三		三	五	一		一		二	三	四		一	五		二	二	三		五	二	二	一	
三		三	五					一	三	五		一	六		四	三（一）	三（一）		二		一（一）	一	
				一		一（一）		一（一）		一（一）			一		四（一）	一	二		三（一）	二	一（一）		
三		三	五	一		一		二	三	六		一	七		八	四	五		五	二	二	一	

一六五一						
一六五二	一		一		一	一
一六五三						
一六五四						
一六五五	一	一		一(一)	一(一)	二
合計	八二	一〇	七二	六一(四)	三一(九)	九二

即ちその年代は一六一八(元和四)年から一六五五(明暦元)年に及ぶ三十八年間で、一六三五(寛永十二)年の日本人海外渡航、並びに帰国禁止の鎖国令を挟んで、その前後それぞれほぼ二十年にわたっている。この中一六三六年から一六四六年までの十一年間は、期間としては全期間の四分の一強であるが、その間の結婚人数は、全数九十二名中四二パーセント強の三十九名を占めている。これは恐らくその頃同地移住日本人の間には帰国の望みも全く絶えたのと、一方同地における生活も安定してきて、家庭を持つ者が増加したことを示すものであろう。

また右の表には左の三種の場合を包含している。

(イ)　結婚当事者双方が日本人の場合　一〇組｛日本人男　一〇名／日本人女　一〇名｝

(ロ)　結婚当事者の一方が日本人なる場合　六九組｛日本人男　四八名／日本人女　二一名｝

(ハ)　亡夫が日本人なる外国人寡婦と日本人との再婚の場合　三組　日本人男　三名

このほか日本人と結婚した外国人の中、以前日本人女性と結婚していた男性が二名(内ヤン・ヤンスゾーン・マッケルとその妻伏見のフリーチェの結婚は両婚姻簿中に登録されていない)、日本人男性と結婚していた女性が七名(内三組の結婚は両婚姻簿中に登録されていない）、日本人に離別された女性が一名ある。また日本人所有の外国人奴隷同士の結婚が一件ある。以上の結婚当事者、関係者中に見える日本人は同一人物であることの明らかな者を整理すると男性六十一名、女性三十一名、合計九十二名となる。これを出身地別に表示すると上掲のようになる。

これでみるとさすがに肥前、筑前、薩摩など九州各地の出身者が多い。殊に対外貿易港で吉利支丹宗の栄えた平戸と長崎の両地の出身者が圧倒的に多く、全体の四六パーセント強を占め、長崎のみでも二九パーセント弱に達している。また女性数は男性数の五一パーセント弱である。またこの中再婚もしくは三婚を登録されたものは男性が四名、女性が九名で、死亡の判明したものは男性が九名、女性が二名である。

出身地	男	女	計
長崎	二三	三	二六
平戸	六	一一	一七
田平		二	二
大村	二		二
肥前	一		一
筑前	一		一
薩摩	一		一
堺	二	一	三
大坂	一		一
伏見	一	一	二
京	一	一	二
駿河	一		一
江戸	一	二	三
不明	二〇	一〇	二九
合計	六一	三一	九二

例えば『婚姻簿』一六四二年一月二十二日の条には自由市民にして日本人キリスト教徒なる長崎のミハエルとキリスト教徒なる日本の若い娘マグダレナの結婚登記があるが（史料一〇）、『オランダ人婚姻簿』一六四六年三月八日の条には、長崎のマグダレナの鰥夫である長崎のミヒールと、若い娘バタビアのヤンネケンとの結婚登記があって（史料九）、長崎のマグダレナは右の四年の間に死亡したものと推定される。しかるに同書一六五六年二月十日の条には、当市居住のバタビアの青年ヘンドリック・ス＝ヘルトーヘンラートと、日本人ミヒール・武左衛門の離別した妻バタビアのアンネケンとの結婚が登録されているが（史料九）、先にヨ本人ミヒールと結婚したバタビアのヤンネケンと、その後日本人ミヒール・武左衛門の離別したこのバタビアのアンネケンとは同一人物に相違ない。もし果してしからば、これより先一六四二年に長崎のマ

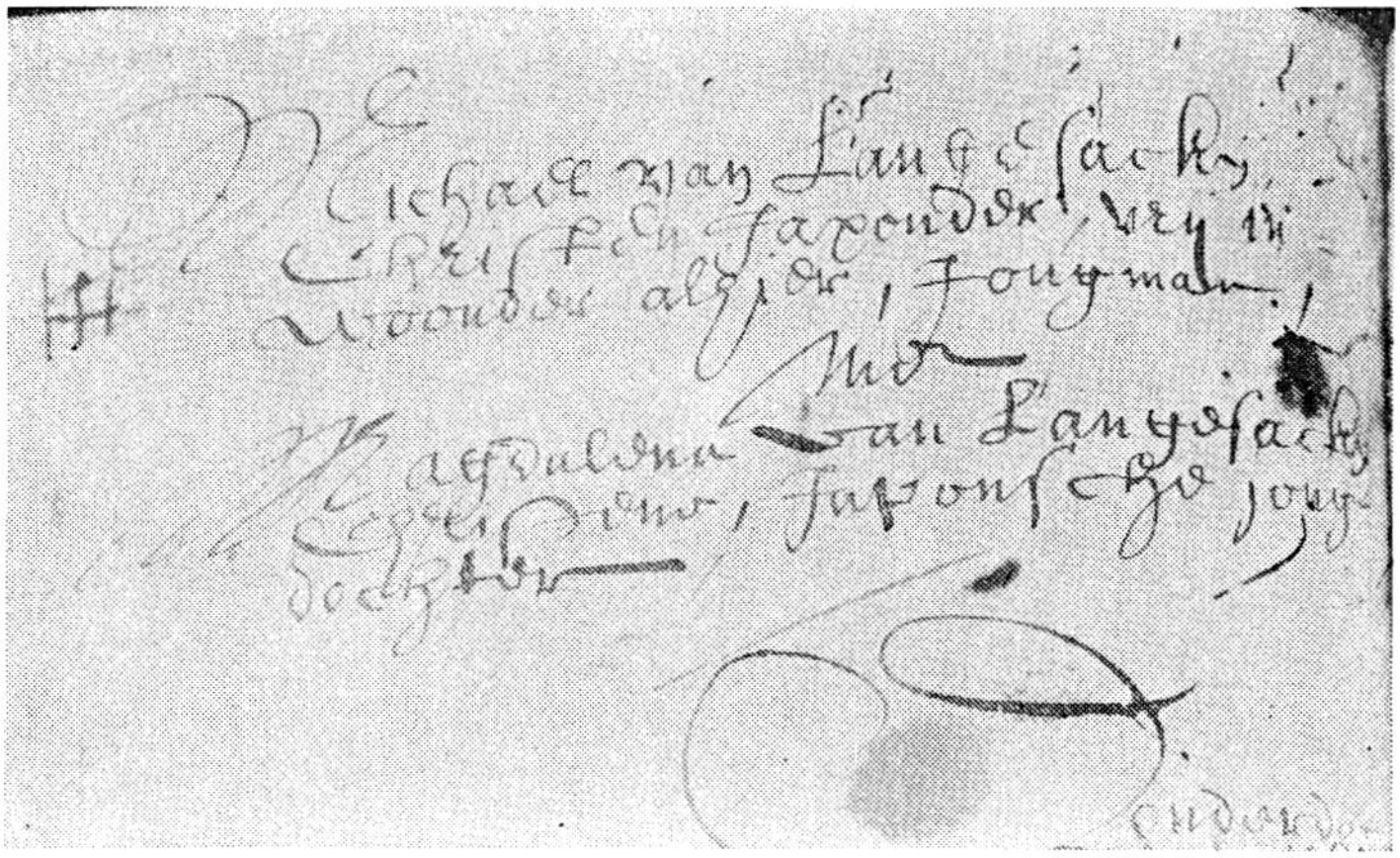

1642年1月22日付長崎のミハエルと長崎のマグダレナの結婚届(史料10)

グダレナと結婚したミハエルもこのミヒール・武左衛門と断ぜざるを得ない。そしてこのミヒール・武左衛門 Michiel Bosaymon とは、長崎の原源左衛門及び森田喜兵衛の兄弟に当る村上武左衛門のことである(一四〇ページ参照)。ところが一六七四年六月三日付の村上武左衛門の遺言状によれば、彼の遺産の寄贈を受ける人々の中、ジェロニマ・マリノ・春を武左衛門の義妹と記してあるから(一八九ページ参照)、先に一六四二年一月二十二日に彼と結婚した長崎の娘マグダレナこそはお春の姉万であって、彼女は先夫メーステル・マルチンと死別し、お春と一緒に追放されてバタビアに渡って後、武左衛門と再婚したことが判明してくる。また『オランダ人婚姻簿』一六二四年八月十一日の条に日本人マテウスとパタニアのセミュエン、今の名マリヤとの結婚が記されているが(史料九)、その後十二年を経過する間に夫のマテウスは死亡したらしく、『婚姻簿』一六三六年三月二十日の条には、当地のマルダイケルなる日本人青年長崎のパウロと、日本人マタイスの寡婦であるパタニのマリヤとの結婚が記されている(史料一〇)。マルダイケルとは奴隷が解放されて自由市民となった者で、バタビア移住日本人の中にはかつてこのような不幸な境遇に身を落していた者もあったのである。そして『婚姻簿』だけでも、前記のパウロ等日本人マルダイケル延べ八名を見出すことができる。

これらの日本人移民の中で夫妻共に日本人である場合は、前述のように僅かに十組二十名が判明しているに過ぎないが、他は前述の甲必丹大坂のミヒール、薩摩のヨハン、長崎のミヒール・武左衛門、長崎のパウロやマテウスのように、いずれも外国人女性と結婚している。前掲一六三二年一月現在のバタビア市人口調査表でも、日本人成年男性四十八名に対して成年女性の数はその半数二十四名であったから、恐らく大多数の日本人男性は他の外人女性と結婚したらしいことが推せられる。そして前記三十八年間の結婚登記中において、外国人が日本人と結婚したものは七十二組に上っている。その中配偶者の死亡後再婚または三婚したり、同一外国人と日本人との婚姻関係が登記の中に重出してくる者を整理すれば、日本人と結婚し、またはかつて結婚した外国人の数は八十二名となる。これをその出身地別、男女性別に表計すれば次のようになる。

バタビア在住日本人と結婚した外国人出身地別一覧表（一六一八―五五年）

出身地	夫（うち鰥夫）	妻（うち寡婦）	計	合計
東インド諸島				
ジャワ		一	一	
バタビア	一	四	五	
バンタン		二	二	
チェリボン		一	一	
バリ		一一（四）	一一	
ソロール		一（一）	一	
チモール		一（一）	一	

				インドシナ					インド			オランダ				欧州			不明	合計
アンドラギリ	ボルネオ	スカダナ	ビサヤ	シャム	パタニ	マラッカ	ビマ	アラカン	ベンガル	サン・トメ	コーチン	アムステルダム	スヒーダム	レーウワルデン	その他	ドイツ	イギリス	フランス		
							一(一)					四	一	一	六(一)	二	一	二	一二	三〇(二)
一(一)	一	二(一)	一(一)	一	八(三)	一		一(一)	三(三)	一	二(二)								九(四)	五二(二一)
一	一	二	一	一	八	一	一	一	三	一	二	四	一	一	六	五	一	一	二〇	八二
一七				一二					六			一二				七			二〇	

即ち本表はバタビアに来住した外国人諸民族を殆んど網羅したといっても決して過言ではない。そして彼等の出身地は、ジャワ島内ではバタビア、バンタン、チェリボンなどがあり、その他の東インド諸島ではバリ、ソロール、チモール、ボルネオ、スマトラなどの諸島で、その他、ビサヤ、暹羅、太泥、マラッカ、ビルマ、アラカンなどの南洋各地から、遠くはベンガル、サン・トメ、コーチンなどのインド各地にまでわたっている。そして日本人移民男性は主としてこれらの南洋及びインド各地出身の婦人を娶り、日本人移民女性はアラカン出身の男性に嫁した者を除き、他は殆んどオランダ人、イギリス人、ドイツ人などヨーロッパ人に嫁している。その中で同一地域人にして通婚員数の比較的多いのは、オランダ人男子が日本婦人を娶った者十二名で、日本人男性でバリ島出身女性を娶った者八名、及びかつて同島出身女性と結婚して死別した者が三名の合計十一名があり、太泥女性を娶った者八名、バタビア出身女性を娶った者四名である。

即ちバタビア在住日本人は、男女共にその大多数が現地住民または他の外来人と結婚したが、このことはその後における移住民の運命を推知するに当って、特に重視考慮すべき点である。

第三節　子女の出生と洗礼、並びに日本人に対する教会の活動

バタビア移住日本人は未婚の男性契約移民を主体としたが、その他に若干の既婚日本人夫妻とその子女、並びに未婚の女性等もあった。勿論既婚男女両者の中には移住後同地においてさらに子女を儲ける者もあったが、他方未婚の男女の中にも、前章に述べたように、同地においてそれぞれ内外人の適当な配偶者を求めて婚姻を取結ぶ者も少なくなく、したがって必然的に彼等の間にもその子女が生れるようになった。

遺憾ながら、これらのバタビア移住日本人の活動期間についていえば、彼等の子女の出生届は現存していないようであるが、市民キリスト教徒の子女が出生後始めて所属教会において洗礼を受けた際の登記は若干残存している。登記の形式は受洗年月日に次いで、受洗した男女本人の氏名を記し、その両親のある者はこれを併記し、さらに受洗した本人または特にその両親等の近親知友二名乃至数名が受洗の証人としてその下に名を連ねている。例えば一六四一年十一月二十四日より一六六一年十二月二十九日に至る『オランダ人洗礼簿』によれば、

一六四三年十一月
　同月二十一日
アンネケン　両親｛日本の長崎のペドロ・五郎兵衛殿
　　　　　　　　　日本の平戸のヨハンナ・デ・セス
　　　　　証人｛バタビアのマタイス・デ・ナイス
　　　　　　　　バタビアのマルテン・市右衛門
　　　　　　　　日本の平戸のヘステル・［ファン・］ニューロート
　　　　　　　　日本の平戸のアンネケン・メルデル

1643　November
21 Dito
Anneken Ouders { Pedro Grobedon van Nangasackij in Japan
Johanna de Ses van Firando in Japan
Getuygen { Mathijs de Nijs van Batt.[a]
Maerten Jtsemon van Batt.[a]
Heester Nieuwroot van Firando in Japan
Anneken Melder van Firando in Japan

とあり（史料一二ー五）、また同書一六四二年四月十三日の欄には、

Den 13 April 1642
Domingos van Sundarcoel in Bengala
Get. ……Francisco
van Nangesackij in Japon
Maria
van Firando in Japon

一六四二年四月十三日
ベンガルのスンダルクールのドミンゴス
証人——日本の長崎の
フランシスコ
日本の平戸の
マリヤ

とあって（史料一二－五）、外国人の子女の受洗の場合にも、その知己近親である日本人が証人として名を連ねている場合がしばしばあった。即ちバタビアの各教会において洗礼を受けた者の登記中に、日本人の氏名の散見する帳簿は八冊あって（史料一二－一、三－九）、その年代は一六一七年から一六六七年に至る五十一年間にわたり、その中に日本人関係の洗礼登記は七十二件あるが、中に登記の重複するものが十三件あり、さらに他の文書から関係記録四件を補えば（史料一二－二）、結局六十三件となる。

今これを整理して年代順に表示すれば次のようになる。

バタビア在住日本人洗礼簿登録表（一六一七—六七年）

年次	件数	受洗者 男	受洗者 女	両親 父	両親 母	名親 男	名親 女	証人 男	証人 女	計
一六一七	一	一								一
一六一八										
一六一九	二	二								二
一六二〇	二	二								二
一六二一										
一六二二	四	三		一		一				五
一六二三										
一六二四	六	一	四		二			一		八
一六二五	二							二	二	四
一六二六	二	二		一	一			一		五
一六二七	一							一		一
一六二八										
一六二九										
一六三〇										
一六三一	一	一		一						二
一六三二										
一六三三										
一六三四	一							一		一
一六三五	三		一	一				三		五
一六三六										

一六三七								
一六三八								
一六三九								
一六四〇	三		二			三	二	七
一六四一	一					一		一
一六四二	五		一			四	四	九
一六四三	三		二	二	一	三	四	一二
一六四四	三		二			二	二	六
一六四五	四		一	一	一	三	一	七
一六四六								
一六四七	一					一		一
一六四八								
一六四九								
一六五〇	一					一		一
一六五一								
一六五二	三	一	一	一	一		三	七
一六五三								
一六五四	一						一	一
一六五五								
一六五六								
一六五七								
一六五八	三	二			二		四	八
一六五九	二		一		一		一	三
一六六〇	一		一		一		一	三

合計	六三	三六		二三		一	五四		一一四
		一七	一九	八	一五	一	二七	二七	
一六六一	一	一			一				二
一六六二									
一六六三									
一六六四	二	一			一			一	三
一六六五									
一六六六	一		一		一				二
一六六七	三		二		二			一	五

即ち右の五十一年間に日本人関係者受洗登記は六十三件に上っているが、その中で関係日本人の氏名の記入されたのは次の四つの場合である。

㈠　日本人子女の受洗した者　三六件

㈡　受洗者の両親なる日本人が登録された者　二件

㈢　受洗者の日本人の片親が登録された者　一九件

㈣　受洗日本人子女、並びに受洗外国人子女に、それぞれ名親もしくは証人として日本人の立会った者　四三件

これから明白な重出を整理すれば百六名の日本人の氏名が判明する。そしてこの種の洗礼簿の中には一六六八年以後にはもはや日本人関係の洗礼登記を見出すことができないが、これは恐らく鎖国を去ること既に三十年になり、移住日本人が徐々に死亡していったことを示すものであろう。

また洗礼を受けた日本人三十六名の中、男性は十二名、女性は十九名であって、この中両親共に日本人とする純日本人子女は女性二名、両親の一方が日本人である混血日本人は十九名(男性十名、女性九名)、両親の記述のないものが十五名(男性七名、女性八名)であった。この十五名は同地に移住して後、即ち出生直後でなく、ある年齢に成長した後に洗礼を受けた者である。したがって前章の日本人移民の婚姻の条で見たように、外国人との結婚関係の多かった必然の結果として、同地で出生した日本人系男女の中に混血児が多かったことも判明してくる。

またバタビアのオランダ人教会で洗礼を授けられた者は、もとより新教に属するオランダ改革派教会によってこれを授けられたのであるが、彼等の両親や洗礼立会証人の一部には、既に日本在住時代において洗礼を受け、キリスト教風の教名を有していたと覚しい者もある。その場合、彼等は日本においてカトリック教会のいずれかの会派によって洗礼を受けた者に相違ないが、未だ彼等にはキリスト教の新旧両教会の区別に対する厳密な認識は余りなかったのではあるまいか。なおこの外、一六一六年平戸のオランダ商館で傭入契約をした日本人六十三名の名簿を見ると、長崎のトメ以下十三名の名はキリスト教の教名で記されているが、彼等も渡航前の日本在住時代にカトリック教のいずれかの会派によってそのキリスト教風の教名を授けられた者に相違ない。しかし彼等のバタビア渡航後における信仰生活については全く明らかでない。もっとも当時バタビアにもポルトガル教会はあったが、彼等に関係した記録や文書は殆んど残っていないようである。

次に前述の受洗日本人の両親、受洗後子女当事者が新たに結婚した者、及び洗礼の証人として名を連ねた者の中で既婚日本人夫妻の氏名が登記せられた者など、同地移住日本人男女の婚姻関係が間接的に判明するものが二十九組あって、日本人当事者は三十一名であるが、その中前章の婚姻調査と重複するものが十四組あって、新たに婚姻関係の判明するものが三三ページにあげた一例および重出を除いて十三組ある。その中二組四名の男女は夫妻共に日本人であって、他の十一組は日本人と外国人とが結婚したものである。今これを彼等の子女の受洗の年次別に表示すれば次のようになる。

洗礼簿登録バタビア在住の結婚日本人の性別（一六二二—六七年）

年次	結婚件数	男	女	計
一六二二	一	一		一
一六二四	二		二	二
一六二六	一		一	一
一六三五	一	一		一
一六四三	一	一	一	二
一六四五	一	一	一	二
一六五八	一		一	一
一六五九 一六六六	（重出）一		一	一
一六六一	一		一	一
一六六四	一		一	一
一六六七	二		二	二
合計	一三	四	一一	一五

これら十三組十五名の日本人の出身地について見れば、長崎出身の男性が二名と平戸出身の女性が五名で、この合計は七名で、他の八名の出身地は明記されていないが、前の婚姻登記の場合と等しく、やはり長崎や平戸方面出身者が大多数を占め、しかも日本人女性の多くはやはりオランダ人に嫁ぎ、日本人男性の中ではバリ島出身の女性を娶る者

が多かったということができよう。

なおこのような結婚記録と、これに関係がある受洗の記録とを組合わせることによって、日本人移民の家族構成やその移動状態をおぼろげながら推察することができる。

例えば一六四八年十月二十二日にマラッカ出身のアンゲラの鰥夫で、長崎出身の日本人キリスト教徒ジョアンがアラカンのアニカ・アレンツと再婚しているが(史料一〇)、『ポルトガル人洗礼簿』の一六五二年三月十日の条には日本人ヤン・助右衛門とベンガラのアンニカとの間に生れた男児ドミンゴスの受洗が登録されているから(史料一二－八)、四年前に再婚したジョアンとはこのヤン・助右衛門 Jan Schemon であることも判明する。因みにオランダ人名のヤンはポルトガル人名のジョアン、即ちオランダ語読みではヨアンに当る。そしてアニカの出身地アラカンとアンニカの出身地ベンガラ(ベンガル)とは共にインドの東北に当って相接する地方であるから、この場合同一地の混同と見るべきものであろう。しかるに『オランダ人婚姻簿』によれば、その後一六五五年十二月九日に、ベンガラのアンニカの鰥夫で長崎出身の日本人キリスト教徒ヨハン・シェエモンなる男がアウフスチン・ミュレール Augustijn Muller の寡婦平戸のスザンナ・ミュレールと再婚しているから(史料九)、このヨハン・シェエモンは亡妻との関係から見て、先に記したヤン・助右衛門と同一人物に相違ない。つまり彼はバタビアにおいて不幸にも二度その妻と死別し、この時三度目の妻を迎えているのである。果してこの推定に誤りなしとすれば、彼は同地で大いに活躍した長崎出身の浜田助右衛門その人である。そしてアウフスチン・ミュレールはこれより先、一六四二年末に交趾において牢死したが(30)、彼と結婚したスザンナとは、先に寛永十六(一六三九)年の暮、幕府の厳命によってビセント・ロメイン一家等多数の蘭英人や、これに嫁した日本人夫人とその子女等三十一名と共に長崎からバタビアに追放された東インド会社の商務員補アウフスチン・ミュレールの妻スザンナその人に外ならない(史料六)。その時彼女は亡夫との間に儲けた三男一女の四児を同伴したが、ここに彼女は助右衛門と再婚したことが判明する。ところが遅くとも一六六七年頃までに調査されたと思われる『長崎見聞集』の中に、咬𠺕吧《ジャカタラ》在住日本人男女八名の氏名と親族関係を記して「浜田助右衛門後家自註、長崎今魚町浜田長左衛門為に母、平戸吉次久左衛門為に姉」、とあるから（一四〇ページ参照）、助右衛門後家とは前述のように、平戸のスザンナであって、その夫助右衛門がこの頃までに死亡して、寡婦となったことを伝えるものである。なおこれより先一六六四年五月十日付バタビア市公証人アントニイ・ハイスマンの役場で作成したミヒール・ディヤス・惣兵衛 Michiel Dias の奴隷解放証書にはその執行人として同地在住の村上武左衛門と浜田助右衛門の両名が署名捺印しているから（一八六―一八七ページ参照）、彼が未だこの時には存命していたことは確かであるが、一六六五年三月二十一日にはヤン・助右衛門 Jan Schejmon の寡婦スザンナ等が村上武左衛門の売買履行を立証しているから[31]、助右衛門はこの十ヶ月余の間に死亡したものと推定される。私はバタビアの地方公文書館（現インドネシア国立公文書館）の公証人役場文書や遺言状中、この年代に関するものについて彼の遺言状をも捜索したのであるが、ついにこれを発見することができなかった。

以上の調査に基づいてヤン・浜田助右衛門一家の系譜を作成し、〇内に数字を入れて、彼の婚姻の順位を示せば次ページの系図のようになる。

また『オランダ人婚姻簿』によれば、一六四六年十一月二十九日に東インド会社の商務員補で平戸生れのシモン・シモンセンと、長崎生れのヒエロニマ・マリヌス、即ち日本名お春との婚姻が記されているが（史料九）、『オランダ人洗礼簿』によると、一六六〇年一月某日に両人の間に生れたアンナ・クララの受洗が登録されている（史料一二―六）。しかるに一六七四年六月三十日付の村上武左衛門の遺言状によれば、彼の遺産の寄贈を受ける人名中にお春を始め彼女の四名の子女が記入されているが（一八九ページ参照）、アンナ・クララの名前は記されてないから、彼女は恐らくそれ以前に夭折したものと思われる。

平戸のオランダ商館長であったコルネリス・ファン・ナイエンローデと日本人夫人との間に生れた娘コルネリヤは父が平戸で死亡して後、稚くして姉のヘステルと一緒にバタビアに送られ、後年デルフト出身のピーテル・クノルと結婚したが、(32)『オランダ人洗礼簿』一六六六年八月二十九日の条には、両人の間に生れたマリヤの受洗が記してあり（史料一二－六）、また寛文十一（一六七一）年四月二十一日にコルネリヤがジャカタラから故郷平戸在住の母とその夫

ヤン・浜田助右衛門家系図

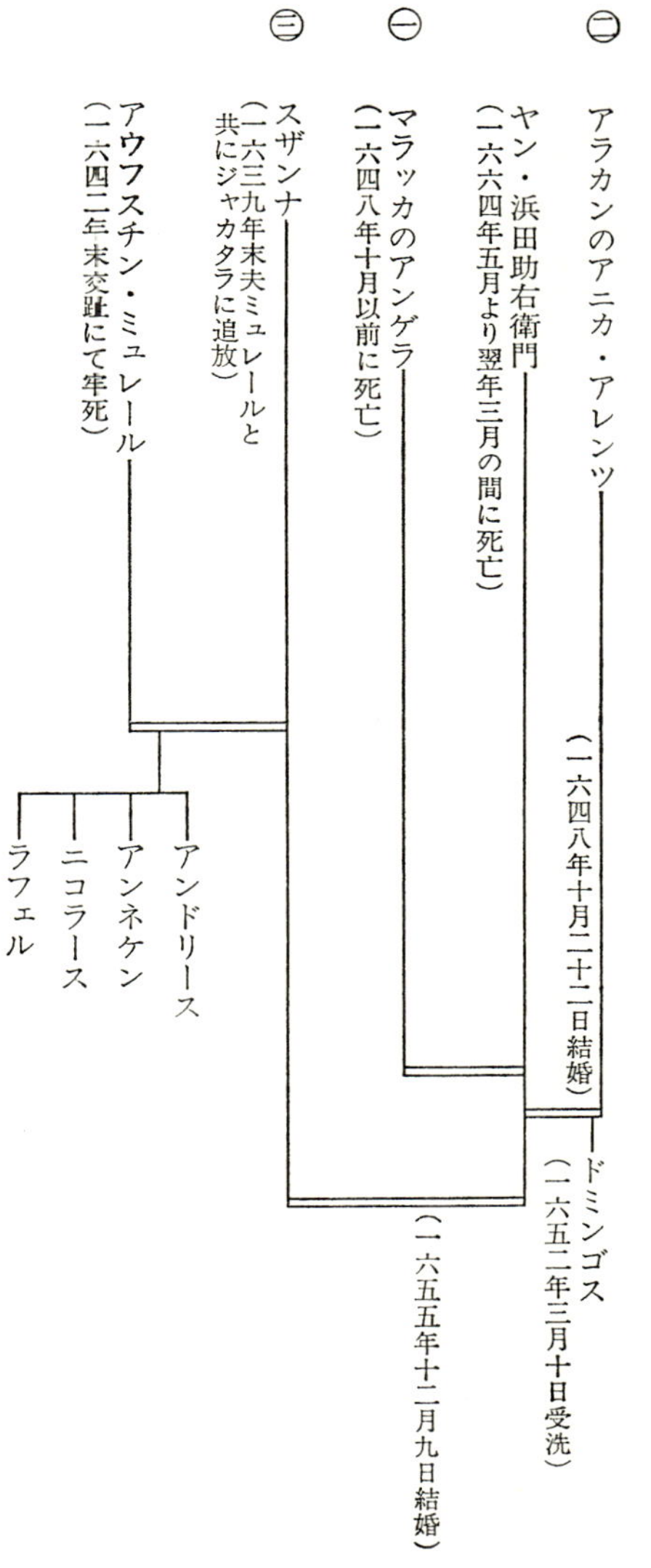

判田五右衛門に送った書状の一節によると、彼女は十名の子女を儲けたが、その中六名は既に死亡し、四名が元気であると報じている(一四七ページ参照)。彼女の子女十名の受洗年月日をたどると、ここに記された四名とは第四子で三男のコルネリス、第五子で二女のヘーステル、第八子で四女のマルタと末子の六女エリザベス・カタリナの四名であったことも判明する(一四九—一五〇ページ参照)。

要するに、バタビア移住日本人の婚姻記録を基礎として、いわば出生記録にも当るこのような洗礼記録、及び自分の子女近親などに対して遺産を分贈することを明記した遺言状の三者を組合わせることによって、バタビア移住日本人と彼等の子孫との世代的人口移動関係を推知することができる。しかも他の南洋日本町を始め各地移住日本人に関するこの種の記録は全く現存していないようであるから、これらの史料はこのような日本人移民の家族構成とその変動状態をおぼろげながら推知する唯一の手掛りとして一層高く評価せらるべきものである。

このようにバタビア在住日本人の子女で出生後同地の教会において洗礼を受ける者も少なくなかったが、他のある者は結婚前にあらかじめ洗礼を受けて、一応キリスト教の信仰に入ったようである。ところでオランダ東インド会社当局は早くから同地方の異教徒の諸民族に神の福音を伝えて教化せんとして、バタビアの建設が緒につくや否や、一六一五年四月には当局の意向にも沿ってアムステルダムの教会本部から宣教師アドリヤーン・ヤコブスゾーン・フュルセボス Adriaan Jacobsz. Hulsebos がまず派遣されて来着し、活潑に伝道に従事した。(33) 殊にオランダ人と現地住民女性との結婚に当り、あらかじめその女性を入信させ、主の祈りやその他色々な信仰上の行いを営ませるのについては、宣教師の尽力は欠くことのできないところであったが、宣教師たちはポルトガル語かマレー語には通じていても、現地住民のなかには単にシナ語か日本語かマラバール語かまたはグジャラート語を話したり理解するだけの者もいるので、オランダ政庁はこのギャップをうめるために、適当な人物を選んで通訳とし、宣教師を助けさせることとした。(34)

そこで日本人移民に対しても日本語を理解できるものを通訳に選任することになった。そして教会の決議録一六二五年十一月二十日の条に次のような記事を見出す。即ち，

大河の対岸に住む長崎のディエゴ・又次郎 Diego Mattagier という日本人通訳が，日本人の間で教会のために仕事をしたことに対して報酬を請求したので，前月に彼が試験的に働いた分として四レアルを支給した。しかし彼の生活は非常に品性に欠けていて，自国民を神の御言葉に耳を傾けさせることもなく，キリスト教に改宗させようと努めなかったと聞いたので，人々が彼の面倒を見るより先に，彼自身がまず働かねばならぬと告げた。彼にはいずれ再び告げるであろう。[35]

とあって，当局並びに教会のこの対策はこの時点では成功しなかったようであるが，教会はこれと同時にその経営する学校にシナ人，日本人，マレー人の少年を入れて教化に努め，[36] さらに一六二五年十一月十三日には日本人通訳の申請によって，病んで栄養にも事欠く日本人二名が施療を請求していることを知ったので，教会はこれを受入れて，まず人を派してこれを慰問し，その状態に応じて救済することになった。[37] この種のことは日本人子弟を信者として洗礼を授けることに次いで，教会活動の中で重要な比重を占めていた事業に相違なく，その後一六三六年三月十三日にも一日本人の息子アドリヤーンケン Adriaenken を孤児院に収容して同院で育てることになり，[38] さらに一六四〇年七月十七日には教会の経営する救貧院で日本人等に対して七五〇レアルを支給することが決定されるなど，[39] 教会は日本人移民に対して直接にはその信仰教化に努めるとともに，間接には学校教育や救貧事業などを通じてその教化に努めたようである。アンボイナ島や台湾では東インド会社の支援する布教活動が極めて活潑にして大なる成果を挙げ，その史料も極めて豊富なのに比し，[40] バタビアの日本人移民に関する教会関係史料の目につくものは極めて少なく，この外強いて挙げれば，バタビアの地方公文書館所蔵の『教会員帳』Communion Boek に，

一六四一年三月二十三日　日本のイザベラ・ファン・サントフォールト
一六四一年六月三十日　日本有馬のイザベラ・ロメイン
　　　　　　　　　　　日本長崎のスザンナ・フェルステーヘン Susanna Versteghen
一六五〇年十月　平戸のマリヤ
一六五三年七月　モニカ・九郎兵衛 Monica Krobe(41)

の自署記入がしてあることによって僅かにその片鱗を窺えるに過ぎないのは遺憾である。

第四節　統制と自治

オランダ人がバタビアを南洋経略の中心根拠地と定め、鋭意その建設に努力したので、その人口は急速に増加して、一六二〇年七月中旬には総数二千名前後であったのが、一六二四年一月には六千四百二十五名に、一六三二年にはさらに急増して八千五十八名を数えるほどになった。そして市内には東インド会社雇傭のオランダ人を始め、オランダ人自由市民、その他日本人、シナ人、現地住民やインド方面から送致された男女奴隷など、東洋各地の諸民族が相次いで来住し、シナ人の場合は一六一九年十月には三、四百名ぐらいであったのが(42)、翌一六二〇年八月には早くも倍増して八百名となり(43)、一六三二年十一月には一躍二千四百二十四名に激増している(二七—二八ページ参照)。

オランダ政庁はこのような在住民の中で、シナ人を始め比較的その数が纏まって多い東洋諸民族に対しては、その取締と統制のために、各民族ごとにそれぞれ彼等の有力者を選んで甲必丹職に任命した。公文書では甲必丹 Capitein, Capiteijn, Capitejn とも、あるいは頭領または首領 Hoofd, Overste, Opperste とも記されているが、どちらかといえば前者を使用した場合が多く、これはポルトガル人等の習慣にならったもののようである。(44) シナ人について見れば、一六一九年に福建省同安県出身の蘇鳴崗が初代甲必丹に任命されて以来、十七世紀中には、林六哥、潘明巌、顔二官、蔡煥玉、郭郡哥、林敬官等が相ついで交々任命され、その下に次席補佐役である雷珍蘭 Luitenant も任命されたが、(45) この制度は、その後、時代によってその職制権限に多少の変更はあっても、引続いて太平洋戦争直前まで行なわれていた。

バタビア在住日本人の戸口数はシナ人の数に比較すればもとより遥かに僅少であって、その最も多数の時でも、当時のシナ人在住者数の半数にも達しなかったが、やはり日本人の中からも甲必丹が選任された。即ち一六一六年一月に日本から第二回の契約移民がエンクハイゼン及びジャンク船フォルタインの両船で来着したが、クーンはフォルタインに便乗して来た日本人等が余り従順でなく、かつまた彼等の首領である大坂出身の高級船員楠市右衛門をもこれを統御するには不適当な人物と認めて、かえってエンクハイゼンで来航して、同船に乗船した人々の統率に当っていた清右衛門 Ceyemon, Goyemon を重用したので、市右衛門はこれを嫉視して、同年六月二日未明に突如清右衛門を殺害した。オランダ政庁は即日裁判を開いて、市右衛門に死刑の判決を下し、その後被害者清右衛門の遺産をその妻子に託送することを斡旋すると共に、他に一人の頭領 een andere overhooft を選任した。(46) 即ち総督府参議員会決議録一六一六年六月十日の条にはこの新頭領の選任に関して、

帆船エンクハイゼン及びジャンク船フォルタインで来着した日本人等の首領等 Oversten の事が、神助によって激しい災厄を経たのちに落着したので、一ヨ本人権左衛門? Gonssen を頭領 Hooft として、これらの日本人を指図するように任命公認することに同意する。これはもとよりその身分にふさわしい支度料としてまず彼に一二レアルを給与することを条件とし、同人が戦時には殊勲を建て、平時にも相応に有能ならんことを期待するからで

ある。(47)

と記されている。前記市右衛門並びに清右衛門が公式に在住日本人の頭領職に選任せられたか否かは明確ではないが、この決議録によれば、権左衛門は総督府参議員会から既に公式に頭領に任命されている。そしてこのような頭領または甲必丹職の任命は単にバタビア市在住移民の場合だけに限らず、広く他の東インド諸島各地の移民集団にも等しく適用されたもののようで、これより先テルナテ島におけるオランダ長官並びに評議員の決議録一六一七年八月十二日の条にも、帆船エーンドラハト de Eendracht で同地に来た日本人の上に立つ頭領、即ち甲必丹を彼等の間から選出せしめることに同意する旨の記事があり、この場合には明らかに日本人等が自ら自国人の中から選出した人物を、オランダ当局が彼等の甲必丹職として公認し、任命している(二四二ページ参照)。日本人の甲必丹または頭領が管掌する職務の内容は明らかでないが、両決議録によれば、恐らくシナ人の場合とほぼ均しく、オランダ官憲の委嘱または命令によって、日常は自国移民団の統制に関する行政的あるいは民事的な事務や、政庁の命令伝達、または彼等の裁判や徴税に関与したに相違ない。そして権左衛門任命の際の決議にも見えるように、もとより戦時に当っては転じて日本兵の頭領あるいは甲必丹として、先頭に立ってこれを指揮すべきことが期待、約束されたのであろう。

一六一八年末から翌年五月にわたるジャカタラ籠城軍の日記によれば、一日本人ペドロは歩哨勤務中に居眠りした廉を以て、日本人甲必丹と全日本人の落胆にもかかわらず、軍律によって死刑の宣告を受けて、一六一九年二月二十三日に銃殺の刑に処せられた。(48)この日本人甲必丹の氏名は明らかでないが、恐らく年月の関係から見ても、前述の権左衛門ではあるまいかと思われる。

しかるに『婚姻簿』一六二五年十月九日の条には日本人甲必丹でミアコ《(ママ)》出身のミヒールとフィリップス・ファン・デル・ウェルフの寡婦バリのバルバラとの婚姻が記入されており(史料一〇)、また同年十月三十日付の両名の署名した長文の結婚契約書には前者の身分について「目下当バタビア市の日本人の甲必丹で四十二歳のミヒール・市右衛門」と記してある（史料一一）。しかし『オランダ人婚姻簿』の翌一六二六年九月二十四日の条にも日本人の甲必丹で大坂出身のミヒールとアドリヤーン・ファン・デ・ウェルフの寡婦バリのバルバラとの結婚が登録してあるから（三一ページ参照）、バリ島出身のバルバラなる寡婦の亡夫の氏名が甚だ相近似していること、殊に一六二〇年一月二十二日現在のジャカタラ在住東インド会社使用人名簿には「ライデンのフィリップ・アドリヤーン・ファン・デル・ウェルフ Philip Adriaen van der Werff、司厨長、月俸四〇フルデン」なる記載もあり、(49) またバリのバルバラの新夫は共に日本人の甲必丹でミヒールと呼ばれているから、恐らくこの頃在住日本人の甲必丹として同一人ミヒール・市右衛門が任命されていたのに疑いあるまい。あるいは先に一旦死刑の宣告を受けた大坂出身の楠市右衛門が、その後ある特殊な事情によって赦免されて、甲必丹職に任命されていたのではあるまいかとも思われる。そして両婚姻簿に彼等の結婚が一年隔てて再度登録されているのは、彼が最後の結婚届出を済まして後に、両名の間に揉め事が起って、漸く翌年に至って落着して、正式に結婚が成立したために他ならない。この間の経緯は、同地の教会の記録にも再三詳しく記入されている。(50)

その後、日本人の甲必丹について記録に上ったものを拾えば、一六二八年十月十九日に中部ジャワのマタラム Mataram 王国軍の来襲に備えて白人七百名、日本人とマルダイケルの混成隊三部隊二百十名、シナ人部隊七十名の守備隊が編成された時、一部隊の指揮官は甲必丹九郎兵衛(?) Flobij と呼ばれる日本人であったが、(51) 一六三四年九月二十九日には日本人の甲必丹九郎兵衛 Krohbe, Captn v. d. Japanders が一シナ人から二五レアルを借用し、公証人ダニール・フュッドの役場に出頭して借金証書を作成しているから、(52) この甲必丹九郎兵衛と前者とは同一人物に相違ない。また一六三七年一月十五日にも、オランダ船がバタビアに拉致した柬埔寨の日本人傭兵十三名が在住日本人並びにその甲必丹等の歎願によって釈放され（史料一九）、同年九月にバタビアからマカオに出帆した船に託して日本人等の甲必丹が書翰を送っているが[53]、この二例の日本人等の甲必丹はその氏名も出身地も記されていないけれども、その年代が接近していることから、前記の九郎兵衛だと思われる。もしこの推定に誤りなしとすれば、彼は一六二八年頃から一六三七年頃まで少なくとも十年間は甲必丹職にあったことになる。

しかしその後十七年たった一六五四年四月七日付のバタビアのオランダ政庁の決議録によれば、東部バタビア市の堀割浚渫に当って、その費用をそれぞれ堀割通りに居住する市民から一定の割当額の寄付金を提供させた名簿が掲載されているが、その中に日本人甲必丹という職名と、彼の住居間口並びに割当額が列挙してある（六八―六九ページ参照）。この日本人甲必丹が前述の九郎兵衛と同一人物であるか否かは明らかでないが、これは少なくとも十七世紀も半ば過ぎになっても同地に日本人甲必丹が依然として在任していて、その称号を襲用していたことを示すものである。ただこの甲必丹なる称号は、既にその実務実権を伴わない名目だけのものか、あるいは未だ在住日本人がなお相当数生活していて、従来通りにその管理統制のために引続いてその甲必丹の在任を必要としていたのかはわからない。ただ一六四七年十一月十三日付のビセント・ロメインの寡婦長崎のイザベラの遺言状や（二一〇ページ参照）、一六五四年八月二十一日付のフランソア・カロン帰国留守中の屋敷に通ずる橋の管理依頼に関する証言には、「日本人キリスト教徒で当地の日本人の前甲必丹ミヒール、別名市右衛門 Michiel alias Itsemon, Christen Japander, out Captn van Japanders alhier」と記されているから（史料六三）、彼は疑いもなく大坂出身のミヒール・楠市右衛門であって、退任後も永くこのように前の職名を以て呼ばれていたことがわかる。

なおこれより先一六三八年三月にバタビア在住日本人自由市民雷珍蘭の所有にかかるヤハト船インディッシェ・ズワーン de Indische Zwaan がボルネオ島の南東部にあるコタワリンギン Cotawaringij に航海して、原地住民に掠奪されたことがあるが、[54] この雷珍蘭は軍人の中尉を指すものではなく、シナ人の場合と等しく、甲必丹の下にあって、その補佐的な役割を勤めていた者に相違ない。

第三章　バタビア移住日本人の活動

第一節　軍事・警衛

バタビアのオランダ政庁が機会あるごとに多数の日本人移民を招致せんとしたのは、さきに総督クーンも「労働のためではなく、むしろ戦争に使役せんがためである」と述べたように、主としてこれを軍事方面に使役せんがためであった。オランダ本国のアムステルダムの東インド会社重役も東インドの出先の当局者に対して、努めて日本人兵卒を招致するように指令を発している。(1)

日本人の勇敢な性格は当時南洋各地においても一般に認識畏敬されていたので、彼等は日本人の参加雇傭によってその軍隊を補強せんと努めたのであった。そして現地の住民も特に日本人を畏敬したことは、これより先一六一六年十月十一日にクーンが本社に送った報告中の一節に、

イスパニヤの艦隊が来襲した場合、わが全艦隊を活用するために、我等の貨物を完全に防護する必要があり、我々は日本人四十五名及び全兵員をジャカタラに揚陸したが、この事はジャカタラ及びバンタンに一大衝撃を惹き起した。そのために、ジャカタラ王は彼の恐怖を包み隠すことができぬ旨を愬えて、……何故に陸兵並びに(当地では我が[オランダ人]国民以上に畏敬されている)日本兵を揚陸せしめたのかと尋ねた。(2)

と特に記しているほどであった。

既に一六一三年七月のチドール島遠征には、ジャカタラから派遣された軍隊中に四十名の日本兵があって、戦闘中に二名が陣歿した。(3) 翌々一六一五年五月のバンダ島遠征に当ってもまた日本兵の乗組んだ一船が派遣されて、プロワイ攻略の際には日本兵がその隊旗を掲げ、先頭に立って進撃し、オランダ兵がこれに後続して、ついに城塞を陥れた。(4) ついで一六二一年二月のバンダ島再征の際にも日本兵二部隊八十七名がバタビアから従軍したが、(5) 彼等はやはり先陣の功をたて、戦後日本人の隊長以下十四名に特別賞与が授けられた。翌一六二二年のライエルセンの南シナ方面派遣艦隊中にもバタビア在住日本人自由市民三十七名が特に志願して従軍し、(6) これに参加したイギリス船ベーヤ the Beer にも日本人が乗組んでいたが、六月二十四日のマカオ総攻撃ではかえって蘭英連合艦隊側に多数の戦傷死者を出し、日本兵の隊長も戦死したほどであった。(7) なお同年十二月七日にベーヤからライエルセンに送った報告によれば、十一月三日の暴風雨で失った乗組員中に七名の日本兵が挙げられている。(8)

このようにバタビアに移住した日本人はオランダ人の東インド経略の初期に当って、諸方面の戦闘に参加して武勲をたてたが、これより先一六一八年にはジャカタラにおけるオランダ人とイギリス人の関係が漸く悪化し、互いに使用人の争奪を始めた。この時オランダ東インド会社雇傭の日本語通訳マヌエルはイギリス商館に出入し、不用意にもバンタン王とイギリス人とが連合して、遠からずオランダ人を攻撃する計画のあることを同僚に洩らしたので、当局は直ちに彼を喚問して事の実否を糾し、日本人コンスタンチノとフワンの両名は六月二十四日の喚問の席に立会い、彼の供述の真実であることを証明し、証書の末にはそれぞれ日本風に華押捺印を施している(史料一六および一二五ページ参照)。因みにこれは同地移住日本人の手書の現存するものの最も古いもののようである。

いよいよ同年暮からイギリス軍はジャカタラ城塞を包囲した。籠城軍司令官ピーテル・ファン・デン・ブルック以下四百名中には日本兵も二十五名あって、勇敢に防戦したが、翌一六一九年一月十四日に日本兵が城外においてバンタン王の書翰を拾得したことが端緒となって講和の議が起り、(9)城塞からバンタン王のもとに使節が派遣されたが、使節一行はかえって随員日本人二名と共に賠償金の質として王から抑留された。(10)先に籠城軍の一日本人ペドロが歩哨勤務中に居眠りをして銃殺の刑に処せられたことを述べたが、包囲軍掃蕩後、日本人左衛門は同年十一月九日の歩哨勤務中の怠慢の廉を以て、同月十七日に裁判の上、一ヶ月間の労役を課せられている(史料一八)。

翌一六二〇年一月二十二日現在のジャカタラ城塞内東インド会社使用人名簿によれば、前述のように七十一名の日本人名が掲げられているが(史料四)、恐らく彼等の大多数は兵卒であったに違いない。また同年十二月二十四日の調査にもオランダ兵並びに日本兵が合計三百七十六名計上されているから、(11)その中に日本兵が若干名いたことは明らかである。その後一六二八年の秋マタラム王の大軍がバタビアに来襲し、十月二十一日にはヤックス・ル・フェーブルJacques le Febre の統率した守備隊二千八百六十六名が城塞の外に出てこれと対戦したが、その中に日本兵及びマルダイケル二百十名を以て組織した三部隊があって、その一部隊の指揮官が日本人九郎兵衛であったことも既に述べた。(12)当時の戦備配置図によれば、日本人部隊の配置は城塞の東方に当り、防備隊の先鋒左翼を固め、マタラムのトマゴン・ブルクサ Tommagon Bourcxa 指揮下の大軍六千名と対戦して、これを撃退している。(13)この戦闘に当っても「日本人部隊は勇敢に奮戦して、先頭に立って敵軍に殺到し」、二名が戦死した外に戦傷者をも出した。(14)十月二十三日にはさらに七部隊が城外に出て防戦に努めたが、この時オランダ人兵士及び自由市民から成る四部隊の外に、日本人の一部隊三十六名もシナ人約四、五百名や半奴隷などと共に野戦に参加して活躍した。(15)また翌一六二九年九月十七日の防戦に参加したアントニオ・ファン・ディーメンの手兵の中には日本兵が三十名あり、(16)ついで一六三三年三月二十九日にバタビアの東方クラワン Crawang 地方で原住民が叛乱を起した際にも、総督の命によってオランダ兵四十五名、日本兵、シナ兵、並びにマルダイケル兵が二十二隻の舟艇に分乗してその討伐に向かったが、(17)その中に果して幾名の日本兵が参加したのか、その実数は判明しない。恐らく相当数の日本人も従軍したに違いない。因みに寓目の限りでは、この一六三三年にオランダ軍に従軍したことを以て、日本兵の参戦は終っているようである。しかし日本人の中にはその後もオランダの軍隊に勤務する者もあった。このことは、一六四七年七月二十七日に東インド会社の書記から一日本人兵コルネリス・九郎兵衛 Cornelis Crobe がマラバール出身の奴隷を購入した時の売買契約書が残っていることからも明らかである。(18)

このようにバタビア移住日本人の中には傭兵となって、あるいはバタビア城の防衛や、あるいは東インド各地の遠征に当った者がいて、彼等はその勇敢な行動によって常に重視されたが、彼等の待遇や給与は必ずしもこれにふさわしいものではなかったようである。既に平戸の商館長ブルーウェルも「日本人は性質怜悧にして有能であるが、その給料は低廉にして、米と塩魚など極めて安価な賄いで養うことができる」といい、またクーンが一六一四年一月一日付で本社に送った通信中にも、

日本においては食糧その他何品に限らず、必需品は極めて低廉に手に入れることができる。また同地においては我々の要求するような船を建造し、または建造させることもできる。それは、同地においては金さえ出せば、我々に不足な物は無いからである。また我々の兵に支給するのと同様な給料を出せば、必要なだけ多数の日本人を傭入れることができ、しかも我々の兵と同様な契約条件でよい。(19)

と記している。

試みに一六二〇年一月二十二日現在のジャカタラ城塞雇傭日本人七十一名の月給を見ると、首領格と覚しい六名以外の六十五名はいずれも三レアルを支給されているが、同年度のオランダ人使用人の月給を見ると、高級社員、特殊技能者以外の一般兵士は九フルデンである(史料四)。一レアルを平均二フルデン半とすれば、日本人の月給は七フル

デン半となり、オランダ人より若干低廉である。しかるに独身の黒人六十九名の月給はいずれも二レアルであって、既婚黒人二十九名の月給は三レアルであるから、俸給に関しては日本人と黒人とはほぼ同等であったように思われる。翌年八月二十日現在の、ジャカタラ在住東インド会社使用人名簿並びに俸給簿によれば、

	員数	月給総額・単位フルデン
下級オランダ兵	二七八	二六〇二
日本人	五三	三九七・五

とあって[20]、前者の平均俸給はやはり九フルデン強となり、後者は七フルデン半であった。

バタビア移住日本人の中には兵卒としてオランダ軍に参加し、攻城野戦に当った者もあるが、彼等は平時にあっても、市民として市の警戒を分担させられた。一六二〇年八月十八日総督クーンは布告を出して、火災、騒擾、警報のあった際にバタビアの防護警戒を担当させ、秩序を維持するために、市内在住のオランダ人自由市民、日本人、並びに黒人の正確な人口調査を命じたことがあるが[21]、一六二二年十二月四日にはさらに火災などの場合、見張りや警戒に当るボランティアー隊設立に関する布告を出している。その中には在住日本人に関する条文もあった。即ち、

警戒に関する規則。本布告によって左の如く確定す。

a′　シナ人と日本人とは以前に指定された市中の区域、または今後指定される市中の区域を夜間警戒すべし。

b′　各警衛隊は少なくとも然るべく銃を所持せる人員八名を以て構成すべし。

「中略」

e′　日本人は火災またはその他の際、警戒のため武装して市庁前に出頭し、登庁の司法委員または甲必丹の助言を受けて、法務執行官の指揮に服すべし。故なく立去った者には罰金三レアルを課す[22]。

と規定せられた。また彼等の中にはこのようなボランティアー勤務の外、オランダ人等とともに市の警察の常傭的な雇員に任命される者もあって、一六三二年九月十日には日本人二名がオランダ人や黒人等と共に合計五名採用され、月給総額三六レアルが支給されている。(23) この外、当時バタビア市の郊外には未だ猛獣が徘徊して人畜に危害を加えていたので、会社は懸賞金を出してその捕獲を奨励した。一六四八年一月二十日には勇敢な日本人が危険を冒して大虎を捕え、会社に出頭して、かねての懸賞規定により一五レアルの賞金を与えられた。(24)

第二節　公共土木・土地建物の用益

一　公共土木工事

バタビア移住日本人の中でオランダ人に雇傭された者は主として軍務に服し、他に東インド会社の事務員として任用された者や、あるいは会社船の船員やその他種々な筋肉労働者として使役された者も若干あったが、また彼等の中には既に述べたように、若干年月勤務した後手当を受けて解雇され、自由市民となる者もあった。例えば一六二〇年度に解雇された日本人九名の氏名と、彼等に支給された解雇手当を見ると次のようになる(史料二)。

	フルデン	スタイフェル	ペニング
ミヒール	一六〇	一五	
アンドレ・ロドリグォス	五五四	六	一
藤四郎	一二二	八	

京左衛門	一二二	八	
ヤン・ヤサゲ	一一三	一九	
シセコ	三二六	七	八
兵左衛門	三八	八	
藤十郎	四三	四	
三　助	一二八	一八	
合　計	一六一〇	一四	九

右のアンドレ・ロドリグォスなどは一人で最高五五四フルデン余の解雇手当を支給され、前記九名で総額一六一〇フルデン余の手当を給与されているが、彼等が同地に残住すれば、このような金子は当然何等かの形においてその生活の資金として利用されたことと思われる。彼等はこれを日常の生計費に充当したり、進んでこれを他の有利な事業に投資したり、あるいは先にクーンの退任に当って、その餞別その他の費用として、これらの日本人百三十名が総額二七五レアルを醵出したように、公共的な種々の目的に使用した場合もあった。

　これより先総督クーンは一六一九年五月三十日に完全にジャカタラの地を恢復すると、直ちに町や城塞や諸建造物を改修し、これをバタビアと改称し、さらに進んで同地を以てオランダ人東方発展の中心根拠地とするため、城塞の拡大、市区の建設整備に鋭意力を注いだ。その後一六二三年二月初めにクーンが辞任して退去した後も、後任のピーテル・デ・カルペンチールはバタビアの東方河岸に市街地区を拡張し、運河の掘鑿と城壁の増築を開始したが、この時、在住オランダ人、シナ人、及び日本人自由市民等は自ら工事費一六万一〇〇〇レアルを寄付したので、多数の貧困なシナ人労働者をこれらの工事に使役することができた。(25) 一六二五年一月二十七日にカルペンチールが本社に送った報告によれば、一六二三年五月から開始したバタビア市の拡張工事、並びに市の外壁建造のために、市内在住オランダ人、シナ人、及び日本人自由市民がその時までに寄付した金額は左のようであった(単位フルデン)。

シナ人市民	六〇七〇〇
オランダ人市民	一〇三〇〇
日本人	一六〇〇
その他徴収予定のもの	約五〇〇〇
合　計	七七六〇〇[26]

その後一六三〇年三月から七月にわたって市内に運河を開鑿した際にも、シナ人市民、及び来航シナ人貿易商人等が工事費として一万六三六八レアルを寄付し、運河の南端に建設した望楼の工事費としてオランダ人市民は四、五万レアルを、日本人及び自由黒人は四〇〇レアルを寄付している。[27] さらに二十余年を経て一六五四年にはバタビア市の堀割浚渫工事が進められたが、この時には在住市民の屋敷の間口の広狭に応じて寄付金額が割当てられた。その中に前述のように日本人甲必丹の醵金も記されている。即ちオランダ政庁の決議録一六五四年四月七日の条に、

東部バタビア市内の堀割浚渫に関する寄付金簿、及び前記堀割並びにその通りのこの地域に居住する人々各自の寄付金は次の如し。

各屋敷間口一ルード[約三・七六メートル]につき六レアル四分の一を一レアル五一スタイフェルの換算で支払う。

ニューウエ通 Nieuwestraet

平戸生れのシモン・シモンセン　一ルード四分の一　六レアル四分の一

A区画プリンス通 Prinsstraet の北側より

孤児管財員	二〇・七	七二
シナ人ユンコ Juncko	一・二	四
日本人甲必丹	一・二	四

など多数の寄付金醵出者の氏名、屋敷間口、醵金額が在住の通りごとに区別記入され、その総額は五一六五レアル四分の三に上っている。(28)

二　果樹園の経営並びに賃貸借

バタビア市の建設工事に当って日本人市民は少なからざる工事費を分担したこともあって、公共的に寄与をなしていたが、当時彼等の中には政庁から土地を借受けたり、あるいは別に土地を購入して、これを種々利用して収益を計る者もあった。早くも一六二二年五月六日に総督府はバタビア在住日本人数名の請願を容れて、バタビア市を貫流しているチリウン Tjiliwoeng 河、即ち当時大河 Groot Revier, Kali Besar とも呼ばれていた河の上流地方に生育するシリーの採取、利用、並びに販売を特許した。即ち上流両岸の未許可地域内に生育せるシリー樹の葉の採取、運搬、及び新たにシリー樹を栽培することを来る一六二三年五月六日まで満一ヶ年間特許し、特許料として六〇〇レアルを毎月五〇レアル宛納入すべきこと、シリー葉を採取利用した土地は満一ヶ年後の返還期日まで荒廃させることなく維持してこれを返還すべく、またシリー葉が生育せる特許地域には、他人は決して妄りに侵入すべからざること、シリー葉は決して時価以上の高値で市場に供給すべからざること、総督府には日々必要量のシリー葉を供給すべきことなどの条件を付してこれを許可した(史料一四)。いうまでもなくシリー Sireh, Sirih とは蒟醤ともいって、その葉に石灰、煙草、丁字、檳榔子の実などを包んで嚙むもので、南シナ地方住民、ベトナム人、マレー系住民、インド人、アラビア人等、広く南方アジア熱帯地方住民の一般に愛用する必需的な嗜好品である。在住日本人がこの有利な嗜好品に着目して、政庁から土地を借受け、その栽培、採取、及び販売の特許を受けたのであったが、翌年五月六日の特許期限満了に当っても、彼等は前年とほぼ同一条件で一六二四年五月一日までの一ヶ年間シリー樹と檳榔樹との栽培、伐採及び販売の特許を得、(29) 一六二六年六月にも日本人市民二名に許可が下っているが(史料一五)、その後特許を受けた日本人に不正行為があったことが判明して、一六二八年三月一日になって政庁は日本人等に与えた特許を破棄し、これをシナ人の頭目に許与した(史料一五)。

しかし在住日本人の中にはなおもバタビア市の内外において地所を手に入れて、これにシリーやその他の果樹などを栽培したり、また時にはこれを他人に貸付けて、その貸付料を収納する者もあった。一六四九年七月十四日にミヒール・村上武左衛門が公証人ワイナント・ファン・カーテルスフェルトの事務所に出頭して、シナ人クイチェンコとの間に取交わした契約書によれば、大河の西岸にある彼の地所に生育せるシリー樹を同人に二ヶ年半賃貸し、同人はその葉の採取利用による収益中から毎月料金六レアルを支払い、借受期間中はシリー樹を損傷せざるは勿論、これを良く管理してその維持費を負担し、期限満了と同時にこれを返還すべく、その間借受人は自分の身柄、並びにその動産・不動産一切を担保に設定することを約している(史料二九)。翌一六五〇年二月十四日にも日本人キリスト教徒ヤンは一シナ人に対して市内西部ヨンケルス堀割通 Jonckersgracht にある彼の所有にかかるシリー、檳榔樹やその他の果樹の生育せる果樹園を一ヶ年毎月料金三レアル半で貸付け、借受けたシナ人は自分自身の身柄、並びに動産不動産一切をこれが担保に設定しているが(史料二三)、この契約書の末に捺した「浜田」なる朱印によって、彼が長崎出身の日本人キリスト教徒ヤン・浜田助右衛門であることが判明する。

なおこれより先一六四五年五月十九日には、日本人フランシスコ・助九郎が台湾長官として不在中の東インド総督府参議員フランソア・カロンの委任代理人として、クリスチャーン・デ・シルバ、アンドレ・ロドリゴ、長崎のトメの三名に対して大河の西岸バタビア市城門外十五分行程の地にある果樹園を貸付け、借受人等は園内に生育せるマンゴスチン樹の果実を自由に採取販売することを条件として借受料七五レアルを支払うべく、また果実の成熟が不良でその収穫が半数に満たない場合には、借受料はその割合に応じて支払うべく、さらにジャワ人やその他の敵のためにその採取を全く妨害された場合にも、借受人がすべてを負担することを約し、その担保に彼等三名の身柄、並びに動産不動産一切を設定している(史料二七)。マンゴスチン樹園借受人の一人である長崎のトメは、『婚姻簿』に見える一六四〇年十一月一日にバタビア生れの若い娘ドミンガ・ディエスと結婚した長崎生れのトメと同一人なるべく(史料一〇)、彼はその後間もなく妻に死別して、一六四四年三月三十一日にトメ・デ・ビベロの寡婦プネア・デ・ローザと再婚している(史料一〇)。また先に一日本人アンドレ・ロドリグォスが一六〇八年末マラッカ近海でオランダ船に捕えられてバタビアに到り、オランダ人に雇傭され、一六一六年十一月には、会社の商務員補として月給二〇フルデンを受け、一六二〇年一月には手当五五四フルデンを受けて解雇されたことを見たが、このロドリグォスと果樹園の共同借受人の一人アンドレ・ロドリゴとは同一人物に違いなく、彼は一六二五年十月三十日に日本人甲必丹ミヒール・市右衛門と寡婦バルバラとの結婚契約書を作成するに当って、日本語、マレー語、及びイスパニヤ語の通訳として立会っている(史料一二)。その頃彼はバタビア市ヘーレ通 Heerestraet に住んで、数名の奴隷を抱えていたから(史料一二－二)、恐らく相当に余裕ある生活を営んでいたであろう。因みに助九郎は一六四五年四月十九日にもカロンの代理人として、東部バタビアのタイヘルス堀割通 Tijgersgracht にある地所を一シナ人に月額八レアルで貸付け(史料二四)、同年五月十日にもやはり同人の代理人として、大河の西岸にあって総督の所有地に隣接している地所を一シナ人に一

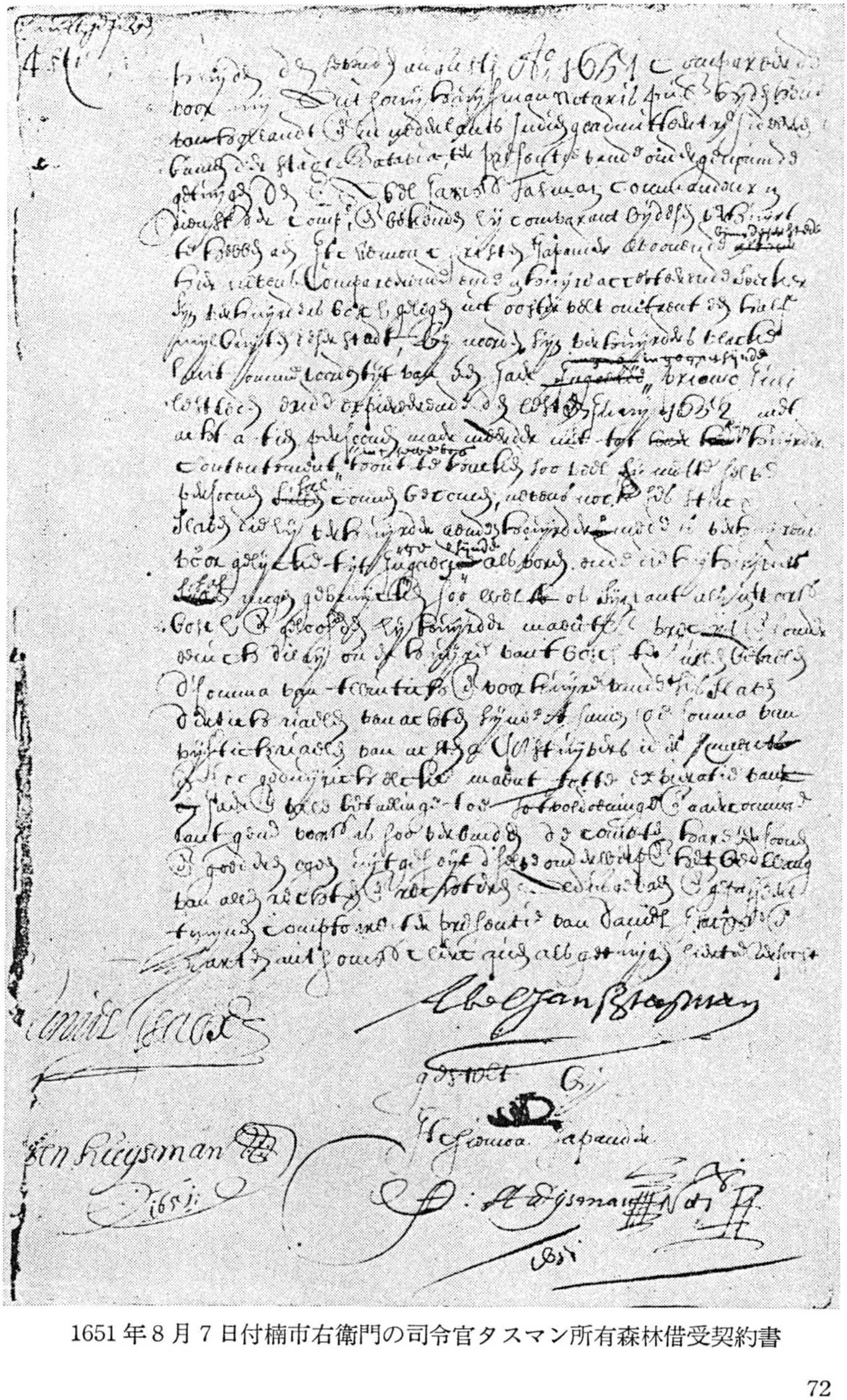

1651年8月7日付楠市右衛門の司令官タスマン所有森林借受契約書

ヶ年間毎月七レアルの地代で貸付けているばかりでなく、(30)翌一六四六年三月十四日にも重ねてカロンの代理人として、タイヘルス堀割通にあるカロンの邸宅の後に隣接し、当時ウィルレム・フェルステーヘンの住んでいた屋敷の庭地を一シナ人に貸付け、毎月地代五レアルを徴収し、その間庭地内に生育している果物の採取利用を許し、シナ人はこれに対して、特にその女奴隷一名、並びに彼自身の身柄と全資産とを担保に設定している(史料二二)。当時カロンは台湾長官として任地に在勤中であったから、その留守中彼の所有にかかる果樹園や地所の管理を代行した日本人助九郎は、彼と何か特別の縁故があってその委託を受けた人物に違いない。

ついで一六五一年八月七日には市内在住日本人キリスト教徒市右衛門 Itchiemon が濠州大陸発見の偉業をなしとげた東インド会社の司令官アベル・ヤンスゾーン・タスマン Abel Janszoon Tasman から一六五一年七月より翌年六月末日まで一ヶ年の期限で市外約半マイルの地にあって、河の東岸にある森林を借受け、人夫八名乃至十名以内を使役し、貸主の奴隷六名と協力して伐木に従事し、森林の賃借料二〇レアル、奴隷六名の賃銀三〇レアル、都合五〇レアルを支払うことを契約し、タスマン、立会人、公証人等と共に市右衛門も署名して、日本風の華押を据えている(31)(七二ページ写真参照)。日本人甲必丹ミヒール・市右衛門の華押とこの契約書の彼の華押がよく類似している点から推して、既にこの頃には甲必丹職を辞していたミヒール・市右衛門と賃借人市右衛門とは同一人物に違いない。なおこれより先一六四五年十一月一日に村上武左衛門がシナ人三名に二〇〇レアルを貸付け、月々の利息の代りとして、森林中の樹木伐採や運搬に当てるために彼等の下僕三名を質として提供させているなど(史料三三)、日本人の中にはこのように森林伐採に手を染める者もあったことが明らかになる。

三　宅地家屋の用益

日本人はバタビア市の内外において果樹園や森林などを種々な形で利用賃貸借すると同時に、市内において宅地や

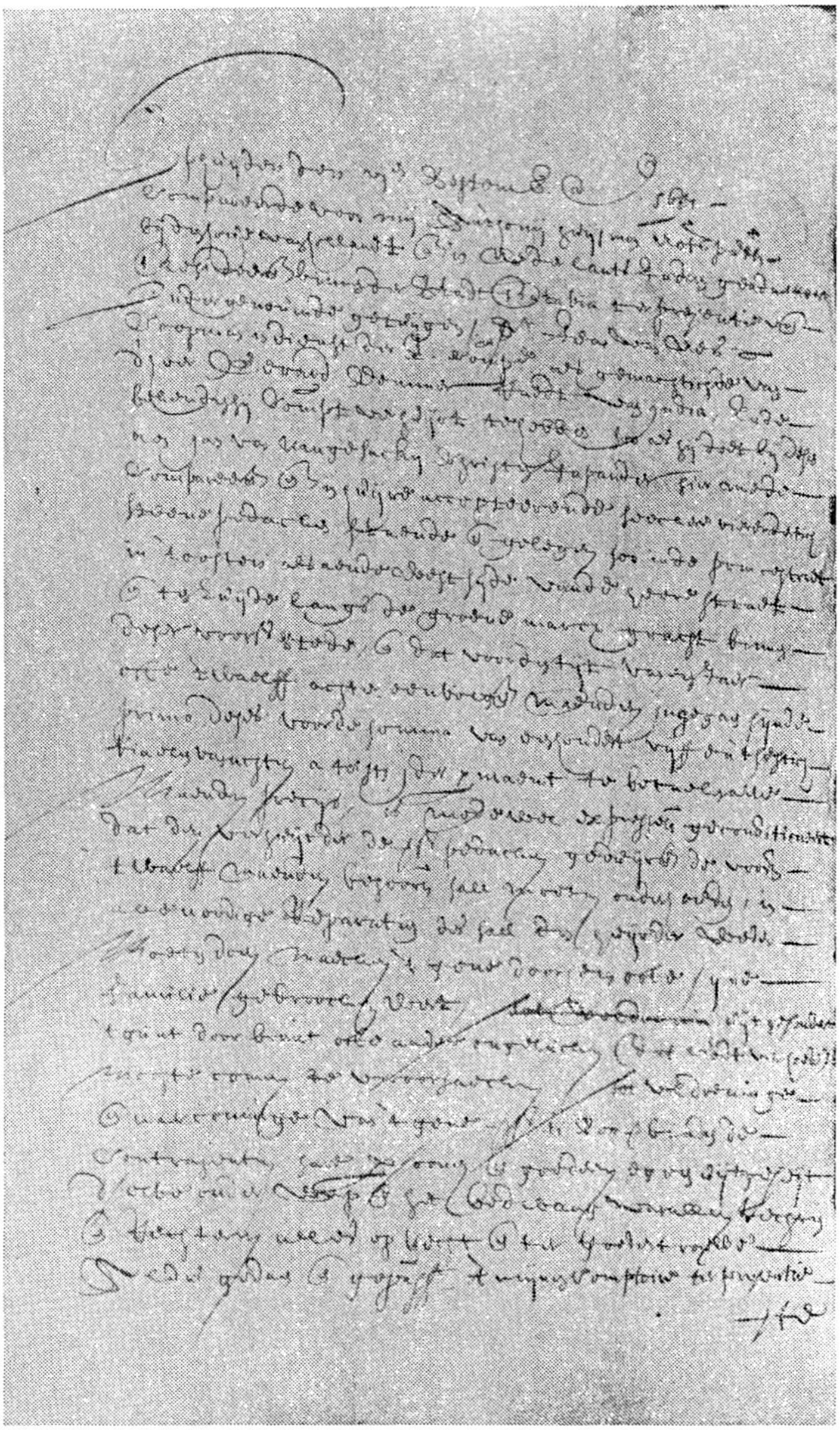

1651年9月6日付浜田助右衛門のヤン・ファン・ネスからの小家屋借受証書(史料26)

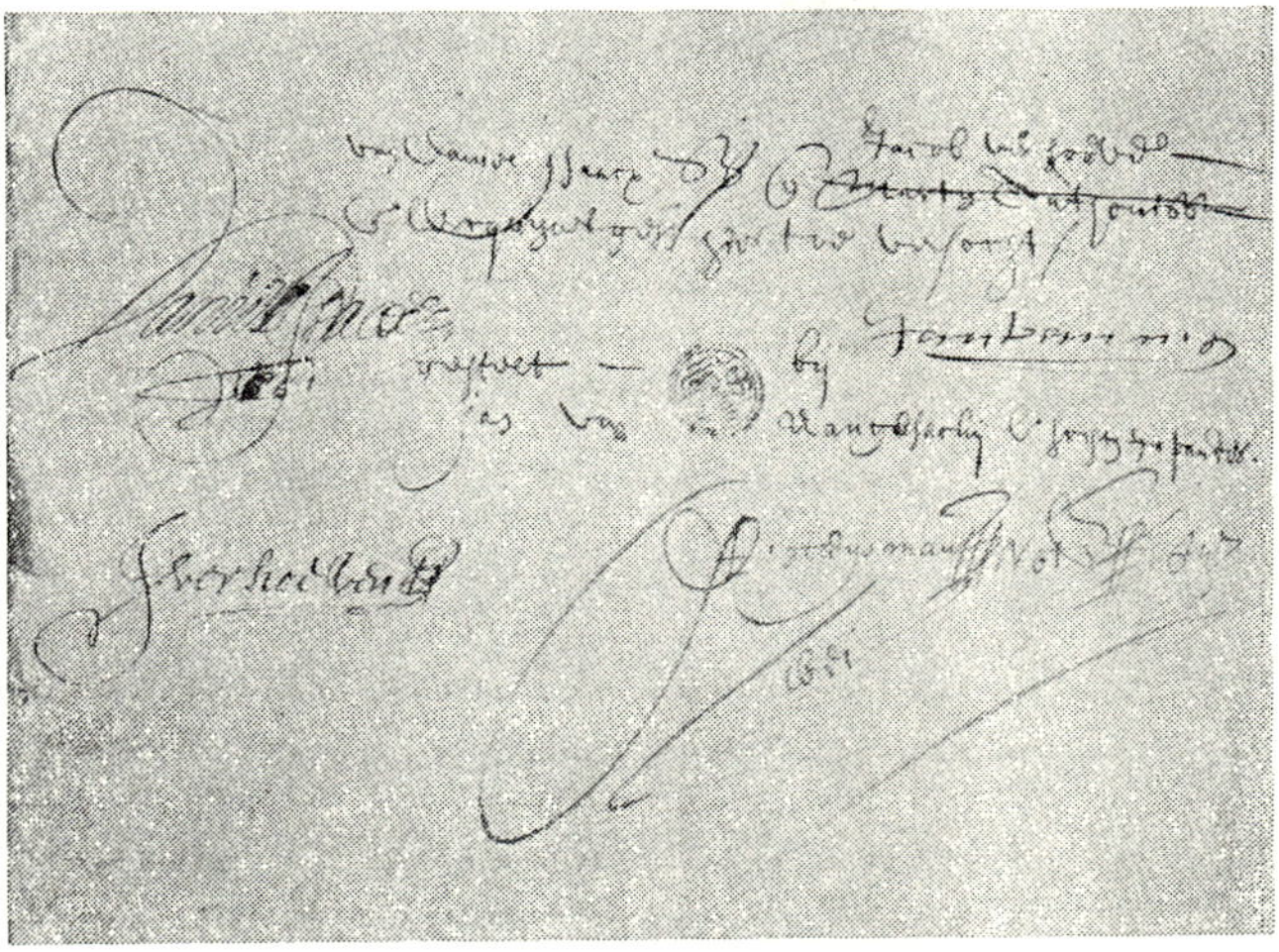

1651年9月6日付浜田助右衛門のヤン・ファン・ネスからの小家屋借受証書末尾(史料26)

家屋を営利の目的を以て賃貸借している。すでに一六二三年一月二十四日に総督クーンは平戸生れのペドロの願出によって、彼に対して市内ミッデル通 Middelstraet と第二横堀通 Tweede Dwersgracht の角にある東西七ルード、南北一ルードの敷地の使用許可を与え、右敷地内では、市庁に届出ることを条件として、石造家屋を建築しても、これに居住しても、これを売却しても、はたまた他の任意の目的に使用しても宜しい旨を通達し、また同日他の日本人フーシに対しても、同一条件でヘーレ通の東西五ルード、南北一ルードの敷地使用の許可を与えた(史料一四)。その後一六五〇年九月二十六日には日本人キリスト教徒長崎のヤンが東インド総督府の参議員ヘラルト・デンメルスの代理人ヤン・ファン・ネスから市内プリンス通にある石造小家屋三十四棟を向う一ヶ年借受け、毎月借賃一五〇レアルを支払うことを契約し(史料二五)、同日別に同人からさらに同町内南部にある石造小家屋二十四棟をも向う一ヶ年間毎月七二レアルで借受けている。(32) 即ち彼は、合計五一八棟に上る多数の石造小家屋を借受けているから、これは恐らく何か特殊な営業上の目的か、あるいはこれを他に分割転貸するためではなかったかと思われる。そして彼もやはり上記の契約書の末に捺した浜田の朱印によって、前述の浜田助右衛門であることが明らかである。

彼はまた翌一六五一年九月六日に、前年借受けた石造小家屋三十四棟をさらに向う一ヶ年間、毎月一六五レアルで借継ぎ(史料二六)、同年十月十八日にも他の二十四棟の借受契約を更新し、毎月家賃八二レアルで向う一ヶ年間借受けている。[33] このように彼は他人の持家を多数借受けていたが、他方一六五九年五月十六日には、タイヘルス堀割通にある自宅に隣接した家屋と宅地とを一オランダ人自由市民に向う一ヶ年間地代として毎月一四レイクスダールデル一〇デュブルチェで貸付け、[34] 一六六四年二月四日にもユトレヒト稜堡 Punt Utrecht の外側にある竹造小家屋十五棟を一シナ人アシの販売業者に一ヶ年間家賃毎月一八レイクスダールデル四分の一で貸付けている。[35]

なおまた一六五六年十一月十一日に日本人故ルイス・六兵衛の寡婦で平戸出身のカタリナがマラッカ通 Malackse-straet にある自宅に隣接せる住宅を一オランダ人婦人に一ヶ年間毎月六レアルで貸付けているが(史料二八)、彼女は、これより先一六四四年七月十四日に長崎の青年ルイス、すなわちルイス・六兵衛 Lowijs Locqbe と結婚した平戸の自由婦人カタリナである(史料一〇)。その後彼は病を得て、一六五一年三月二十五日には遺言状をしたため、彼女に遺産を贈与することに定め、[36] やがて死亡したらしく、同年十月十三日には故ルイス・六兵衛の寡婦平戸のカタリナが同市の司法委員オランダ人パウルス・フィッセル Paulus Visscher を法定代理人に選定している。[37] 六兵衛の寡婦カタリナは寛文五(一六六五)年乙巳四月十三日にジャカタラから平戸の五郎作と三蔵両人宛に手紙を送った六兵衛の後家ふくであって(一五一―一五四ページ参照)、また『長崎見聞集』に「平戸谷村三蔵、同五郎作譜代之下女、同三吉為に妹」とあるふくと同一人物と思われるが(一四〇ページ参照)、前記諸証書の末にはのてと自署してある。このをては、ふくを拙い書体で記したものに外なるまい。

日本人が賃貸借に出したり、その他の目的に利用した住宅や小家屋、あるいは自分の住居とする邸宅は、他からこれを購入したり、新たに建築したり、または他より借受けた場合もあったようであるが、一六五四年十一月三日には日本人キリスト教徒ミヒール・ディヤスとシナ人大工正哥との間に、レイノステルス堀割通 Reynostersgracht にある前記ディヤスの地所内に石造小家屋六棟と、その後方の住宅一棟との建築契約を結び、家屋はそれぞれ間口一ルード、奥行四ルード半とし、住宅は間口一八フート、奥行七二フートとし、これに要する建築資材や建築設計を極めて詳細に規定し、請負価額二〇八〇レイクスダールデルの中、建築着工と同時にまず八八〇レアルを手渡し、工事半ばにさらに六〇〇レアルを渡し、最後に工事完了後残額六〇〇レアルを支払うことを約した。なお請負人正哥は、請負期限三ヶ月を経過する場合には違約金として、一ヶ月ごとに各小家屋並びに住宅ごとに五レアルを納めるべきことを定めている(史料三〇)。この小家屋は他に賃貸するために建築するものに相違なく、多額の建築資金を支出し得るところを見れば、彼の同地における資産と生活程度も窺われる。そして彼はこれより先一六四四年一月二十一日に故ヤン・デ・ソーザの寡婦アンナ・デ・ローザと結婚しているが(史料一〇)、その後一六六二年一月六日付奴隷売渡証書の末にはミヒール・ディヤスと記し、さらに日本文字で惣兵衛と自署していることによって、その日本名も判明する(一〇四―一〇五ページ参照)。

このほか一六五〇年十二月一日には、一シナ人が村上武左衛門から一九〇レアルを請取って、煉瓦三万個を一千個につき四七レアルの割で、またオランダ瓦三五〇〇枚を一千枚につき四〇レアルの割で四ヶ月以内に引渡すことを約しているが(史料三七)、これは武左衛門が何か建築に使用するために違いなく、その後一六五五年十一月二十四日に六兵衛の寡婦カタリナ・ふくが自宅の建築用石灰、土砂、その他の器材を入札に付して一シナ人に納入させ(38)、翌一六五六年六月二十四日にも大河の西岸マラッカ通にある彼女の地所内の小家屋の用材や瓦を一シナ人が他の建築に流用したことの実否について、彼女はそのシナ人の保証人の申請に基づき、これを証言したなど(39)、当時バタビアにおいて日本人等の家屋建築に関しては、シナ人がしばしば工事請負人や大工となっていたようである。

四　住宅とその所在

多くの日本人が永年バタビアに在住すれば、必然的にその住宅が必要となってくるが、そのためには彼等はこれを購入したり、借受けたり、あるいは新築せねばならなかった。そして前述のような土地建物の賃貸借や建築契約によって、あるいは彼等の所有にかかる住宅や土地建物の贈与を明記した遺言状などによって、往々彼等の住宅の所在や構造などが判明することがある。

前述のようにヤン・浜田助右衛門の住宅はタイヘルス堀割通にあり、一六二五年十月三十日付の結婚契約書によれば、日本人甲必丹ミヒール・市右衛門の住宅もやはりタイヘルス堀割通にあったことが判明し(史料一二)、またフランソア・カロンの邸宅も前述のように同じ通にあって、これに隣接せるカロンの持家には、一時日本から追放されたウィルレム・フェルステーヘン一家が居住し(史料二三)、また一六五八年五月十七日付ミヒール・ディヤス・惣兵衛と日本人ジョアン自署の、マラバール出身の一奴隷釈放の実否の証明書によれば、奴隷の故主平戸のスザンナもタイヘルス堀割通のカロンの持家に住んでいたことがわかる(一二七—一二八ページ参照)。そして一六四七年十一月十三日付ビセント・ロメインの寡婦長崎のイザベラの遺言状によれば、タイヘルス堀割通東側にあって彼女の居住せる住宅の一部をもし実子が相続しない場合には、彼女の奴隷夫婦の娘イザベラにこれを譲渡する旨を記し、さらにその他の竹造小家屋三棟を他の奴隷三名に、同じくタイヘルス堀割通にあって彼女の住宅の北側に隣接せる小家屋二棟と、これに隣れる竹造小家屋一棟とをスザンナ・ファン・サントフォールトに、また住宅の一部をマリヤ・マリヌスに贈与することを約している(二〇七—二〇九ページ参照)。このスザンナはメルヒオール・ファン・サントフォールトの娘で、父と一緒にジャカタラに追放された混血児で、マリヤはジェロニマ・春の母で、やはりスザンナと一緒に追放された

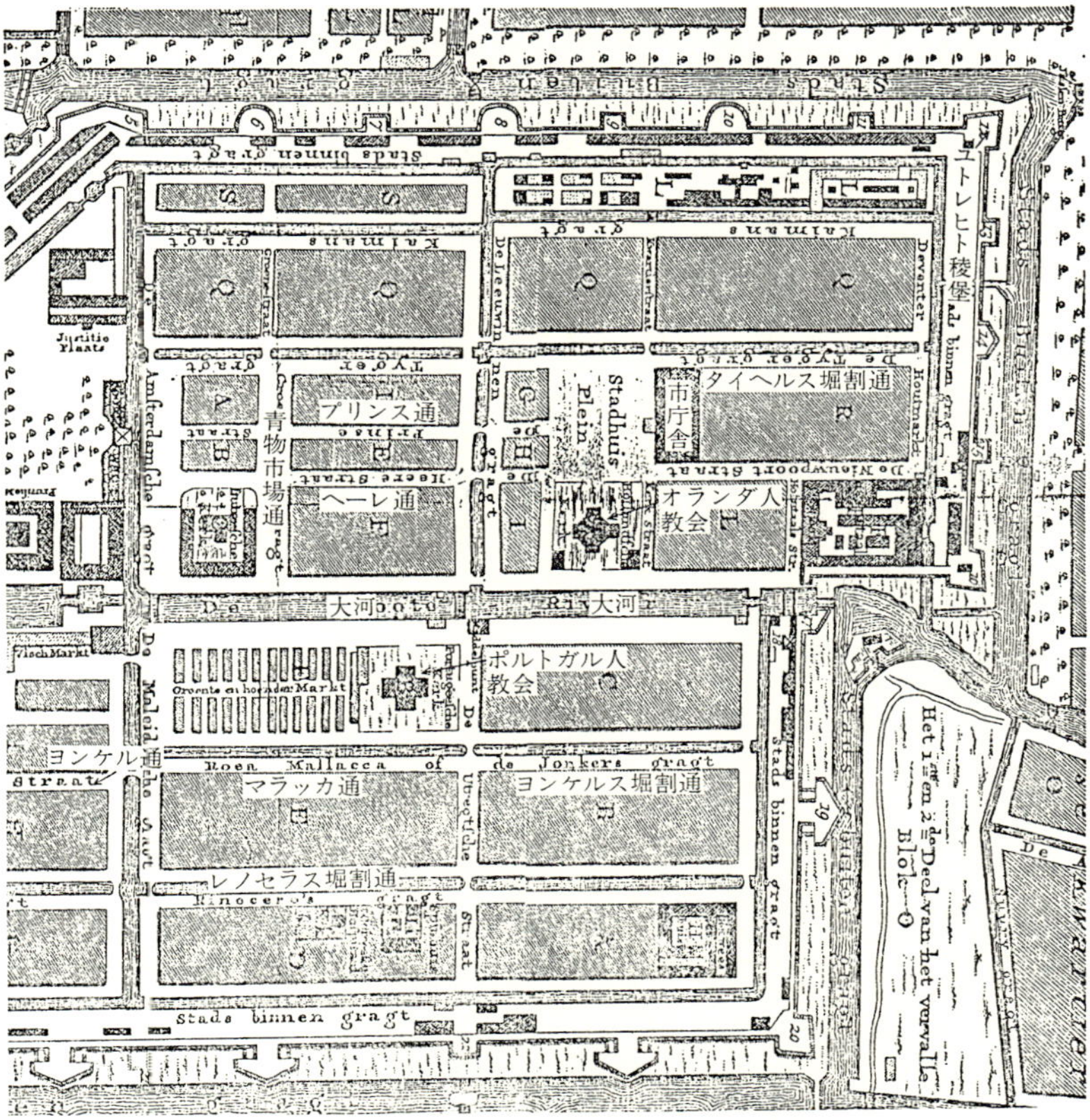

1780年版バタビア市街部分図

人々であった。しかるに前述のように、ルイス・六兵衛の寡婦カタリナ・ふくはマラッカ通に住み、また一六五七年七月二十七日付の家屋譲渡契約によれば、大河の西岸にあって、東隣は日本人ミヒール・九郎兵衛 Michiel Crobeel の住宅で、西はレノセラス堀割通 Rhenoceras-gracht に面している敷地付近の竹造小家屋の譲渡が記してある[40]ので、九郎兵衛の住居がマラッカ通の西側にあったことがわかる。日本人アンドレ・ロドリグォスがヘーレ通に住んでいて、数名の奴隷を抱えていたことは既にこれを述べたが、日本人ペドロも一オランダ人に借金した時には、同じくヘーレ通にある自宅と屋敷を担保としている(史料三一)。ジェロニマ・マリニョ・春一家は始めニューウェ通に住み、後ヨンケル通 Jonckerstraet に引越し(一六八、一九六ページ参照)、ヤン・ファン・カウエンブルフ Jan van Cauwenburgh と妻のマリヤ・助右衛門の一家はバタビア市内の西部に、[41] またカロンの不在中その家屋敷の差配をしたフランシスコ・助九郎 Francisco Sckekrau の一六五七年十一月二十六日付遺言状には、彼が河の対岸に住んでいたことが記してあり、[42] これより先一六二五年頃オランダ人に傭われて通訳を勤めていたディエゴ・又次郎もまた、河の対岸、即ち西部地区に在住していたことが教会の記録に記されている(五三ページ参照)。

バタビア市の古地図を開いて見ると、ヘーレ通とタイヘルス堀割通は共に東部バタビアにあり、マラッカ通とヨンケル通は共に西部バタビアにある市内目貫の通りであって、誠に少ない例証ではあるが、彼等はこのように市の東西に分散して、オランダ人等と雑居していたことがわかる。そしてそのある者は借家に住んでいたが、またある者は住宅を近親に贈与したり、これを借金の担保として提供した点から見ると、自分の持家に住んでいたことは明らかである。かつて村上直次郎博士などは当時日本人移住者たちが他の呂宋、暹羅、交趾、柬埔寨などのように、バタビアにおいても彼等独自の集落である日本町を営んでいたような見解を発表されたが、[43] 積極的に日本町の存在を裏付ける史料は何等挙げてなく、前述の例証によっても、かえって日本人は市内各地に雑居し、未だ彼等独自の町と呼ばれるような集落を構成するまでに到らなかったことは疑いない。当時日本人に比べて遥かに多数であったシナ人ですら、未だその大部分は市内各地に分散雑居していた。もっとも前述のように日本人の雑居せるヘーレ通には比較的多数のシナ人が密集雑居しており、このためシナ人区 Chineese Kwartier という通称で呼ばれていたようで、『バタビア城日誌』一六三一年八月十五日の条に、

ヘーレ通にあったシナ人区に大火災があって、横堀通 Dwarsgracht に面した家並みはすべて焼失した。[44]

とあり、それが日本人やオランダ人や他の外国人等も雑居していたヘーレ通の一部であったことがわかる。
ただここに『バタビア城日誌』一六六八年六月三十日の条には、バタビア郊外にある日本園 Japanse velt の名が見え、[45] さらに一六七二年七月五日の条には、
干拓地管理委員ピーテル・アントニオ・オベルトワーテル Pieter Anthonio Overtwater とピーテル・ファン・ホールン Pieter van Hoorn 両氏の提案に基づき、日本園の多くの開墾地所有主の訴えについて、これらの人々の希望を認めることを閣下との間に諒解した。すなわちシナ人リムヨンコ Limjonko に対して、彼等がその土地を横断する通路を、以前と同様にこれからも妨げることなく使用させるということである。[46]
とあるが、この日本園とはバタビア郊外にある一地区で、『開吧歴代史記』乾隆十年の条中に報ぜられた日本亭の附近かも知れないが、[47] いずれにしても十七世紀中に同地方で活動した日本人移民と全く無関係に命名したものとは思われない。

第三節　金　融

バタビア市の建設工事も緒につき、市政の諸機関も漸次整頓して、一六二〇年八月二十七日には公証人役場も開設され、市庁の書記ヘルマン・ピーテルセン・プリンス Herman Pietersen Prins が始めて公証人に指名されてから、バタビア市民の間で取交わされる、主として民事的な諸契約は、このような公証人役場において作成された。それらの契約の今日まで同地の文書館に保存されているものは非常に多い。一六二〇年の公証人役場開設以来一八一六年に至る間、主として東インド会社の治政期間だけでも、オランダ人公証人の総数は百十一名であって、彼等の手によって

公証人名	証書数
Jan Keysers	85
Pieter Hackius	75
Wynant van Catersvelt	60
Anthony Huysman	39
Daniel Hudde	15
Ambrosius v. d. Keer	11
Adriaen Woutersen Draeck	9
Frederick Roest	7
Meyndert Houmes	3
Jan Tromper	2
David Reguleth	2
Simon Man	1
合　計	309

証書の内容	証書数
(1) 土地・家屋・果樹売買貸借	17
(2) 金銭貸借	109
(3) 奴隷売買	96
(4) 法廷証言	38
(5) 奴隷解放	13
(6) 遺言状	32
(7) 雑	4
合　計	309

作成された公正証書は現存するものでも総計八六三八帙で、無慮三、四十万通に上っている。(48) この中一六二四年頃から勤務したアドリアーン・ワゥテルセン・ドラックから一六九五年頃まで勤務したダビット・レギュレットに至るまでの間に作成されたものは一九五五帙に上っているが、この中から百方捜索して発見した日本人関係公正証書の数は右上の表の如くなる。なおこれを公正証書の内容によって分類すれば右下の表の如くなる。

この中(7)の分類の中には前述の楠市右衛門の結婚契約書も含まれている。このほかアントニイ・日本関係の公正証書も八十三通発見して筆写したが、前述の通り彼アントニイは日本人ではなく、また彼等に関係のあった公正証書で日本人移民に関係あるものは一通もなく、第二次世界大戦の勃発で緊迫した当時、あたら時間と精力と経費を無駄に費したことになったわけである。

もとよりバタビアに在住して生活した日本人が種々な契約や裁判関係書類などを作成する場合には、いずれもオランダ人が本国から同地に持込んだその法規慣習に従って、原則として公証人役場に出頭して証書を作成してもらった。ただ例外的に遺言状を作成する場合、遺言人当人が病臥している際には、公証人を枕頭に招いて作成してもらった。したがってその中には前述の土地建物の賃貸借契約書や建築請負書を始め、各方面の関係証書をかなり見出すことができて、これによってだけでも彼等の生活や活動状態の一面を窺えるが、特に彼等の金銭貸借や奴隷取引に当って作成した公正証書が最も多く残存している。

ここに一例として一六五二年二月二十七日付の長崎のヤン・助右衛門の貸金証書を訳出しよう。

バタビア市の公証人たる予ワイナント・ファン・カーテルスフェルトの前に当市の住民シナ人シオーコ Sioocko が出頭して、下記証人等立会の上で、同じく当市の住民日本人キリスト教徒長崎のヤン・助右衛門から五〇レアルの金額を相違なく借受け、彼も正しく貸付けて、その払渡を済ませた金額に対して、彼出頭人の同意を得て毎月一レアルの利息を付けることを陳述し、前記の金額は今日から十ヶ月後に前述のヤン・助右衛門(またはその権利を取得した者)に対して即刻返済すべく、その利息はこれを果すまで毎月几帳面に支払うことを約した。これに対して彼出頭人は、その一身、及び現に所有し、また将来取得するであろう動産不動産一切を留保なく諸法律の規定に従って保証に充てることを約定するものとする。また当地の住民でいずれもシナ人であるチャンコ Tiancko とチェーチェ Tseetse も出頭して、自分たちがそれぞれ出頭人シオーコのための主たる保証人として、ここに規定された事項を遵守する義務を負い、かつそれを果すために、すべてが法の下にある同人の財産に対する検索、抗弁、及び分別の利益を放棄し、前述の通りの規制に異議なく従うものであることを陳述した。

一六五二年二月二十七日、バタビアにおいて

シナ人
シオーコ(自署)
チャンコ(自署)
チェーチェ(自署)
予の立会の下に
公証人W・V・カーテルスフェルト(自署)
われわれの立会の下に
マヌエル・デ・ソーゼ Manuel de Sose(自署)
アブラハム・フェルフーベン Abraham Verhoeven(自署)(49)

即ちこの種の金銭貸借契約書には、当時にあっても大体において公証人、借受人、貸付人のそれぞれの氏名、借受金額、並びにその換算、借受期間、利息、担保の有無とその種類を明記し、連帯保証人がある場合はこれをも付記し、証書の最後には日付の外に公証人の要請する立会証人二名と、借受本人、及び公証人自身が署名または捺印している。そしてバタビアにおける日本人関係金銭貸借証書の現存するものは、管見の限りでは一一二通に上り、その関係年代は一六三四年から一六七〇年に至る三十七年間にわたっている。もっともその中三通は日本人の使用人などの金銭貸借証書に日本人が保証人となった場合で、これを除外すれば総計一〇九通となる。今まず彼等の貸借関係を年次別に纏めて表示すれば次の如くなる。但し通貨の相場が時によって多少の変動があったので、一レアルを蘭貨平均五六スタイフェル、即ち二フルデン半の相場(ある場合は六〇スタイフェルの高値のこともあった)で換算して集計算出したものである。

バタビア在住日本人年次別金銭貸借表（一六三四年―七〇年、単位レアル）

年次	貸付件数	貸付金額	借入件数	借入金額	貸借件数
一六三四			一	二五	一
一六三七			一	三〇〇	一
一六四〇	一	二〇			一
一六四三	二	七五			二
一六四四	二	四五			二
一六四五	二	二二五	一	七〇	三
一六四六	二	一四〇			二
一六四七	二	一〇六・二五			二
一六四九	一〇	六五〇	二	二一二五	一二
一六五〇	一一	一二二〇			一一
一六五一	一二	七三五			一二
一六五二	一〇	九二二	二	一五九・八四	一二
一六五五	二	一一七・七	一	五一	三
一六五六	七	二八七・六七			七
一六五七	一〇	五五六・八	一	二八・八	一一
一六五八	四	一五八・四一			四
一六五九			二	八八・八	二
一六六〇	一	六〇	一	一八〇	二
一六六一	二	一二八・四			二
一六六二	五	二六一			五
一六六四	四	一九七・一			四

一六六五	二	三四二・六			二
一六六六	一	八〇			一
一六六七	一	八〇	(一)	(八〇)	一
一六六八	一	一二〇			一
一六六九	二	一三九二	(一)	(一〇〇〇)	二
一六七〇	一	二六四			一
合計	九七	八一八三・九三	一二	三〇二八・四四	一〇九

即ち日本人の貸付件数は九十七件であって、貸付金の総額は八一八三・九三レアルに上り、一件平均八四・三七レアル強となるのに対し、日本人の借入件数は僅か十二件ではあるが、その総額は三〇二八・四四レアルで、一件平均は二五二・三七レアルの多額に上っている。そして一六六七年と一六六九年の両年には、日本人が日本人に融資した場合がそれぞれ一件あるから(右の表においてカッコした数字、合計には算入していない)、これを加算すれば、借入件数は十四件、借入金総計四一〇八・四四レアルとなる。そして、仮りに一レアルを平均二フルデン半相当として換算すれば、日本人の貸付金は総計二〇四五九・八二五フルデンの多額に上っていたことが判明し、借入金も通計一〇二七一・一フルデンに上っている。このようにして貸借件数は、一六四九年、一六五一年、一六五二年のそれぞれ十二件を最高とし、一六五〇年と一六五七年の十一件がこれにつぎ、全体として見ると一六四五年から一六六四年までの二十年間にこのような貸借関係が比較的頻繁に行われたようである。そして結婚件数が多いのは、一六二四年から一六四六年に至る二十三年間であるから、これと金銭貸借件数が多い二十年間とは完全にずれており、後者は遅れて始まっていることがわかる。つまり、彼等が移住地に定着してやや生活が落着くと、まず結婚生活に入り、ついでその家庭と生活が安定して来て、初めてその金融上における活動が始まったと見られよう。

次に彼等の金銭貸借関係を各個人別に集計表示すれば次の如くなる（最後の二人の分は日本人相互間の貸借であるために、他とは区別してある）。

バタビア在住日本人個人別金銭貸借表（一六三四年―七〇年、単位レアル）

人名	貸付件数	貸付金額	借入件数	借入金額	貸借件数
村上武左衛門	七〇	六二八二・一			七〇
浜田助右衛門	四	一五二・二七			四
ミヒール・ディヤス・惣兵衛	四	二二四			四
長崎のミヒール	二	四五	一	七〇	三
マルテン・市右衛門	一	一五〇	一	五一	二
フランシスコ・助九郎	三	四六六・二五			三
長崎のヤン（マルダイケル）	二	四五			二
長崎のトメ	二	一四〇			二
ドミンゴ・市右衛門			一	二八・八	一
日本人ゴンサール			一	二八・八	一
日本人ペドロ			一	三〇〇	一
日本人甲必丹九郎兵衛			一	二五	一
日本人前甲必丹市右衛門 日本人喜左衛門			二	二一〇二	二
日本人源左			一	一二五	一
ダニール・カロン			一	六〇	一
トビヤス・カロン			一	一八〇	一

助九郎の義子バレント			一	五七・八四	一
カタリナ・六兵衛	七	四〇七・三			七
マリヤ・助右衛門	一	一九二			一
コルネリヤ・ファン・ニューローデ	一	八〇			一
合　計	九七	八一八三・九二	一二	三〇二八・四四	一〇九
スザンナ・助右衛門			一	一〇〇〇	
マリヤ・助右衛門			一	八〇	

即ち関係日本人は二十一名または二十二名で、その中でも長崎出身の村上武左衛門の如きは、日本人の金銭貸借関係一〇九件の六四パーセントに当る七十件に関係し、貸付金額も総計六二八二・一レアルに達し、全体の七六パーセントに当る。この点からだけ見ても、彼は相当な資金を擁しており、恐らくは金融を定職としていたものと推せられる。また、在留日本人女性の中でもルイス・六兵衛の寡婦カタリナ・ふくは貸付件数七件であって、その金額は四〇七・三レアルに上っているが、それにしても日本人の金融に関係したものはもとより大体において男性であって、総数二十一名中十七名を占め、女性は僅かに四名であった。

また一時に一個人として貸付額の多いものは、一六六九年九月に村上武左衛門が浜田助右衛門の未亡人スザンナ・助右衛門に一〇〇〇レイクスダールデルを一レイクスダールデルに付き六〇スタイフェルの換算で月利一分で貸付けたのを最高として(史料四一)、融資最低額は一六四四年二月六日にマルダイケルのペトロ・マルチンが長崎のヨハンから一〇レアルを向う二ヶ年半借受け、その期間中利息の代りに債務者自ら質として債権者の下に労力奉仕をする旨を約した場合である(史料三二)。なお一六四九年二月六日には日本人前甲必丹ミヒール・市右衛門と喜左衛門が連帯で、東インド会社の一商務員から二〇〇〇レアルを利息一〇〇レアルに付き半レアルで借受け、フランソア・カロンを保証人に立てたこともあり(史料三五)、また日本人の借受金額の最低は、一六三四年九月二十九日に日本人甲必丹九郎兵衛が一シナ人から二五レアルを無利息で期限を定めず借受け、その間彼のジャワ人女奴隷をシナ人の許に質として提供することを約定した場合である。[50]

このように当時日本人移民と金銭貸借関係を取結んだのは日本人相互の外、オランダ人、シナ人、及びその他の外来人や現地住民にわたっていたが、今またこれら諸外国人とその貸借金額を出身地別に集計すれば次の如くなる。

バタビア在住日本人金銭貸借関係外国人出身地別貸借表(一六三四—七〇年、単位レアル)

貸付人	借受人	貸付件数	貸付金額	借受件数	借受金額
日本人	日本人	二	一二九六	(二)	(一〇八〇)
〃	シナ人	三九	三三五八・七		
シナ人	日本人			一	二五
日本人	ジャワ人	六	二五三・四		
〃	バタビア人	四	一一四		
〃	チェリボン人	一	一〇〇		
〃	バリ人	六	二八七・四		
〃	ブトン人	一	三〇		
〃	マカッサル人	一	八〇		
〃	マニラ人	一	四〇		
〃	マレー人	一五	八五八・三		
〃	太泥人	二	一一〇		
〃	暹羅人	一	二五		

マラッカ人（マルダイケル）	日本人			一	二八・八
日本人	ベンガル人	一	五〇		
〃	マラバール人	一	六一・二		
パリカット人	日本人			一	七〇
日本人	コチン人	一	二八・八		
〃	オランダ人	二	七八		
オランダ人	日本人			六	二五八一・〇四
日本人	出身地不明（マルダイケル）	九	七九五・一二		
出身地不明（マルダイケル）	日本人			一	五一
日本人	出身地不明人	四	三八〇		
出身地不明人	日本人			二	二七二・六
合計		九七	七九四五・九二	一二	三〇二八・四四

当時日本人と金銭貸借関係を取結んだのは、前表の如くジャワ島のバタビア、チェリボンを始めとして、バリ、ブトン、マカッサルなど東インド諸島各地の住民、マニラ、太泥、暹羅、マラッカなど南洋各地出身者、ベンガル、マラバール、パリカットなどのインド各地出身者、及びシナ人、オランダ人と他に若干の出身地不明の者、並びにマルダイケルなど十九地点の出身者であって、婚姻関係の場合と等しく、バタビアに居住している各地出身者を殆んど網羅していたことがわかる。

これらの中ではシナ人との関係が最も多く、関係者の延人員は四十名であって、貸借金額合計三三八三・七レアルに上り、人員は全体の四二パーセント強で、金額は三〇パーセント強である。次はマレー人であって、その延人員は十五名で、金額は通計八五八・三レアルに上っている。しかるにオランダ人の場合は、その延人員は僅かに八名に過ぎないが、貸借金額は遥かに多く、通計二六五九・〇四レアルで、シナ人のそれの七八・六パーセントに当っている。しかもシナ人の場合は、ただ一件を除いて他の三十九件はいずれも日本人が債権者であったが、オランダ人との場合は八件中の六件まで日本人が債務者であって、その借受金額も、二五八一・〇四レアルであった。またマルダイケルとの貸借関係も十一件あり、その金額も合計八七四・九二レアルに上っていた。なおバリ島出身者との貸借関係も比較的に多く、総数六件あるが、前章でも述べたように、在住日本人の中にこの島の出身者を娶る者が多く、両者の関係がこのような方面にも聊か反映して、相互の交渉が割合に深かったことも窺える。

日本人移民と外国人等との相互間の貸借の方法はもとよりバタビアにおいて行われたその頃の一般的習慣に従ったもので、それは主としてオランダの法律の延長であるが、彼等がバタビア市の公証人役場に出頭して作成自署した公正証書の中に明記した貸借条件によって、その手続きなども一層具体的に判明する。

一般に債務者は借受期間中その一身並びに資産を担保に充てたようであるが、中にはさらにこの上に、その所有せる男女奴隷、または他の物件を重ねて担保に設定している場合もあった。今彼等の貸借関係をその付帯条件、即ち担保物件、貸借期限、並びに利息の三点から分類すれば、左記四類、十三種に大別できる。

	担保	貸借期限		件数	計
Ⅰ	一般担保	無期限	無利息	一	六一
			有利息	四三	
		有期限	無利息	二	
			有利息	一五	

- II　一般担保並びに奴隷担保……
  - 無期限……
    - 無利息……二
    - 有利息……一四
  - 有期限……
    - 有利息……一四
  - 計　三〇
- III　一般担保……
  - 無期限……
    - 無利息労力奉仕……四
  - 有期限……
    - 無利息労力奉仕……六
  - 計　一〇
- IV　一般担保並びに特殊担保……
  - 無期限……
    - 有利息……三
    - 無利息（操舟）……一
  - 計　四
- 条件不明　四　四
- 合計　一〇九

ここに一般担保と仮りに記したのは、前述のように債務者が借受期間中これが保証として、その一身、並びに現に所有しかつ将来にわたって取得すべき動産不動産を一切除外することなく、諸法律の規定に基づいて担保に設定したことを指すものであって、条件不明の四件を除けば、これはこれらの契約書の全部についてその末尾に記入された条件のようである。これはその他の諸法律と同じく、オランダ本国において施行されていたものをそのままこの地方に持込んで使用しているもので、当時のオランダ本国において施行された公正証書作成の手続方法の指導書などの中にも明記されているところである。(51) また当時オランダ本国には奴隷制はなかったが、その慣習制度の存在していたこの地方では、契約が履行されなかった場合には、この条件の必然的な結果として、債務者は債権者の下に債務奴隷

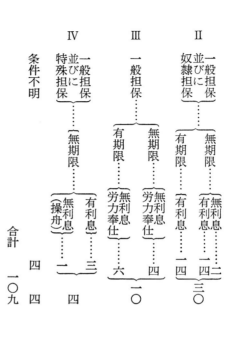

pandelingとして身を落さねばならなかったようである。そしてこの条件のみを以て貸借した場合、それは債務者の義務の最も軽い場合であって(第I類)、その数も最も多く、全件数の五六パーセント弱に当る六十一件に上っている。その中返済期限を定めずに利息を付した場合がまた比較的多く、四十三件ある。また一般担保を条件として、利息の有無にかかわらず返済期限を定めたものは十七件あって、その期限と件数とは左の如くである。

二ヶ月(一件)　三ヶ月(五件)　四ヶ月(三件)　六ヶ月(四件)　八ヶ月(二件)　十ヶ月(一件)　一ヶ年(一件)

即ち最短一ヶ月から最長一ヶ年を限度として、比較的短期間に回収を計っていたようである。また奴隷を担保に設定した場合、返済期限を付したものは十六件あって、その期限並びに件数は次の如くである。

一ヶ月(一件)　三ヶ月(一件)　四ヶ月(四件)　五ヶ月(二件)　六ヶ月(五件)　七ヶ月(二件)　九ヶ月(一件)

即ち一般担保のみの場合と等しく、大体一ヶ年以内を限度としていたようである。これに反して借受期間中債務者の使用人か、または債務者自らが債権者の下に労力奉仕をなすことを約定した場合は十件あって、その内返済期限を定めたものは六件で、その期限と件数とは、

二ヶ月(一件)　一ヶ年半(一件)　二ヶ年(一件)　四ヶ年(二件)　五ヶ年(一件)

である。即ち最短期間の二ヶ月を除けば、いずれも一ヶ年半以上五ヶ年の長期にわたっている。恐らく債務者が月々の利息の支払も困難なためであろう。そして右の十件中三件は債務者がマルダイケルであって、かつて奴隷としての経験を持った者が自らこれに当っている。

また奴隷を担保として設定した場合は、借受金額の多寡に応じて一名乃至数名をこれに充てているが、表IIの三十

例中大体において借受金額五〇レアル以下の場合は、普通男または女の奴隷一名を担保とし、五〇レアル以上一〇〇レアルまでの金額に対しては二名を担保とする場合が多く、ほぼ五〇レアルに付き一名の割合であった。一六五〇年十月十一日シナ人シーサイ Siesay が村上武左衛門から三〇〇レアルを借受けた場合には、期間一ヶ月、月利二レアルとして債務者の一身並びに資産を担保に充てた上に、男奴隷一名、並びに女奴隷五名、合計六名を担保に充てたのもまた如上の割合に該当するものと見られる。[52] そして右三十例で借受金額通計二二〇二・二レアルであって、これが担保に充てた奴隷数は合計五十一名であるから、奴隷一名の担保価値は平均四三・一八レアル強となる。これは当時バタビアにおける奴隷の価格を窺うことのできる一事例であろう。

特殊な担保並びに利息の事例としては、既に一六三七年三月二十四日に日本人キリスト教徒ペドロが一オランダ人から三〇〇レアルを借受け、一般担保の外、その住宅と宅地をこれに充てたことを述べたが、また一六五六年六月九日にはバリ婦人ブキアン Boekiean が村上武左衛門から一レアルに付き四八スタイフェルの換算で七〇レアルを借受け、一般担保の外、黄金造りの銃一挺と銀造りのクリス二振をも担保に充て、[53] 翌一六五七年八月三十一日には一シナ人が武左衛門からやはり五〇レアルを一レアルにつき四八スタイフェルの換算で借受け、一般担保の外に豚十頭と家鴨五十羽を担保にしたこともある。[54] また同年七月十二日には日本人ゴンサールと一マルダイケルが商人コヂャ・サレマン Codja Saleman からそれぞれ三〇レアルと二五レアルとを借受けて、ゴンサールはサレマンの船の船長となり、他はその水夫となって、柬埔寨に貿易に渡航し、一種の労力奉仕を為し、バタビア帰還後に債務を弁済することを約しているが、[55] この場合利息の規定を欠いているけれども、恐らく両人共に船の操縦などの技能的労力奉仕を以てこれに代用したものと思われる。

これらの貸借関係に当り借受金の使途を明示したものは殆んどないが、ただ一六四七年五月十六日に一マルダイケルがフランシスコ・助九郎から六六レアル四分の一を借受けた時は、フランソア・カロン所有のマンゴスチン樹園の借受費に充てることを記して、債務弁済まで債務者自ら債権者の下に労力奉仕を為すことを約したことがある。(56)

特殊な貸借関係の事例としては、一六七〇年六月六日に公証人ヤン・カイゼルスの役場にシナ人船主リテンコが広南在住シナ人リワンコの委任代理人として出頭し、シモン・シモンスゾーン、シナ人甲必丹故顔二官の息子顔テークワ、並びに広南在住日本人キリスト教徒アントニイ・鬼塚等三名の仲介によって、村上武左衛門から二二〇レアルを一レアルにつき六〇スタイフェルの換算で請取ったが、これは同じく広南在住日本人ヨセフ・塩村が前記リワンコから借受けた金子、並びにその利息を加算した金額であった。ここに出頭人リテンコはシナ文で記したその借金証書を武左衛門に手渡したから、今後彼は決して如何なる方法によるとも、たとえ直接たると間接たるとを問わず、その金子を塩村に督促しないことを約定している(史料四二)。広南在住日本人ヨセフ・塩村とはフェイフォ日本町の甲必丹塩村太兵衛であって、(57)武左衛門がバタビアにおいて、彼に代ってその負債を支払ったことから見ると、両者の間柄はよほど親密なものであったと思われる。またこの仲介をしたアントニイ・鬼塚はその証書の末に日本風に鬼塚源太郎と自署し、さらに華押を据えているので、その氏名も判明するが、彼は恐らく同地在住日本人の有力者でもあろう。『崎陽古今物語』に、その頃同地在住日本人として薩摩の東郷出身の鬼塚権兵衛とあるのは、彼の一族に違いない。(58)

またこれより先一六四九年十一月九日に平戸生れの日本婦人スザンナ・ミュレール、ヤソ・オンバ、ルシア・デ・ブウト及びシナ人コイコの四名が日本人源左の債務合計一二五レアルを故ビセント・ロメインの寡婦故長崎のイザベラの遺言執行人フランソア・カロンとヨハン・キュネウスの手から回収しているが、これはかつて源左が上記四名に負った借金であった(史料三六)。しかるに同日別に日本人イザベラから遺産の贈与を受けた日本人前甲必丹市右衛門以下十四名の請取証書の中に前記源左も名を連ね、二五〇レアルの遺贈に与っているから、恐らく彼女の遺言執行人等がこの金子を彼に手渡すと同時に、前記の債権者等がこのようにして直ちにその債務を回収したものに相違ない(二一七―二二八ページ参照)。その後一六六五年十一月十一日に村上武左衛門が公証人マインデルト・ホウムスの役場に出頭して、浜田助右衛門の寡婦スザンナ、フランシスコ・助九郎の寡婦ジョアンナ、ルイス・六兵衛の寡婦カタリナ、その他現地住民の証人五名の立会いの下に、かつて武左衛門がマルダイケルのダニール・ニコラース Daniel Nicolaes に一〇三レイクスダールデルを貸付け、債務者はさらにこれを十数名のジャワ人に転貸し、その後前年七月十二日の契約によって債務者ニコラースがこの債務を返済するまで、彼の新たな債務者であるジャワ人等に対する貸付金から上る利息をニコラース自身で収納することをしたため、さらにこれらのジャワ人はいずれも武左衛門とも長年にわたって商取引関係を持っているから、ここに特に彼等の義務には何等差別をしないことを規定し、かつ公証人には村上武左衛門の日本式商業帳簿に記された彼等の姓名、並びに金額などが明らかでないから、シモンセンとカタリナ・ふくに依頼してこれをオランダ語に訳して列記することにしている(59)。

このほか債務者と債権者との関係について見るに、たいていは両者ともにそれぞれ一名であるが、十二件のみは、二名または二名以上の債務者が共同して借金した場合であって、例えば前述の一六四九年二月六日には、前甲必丹市右衛門と喜左衛門とが共同して東インド会社の上席商務員ピーテル・デ・モイネ Pieter de Mojne から二〇〇〇レアルを月利半レアルの低利で借受け、フランソア・カロンを保証人に立てているが、この場合もとより債務者両人の一身並びに全資産をこれの担保に充てているのは、他の場合と同様である。そして前述の武左衛門とニコラースの場合は一見債務者が十数名あるかのように見えるが、両者の間は一対一であって、またジャワ人十数名も共同債務者ではなく、それぞれ単独に又借りしているに過ぎない。同様に前述の源左の場合も、債権者は一見四名のように思われるが、これはそれぞれ独立の債権者四名が同時に債務を回収したに過ぎない。

債務者が一般に単独で債務弁済の責に任じていたことはいうまでもないが、右百九件中七十七件では、その上にさらに他に一名または二名以上の保証人を立てている。勿論債務者がその負債を返済することができなかった場合には、保証人もその一身並びに全資産をその保証に充当することを規定した場合が多い。例えば一六五六年一月十六日に一ジャワ人が村上武左衛門から二〇レアルを月利半レアルで借受け、一般担保の外、知人の現地住民三名を保証人に立て、(60) 一六四六年一月二十二日に一シナ人がやはり武左衛門から八〇レアルを月利二レアルで三ヶ月間借受けた際にも、一般担保の上に他のシナ人五名を保証人に立てている。(61)

このような貸借関係を結ぶに当ってたいてい若干の利息を付けたことはいうまでもないが、前掲付款の分類表でも示したように、利息の約束をしない場合も五件あり、また別に債務者自身または債務者の使用人が債権者の下に労力奉仕をなす場合も十一件あって、この場合利息は付けていないが、他の九十三件はいずれも債務者の同意の下に若干の月利を付けることを約定している。その利率も最高月利六分七厘から、最低はその十分の一に当る六厘七毛にわたっている。一六五一年六月三日に一シナ人スンコ Suncko が武左衛門から三〇レアルを借受けた際には、毎月最高利率に当る二レアルを納め、(62) また翌一六五二年二月一日にシナ人二名が共同でフランシスコ・助九郎 Francisco Scke-ckro から三〇〇レアルを借受けた際にも二レアルの利息を付しているが、(63) その利率はちょうど前者の十分の一であった。ただ前述の甲必丹市右衛門と喜左衛門とが共同して一オランダ人から二〇〇〇レアルを借受けた際に毎月半レアルの利息を付したのは、けだし破格の低利率であったように見える。

さてこのようにバタビア移住日本人は村上武左衛門など、かなり多人数が金融上に活動し、シナ人を始め、同地に来住した各地出身の外国人等や、あるいは現地住民等とその関係を持続したが、一六六五年頃から以後、にわかにその関係書類が減少し、殊に一六七〇年以後その管見に上る者がないのは、恐らく初代の日本移民が漸次死亡したことによるものに違いなく、『バタビア城日誌』一六八二年六月二十二日の条にも、前記村上武左衛門の死後、彼の嗣子が父に代ってその生前の貸金二〇〇〇レアルを一アラビア人から返済を受けたことが記してあって[64]、その世代の交替を伝えている。

第四節　商業貿易

バタビア在住日本人の中には同地において自ら独立して種々な生業に従事する者もあった。既に一六二〇年七月十二日には太泥から転住して来た長蔵に対して、同地における居住、並びに水陸両方面の各種営業の自由が総督クーンから許可されたが(史料一三)、上述のように彼等の中にはまた同地において土木、農林などの仕事に携わる者や、煙草やシリー葉の採取とその専売権を政庁から特許されたり、あるいは金融や奴隷取引など各方面に投資して、永く活動する者も少なくなかった。その他の経済活動としては、彼等の貿易経営が比較的目立っている。

一六二五年の夏日本人甲必丹楠市右衛門は貿易船を暹羅に派遣し[65]、一六三〇年六月にもバタビア在住日本人七名が一船を艤装し、パイロットなどオランダ人船員二名と黒人を傭って、太泥経由で暹羅に貿易に赴いたが、総額五二一〇レアルに上る商品を船舶もろとも同国の摂政に没収される憂目にあった(史料二〇)。これはその頃同国に王位継承の紛争があって治安が著しく紊れ、また国内に日本人に対する反感と迫害の起っていたためであって、その後一六三二年にオランダの特派使節アントニオ・カーン Antonio Caen が同国の宮廷に赴いた時にこの問題を持出して、抑留された乗組員を釈放させるとともに、略奪された船舶と物資の賠償を交渉したが、成功しなかった[66]。そこでさらに、翌々一六三四年の初めから暹羅のオランダ商館長ヨースト・スハウテン Joost Schouten が代ってしばしば当局にそ

の賠償を求めたが、やはり成功しなかった。(67)
ついで同年十二月にはバタビア在住日本人等の商船に一日本人が船長として乗組み、東部ジャワのグリッセ Grisse、ジョラタン Joratan 方面に交易に赴いて、塩一八〇トン、米六トンや籐、塩魚などを積んでバタビアに帰航し、(68)また一六三七年三月に山上吉左衛門はオランダ船ユディヤ Judia のパイロットとして暹羅貿易に赴き、(69)翌一六三八年四月にはバタビア在住日本人自由市民の雷珍蘭等が出資して艤装したインディッシェ・ズワーンは、西部ボルネオのコタワリンギンに航海し、バンジャルマシン王の軍隊がオランダ商館を焼討した際に、巻添えを食って船荷を掠奪された。(70)その後一六五七年七月にも日本人ゴンサールはマレー人コヂャ・サレマンの持船に船長として乗込み、東埔寨に渡航し、(71)また同年九月二十一日には村上武左衛門が東インド会社がバンジャルマシンのインチー・ボンゴの商船に託してスマトラのパレンバンからバタビアに送った商品の荷受を委託され(史料七一)、一六六六年八月十八日にはバタビア在住日本人の商船が東京に入港したなど、(72)同地在住日本人の中には自ら南洋各地に商船を派遣して貿易を営んだり、あるいは他の商船の貿易に参加協力する者もあった。

これに対して南洋各地在住日本人の中にはその商船をバタビアに派遣して貿易を営む者もあった。一六二八年と翌年には、その頃暹羅において栄達して威望盛んであった山田長政の商船がバタビアに入港したが、オランダ官憲は暹羅オランダ商館に対する今後の長政の好意と援助を期待して、その舶載した米を買上げ、商品の輸出入税を免除した。(73)一六三四年七月には、東埔寨在住日本人の有力者宗右衛門の商船がマカッサルからオランダ艦隊に拉致されて同地に着き、(74)翌々一六三六年三月にも同人の船は東埔寨から米穀を積んでバタビアに入港した。(75)また一六四三年には東京在住日本人の有力者で、広く南洋各地に持船を派遣して貿易を営んでいた和田理左衛門の商船がマカッサルに渡航して、貿易を遂げて帰航したこともあり、(76)一六五七年十一月十日には日本人船主ヤンが持船を操ってマカッサルからバタビアに到着して、託送されたオランダ商館員の書面を政庁に届けているが(二七四—二七五ページ参照)、彼は貿易のためにマカッサルに航海したものに違いない。その後一六六三年には、交趾日本町の頭領林喜右衛門が自ら持船に乗ってバタビアに赴き、貿易を遂げ、帰航に際してさらに四二〇レイクスダールデルを払ってシナ人からジャンク船一隻を買入れたが(史料三九)、翌年二月にも彼は再び五十人乗の一小ジャンク船に茶碗八千個を満載して同地に来航した。[77] このような日本人の船に積込んだ商品のバタビアにおける売捌きには必ずや同地在住日本人等が連絡協力したに違いない。なおこれより先一六三七年四月二十七日にバタビア在住日本人ピーテルがシナ人商人から良質な皿二千余枚を大小取りまぜて一枚平均一三レイクスダールデルの割合で買入れ、日本人ヤン、長崎出身の日本人アンドレ、及び日本人アントニイ等がその受渡しに立会い、後日代金の支払について紛争を起して訴訟となったこともあるが、[78] このように多数の皿は、彼等が同地においてさらに商品として販売する目的を以て仕入れたものとしか考えられない。

在住日本人の貿易方面における活動はさらに後年まで続いた。一六七一年三月ジャワ島において造船業の盛んなレンバン Rembang 地方のパジャンクンガン Padjangkoengan において台湾の鄭氏が積載量七〇コヤンの一船を建造したが、その頃一日本人も八五コヤンの一船を二二〇〇レイクスダールデルで購入し、[79] 直ちに白砂糖を百斤につき二レイクスダールデルで買占めんとしたが、[80] 成功せずして空しく出帆し、[81] 翌一六七二年三月にも日本人の持船である船長二十二尋、船幅六尋の大ジャンク船が東部ジャワのデマク Demak において獣皮を百枚につき二五レイクスダールデルの相場で買占めたため、オランダ商館はさらに高値を支払わねばならなくなったことが報ぜられているなど、[82] 在住日本人はかなり後年に及んでも相当多額の資金を運転して、貿易方面にも活動していた。今これを表示すれば次の如くなる。

年次別東インド諸島各地日本人商船渡航表(一六一四—七二年)

年次	出帆地	渡航先	船主名
一六一四年	マラッカ	バンタン	日本人シナ人共同
一六二五年夏	バタビア	暹羅	楠市右衛門
一六二八年	暹羅	バタビア	山田長政
一六二九年	暹羅	バタビア	山田長政
一六三〇年六月	バタビア	暹羅(暹羅で掠奪される)	日本人七名
一六三四年七月	東埔寨	マカッサル—バタビア	宗右衛門
一六三四年十二月	バタビア	グリッセ—ジョラタン	
一六三六年三月	東埔寨	マカッサル—バタビア	宗右衛門
一六三七年二月	交趾	バンジャルマシン	林喜右衛門(沈没)
一六三七年三月	バタビア	暹羅	パイロット 山上吉左衛門
一六三七年六月	東埔寨	マカッサル—アンボイナ	宗右衛門
一六三七年六月	マカッサル	バタビア、暹羅、交趾	日本人フワン
一六三八年四月	東埔寨	アンボイナ	宗右衛門
一六三八年四月	バタビア	コタワリンギ	日本人ロイテナント(掠奪される)
一六四三年	東京	マカッサル	和田理左衛門
一六五七年七月	バタビア	東埔寨	船長日本人ゴンサール
一六五七年十一月	マカッサル	バタビア	日本人ヤン
一六六三年	交趾	バタビア	林喜右衛門
一六六四年二月	交趾	バタビア	林喜右衛門
一六六六年八月	バタビア	東京	

一六七一年三月	パジャンクンガン	バタビア
一六七二年三月	バタビア	デマク

即ち日本人船の渡航先は、ジャワ島ではバタビアを中心として、同島のデマク、グリッセ、ジョラタンやパジャンクンガンから、セレベスのマカッサルとボルネオのコタワリンギンなどで、大陸部ではかつて朱印船貿易が栄えて、日本人の渡航する者も多かった交趾、暹羅、柬埔寨や東京の港湾であった。

この外当時在住日本人関係の公正証書の中にはそれらの日本人の身分や職業を記した場合もあって、その中から商業に携わっていたと推せられる表現を有するものを拾えば、

共に日本人キリスト教徒である前甲必丹市右衛門と、商人 Coopman 喜左衛門(史料三五)。[83]

ミヒール・武左衛門 Michiel Bosaymon、日本人キリスト教徒で自由商人 vrij coopman[84]

ミヒール・武左衛門、日本人商人 Japans coopman[85]

ヤン・助右衛門殿、日本人商人 Japans coopman

のような事例がある。この中ミヒール・村上武左衛門とヤン・浜田助右衛門の両人は種々な史料によって、金融、奴隷取引や家屋の賃貸借など手広く活動していたことはわかるが、その他の人々の商業活動については具体的には明らかでない。

第五節　奴隷取引

奴隷の取引並びにその使役は東インド諸島地方においても古代から慣行されたところであるが、オランダ人もバタビアに拠ってこの地方の経略に着手すると、現地の習慣に従って、各種労働雑役のために男女奴隷を取引使用し、広く南方アジア各地出身の奴隷、特にインド各地、バリ島、及びセレベス島南部出身の者を同市に輸入したばかりでなく、戦争中に捕虜となったヨーロッパ人やその他の外来人、並びに現地住民、あるいは犯罪人等をも奴隷として使役した。(86) オランダ語ではその男性を slaaf、その女性を slavin といい、それぞれ奴隷並びに女奴隷に該当するものであるが、わが上代の奴婢もこれにほぼ該当するもののようである。このほか特異なものとして、当時の文書に散見するライフアイヘネ lijfeigene というオランダ語は、所有主に一身の自由を束縛された奴隷ではあるが、外部に対しては自由を認められた半自由の下層民を指しているようである(87)(本書では便宜上これを「半奴隷」と訳してある)。しかしこれは当時の公正証書などの文書の中では殆んど奴隷や女奴隷の同義語として使用され、またある場合にはこの半奴隷が奴隷を売買した例もある(史料四九)。

一六二〇年一月二十二日現在のジャカタラ在住東インド会社使用人名簿によれば、未婚の黒人六十九名、既婚の黒人二十九名があり、(88) 翌年八月二十日現在の使用人名及び俸給簿に記された男女奴隷は一九一名であって、これを出身地別に分ければ、

ポルトガル人	五五	バンダ人	六七
同青年	四	シナ人	四
ジャワ人	二七	日本人	一
黒　人	三二	グゼラート人	一
		合計	一九一

とあるが、[89] 右の中ポルトガル人合計五十九名は捕虜であろう。また一六三二年十一月一日現在のバタビア市の人口表によれば、男女奴隷総数は千百三十名の多きに上り、これを所有主別に大別すれば、次の如くである。

会社使用オランダ人所有の男女奴隷数	一八二
バタビア市民	七三五
日　本　人	二五
マルダイケル	一五四
シ　ナ　人	三四(二七―二八ページ参照)

日本人市民も移住地の一般的慣習に従って奴隷を売買してこれを使役し、中には稀に不幸にして自分自身が奴隷の境涯に陥ったものもあった。即ち前表の如く奴隷日本人も一名あり、また先に述べた『婚姻簿』にも、かつて奴隷であって、後解放されて自由の身分を取得した日本人マルダイケルの長崎のフワン、堺のフワン、伏見のヨハン等の八名があり(史料一〇)、また金融関係では日本人マルダイケルの長崎のヨハンがあった(史料三二)。

さて日本人市民が同地において奴隷を売買するに当っては、やはり公証人役場に出頭して売買契約書を作成したが、その書式はほぼ同一であって、例えば一六六二年一月六日に日本人ミヒール・ディヤス・惣兵衛がマルダイケルのイザクス・ウィルレムセンに対して自分の所有する奴隷を五五レイクスダールデルで売渡し、これを左の如き書式にしたためている。即ち、

本一六六二年一月六日に、公証人たるブレダ出身の予ヤン・カイゼルスの前に日本人キリスト教徒ミヒール・ディヤス[・惣兵衛]が出頭して、マルダイケルのイザクス・ウィルレムセン Isacx Willemsen に対してチンゲラ Tingela 出身のジョアンと呼ぶ出頭人の奴隷を五五レイクスダールデルの金額で、一レイクスダールデル六〇ス

タイフェルの換算で売渡すことを明らかにした。これについて彼出頭人は既にこれを実行して支払を済せたことを言明し、また万事法に従うことを約定するものである。このようにしてクリスチャーン・マタイ Christiaen Matthey とフィリップス・フランスゾーン Philips Fransz. 立会の上で予の公証人役場において決定作成された。

ミヒール・ディヤス・惣兵衛　（自署）

公証人ヤン・カイゼルス　（自署）

われわれ立会の下に

クリスチャーン・マタイ　（自署）

フィリップス・フランスゾーン（自署）(90)

即ち立会書記、売渡人、買受人、奴隷の氏名、時にはその出身地や人数、売買価額を記し、契約書の末には普通立会人二名と代金を請取った売渡人及び立会の書記が署名しているが、日本人が売渡人である場合には、氏名の外に日本流の華押、印章、または華押類似の記号を据えている。これは他の契約書の場合と同様である。

このような同地在住日本人が関係した奴隷取引契約書の管見に上るものは、一六三四年から一六六九年に至る三十五年間に九十五通に上っている。今これを年次別に売買奴隷を男女性別に分類して集計表示すれば次の如くなる。

年次別バタビア在住日本人売買奴隷数表（一六三四—一六六九年）

年次	取引件数			日本人売却奴隷数		日本人買入奴隷数		取引奴隷数
	売却	買入	計	男	女	男	女	
一六三四	三	一	四	三			一	四

	一六五八	一六五七	一六五六	一六五五	一六五四	一六五三	一六五二	一六五一	一六五〇	一六四九	一六四八	一六四七	一六四六	一六四五	一六四四	一六四三	一六四二	一六四一	一六四〇	一六三九	一六三八	一六三七	一六三六	一六三五
				一		一	一	五		五	一	二		一	二	一	一		一		一	一	一	
		二				三	二	五	二	五	九	八	二	三	八	三		一				三		
		二		一		四	三	一〇	二	一〇	一〇	一〇	二	四	一〇	四	一	一	一		一	四	一	
								五		四	一	一		一		一	一		一		一	一	一	
				一		一	一			三		一			二									
		二				三	二	三	二	四	七	八		一	二	一						二		
								六	一	一	三		二	二	六	二		一				一		
		二		一		四	三	一四	三	一二	一一	一〇	二	四	一〇	四	一	一	一		一	四	一	

一六五九	一		一	一				一
一六六〇								
一六六一		二	二			一	一	二
一六六二	一		一	一				一
一六六三								
一六六四	二	一	三	二			一	三
一六六五		一	一			一		一
一六六六								
一六六七	一		一	一				一
一六六八								
一六六九	一		一		一			一
合計	三四	六一		二六	一〇	三九	二八	一〇三
	九五			三六		六七		

即ち右三十六年間に日本人による売却件数は三十四件、買入件数は六十一件に上り、合計九十五件であるが、この中、一六四四年、一六四七年、一六四九年には日本人相互間の奴隷売買がそれぞれ一件ずつあって、表ではこれを日本人の売却の方に算入したから、これを買入にも算入すれば、売却三十四件、買入六十四件、合計九十八件となる。また取引奴隷数は、日本人の売却した男奴隷は二十六名、女奴隷は十名で、合計三十六名に上り、日本人の買入れた男奴隷は三十九名、女奴隷は二十八名で、合計六十七名に上り、日本人の取引した男女奴隷総数の延数は百三名となる。その取引価格は合計五七四五・六一レアルとなり、奴隷一人の売買価格は平均五五・七八レアル強となり、奴隷の男女間にはその価格にあまり差異が認められない。なお、この奴隷売買平均価格は、前述の奴隷一人の担保価値平均四三・

一八レアルに比して一二・六レアル、即ち二二・五パーセント高値であった。

日本人の取引した奴隷の最高価格は、一六五〇年五月十二日にアントニイ・ロピス Anthony Lopis が日本人キリスト教徒ヨハン・市右衛門 Johan Itchemon に一五〇レアル、即ち三七五フルデンで売却したボルネオ出身の奴隷ピーテルであって、[91] 最低取引価格は一六四八年十月八日に軍曹ヤスペル・アドリヤーンスゾーン Jasper Adriaensz. が長崎出身のトメに売却したマラバール出身の奴隷アントニイが一四レアル、即ち三五フルデンであった。[92] またこれらの取引の大多数は、一件が一名であったが、一時に二名以上取引された場合もあった。即ち一六四八年十一月十七日には按針ディルク・ピーテルスゾーン Dirck Pietersz. が長崎のヤンにアラカン出身の奴隷二名を一一〇レアルで売渡し、[93] 翌一六四九年三月八日には日本人キリスト教徒ペドロ・五郎兵衛 Pedro Groffe がセイロン島出身のゴンサールに対してマラバール出身の奴隷二名を一一五レアルで売却した。[94] その翌一六五〇年十一月二十日にはフランソア・カロンがかねて彼の地所や家屋の管理に当っていたフランシスコ・助九郎に対して、マラバール出身の男女奴隷二名を一二〇レアルで売却している(史料四八)。この三例ではその価格が五レアルずつ高値になっているが、一六五一年十一月十四日にマレー人イスマエルが村上武左衛門に男女奴隷五名を三五〇レアルで売却した場合は、一名当り七〇レアルで、さらに高値になっている(史料五〇)。一件で五名の取引は最も多い例であろう。なお一六五一年二月十日に日本人半奴隷ミヒールが一二〇レアルで買取って(史料四九)、同月二十五日に一三二レアルで売渡したマラバール出身のアブラハムが同一人とすれば、彼はこの売買で差額一二レアルの利鞘を儲けたことになるが、この場合、恐らく最初からこのような利益を挙げる目的で買入れたものに違いない。

今、このような同地在住日本移民の奴隷取引件数と取引価格とを個人別に集計表示すれば、次の如くなる。

バタビア在住日本人個人別売買奴隷表（一六三四—六九年、単位レアル）

売買人名	売渡件数	売渡価格合計	買入件数	買入価格合計	売買件数合計	売買価格合計
長崎のトメ	五	二二六	一〇	三八六・六二	一五	六一二・六二
村上武左衛門	五	二五六・〇一	七	六七八・七八	一二	九三四・七九
長崎のヤン	一	五〇	九	六二八	一〇	六七八
長崎のフランシスコ			六	三四八	六	三四八
長崎のペドロ・五郎兵衛	三	三〇〇	三	一五〇	六	四五〇
長崎のミヒール	二	七七	四	一四八	六	二二五
ペドロ・喜左衛門	三	二五五	一	五五	四	三一〇
浜田助右衛門	二	一九二	一	七二	三	二六四
長崎のルイス			三	一三七	三	一三七
日本ペドロ（マルダイケル）			三	一二一	三	一二一
ドミンゴ・市右衛門	一	四四	一	四八	二	一〇二
日本のミヒール（半奴隷）	一	一一二	一	一二〇	二	二三二
フランシスコ・助九郎			二	二三二	二	二三二
日本人シニョーラ	一	六一	一	五〇	二	一一一
ピーテル・九郎兵衛			二	九六	二	九六
日本人三十郎	一	四五			一	四五
ミヒール・ディヤス・惣兵衛	一	五五			一	六六
次良兵衛	一	五〇			一	五〇
日本人ヤン・クレ	一	五〇			一	五〇
日本人ヤン・ガステン	一	三八			一	三八

日本人ロレンソ・ロドリゲス	一	三〇			一	三〇
日本人五左衛門			一	六〇	一	六〇
日本人ヨハン・市右衛門			一	五〇	一	五〇
日本人パウロ			一	三五	一	三五
コルネリス・九郎兵衛			一	二五	一	二五
平戸のカタリナ・ふく	二	一四七・六			二	一四七・六
スザンナ・助右衛門			一	四五・六	一	四五・六
ヨハンナ・助九郎	一	二八			一	二八
長崎のマリヤ			一	五五	一	五五
平戸のマリヤ			一	一〇〇	一	一〇〇
コルネリヤ・武左衛門	一	五五			一	六六
(長崎のペドロ)			(一)	(五〇)	(一)	(五〇)
(長崎のルイス・六兵衛)			(一)	(二〇)	(一)	(二〇)
(長崎のペドロ・喜左衛門)			(一)	(一三〇)	(一)	(一三〇)
合計	三四	二〇八一・六一	六一	三六四一	九五	五七四五・六一

即ち奴隷取引に関係した日本人は三十一名であって、その中男性は二十五名、女性は六名であった。そしてこの中では長崎のトメ、村上武左衛門、長崎のヤン等が比較的多く取引している。

なお日本人と奴隷を売買した相手方は、日本人相互間の売買三件(右の表(　)内に記した分。これは合計には算入していない)を除けば、総計九十五件中九十二件九十二名となるが、これを出身地別に集計表示すれば、次の通りである。

出身地別バタビア在住外国人対日本人売買奴隷表（一六三四―六九年）

	出身地並びに身分	日本人に奴隷を売渡した外人	日本人から奴隷を買入れた外人	小計	合計
男	シナ人	四	二	六	八四
	マライ人	五		五	
	グリセ人		一	一	
	ベンガル人		四	四	
	セイロン人		一	一	
	パリアカッタ人	一		一	
	グゼラート人	一	一	二	
	モール人	一		一	
	ポルトガル人	一		一	
	東インド会社使用人	一一	五	一六	
	自由市民	一二	二	一四	
	不明	三	一	四	
	マルダイケル	一〇	一四	二四	
	半奴隷	三	一	四	
女	バリ人	一		一	八
	ブギス人	一		一	
	パタニ人	一		一	
	自由婦人	四	一	五	
合計		五九	三三	九二	

即ち十七地方の出身者が日本人移民と奴隷を売買しているが、そのうち東インド会社使用人並びに自由市民と自由婦人とあるのは、その姓名から判断すると、主としてオランダ人であって、出身地並びに身分の明記されない者も、やはりその氏名から見て、主としてオランダ人自由市民のようであるから、オランダ人の総数は三十九名となる。これについで多いのはかつて奴隷であったマルダイケルであって、その数は二十四名もあった。

その他、半奴隷で奴隷を売買した者も四名あり、さらに奇異に感ずることは、一六三七年十一月七日に司法委員会の秘書サルモン・スウェールスの奴隷ドミンゴが日本人キリスト教徒ヤンに対して、かつて一六レアルで購入したその所有する半奴隷を売渡したことを陳述しているが(史料四四)、これは奴隷が自分より若干上の階層である半奴隷を売買することを約定したもので、当時の一般的社会通念や慣習から見るといささか特殊な取引のように思われるが、別の角度から見れば、彼等の経済的行動が、古代ギリシャ・ローマ時代のようにかなり自由であったのではないかと思われる。

こう見て来ると、日本人移民と奴隷を取引した相手は、東インド地方の現地住民は少なく、むしろベンガル、グゼラート、マラバール等インド各地の出身者が比較的多く、他に若干シナ人やポルトガル人もあった。在住シナ人は前述のように日本人との金融上の交渉が頻繁であって、百九件の中三十件もあり、その中シナ人が奴隷を担保として日本人から借金した場合も十八件あるが、日本人との奴隷取引は僅かに六件に過ぎない。

この期間中に日本人移民の売買した奴隷を、その出身地、並びに男女性別に分類して集計すれば、次ページの表の如くなる。

バタビア在住日本人売買出身地別性別奴隷表（一六三四—六九年）

地方	出身地	男	女	計	小計
東インド地方	ジャワ		一	一	二〇
	バタビア		一	一	
	バリ		七	七	
	ボルネオ	一	一	二	
	バンジャルマシン		一	一	
	スンバワ		一	一	
	ブトン		一	一	
	ソロール		一	一	
	マンゲライ	四		四	
	マカッサル		一	一	
南洋	マニラ	一		一	三
	アラカン	二		二	
インド以西	ベンガル	一三	一〇	二三	五四
	コロマンデル	一	一	二	
	マラバール	二一	七	二八	
	モザンビク		一	一	
不明		二一	五	二六	
合計		六四	三九	一〇三	

日本人の取引した奴隷の総数は百三名であった。そのうち男奴隷は六十四名、女奴隷は三十九名であって、同一地方の出身者の比較的に多いのは、ベンガル出身者の二十三名、マラバール出身者の二十八名であるが、このほかコロマンデル海岸出身者二名、並びにモザンビク出身者一名を加算すれば、これらインド方面出身者だけでも既に五十四名に上り、全数の五三パーセント弱に達している。その頃バタビアにおいて使役した奴隷にはインド方面出身者が多かったが、このことはやはり日本人の関与した取引の場合にも同様であったことが判明する。東インド現地住民は僅々二十名で、全数の一九パーセント強に過ぎない。

日本人移住民がこのように奴隷を購入して、如何なる目的に使役したかについては、これを明記した記録があまり見当らない。恐らく当時の同地の一般的な慣習に従って、彼等を各家庭の雑役に使用したことは容易に推察されるところであるが、このことは前述の一六三二年のバタビア市の人口統計表によれば、日本人家庭で奴隷二十五名を使用していたことが記され、また後述するように、彼等の遺言状に自分の奴隷の処分を記した文言のあることによっても推測できる。しかし、先に金融関係の項で述べたように、奴隷を金銭借受の担保とした場合は相当に多く、百九件中三十件五十一名を算し、その中日本人が奴隷を担保とした場合は二件で、他の二十八件はいずれも外国人が日本人に対して奴隷を担保としていた場合である(九二ページ参照)。一六五〇年十月十一日にシナ人シーサイが村上武左衛門から三〇〇レアルを借受けた時には、男女奴隷六名を担保としたようなこともあった[95]。また借受金弁済まで債務者自身が債権者の下にいわば質として労力奉仕をなすことを約した場合も十件あり、債務者の大多数はマルダイケルであるが、この場合、債権者はだいたい債務者の健康と否とにかかわらず、その被服飲食などの生計費を負担することを約定している(史料三二)。ただ一六四五年十一月一日に、シナ人四名が連帯で村上武左衛門から二〇〇レアルを借受け、借受期間二ヶ月中は彼等の下僕三名を質として提供し、木材の伐採運搬に従事させることを約定している(史料三三)。また前述の金融関係において、債務者の大多数は他の担保やその他の条件の有無にかかわらず、たいていはまず債務者自身の一身、並びに現有及び将来取得すべき一切の動産不動産を担保としているから、債務の弁済不能の場合には、自ら債権者の下に奴隷的境涯に身を落して、所謂債務奴隷となった場合もあったことが推せられる。

このような日本人所有の奴隷の中には、奴隷の身分のまま配偶者を求めて結婚したり、あるいはキリスト教の信仰に入って洗礼を受ける者もあった。両婚姻簿によれば、一六三三年九月八日の条にインドのサン・トメ出身のラウレンス・シモンと同地出身のマリヤ・メンディスとの婚姻が記入されており、両人共に日本人フランシスコ・シモンの奴隷であって、『婚姻簿』の欄外にはこの夫妻がさらに自由奴隷に編入される旨が附記されている(史料九・一〇)。

また、前述の洗礼簿数冊の中に日本人所有の奴隷や奴隷の子女の受洗が散見するが、例えば『オランダ人洗礼簿』

一六四五年二月四日には、

1645
4 Feb.
Jan

ouders {
Francisco van Malacca
Slaffinne [sic] van
Michiel Japon
Annica van St. Thome
Slaffinne van dito
}

Getuygen {
Pieter van Nangesacqui
in Japan
Barbara van van [sic]
Batt.[a]
}

ヤン

両親 {
マラッカのフランシスコ、
日本のミヒールの奴隷
サン・トメのアンニカ、
同人の女奴隷
}

証人 {
日本の長崎のピーテル
バタビアのバルバラ[楠市右衛門の妻]
}

とあり(史料一二－五)、洗礼を受けた本人とその両親なる奴隷の氏名並びに出身地、奴隷の所有主である日本人の氏名と出身地、及び証人としてその知人なる日本人または外国人の氏名などが並記されている。このほか、他の外国人所有の奴隷の子女の受洗に当っても、日本人が証人として名を連ねている場合もある。この種の事例は一六三四年から一六六五年に至る三十一年間に八件散見し、その中五件は日本人ミヒール所有の奴隷の子女の受洗にして、一件は日本人長崎のトメ所有の奴隷の男児の受洗であるが、他の三件は外国人所有奴隷の子女の受洗に際して、在住日本人が証人として記入された場合である。また右九件中、唯一件のみは日本人証人が二名であるが、他はいずれも日本人証人は一名である。

またこれらの在住日本人等がその所有にかかる奴隷を解放する場合にも、やはり公証人役場に出頭して解放約定書を作成したようである。例えば一六六七年九月二十日付村上武左衛門の奴隷解放約定書には次の如くしたためられている。即ち、

一六六七年九月二十日、公証人たるブレダ出身の予ヤン・カイゼルスの前に日本人商人ミヒール・武左衛門 Michiel Boesaymon 殿が出頭して、かつて彼の女奴隷であったパリアカッテ Paliacatte 出身のサラの手から四〇レイクスダールデルの金子を一レイクスダールデルに付き六〇スタイフェルの換算で受領し、その金子に対して彼出頭人は自由を与えた他の奴隷に対するのと同様に、今後前記のサラにも自由の身分を許与し、かつ彼出頭人が前記のサラに関して所有している一切の権利、契約並びに要求を彼女に譲渡したことを陳述して、この解放を完了したことを確認した。而して万事は善意に基づいたものである。

予の公証人役場においてこのように実施履行せられた。

立会人

ヨアン・ヨゼフス Joan Josephs(自署)　ミヒール・武左衛門(自署)

ヤン・ピーテルス Jan Pieters (自署)

公証人

ヤン・カイゼルス (自署)(96)

管見の限りではこのような日本人の奴隷解放関係約定書は十三通あり、その中、村上武左衛門のものが九通、浜田助右衛門のものが一通、ドミンゴ・市右衛門のものが一通、武左衛門、助右衛門等連名のものが一通、日本人ノビ殿の寡婦である日本のカタリナ Catharina Japan, wed^{e} van Novi don の半奴隷に関するものが一通であって(97)、その内容はおよそ次の三種に分けられる。即ち、

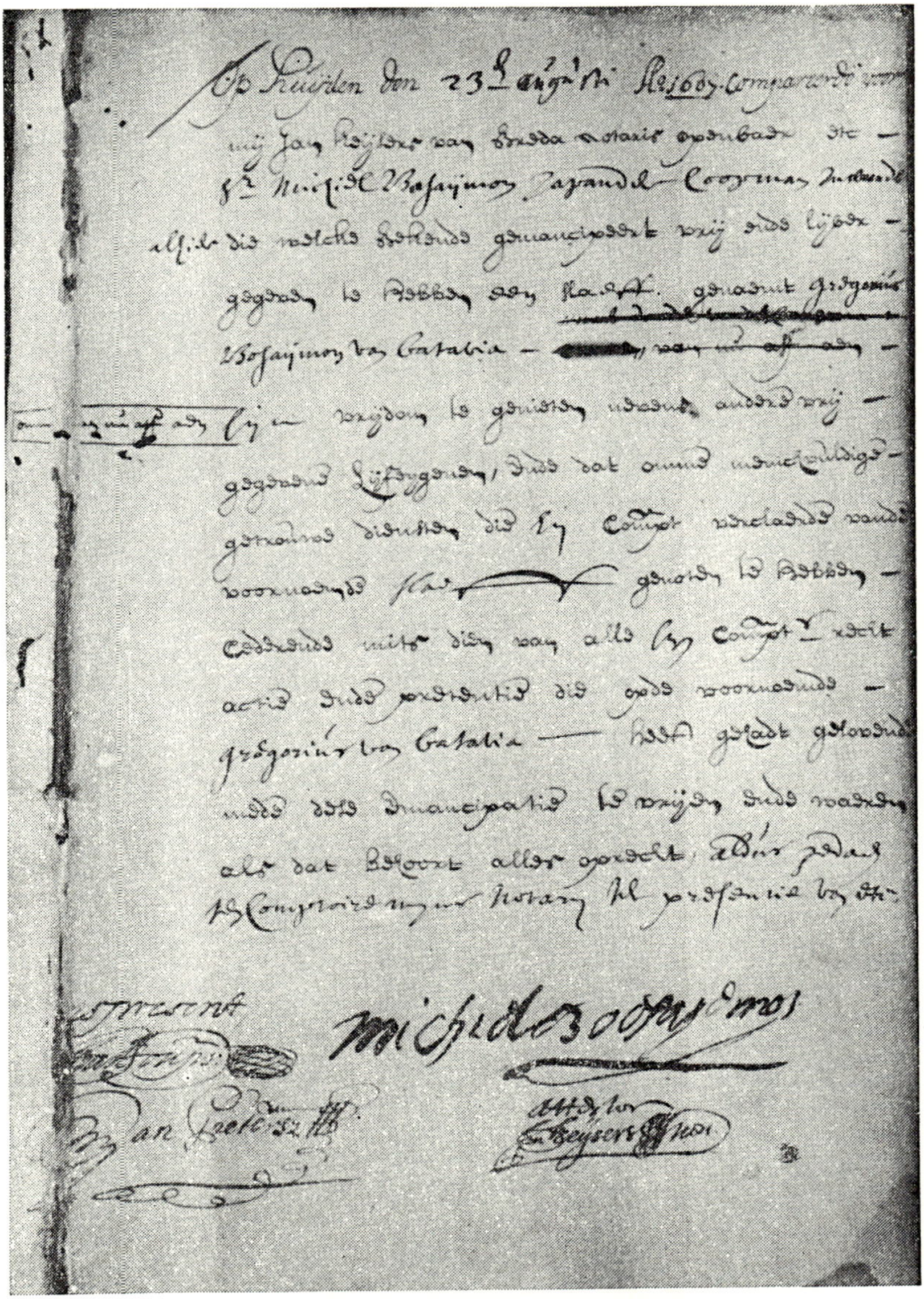

1667年8月23日付村上武左衛門の奴隷解放証書

(イ)　奴隷の忠実を賞して、これを無条件に解放する場合　七通
(ロ)　雇傭主が奴隷から身代金を収めて、これを解放する場合　四通
(ハ)　雇傭主の死後、これを無条件に解放することを約した場合　二通

そして第三種(ハ)の場合でも一六六四年五月十日にシモン・シモンセン、村上武左衛門、浜田助右衛門三名連名でしたためたものは、故ミヒール・ディヤス・惣兵衛所有の奴隷ベンガル出身のジョアンと妻のジョアンナ両人を故人の遺言によって解放したものである(二八六―二八七ページ参照)。雇傭主の死後奴隷を無条件で解放することを約したものはいずれも村上武左衛門の作成した約定書で、彼が同地で売買した奴隷の総数は前表の如く買入七件十二名、売却五件五名であって、前者は一六四九年から一六六一年にわたり、後者は一六四〇年から一六六七年に及んでいるが、彼も一六六〇年代に及んで漸く老境に入り、漸次奴隷を売却したり解放する方針をとったらしく、解放約定書は一六六二年から一六六七年にわたり、通計九件九名を解放しているが、殊に一六六七年中にはその中六名を解放している。

このようにして在住日本人があらかじめ自分の死後の問題に備え、または死期が切迫したことを予期して遺言状を作成する場合には、たいていその文言中に自分の所有している奴隷の処分をも記入している。例えば一六四一年三月二十四日付日本人アンドリース・ロドリゴ Andries Rodrigo の遺言状には、本人の死後、奴隷ミヒールと女奴隷リスベットは共に三ヶ年、奴隷ヤンは四ヶ年、彼の未亡人に仕えさせ、リスベットの娘には八〇レアルを与えて自由の身となし、未亡人が引取って養育すべき旨を約定してあり、[98] 一六五一年四月十日付の長崎出身のフランショイス・助九郎 Franchoys Schickero の遺言状では、彼の死後奴隷一名を妻の養子に譲渡すべき旨を記入し、[99] 同年十二月十一日付の長崎出身のトマスの遺言状には、彼の死後奴隷二名が五ヶ年間未亡人に仕えて後解放されることを約している。[100] また翌一六五二年十一月二十九日付堺出身のペドロの遺言状には、彼の女奴隷の遺児で、彼が幼時から自宅に引取って

養育したヨリス・トージョ Joris Todjo に自分の全財産を譲渡する旨が記してある。(101) なお前記村上武左衛門が一六七四年六月三十日にしたためた遺言状は既に腐蝕変色して破損も甚だしく、判読するのも困難であるが、彼の所有せる奴隷男女少なくとも十六名の処分が記入され、その中二名は彼の死後相続人に三年間奉仕させる旨を明記した外、他の大多数の奴隷に対しては、大は五〇レイクスダールデルより、小は五スタイフェルをそれぞれ遺贈してこれを解放することを約しているが(一八七—一九一ページ参照)、彼はこの遺言状の作成に先立つこと七年までに、既に奴隷九名を解放している。

またこれより先一六四七年十一月十三日付の故ビセント・ロメインの寡婦長崎のイザベラの遺言状の中には、奴隷ドミンゴとその妻ジョアンナ、並びにマリヤ等三名の男女奴隷を解放するが、イザベラの死後三ヶ年間だけはその息子に仕えさせることを定め、またもしイザベラの遺産一切を相続させるはずの息子で、当時マニラに在住していたジョアン・ダイエが五年以内にバタビアに来住しない場合には、前記の女奴隷ジョアンナの娘イザベラに現金五〇〇レアル並びに主人の居宅の一棟と付属敷地とを遺贈し、もし同人が死亡した際には、これをその弟ジョアンに譲るべきことを記し、別にジョアンに対しても一〇〇レアルを遺贈し、もし同人が死亡した際は、逆にこれを姉のイザベラに譲ることとし、なお前記マリヤにも別に現金一〇〇レアル、並びに竹造小家屋とその敷地並びに通路を遺贈し、ドミンゴ夫妻にも、他の竹造小家屋並びにその敷地と、両人にそれぞれ五〇レアルずつを遺贈し、他の男女奴隷二名に対してもイザベラの病室にある家具一切、並びに銀製小刀や匙など種々遺贈してこれを解放する旨を一々詳細に規定している(二〇七—二〇九ページ参照)。翌一六四九年八月二十一日には彼女はさらに他の二名の奴隷は自分の死後直ちに解放し、他の一名はウィルレム・フェルステーヘンに五ヶ年間仕えさせる旨を追加している。(102) また一六九二年五月十七日付ジェロニマ・マリニョ・春の遺言状追加書には、彼女の所有している男女奴隷十六名の処分を記し、その中十一名は、彼女の死後直ちに解放し、他は彼女の娘マリヤ・シモンセンに譲渡して、彼女が適宜解放すべきことを定めている(一九七―一九八ページ参照)。

これらの事例によっても判明するように、バタビア移住日本人の遺言状に記された奴隷処分法は大体において左の四種に類別できる。

(Ⅰ)　所有主の死後無条件で解放すること。

(Ⅱ)　所有主が遺産の一部または全部を奴隷に遺贈して解放すること。

(Ⅲ)　所有主がその奴隷を遺族に相続せしめること。

(Ⅳ)　所有主の死後、期間を限ってその遺族に奴隷を仕えさせること。

そして、フランシスコ・助九郎の場合が(Ⅲ)の方法による以外に、長崎のトマスは(Ⅳ)の方法により、堺のペドロは(Ⅱ)の方法によっており、またアンドリース・ロドリゴと村上武左衛門とはそれぞれその奴隷の一部を(Ⅱ)の方法で、他の一部を(Ⅳ)の方法によって処分し、長崎のイザベラは(Ⅰ)(Ⅱ)(Ⅳ)の方法によってその奴隷の身の振り方を定め、春の遺言状追加書にはその奴隷十二名は(Ⅰ)の方法により、他の五名は(Ⅲ)の方法に幾分(Ⅳ)の方法を加味して処分することが記入されている。即ちこのような奴隷処分法を通じて、直接には彼等が多年自家で使役した奴隷等に対する極めて温情ある処置を窺い得ると同時に、間接にはこれらの奴隷を使用した在住日本人の日常の生活程度の一面をも推知することができる。

彼等の多くは同地の風習に従って自分の家庭に幾人かの奴隷を使用していたが、特に長崎のイザベラは男女奴隷並びにその子女十二名を有し、春は十七名を所有し、村上武左衛門も少なくとも十六名を所有していたことも判明する外、これより先彼が解放を約定した奴隷九名を加算すれば、実に合計二十五名の男女奴隷を所有していた。そしてこの頃同地で有力な家柄のコルネリス・ヨハンナ・デ・ベフェレ Cornelis Johanna de Bevere のもとに奴隷五十九名が使用されていたことが特筆され、また後年のことではあるが、一八一六年にバタビア市並びに近郊の奴隷数は約一万二千名であって、一個人の所有奴隷数の最高記録は百六十五名であったから、[103] これらの所有奴隷数の十数名、殊に村上武左衛門の二十五名の如きは決して僅少な数ではなく、仮りに奴隷一名の平均価額を五五・七八レアルとすれば、彼の所有奴隷の総額は一三九四・五レアルに上り、この点を通じて見ても、彼等の移住先における日常生活にはかなり余裕があって、相当に裕福に暮らしていたことが推知できる。

第六節　法的生活

一　犯罪・刑罰

バタビア移住日本人は、もとより他の諸民族と等しくいずれも一応その生命財産を官憲によって保護されていたことはいうまでもない。一六二五年八月二十三日に総督ピーテル・デ・カルペンチールが法務執行官 Balluw、並びにその属僚に対して発した布告第十九条によっても、バタビア市、並びにジャカタラ王国全領域内においては、公法上の指示に基づいて法務執行官の要求がある以外には、何人と雖も、たとえシナ人または日本人の甲必丹あるいは頭領であろうとも、故なくして妄りに他人を拘引または禁錮すべからざることが通達されている。[104] しかし在住日本人の中には、公務上の過怠、または私行上において犯罪を犯したことによって刑罰に処せられる者もあった。

これより先一六一六年一月二日には日本人等の首領格の楠市右衛門が清右衛門を殺害して、総督府評議員会の決議によって死刑の宣告を受け、[105]ついで一六一九年二月二十三日にはジャカタラ城塞の日本兵ペドロが歩哨勤務中に居眠りして銃殺の刑に処せられ、[106]また同年十一月十七日にも日本兵左衛門が歩哨中過怠の廉を以て、裁判の結果、労役一ヶ月の刑に処せられたこともある(史料一八)。その後一六二二年の二月にスマトラの沿海においてオランダ商館長の渡航免状を携帯していた商船を掠奪して免状を侵犯した廉を以てオランダ人十数名が死刑に処せられ、その財産を没収され、共犯のシナ人及び日本人ヤンと新四郎 Sinsilo の両人も同様の刑を受けた。[107]

クーンの統治の初め一六一三年十二月から一六二二年三月に至る約八年半の間にジャカタラ城の司法委員会によって判決を受けた市民の刑事事件は四百一件あって、その犯罪の種類は二十二種に大別されているが、これを所犯民族別に分類して示せば次の如くなる。

ヨーロッパ人二九九名　　バンダ人五四名　　シナ人二八名

「黒人」　　一一名　　ジャワ人　七名　　日本人　二名　　合計四〇一名[108]

もとよりバタビア在住諸民族の絶対数の多寡にもよるが、それにしてもヨーロッパ人市民の犯罪が目立って多いのに比して、日本人の犯罪は特に僅少であって、僅かに二名を算えるに過ぎない。これに対してはそれぞれ罪科に応じて、銃殺、絞殺、笞刑、罰金、労役、漕舟など二十三種の刑罰が課せられている。[109]

一六二四年五月に至り、バタビア政庁の諸制度の整頓に伴い、司法委員会の職制も確立されて、一般の司法裁判関係事務を管掌することになり、[110]翌一六二五年六月十六日には司法委員会の権限、服務規律などに関する規定も詳細に通達された。[111]日本人等に対する裁判刑罰もこれらの委員会の管掌処理するところであったが、なお重要事項については同委員会に総督自ら出席してその決議に与り、あるいは総督の決裁を仰いだようである。一六二七年五月の日本人庄右衛門 Schoyemon の殺人事件に関する司法委員会の書類は数通あって、裁判の経過を詳細に知ることができる。

肥前出身の庄右衛門は、一夜友人茂助の家で会食し、酔った末、同坐していた日本人タイコン Taycon（舵工）を腰刀で刺殺し、間もなく官憲に捕縛、拘留された。委員会は六月十八日に、まず左の三名を証人として喚問し、当時の実状に関する証言を取った。即ち、

庄九郎 Siocro　長崎生れ　三十八歳
茂助 Mosky　平戸生れ　四十歳
ミヒール　長崎生れ　二十九歳

ついで六月二十九日には犯人庄右衛門を法廷に喚問して、日本人ペドロの通訳によってその答弁を記録し、七月十六日に司法委員会は協議の上一応判決を定め、[112] 同月三十日に総督の認可を得て、庄右衛門に対して今後十ヶ年間鉄鎖に繋ぎ、労役を課することを宣告した。[113]

翌一六二八年六月三十日には総督クーンが親しく司法委員会に出席して、太泥のマイ・スーロン May Soulong と日本人キリスト教徒ディエゴに対して、前者の奴隷を故なく殺害した廉を以て有罪を宣告し、マイ・スーロンには絞殺の上財産没収、ディエゴには笞刑の後、焼印を施して財産を没収せらるべき旨を宣告した。[114] コルネリス・ライエルセンの南シナ方面派遣艦隊にはバタビア在住日本人市民の中三十七名が志願従軍したが、彼等の一人でもあろうか、一六二三年五月十日澎湖島において一名の日本兵の航海士が歩哨を嘲弄したために、銃の台尻で五十回打擲されて後、三ヶ月間足を鎖に繋ぎ労役に服すべきことを宣告され、また同年七月十三日には他の日本兵ヨースト Joost が泥酔して、台尻で八十回打擲する刑を受けたこともあった。[115]

バタビア移住日本人はこの種の殺傷事件や処刑などによって、元来余り多数でもなかった彼等の人口数の減少を早めた傾きがあったが、その他不慮の災厄に遭って不幸にも殺害される者もあった。一六三四年三月二十二日にはバタ

ビアから一マイル隔たった森林の中でシリー葉採取中の日本人がジャワ人に襲われ、二名が首狩され、[116]同年九月十七日にも市外の森林中で伐木中の日本人等がジャワ人に襲われて、六名が殺害された。報告に接した政庁は直ちに兵隊七十五名を派遣したが、結局一名の屍体を収容したのみであった。[117]翌々一六三六年六月中にもまた二名の日本人がバタビアの西方アンケ Ancke 河の上流で現地住民に襲われ、一名が殺害されたこともあって、[118]日本人中には不幸にも時々このように災厄に遭って、その生命を失う者もあった。

二　法廷での証言

このように在住日本人の中には時には犯罪を犯して刑罰を受ける者もあったが、また彼等の中には他の日本人や外国人住民等の要請に基づいて、各種の刑事事件や民事事件の訴訟に際して、法廷において事件について証言をなす者もあった。先に日本語通訳マヌエルがイギリス商館に出入し、つい不用意にも、バンタン王とイギリス人やフランス人が連合して、遠からずオランダ人を襲撃することを同僚やオランダ人の雇傭している日本兵等に漏らしたことを述べたが、政庁は一六一八年六月二十四日に彼を喚問してその実否を糾明した。日本人コンスタンチンとフワンの両名も召喚されてその席に立会い、彼の陳述が真実であることを認めて、その証明書の末に日本風の華押捺印を施して、これを確証している(史料一六)。

その後、市の公証人の制度が確立すると、市民間の各種の事件、殊に民事上の訴訟事件などに当って提出するために、あらかじめ公証人に依頼して係争事件に関する証人の証言を記録してもらった場合もある。次に在留日本人関係事件の二、三を訳載しよう。

〔例の一〕　長崎のヤン、アンドリー Andrie、及び長崎のフランシスコなる日本人キリスト教徒三名は、同じく日

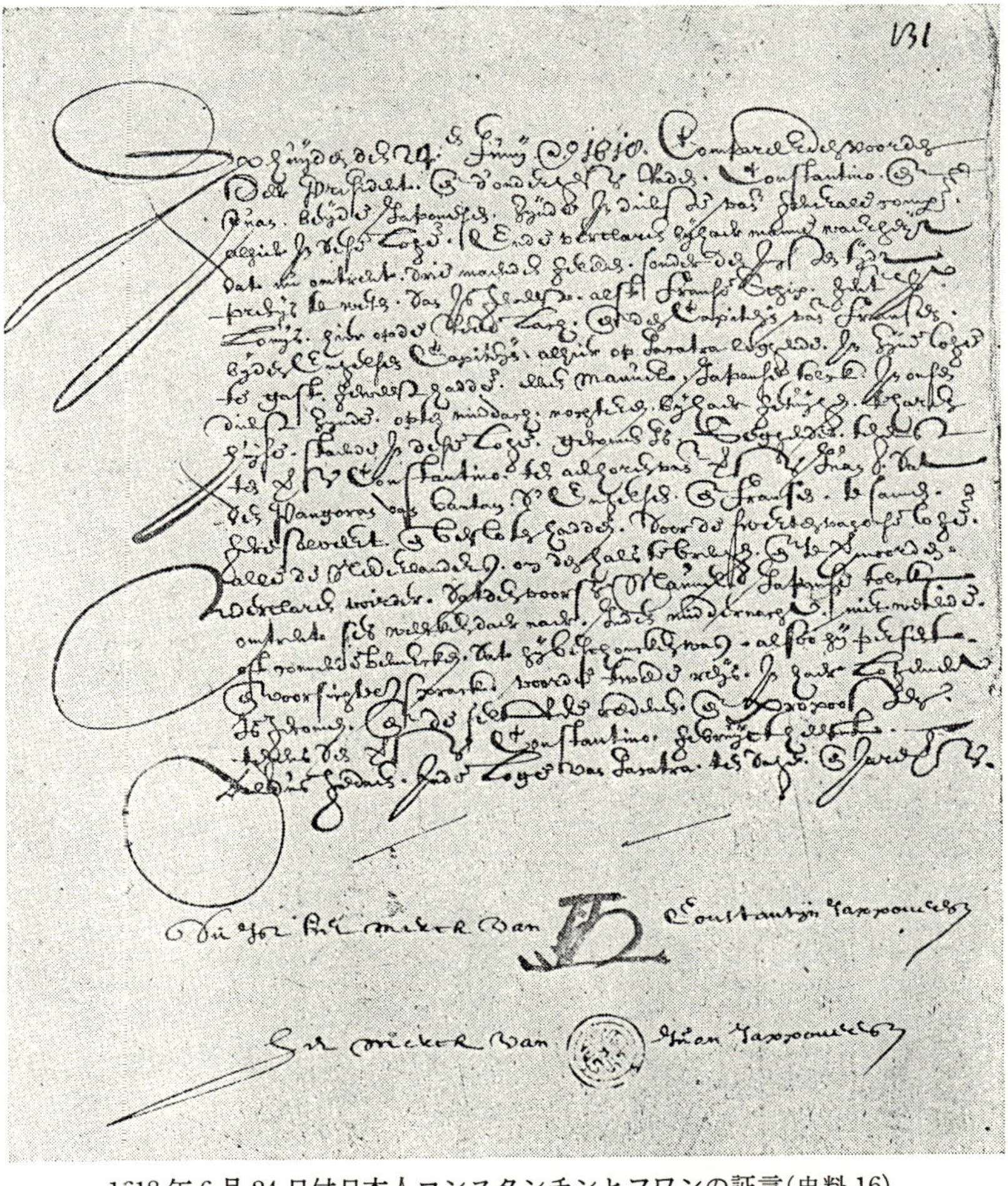

1618年6月24日付日本人コンスタンチンとフワンの証言(史料16)

本人キリスト教徒なる長崎のピーテルの要求申請に基づいて出頭し、二十日前に、証人等はその氏名を知らないが、大河の西岸に住せる某シナ人から申請人が美麗な皿大小取混ぜて二千枚を百枚一三レアルの割合で買取った際、証人等もその場に居合わせて、このような契約が結ばれて双方共にこれに満足の意を表し、かつそのシナ人がポルトガル語を使っていたことなどを親しく見聞したので、ここにその真実なることを陳述証明する。

一六三七年四月四日　バタビアにて、

ヤ　　ン(自署)
アンドレア(自署)
フランシスコ(自署)

(立会人)
ウィルレム・ユルケン Willem Ulken
ヘリッツ・ファン・デル・レイ Gerrit van der Ley[119]

〔例の二〕　東インド会社の下級按針なるライデンのヤン・シモンセン Jan Sijmonsen 約二十歳、市民フィリップス・デ・ローゼ Philips de Roose、日本人フランシスコ・シモン Francisco Sijmon、並びに共にグゼラート人なるコンモーチェ・ギュパール Commootje Gupael とオッド Oddo 等は、アルメニヤ人ヤン・フェロン Jan Ferron の申請に基づいて出頭し、当二月十八日に申請人が(証人等の知らない)一シナ人と共に市庁舎(左様に見えたが)からプリンス通の第三横通橋 Dwarsburg の土手の傍のロレンツ・ピーテルセン・ハイン Lourents Pietersen Heyn、即ちバイケ・バイケス Buycke Buyckes 付近に来た時に、彼がまだ口論も始めないのに、そのシナ人は(一語も予告なく)石を取上げて彼の前額をたたいて出血させたので、血は顔面に拡がったが、(司法委員も登庁していたので)彼はこれを見せるために自ら市庁舎に赴いたことの真実なるを証明する。

本一六三七年二月十八日　バタビアにて。

ヤン・シモンセン
フィリップス・デ・ローゼ
フランシスコ
コンモーチェ(自署)

立会人
ウィルレム・ユルケン
ヤン・ヘンドリックスゾーン・ロース Jan Hendrickszoon Roos (120)

〔例の三〕　本一六五八年五月十七日に公証人たるブレダ出身の予ヤン・カイゼルスの前に下記証人立会の上で当地の住民日本人キリスト教徒ミヒール・ディヤス〔・惣兵衛〕と日本のジョアン殿が出頭して、所定の誓を立てて、(老いた記憶のよい男)マラバール出身のアントニイの要請によって事の真相を陳述するところによれば、その確かな日時は証明できないが、約四年前に、彼等証人はタイヘルス堀割通の裏にあるカロン殿の家の一つに住んでいた平戸のスザンナ夫人の住居において彼女の臨終の床に居合わせて、その時見聞したところでは、前記の平戸の婦人が言語も明瞭で理解力も十分であって、申請人が彼女の死亡に当り、彼アントニイが善良にして忠実に奉公し、かつ高齢なので、彼女は証人等や他の人々を呼び寄せて、彼を自由にかつ思いのままにさせることを承認させ、必要に応じて彼等にその旨を陳述させることにした。以上の如く公証人役場において作成された。

ミヒール・ディヤス(自署・花押)

日本のジョアン(自署・花押)

われわれ立会の下に

ヤン・シモンス Jn. Simons(自署)

P・コルン P. Corn(自署)(121)

このような法廷における日本人関係の証言などをしたためた証書類は一六二七年から一六七三年まで三十五通ある。その中で一六二七年六月十八日から七月三十日に至る肥前の庄右衛門の殺人事件に関する書類五通を一件と見なせば合計三十二件となるが、今これを年次別に証書作成の基本的条件によって分類して集計すれば、次の如くなる。

年次別バタビア在住日本人関係法廷証言表(一六二七―七三年)

年次	件数	申請	証言	証人	行為
一六二七	二	一	二	四	一
一六三七	三	一	二	五	二
一六四〇	二	一	二	二	一
一六四一	一		一	一	
一六四四	一		一	一	
一六五一	一	一			
一六五二	三		三	五	
一六五三	一	一			
一六五四	一		一	一	
一六五五	三	一	三	四	二
一六五六	二	一	一	一	一
一六五七	三		三	三	
一六五八	一		一	二	一
一六五九	二		二	二	
一六六一	二		一	一	一
一六六二	一		一	一	
一六六四	二	一	一	二	一
一六七三	一	一			
合計	三二	九	二五	三五	一〇

前表の中の各欄で「件数」と記したのは、その年度における日本人関係の法廷における証言書類作成数を指し、「申

請」とは日本人が申請して他人の証言を求めた場合であって、日本人関係の場合は、申請人はいずれもそれぞれ一名であった。次に「証言」とは他人の申請によって日本人が証言をなした場合を意味し、「証人」とはこの証言をなした日本人証人を指し、一人乃至複数の場合がある。最後に「行為」とは日本人の行為が証言の対象となった場合であって、これが日本人の生活と行動を最も端的に表わしている。そして例の一は日本人一名の申請によって、その日本人の商取引を他の日本人三名が証言した場合で、これをそれぞれ申請一、証言一、証人三、行為一とし、一六三七年度の当該欄に記入した。次に例の二は、外国人の申請によって申請人の関係した刑事事件を他の日本人等が証言したもので、これは一六三七年度の証言と証人の欄にそれぞれ一を記入し、例の三では日本人の使用人であった申請人が、彼自身の解放について他の二名の日本人等の証言を得たもので、彼の雇傭主である日本人の言動も証言の対象となっているので、これを、一六五八年度の証言の欄に一、証人の欄に二、行為の欄に一を記入加算した。

今日本人関係の法廷における証言書類三十二件を一応この作成の基本的四要件によって分け、さらにそれぞれ個々の場合を考慮して類別すれば次のようになる。

A　日本人が申請人なる場合

	(件数)	(証言)	(証人)	(行為)
I　日本人申請人が自身の行為につき他の日本人の証言を申請した場合	二	二	四	二
II　日本人が他の日本人の行為につき第三者の日本人の証言を申請した場合	二	二	四	二
III　日本人が他の外国人の行為につき他の外人の証言を申				

請した場合	一			
Ⅳ　日本人が他の外国人を法定代理人に申請した場合	四			
小計	九	四	八	四
B　日本人が証人となった場合				
Ⅰ　日本人が他の日本人の行為につき証言した場合	七	七	一四	七
Ⅱ　日本人が他の外国人の行為につき証言した場合	一八	一八	二〇	
小計	二五	二五	三四	七
C　日本人の行為が証言の対象となった場合				
Ⅰ　日本人の行為が他の日本人の証言の対象となった場合	七	七	一四	七
Ⅱ　日本人の行為が他の外国人の証言の対象となった場合	一			
Ⅲ　日本人が他の外国人の法定代理人に申請された場合	一			一
小計	九	七	一四	八

さてこの三十二件の日本人関係証言書類を前記の三基本条件によって個人別に類別して集計すれば、次の通りである。

バタビア在住日本人関係法廷証言個人別件数集計表（一六二七—七三年）

人名	申請	証言	行為	合計
村上武左衛門	二	二	一	五
浜田助右衛門		五		五
ミヒール・ディヤス・惣兵衛		三	一	四
日本人フランシスコ・左衛門		一		一
日本人茂助		一		一
甲必丹市右衛門		一		一

日本人キリスト教徒ヤン		三		三
日本人長崎のピーテル	一		一	二
平戸のドミンゴ	一		一	二
日本人キリスト教徒ヨアン		一		一
市　右　衛　門		一		一
日　本　舵　工	一			一
日本人長崎のフランシスコ		一		一
日本人長崎のトメ		一		一
フランシスコ・助九郎		一		一
日　本　人　パ　ウ　ロ		一		一
日本人ミヒール		一		一
長崎のアンドレア		一		一
日本人アンドリウス（マルダイケル）		一		一
日　本　人　庄　九　郎		一		一
日本人切支丹ミヒール		一		一
日本人庄右衛門			一	一
ゴ　ス　殿		一		一
塩　村　太　兵　衛		一		一
日　本　人　某			一	一
カタリナ・六兵衛	一	三		四
平戸のヘレナ			二	二
平戸のスザンナ		一	一	二
スザンナ・ミュレール	一			一
長崎のオルサラ		一		一
コルネリヤ・武左衛門	一			一
コルネリヤ・ファン・ニューローデ	一			一
村上武左衛門の奴隷			（一）	（一）
平戸のスザンナの奴隷			（一）	（一）
ヤン・惣兵衛の妻バリのヨハンナ			（一）	（一）
合　計	九	三四	九	五二

右の表によれば、法廷の証言に何等かの関係を有してその名を記された日本人は男性が二十五名、女性が七名で、合計三十二名である。その他に日本人関係では、日本人の奴隷二名と日本人と死別した寡婦である外国人女性が一名あったが、この三名はこの表の末に付記したけれども、計数中には加算しなかった。これら三十四件の証言書類の中で関係日本人三十二名の姓名が引合いに出された場合は、その延回数が五十二に達しているが、これは一六二七年四月

に在住日本人肥前出身の庄右衛門の殺人事件について一日本人舵工が申請した日本人証人庄九郎、茂助、ミヒール等三名の証言を提出してから、彼がこれを認めて自白書を作成して後、判決が下った一件で、これに関して前記日本人五名の名が挙げられたのや、先に引用した例三の場合のように、平戸出身のスザンナ夫人が臨終の床でその奴隷を解放することを語ったのを、日本人ミヒール・ディヤス・惣兵衛と日本人ヤンの両人が列席してこれを聞いたことを証言した場合は、三名の日本人が引合いに出されたように、一件に二名以上の日本人が関係したからであって、このような例は八件あって、関係日本人の延数は二十五名であるが、その他はいずれも一件一名である。

さてこの中でも比較的関係件数が多い村上武左衛門が申請人となった場合は二件あって、一は一六五三年七月四日に公証人ヤン・カイゼルスのもとに出頭して、バタビア市の司法委員アブラハム・ピルタビアン Abraham Piltavian を法定代理人に依頼したのと、(122) 他は彼の申請によって一六五六年六月二十二日にジャワ人三名が公証人カイゼルスの公証人役場に出頭し、日本人切支丹ヤン・惣兵衛の寡婦で、彼がその法定相続人となっているバリ島出身のヨハンナが、生前約六ヶ月前にヨーマン・ターレイなる男に対して、同人がバリ島に出航する直前に商品を寄託して、その代償として同地から女奴隷を手に入れるように依頼したことを聞いたと証言した場合である(史料六七)。次に彼が証人として喚問されたのも二件で、その一は一六六二年十月二十六日にマレー人船主ツーペ Toepe がテガル Tegael 出身のジャワ人船長パナガパン Panagapan の竹造の持家を向う三ヶ年間の約束で借受け、その家賃を毎月間違いなく支払うことを定めたのを証言したもので、(123) 他の一件は一六六四年五月十日に、お春の夫シモンセンや浜田助右衛門等と共に、日本人切支丹故ミヒール・ディヤス・惣兵衛が生前にその奴隷であるベンガル出身のジョアンとジョアンナ夫妻の解放を約したことを証言したものである(一八六—一八七ページ参照)。最後の一件は一六六一年八月十六日にマレー人船長ルマング Loemang が同じくマレー人ポスチング Posoeting から金銭を取立てることを武左衛門に依頼した場合である。[124]

村上武左衛門と等しく浜田助右衛門の場合もやはり総計五件あったが、それらはいずれも証人として喚問されて、他人の行為について証言した場合であった。即ち平戸出身のスザンナ・ミュレール夫人の申請によって一六五五年六月十二日に公証人ハイズマンの公証人役場にマグダレナ・ヘンドリックス夫人と共に出頭して、平戸のヘレナと外国人との間に起った金子、並びにヘレナの所持品を入れた箱の受渡しの実否に関しての悶着について証言したのを始めとして(史料六四)、一六五七年四月十日にはドミンガ・ピーテルセン Dominga Pietersen 夫人の申請に基づいて、ロフチナ Roftijna 夫人と共に公証人カイゼルスのもとに出頭して、申請人に対して証人等が衣料を色々寄贈し、他にニコラース・バスチャーンセン Nicolaes Bastiaensen が土地購入資金を贈与したことを証言し、[125] 翌々一六五九年十月二十八日にはモール人ウマーディチーの申請によって、同人がモール人マダリーの勘定に対して五〇レアルを支払ったことを証言し(史料六九)、一六六一年二月十四日にはシナ人ポウロアンコ Pouloanko の遺言状を確証し、[126] 最後に一六六四年五月十日には前述するように、村上武左衛門等と共に日本人故ミヒール・ディヤス・惣兵衛がその奴隷夫妻の解放を生前約束したことを証言したものもあるが(一八六―一八七ページ参照)、これらの証書の末には、いずれも彼の自署の外、二重円に「浜田」と刻した朱印が押してある。

次に日本人女性で関係件数の多いのはルイス・六兵衛の寡婦平戸出身のカタリナ・ふくであって、総数四件あり、一六五一年十月十二日にはバタビア市の司法委員パウルス・フィッセルを法定代理人に設定し、[127] 翌一六五二年三月二十九日にはアンナ・ファン・ベルケン Anna van Berken の申請によって公証人ハイズマンのもとに他の日本人ミヒール・ディヤス・惣兵衛、日本人キリスト教徒ヤン等数名と共に出頭して、隣人スザンナ・ワイツ Susanna Weijts が暴力を以てアンナの家に侵入し、彼女に暴行を加えたことを証言したもので、[128] 他の証書は一六五五年十一月二十四日にシナ人フーコの申請によって、フーコが彼女の注文した家屋の建築用材にした石灰、砂やその他の資材を運んで来たのを見たことを証言したもので(史料六六)、その翌一六五六年六月二十四日にもまた前記のシナ人フーコの申請によって、彼女の小屋の建築のため、かねて奴隷に材木と瓦五〇枚を彼女の庭に運び込ませていたが、他のシナ人チウワ Tsoewa がそれをパウルス・フィッセルのもとに運んで、彼の家の建築に流用したことを証言しているから、[129] このフーコは大工で、恐らくカタリナの家に日頃出入していた者であろう。

なおこのほか特殊な証言を若干拾って見れば、例一の如く、一六三七年四月四日に日本人がシナ人から皿二千枚を買入れ、その代金支払を完了したことについて他の日本人三名の証言を得たことや(一二四―一二六ページ参照)、同月二十七日には一日本人がシナ人から皿二三八〇枚を買入れ、その代金支払につき悶着が起ったことを他のシナ人が証言したなど(史料六〇)、商取引や代金決済などについての証言書もあれば、一六五二年五月十四日には台湾在住シナ人の有力者何斌所有の二〇ラストの船が貿易を済ませて広南から台湾に帰航の途中難破したことを、広南在住日本人の有力者で日本町の頭領である塩村太兵衛から聞いたと日本人と縁故の深いウィルレム・フェルステーヘンとザカリヤス・ワーヘナールが証言し(史料六二)、翌々一六五四年八月二十一日には日本人前甲必丹ミヒール・市右衛門は、フランソア・カロンが帰国直前に彼のシナ人庭師に対して彼の家とその庭師の家とを結ぶ私設橋梁の取り壊しを命じたことを証言し(史料六三)、一六五九年十月十一日には日本人市右衛門が公証人ハイズマンの許に出頭して、インド西南海岸のコーチン出身のコウチョングがバタビア在住シナ人甲必丹潘明巌の船でジャワ島中部北岸のチェリボンに渡航しようとしていた時に、たまたま石造家屋から落ちて死亡したことを良く承知し、かつその妻とも長年知り合いの間柄である旨を証言したような場合もあった(史料六八)。

今これら三十二名の行った証言の内容を類別すれば次の如くである。

1　商品受渡並びに代金支払　六 (三)
2　借金返済　五 (二)
3　喧嘩殺人並びに変死　四 (一)
4　法定代理人設定　四 (四)
5　奴隷の行為並びに解放　三 (二)
6　土木建築　三
7　借地借家　二
8　損害賠償　一 (一)
9　資金並びに物品贈与　一
10　船の難破　一
11　被服費の負担　一 (一)
12　遺言状作成の立会　一

即ち三十二件を大別すれば、上述のように十二種類となり、この中で商品の受渡並びに代金支払、借金返済に関する証言が比較的多く、これについで喧嘩殺人及び法定代理人設定がそれぞれ四件あるが、その証言数の増減について年代的に特別な傾向は認められない。この中で日本人の行為が証言の対象となっているものについては括弧内にその件数を示したが、その証言の内容は次の如くである。

一、日本人ピーテルが皿二千枚を購入したこと(一六三七年四月四日)

二、日本人某が皿二三八〇枚を購入した後、その代金支払について争いが生じたこと(一六三七年四月二十七日)

三、村上武左衛門が日本人ヤン・惣兵衛の寡婦バリのヨハンナの生前に奴隷購入資金として寄託した貨物の権利を継承したこと(一六五六年六月二十二日)
四、平戸のヘレナが借金返済の猶予を求めたこと(一六五五年六月十二日)
五、村上武左衛門がマレー人からその貸付金の取立てを依頼されたこと(一六六一年八月十六日)
六、肥前の庄右衛門の殺人(一六二七年六月十八日)
七、平戸のスザンナが生前に奴隷の忠実を認めて解放を約したこと(一六五八年五月十七日)
八、村上武左衛門・浜田助右衛門等が故ミヒール・ディヤス・惣兵衛の奴隷を解放したこと(一六六四年五月十日)
九、平戸のドミンゴが損害賠償を完了したこと(一六四〇年八月一日)
一〇、平戸のスザンナが無報酬で平戸のヘレナの生計費被服費を負担したこと(一六五五年六月十二日)

以上十件の外、ルイス・六兵衛の寡婦平戸のカタリナ・ふく、村上武左衛門、その娘コルネリヤ、及び平戸のコルネリヤ等が外国人を法定代理人に設定した場合が四件ある。証言に現われた日本人の行為はこのように極めて雑多であったが、これも在住日本人の日常生活の一面をよく伝えたものといえよう。

第四章　バタビア移住日本人の母国との音信

バタビアに移住した日本人の中には船便を利用して母国日本に帰国する者もあった。京都の時計師武吉 Bouckij の如きは一六二五年頃にバタビアから帰国して、吉利支丹信仰のために一時牢獄につながれたが、その特殊技能によって赦免され[1]、堺の商人皮右衛門 Cawajnemon は一六三二年頃同じくバタビアから帰国した[2]。しかし鎖国令によって海外在住日本人の帰国はもとより、母国にいる近親知人等との音信も均しく厳重に禁じられたことはいうまでもない。「寛永十八年異国之ため江戸より参候御制札」には、この点に関して次のような条文が表示されている。

定

一、きりしたんの事、罪科依レ為二重畳一、乗参族被レ行二斬罪一、並かれうた船渡海之儀停二止之一訖。然上者、自国以(今カ)後帰国之輩、唐船にのせ来るに於いてハ、其身之事者、不レ及二沙汰一、船中之者悉可レ被レ為二死罪一也。縦同船之内たりといふとも、申出るにおいてハ科を免し御ほうひ可レ被レ下之叓。

一、きりしたんの書状、幷ことつて物持ち来るべからず。自然相□(背カ)族あらハ、是又可二申上一、於二隠置一者、其科可レ為二同前一叓。

一、属託を出、きりしたんの族、唐船にのり来る事あらば、はやくこれを可二申上一、然科をなため、御褒美として其属託之一倍可レ被レ下之叓、

右可レ相二守此旨一者也。仍執達如レ件。

この通達にはさらにその漢訳文も出されている。文意は吉利支丹宗徒の帰国、並びに彼等の書状及び言伝物の伝達を禁じたものであって、唐船を対象としたもののようであるが、同様な懸念はオランダ船に対しても絶無とはいえず、唐船と同時に蘭船に対してもほぼ同主旨の通達が渡されたに違いない。現に『長崎オランダ商館日記』の同年、即ち一六四一年七月二十五日の条に、

寛永十八年何月何日　　奉行(3)

朝、急使に書翰並びに風説書を託し、上級商務員ヤン・ファン・エルセラック Jan van Elseracq にフロイト船ロッホ de Roch 及びオランジーボーム de Orangieboom が本月二十一日当地に着いたこと、並びに雨天のため未だ積荷を卸し始めぬこと、オランダ人の書翰中に同封した日本人の書翰数通がボンゴイ Bongois［通詞目付か］の手に落ち（我等の命令に背きたるものである）、また船の幹部の手許からも数通発見されたので、大なる面倒が起る惧がある事、よって今後来るべき船の幹部に厳重に警告し、此の如き書翰は入港前に焼棄て、または錘を付けて海に投ずるよう通知すべき事を知らせた。(4)

とあって、海外在住日本人の書翰がオランダ人に託送されることも当局の忌諱に触れることが懸念されて、今後オランダ船の長崎着港前に自発的にこれを破棄すべきことが警告されている。引続いて『日記』の同月二十九日の条にも、

バタビア並びにタイオワンから来た日本文の書翰は、これに伴う品物と共に船長が隠して保管していたが、ボンゴイに渡して読ませた上で交付方を頼むこととした。彼等は書翰中にキリスト教に関することはないかどうかを調べた上で我等にそれを返還して、品物と一緒に名宛人に交付させるといった。(5)

とあって、バタビアなど海外在住日本人がオランダ人に託した書翰や品物がひそかに日本に輸送されたことがあっても、当局の検閲を経てキリスト教に無関係なことが判明した後には、名宛人に渡されることになったと伝えている。

ところが『日記』の同年十一月二十六日の条には、

書類を締切った後、奉行三郎左衛門殿から通詞［西］吉兵衛殿及び［猪股］伝兵衛殿を介して左の如く伝えられた。本年は各地方から多数の人に宛てた日本文の書状及び贈物が、皇帝が厳禁せられたにもかかわらず日本に届けられたが、奉行及び大目付筑後殿はこれを罰することなく黙過した。そしてもし今後こんな事をするならば、自分らはこれを上司に報告すべく、もしそうなればオランダ人は非常な苦境に立つであろう。よってバタビア、タイオワン、暹羅、東京《トンキン》、柬埔寨、その他わが船を当地に派遣する地方に甲必丹から通知して、在外日本人の書状または品物を日本に届け、または口頭の挨拶を伝えることなく、オランダ人もまた奉行達も苦境に立つことがないように図ることを命じた。(6)

とあって、海外在住日本人の書信並びに贈物の伝達がオランダ人に対しても幕命によって一時厳禁されていたことは明らかであるが、それでもこのような書信がなお多数あり、それらが海外関係事項の取締りに当っていた当面の責任者長崎奉行馬場三郎左衛門と大目付井上筑後守によって黙認されていたことをも伝えている。これはもとよりその内容がキリスト教と関係がなかったためではあるまいか。しかし同時に商館長は、将来バタビアを始め東南アジア各地からの音信伝言を差控えることを顧慮するように通じている。

その後「延宝長崎記」によれば、「唐船入津より帰帆までの覚書」の中に、

一、たとへ異国住宅之日本人たりといふとも、異国より差越候書状、並送㆓荷物等㆒迄も奉行所にて改㆑之、年行事方より其主々江相㆓渡之㆒、年行事手前に手形取置候事。

一、日本人より異国江遣候書状荷物等者、用人と与力と改㆑之、別条於㆑無㆑之は、書状にも荷物にも相封いたし遣候事。(7)

とある。この覚書の年代は明らかでなく、『通航一覧』の編者が延宝(一六七三―一六八一)頃と推定しているよりも幾分早い時期のものと思われるが、いずれにしてもこの覚書によれば、海外在住日本人が託送した書信と贈物は一応奉行所で改めて、別条無い場合にはこれを年行司を通じて名宛人に渡し、念のために手形を取って置き、さらに海外在住日本人に託送する書信と荷物とは、与力と用人がこれを改めて、これまた別条がなければ、これを託送することを許したのであった。

現に一六五六(明暦二)年になると、バタビア在住の武左衛門が新たに出島に赴任する商館長ザカリヤス・ワーヘナール Zacarias Waegenaer に託して長崎奉行甲斐庄喜右衛門に書翰を送り、同地の事情を報じているが、(8) これは前述の村上武左衛門に違いなく、しかもその書翰を受取った相手は、取締りの当局者長崎奉行その人である。ついで一六六一(寛文元)年以後、暹羅在住の木村半左衛門が長崎在住の知友に贈物や書状を託送しており、(9) 交趾在住の角屋七郎兵衛も一六六六(寛文六)年頃から連年郷里の親戚に書状や贈物を託送し、商品を誂えている。(10)

その後も海外在住日本人と故郷の親戚知人との音信や品物の贈答は引続いて行われたらしく、『長崎見聞集』や「延宝長崎記」には、その頃「異国に住宅之日本人二十九人」の在住地別、男女性別姓名を挙げて、その日本における親族関係を記しているが、バタビア在住日本人について『長崎見聞集』には、

〇咬𠺕吧　男女八人、村上武左衛門自注、長崎上町妙金為に夫、同本後藤町原、源左衛門為に弟、今魚町森田喜兵衛為に兄　ゑすてる自注、長崎築町山、崎甚左衛門為に姉　浜田助右衛門後家自注、長崎今魚町浜田長左衛門為、に母、平戸吉次久右衛門為に姉　はる自注、長崎築町小柳理右衛門為に養女、同酒屋、町峯七兵衛為に姪、同袋町本田与三郎為に伯母　こるねりや自注、平戸判田五、右衛門女房為に娘　きく自注、平戸善三郎為に妹、同所三好、庄左衛門女房之為に妹　ふく自注、平戸谷村三蔵、同五郎作、譜代之下女、同所三吉為に妹　みや自注、平戸立石清之助為に妹、同所森田伝右衛門女房為に姉　……右異国住宅之日本人共には、日本に居候親類共より書状取通レ之。(11)

とある。「延宝長崎記」には村上武右衛門とあるが、これは『長崎見聞集』の村上武左衛門の誤写に違いなく、同地

在住日本人の有力者として既にしばしば言及したミヒール・武左衛門のことである。しかもこの人名調査の中に記された浜田助右衛門は一六六五年三月までに妻を残してジャカタラで死去し（五〇ページ参照）、また東京在住人として記された和田理左衛門は一六六七年九月七日（寛文七年七月十九日）に同地で病没しているから、[12] この調査はこの時以前に作成されたものではあるまいか。殊にその前々年一六六五年四月十九日に老中稲葉美濃守正則が江戸に参府したオランダ商館長ヤコブ・フライス Jacob Gruys に対して、海外における日本人の居住地、並びにその人数などを下問したことがあるから、[13] このような官憲の要請に応じて前掲「延宝長崎記」などの中の人名調査も作成提出されたものと思われる。

さてこれらの人名調査中、咬𠺕吧在住日本人男女八名の中、女性は七名であるが、他の地方にあっては女性の名前が具体的に挙げられた例は殆んど見当らず、今日坊間に伝えられている所謂ジャカタラ文の差出人はいずれも同地在住日本人女性からのものである。

その中最も著名なものは長崎生れの春の手紙である。これは長崎の学者で文人でもある西川如見の著わした『長崎夜話草』の中に初めて載せられ、爾来諸書にも引用され、江戸時代鎖国下にあって極めてエキゾチックな物語として、広く人々の間に伝えられたものである。[14] その後二百余年たって平戸の佐藤独嘯氏がその頃バタビア在住日本人女性四名がしたためて郷里に送った書翰四通を新たに発見して、明治四十三（一九一〇）年に『歴史地理』第十六巻の一号、二号、五号にわたって「新ジャカタラ文の発見」と題して連載紹介した。ついで大正年代に入って村上直次郎博士はこれらの書翰を『貿易史上の平戸』に附録として収め、[15] 後さらにまた「ジャカタラの日本人」の附録にもこれを載せて、若干の註をつけた。[16] その間永山時英氏が平戸や長崎方面の吉利支丹関係史料の図録をまとめて『対外史料宝鑑』と題して出版した際にも、その中に三通を収めてこれを紹介したが、朱印船貿易史に関する画期的な好研究を発表した川島元次郎教授は親しく足を運んで五通を採訪し、大正末年に自著『南国史話』の中に「平戸のじゃがたら文」なる章を設けてこれを収め、解説を加えた。(17) その後昭和二十八年になって、岡村千曳氏は蘭学の泰斗仙台の大槻玄沢の随筆『畹港漫録』の中に収められた「しもんす・こけ・おはる」の珍しい手紙を発見して、「稀書抄録　大槻玄沢『畹港漫録』―爪哇文《ジャカタラブミ》」と題して『早大図書館月報』に発表したが、先年長崎の郷土史家故渡辺庫輔氏はこれらの書翰を先人の諸研究によってことごとく紹介して、県民誌『ながさき』に「正文ジャカタラ文」と題して昭和三十三年二月以降連載したので、今や往時バタビア在住の日本人女性たちから故郷の身寄りや知るべに送った書翰の全貌は一応明らかになったようにも思われる。

第一節　このる、こるねりや連名の手紙（一）

さてその第一通はもとは平戸市の藤川家に伝わり、今では長崎の沖弘道氏が所蔵されていて、癸卯八月二十一日付このる、こるねりや連名で判田五右衛門夫婦に宛てたもので、その全文は次の通りである。

毎年長崎御両政所様ヨリ蒙二御慈悲一、壬寅九月廿一日之書状並御音物数々無二相違一請取恭令レ存候。互長久御左右可レ承候。

今度音信ニ指遣ス覚、

一　から草□壱端　姥さま御方へ

一　上々龍脳弐斤

一　きんかんとうふく(胴服)しま(縞)　三端

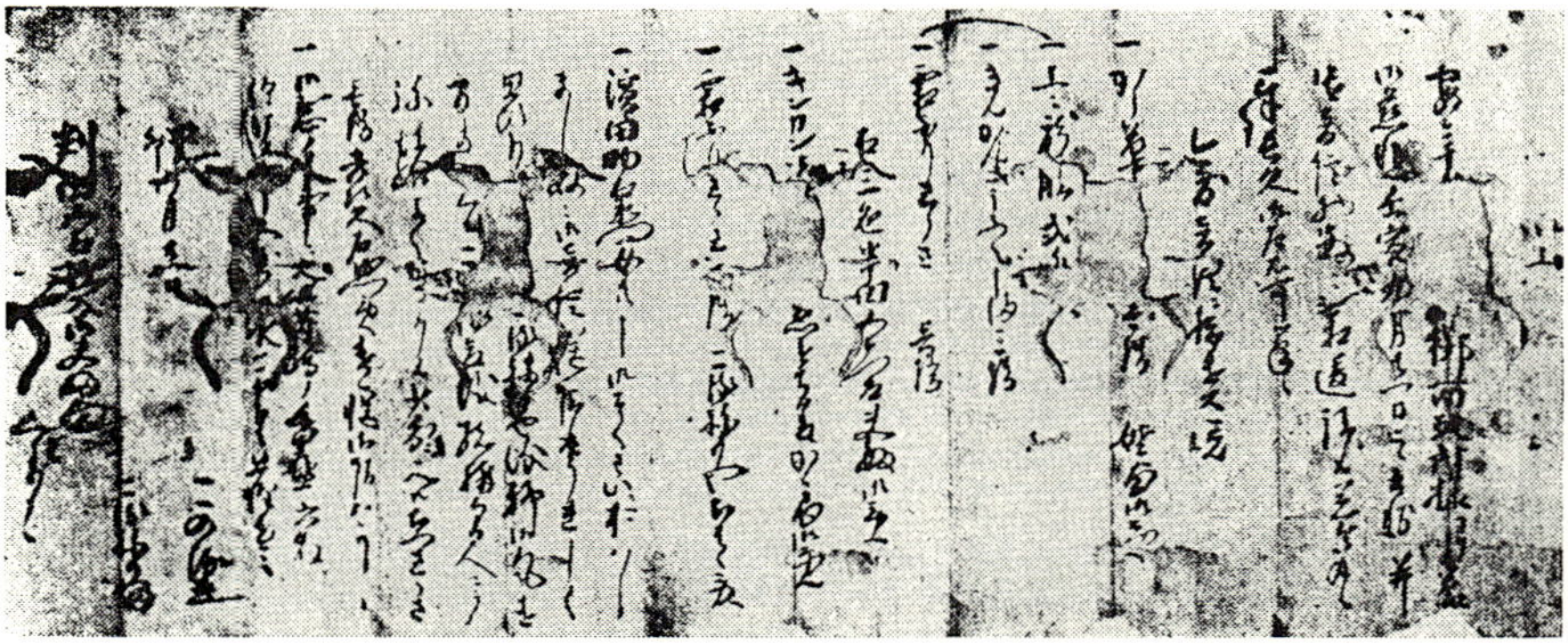

このる，こるねりや夫妻連名の手紙

一　霜ふりさらさ（更紗）　壱端

右三色半田五右衛門殿夫婦御方へ

一　キンカン□（虫喰）　ゑすてる方かゝさま御方へ

一　霜ふりさらさ□端　こるねりやちはゝ方へ

一　浜田助右衛門同女申候。御そくさい（息災）におはしまし□□音信慥に請取□うれしく思ひ□こるねりや儀聊御気遣有まじく候。このる殿儀結構なる人にて、弥仕合よく御なり候。少分ニ候へ共、ちつさらさ壱端吉次久右衛門方へ遣候。慥御請取可レ被レ下候。

一　御無心申事候へ共、蒔絵の香盤六枚□求可レ被レ下候。　恐惶謹言

癸卯五月廿一日　　このる（花押）

こるねりや（印）

判田五右衛門殿御夫婦様へ参る

人々御中(18)

この手紙の発信年代は癸卯五月二十一日であるが、鎖国令発布の後この干支に当るのは寛文三（一六六三）年か享保八（一七二三）年であって、後者は鎖国を去ること余りにも遠く、どうしても前者でなくてはならない。殊にこの手紙の発信人と受信人を対照すれば、寛文三年が最も妥当であることがわかる。即ちまず発信人「このる」「こるねりや」の両名中、後者については、前

述『長崎見聞集』に「こるねりや自注、平戸判田五右衛門女房為に娘」とある「こるねりや」に相違ないが(一四〇ページ参照)、特に「五右衛門女房為に娘」と注し、五右衛門夫婦の娘と記していないのは、五右衛門とは血縁関係がなく、かつてその妻と他の男性との間に生れた娘であることを示すものであって、宛名に判田五右衛門殿御夫婦とあるのは、彼女の実母と、その実母が再婚した今の夫である五右衛門両人に宛てたことになる。

しかるに平戸のオランダ商館長コルネリス・ファン・ナイエンローデと日本人女性スリショ Surisio との間に生れた娘はコルネリヤと呼ばれ、彼が死の前年一六三二年二月三日に平戸のオランダ商館の病床でしたためた遺言状には、彼女と母スリショ、並びに他の日本婦人トケショ Tockesio との間に生れた娘ヘステルや、オランダ本国にいる近親に遺産を分けることをこまごまと記し、[19] 翌一六三三年一月三十一日(寛永九年十一月二十日)に同地において狂死しているから、[20] このコルネリヤが手紙の発信人の一人コルネリヤに相違なく、したがって母のスリショはその後判田五右衛門に再婚したことがわかる。また『長崎見聞集』に「ゑすてる自注、長崎築町山崎甚左衛門為に姉」とあるエステルがナイエンローデのもう一人の娘ヘステルと同一人物とすれば、母のトケショもその後山崎某に再婚し、両人の間に弟甚左衛門が生れたことがわかる。父ナイエンローデの死後、ヘステルとコルネリヤの姉妹はいずれも稚くしてその生母から会社員に引取られ、一六三七年十月七日に長崎からオランダ船に乗込んで、同年十二月十日にバタビアに安着した。[21]

その後数年たって姉のヘステルももう年頃になり、一六四四年四月十四日にイギリス生れの旗手ミヒール・トレソイル・ファン・ファルマイエンと結婚し(史料九)、ついで数年してコルネリヤも東インド会社の下級商務員でオランダ中部のデルフト出身のピーテル・クノルと結婚した。[22] 手紙の発信人の一人「このる」とはこのクノルで、即ち夫婦連名でコルネリヤの実母とその夫の両人に宛て音信を通じたものである。

さて手紙の冒頭に記された「毎年長崎御両政所様ヨリ蒙ニ御慈悲ニ」とあるのは、この頃ジャカタラから送られた手紙の始めにいずれも形式的に記されたきまり文句で、その頃二名任命されていた長崎奉行を指し「壬寅」は寛文二(一六六二)年に当る。即ち手紙の前半は判田五右衛門夫婦からコルネリヤ夫婦に宛てた手紙と贈物が託送されてきたことに礼を述べ、五右衛門夫婦が障りないことを喜んだもので、この手紙はつまりそれに対する返書に当っている。ここには、この手紙と一緒に六種の贈物を託送したことが記されているが、その中「から草□」を贈られた「姥さま」は誰であるか明らかでない。「きんかん・どうふくしま」はギンガム Gingam・胴服縞のことで、インド産の縞木綿である。次に「キンカン」を贈られた「ゑすてる方かゝさま」とは前述のヘステルの母トケショであって、霜ふり更紗を贈られた「こるねりやちはゝ方」は、恐らくコルネリヤの乳母《ちはは》ではあるまいかと思われる。ついで浜田助右衛門同女の言葉と消息を伝え、音信に接したことを喜んでいるが、この助右衛門は本稿においてしばしば引合いに出したミヒール・武左衛門と並んで同地在住日本人の有力者であった長崎出身のヤン・助右衛門である。なお「ちつさらさ壱端吉次久右衛門方へ遣候。慥御請取可被下候」とある久右衛門は『長崎見聞集』によれば、この助右衛門の夫人の日本に残した弟であって、平戸に在住していたことがわかる(一四〇ページ参照)。「ちつさらさ」はチント Chints 更紗で、これまたインド産の木綿布である。また「こるねりや儀聊御気遣有まじく候。このる殿儀結構なる人にて、弥仕合よく御なり候」とて、コルネリヤ夫婦の消息を伝えているが、両人の仲は至って睦まじく、その間に沢山の子女が生れ、クノルは一六五七年十一月九日には下級商務員のまま会社の出納掛 Cassier に任ぜられ、(23) ついで一六六一年六月十七日にはさらに書記課の中尉 Luytenant over de Comp^{e}. pennisten に昇任するなど、(24) 漸くその材幹を認められて昇進し、公私共に恵まれた生活を送っていることを故郷に伝えたのであった。そして最後に蒔絵の香盤六枚と黄《つ》楊《げ》の櫛を注文している。なお、川島教授によれば、この手紙の文字つかいと言い、文章と言い、女性の筆ではなく、同地在住日本人男性の代筆と思われる。

第二節　このる、こるねりや連名の手紙（二）

コルネリヤとクノル両人連名の第二の書翰もやはり元は藤川家の所蔵で、今は沖弘道氏の所有に帰している。第一の書翰を去ること八年、寛文十一（一六七一）年四月二十一日にジャカタラから前便と同じく平戸の判田五右衛門夫婦に宛てたものである。もっともこの書翰は日付のみで発信年次を記してないが、書中「きよかのへいぬノ四月」云々の文があるから、庚戌即ち寛文十年の翌年の四月にしたためたことがわかる。またその全文は前の手紙とは対照的に殆んど仮名書きである。

なお〳〵申あけ《(上)》候。まつ《(先)》申へきお、しうねん《(失念)》いたし候。お〻ち〻さま、うはさま御両人御かたへ、おらんたぬの《(布)》二たん、これワ大あに《(兄)》、そのいもと《(妹)》両人はうヨリしん《(進)》上申候。たいせつ《(大切)》ノしるしまてに候。

一、白ちりめん《(縮緬)》二たんつゝき、ほんむらさき《(本紫)》にそめ《(染)》たまわるへく候。めでたくかしく。

まいねん《(毎年)》なかさき《(長崎)》御両まんところ《(政所)》さま《(様)》ヨリ、くわうたい《(広大)》の御しひ《(慈悲)》おかうふり、つちノへさる《〔寛文八年、一六六八年〕》九月十一日の御ふみ《(文)》、ならひにいんしん《(音信)》物とも、ちうもん《(註文)》ノおもむき、同十月廿七日ニうけとり、はう〳〵《(方々)》へあいとけ《(相届)》、いつれもよろこひ《(喜)》、くわぶん《(過分)》のよし申され候。こゝもと一入ふしニて《(無事)》、きよかのへいぬノ《(寛文十年、一六七〇年)》四月ニむすめ《(娘)》おもうけ、いまこども《(子供)》四人ともそくさい《(息災)》にいまいらせ候まゝ、御こゝろやす《(心易)》かるへく候。

こんどすこし《(少)》いんしん《(音信)》物ノ覚

一、上々さらんふりもめん《(木綿)》　壱たん

一、上々大かなきん《(金巾)》もめん《(木綿)》　壱たん

一、上々小かなきん《金巾》もめん《木綿》　壱たん

一、さらんふりもめん《木綿》　廿五たん

一、はらからもめん《木綿》　廿たん

一、ちつさらさ《更紗》　二たん

右ワはん《判》田五へもんとの御ふうふ《夫婦》へ

一、四たんつゝき白もめん《木綿》　壱たん　ゑすとろかゝさまへ

一、はらからもめん　壱たん　ちはゝへ

一、つちノとのとり〔寛文九年、一六六九年〕、かのへいぬ〔寛文十年、一六七〇年〕、此両年こゝもと《許》ヨリおとつれ申あけす候ゆへ、御こゝろもとなく、おほしめ《思召》され候たん《段》、もつともに候。しかれともいさゝか《聊》しさい《仔細》これなく、ふし《無事》に候あいた、御こゝろ《心》にかけ《掛》られるましく候。ワかみ事ことも十人のはゝ《母》ニなりまいらせ候つるが、六人ワうしな《失》い、いま四人さかんにおわし候。大あに《兄》十四さい、そのいもと《妹》十二さい、又此いもと《妹》六さい、此つき小いもと《妹》八か月になり、いつれもそくさい《息災》にまいらせ候。なかんつくおゝちゝ《爺》さま、うばさま《姥》へ、大あに《兄》と、つぎのいもと《妹》にそへふて《添筆》申あけまいらせ候。御そくさい《息災》におわしまし候よし、かす〳〵うれ《嬉》しく思ひまいらせ、そこもとヨリの御ふみ《文》ノやうす《様子》うけたまわり、ひとへにけんさん《見参》ノこゝち《心地》して、そて《袖》おぬら《濡》しまいらせ候。

一、はん《判》田五へもんとの御ふうふ《夫婦》へ、村上ふさへもん《武左衛門》申候。まいねん《毎年》御いんしん《音信》かきつけ《書付》ノことく《如》、たしか《確》にうけとり《受取》、かたしけ《忝》なく候。こゝもと大へとるこのるとの《殿》ふうふ《夫婦》、ことも《子供》、いちたん《一段》そくさい《息災》におわし候。それニつき、此両年このるとのふうふ《夫婦》ヨリ、ふみ《文》つかは《遣》さゝるによて、おほつか《覚束》なくおほしめ《思召》し候むね、ことわり《理》とそん《存》し候。此大へとるのやくしやう《役掌》ときニヨリすんかう《寸暇》にあたはす、かた〳〵□さてまたう《売》

り物なと、いつれも、へとる一人ニてさばかれ候ゆへのことニ候。せうぶん《少分》ニ候へとも、白りんず《綸子》壱たん、こゝろさしまてにしんせ《進》候。

一、はま田《浜》助へもん《右衛門》こけ《後家》申候。まいねん《毎年》御いんしん《音信》とも、かきつけ《書付》ノまゝたしかにうけとり《受取》うれしく《嬉》思ひまいらせ候。こゝもとこのるとのふうふ《夫婦》、ことも、みなく\ふし《無事》におわし候。くわしくワ村上ふさへもん《武左衛門》のはうヨリ申こされ候まゝ、つぶさ《備》からす候。せうぶん《少分》ニ候へとも、はらから白もめん《木綿》壱たん、そくさい《息災》ノしるしにおく《贈》りまいらせ候。

一、うはさま御事さる〔寛文八年、一六六八年〕ノ八月廿六日、御年七十七さいニて、びやうし《病死》のよし、さてく\御くわほう《果報》しやじゆ《成就》んしとこそ思ひまいらせ候。なおかさね《重》てふし《無事》ノ御さう《左右》まち《待》まいらせ候。めてたくかしく

四月廿一日〔寛文十二年、一六七二年〕

このる
こるねりや久
しやかたらより

ひらと《平戸》ニて
はん《判》田五右へ門との
ふうふ《夫婦》御かたへ

一、白ちりめん《縮緬》二たんはほんむらさき《本紫》にそめ《染》たまはるへく候。めてたくかしこ(25)

この両名から五右衛門夫婦に宛てた第二の書翰は、両名の近況と所用を記した部分と、村上武左衛門及び浜田助右衛門の後家の伝言とをそのまま書込んだと思われる文章との合計三部分から成っている。まず手紙の差出人本人であるクノルとコルネリヤ一家の近況について「ワかみ事ことも十人のはゝニなりまいらせ候つるが、六人ワうしない、い

ま四人さかんにおわし候。大あに十四さい、そのいもと十二さい、又此いもと六さい、此つき小いもと八か月になり、いつれもそくさいにまいらせ候」とあるが、この手紙の始めには「きよかのへいぬノ四月ニむすめおもうけ、いまことも四人ともにそくさい」と記して、子女四人の息災なことは一致するが、去年即ち寛文十年四月生れの末女は、手紙の発信日四月二十一日には生後八ヶ月ではなく、既に満一歳前後となっているはずである。しかるにオランダ側の記録によって彼女の十子をその受洗年月日順に列挙すれば、次の如くなる。

1　一六五三年　八月二八日　カタリナ Catharina
2　一六五四年一一月　一日　ヤコブ Jacob
3　一六五六年　六月二二日　ピーテル Pieter
4　一六五七年一二月二七日　コルネリス Cornelis
5　一六五九年一二月二六日　ヘステル Hester
6　一六六二年　八月二〇日　ヨハンネス Johannes
7　一六六三年一〇月　四日　アンナ Anna
8　一六六六年　六月二四日　マルタ Martha
9　一六六八年　八月二八日　マリヤ Maria
10　一六七〇年　九月　七日　エリザベス・カタリナ Elisabeth Catharina(26)

即ち両人の手紙の日付寛文十一(一六七一)年四月二十一日から繰って、子女の生存者四名の年齢と右の受洗年月日とを対照すれば、当年十四歳の長兄は第三子で次男のピーテルに当り、十二歳の長女はヘステルで、六歳の次女は少し日時に隔りがあるがマルタに当り、末女のエリザベス・カタリナの出生日と洗礼日との間に余り隔りがなかったとすれば、手紙のように、その頃はちょうど生後八ヶ月になっている。そして平戸の「おゝちゝさま」と「うばさま」両人に宛てて添え筆を申し出て、オランダ布二反を贈った大兄と次の妹とはこのピーテルとヘステルに当るわけである。異境に生れて互いに顔も会わせたこともない彼等の祖父母に当る五右衛門夫婦に伝言して、贈物を託したのは、恐らく母コルネリヤの入れ智慧によるものであろうが、彼女の情深い心情と、稚い兄妹が祖父母に対するいじらしい思いを伝えた詞である。なおコルネリヤ夫婦は三年前寛文八(一六六八)年九月十日付の五右衛門夫婦からの手紙を受取り、その依頼によって同地在住の他の日本人知人たち宛に託送された贈物をそれぞれ届けて喜ばれた旨も書込んでいるが、一方彼等はこの手紙と一緒に五右衛門夫婦に宛てて五十反に上る多量の反物を贈っている。その中で「さらんふり」とあるのはインドの東南部コロマンデル地方のサレンポリス Salemporis なる地名によって呼ばれる更紗木綿の一種で、普通白色で縁に赤筋がある布のことで、サレンプリ salempoory, salempoeris とも呼ばれている。[27] また、「はらから木綿」とあるのは「白金巾」と呼ばれ、[28] これまたインド産のパルカル parcallen, perkal を訛ったもので、無地の目の細かい木綿である。[29] また「四たんつゝき白もめん」を贈った「ゑすとろかゝさま」は、姉エステルの母、即ち山崎某の妻で甚左衛門の母に当るトケショのことで、「はらからもめん」一反を贈った「ちはゝ」は前便にもあったコルネリヤの乳母と思われる。

次に村上武左衛門から五右衛門夫婦への伝言は、口述をそのまま書込んだものらしく、クノル夫婦を指して第三者として敬称さえ使い、その消息の他の一面を伝えている。即ちコルネリヤ夫婦がこの二年間音信を通じなかったのは理由あることで、夫クノルが「大へとる」の役で極めて多忙であったと記している。このヘトルという語は当時日本で慣用されていたポルトガル語フェイトル Feitor を襲用したもので、首席事務長に当っている。[30] クノルはこの頃はさらに大尉に昇進して、一六七〇年七月二十五日には、総督臨席の下に行われた市民合同閲兵式で会社の書記、医師や病疾慰問師百九十八名を引率指揮して参加し、(31) 翌一六七一年七月十七日にも一隊を引率して総督の閲兵式に参列しているが、(32) コルネリヤは子女を連れて観衆にまじり、夫の晴れの行進を見まもったに違いない。また彼は会社の会計係としての本務の外、これより先一六六六年六月四日には市民の婚姻事務長にも任ぜられ、(33) 一六六七年三月二十日には教会の助祭団の会計決算にも参加している。(34)

最後に浜田助右衛門の後家の伝言も伝えているが、この助右衛門とはヤン・助右衛門のことで、前述のように彼はバタビアに移住後二度妻を失い、一六五五年十二月九日に故アウフスチン・ミュレールの寡婦日本婦人スザンナと結婚したが、その後十年、一六六五年三月以前に妻を残して同地に没したから、助右衛門後家とあるのはこのスザンナに違いない。彼女も武左衛門と均しく五右衛門夫婦と毎年音信を取交わし、はらから木綿一反を託送している。こう見てくると、彼等は故郷とは常々音信を通じてその消息を知らせ合うと共に、オランダ船の出帆の前に手紙をしたためる際には、互いに伝言を書込んでもらい、さらに故郷からの音信を受取った折にも、移住先の知友間にその消息を伝え、贈物を託することも依頼している。これは本章に引用する他の女性たちの手紙にもたいてい見受けられるところである。

第三節　六兵衛後家ふくの手紙

第三の書翰は平戸の木田昌宏氏所蔵のもので、寛文五(一六六五)年四月十三日六兵衛の後家ふくから五郎作と三蔵に宛てたものである。

猶々御太儀な［から　］しやかう（麝香）入ノすみ（墨）一［　］か、御もとめ可レ給候。毎年［　］すみ（墨）はやく（役）ニた

ゝす候。□ニテ一□五年か又十年ニ□

毎年長崎御両政所様ヨリ広太之蒙ニ御慈悲、〔寛文四年、一六六四年〕甲辰ノ九月十六日之御ふみ幷御音信物共、同十一月十三日ニ到来、注文ノことく慥請取、うれしく思ひまゐらせ候。

一、五郎作殿御内儀方御果候よし[御]力落、従レ是察思ひ□[分]れとも前世ノ□さきだつならい□□ま丶、御こゝろ(心)ヲ慰められ□

今度少々音信物ノ覚

光明寺へ白木綿　壱端

一上々龍脳　正実弐斤九十め

菩提珠　正実百斤

白砂糖　てか　壱ツ

右三色ハ五郎作殿　三蔵殿　三吉殿

一ゆかた(浴衣)　壱ツ

小刀　弐本

れうつめ(龍爪)ノ帯　壱筋

右は五郎作殿へ

一ふとんさらさ(蒲団)(更紗)　壱端

紫ちりめん(縮緬)ノ帯　壱筋

右五郎作殿子そく平吉殿へ

一ふとん《蒲団》さらさ　壱端

りんす《綸子》ノ帯　壱筋

糸少　はり《針》　壱疋

右五郎作殿むすめおかめ方へ

一ゆかた《浴衣》　壱ツ　小刀　弐本

□りんす《綸子》ノ帯　壱筋

右ハ三蔵殿へ

一ふとん《蒲団》さらさ《更紗》　壱端

糸少　はり《針》　壱疋

右三蔵殿内儀方へ

一ふとん《蒲団》さらさ《更紗》　壱端　伽羅　弐きれ

紫ちりめん《縮緬》帯　壱筋　ふくさ物　壱ツ

右三蔵殿子そく勘八殿へ

一ゆかた《浴衣》　壱ツ　小刀　弐本

れうつめ《龍爪》ノ帯　壱筋

右三吉殿へ

一ふとん《蒲団》さらさ《更紗》　壱端

糸少　はり　壱疋

右は三吉殿内儀方へ
一ふとん(蒲団)さらさ(更紗)　壱端
紫ちりめんノ帯　壱筋
右三吉殿子そくへ
一るり(瑠璃)ノ単物　壱ツ
ふとん(蒲団)さらさ　壱きれ
りんす(綸子)ノ帯　壱筋
右三吉殿むすめ(娘)おもん方へ
右ノ通慥被二相届一頼まゐらせ候。いよ〳〵無事ノ御左右まちまゐらせ候。目出度かしく。
寛文五年
乙巳四月十三日　　六兵衛後家
ふく
五郎作殿
三蔵殿(35)

この手紙の発信人ふくは『長崎見聞集』にジャカタラ在住を伝えるふくに違いなく、もしそうだとすれば、彼女は恐らく平戸の出身で、手紙の名宛人両名は、彼女の旧主筋に当る谷村三蔵、同五郎作であることには疑いもあるまい（一四〇ページ参照）。但し『長崎見聞集』ではふくが結婚しているか否かは明らかでないが、手紙によれば、かつて六兵衛なる男と結婚したが、その当時既に死に別れて、寡婦となっていることがわかる。しかるにその頃バタビア在住日本人の中で六兵衛夫妻の存否を索めると、ルイス・六兵衛 Louwijs Locqbe なる人物があって、これより十五年前、一六五一(慶安四)年三月二十五日に妻のカタリナと春の夫シモン・シモンスゾーン両人立会いのもとに遺言状をしためているが、[36]その後六ヶ月半の後同年十月十三日に生前キリスト教徒であった日本人ルイス・六兵衛の寡婦平戸のカタリナ Catharyna van Firando, weduwe van Louwijs Lockbe, in syn leven Christen Japander が司法委員パウルス・フィッセルを法定代理人に設定しているから、[37]彼女は平戸の出身で、その夫六兵衛はこの六ヶ月半の間に死亡したことがわかる。そして彼女はこの証書の末にも、前述のように仮名で「のて」と判読できるような署名をしているが、これは「ふく」の拙い書体ではあるまいかと思われる。しかるに『婚姻簿』によれば、これより先一六四四年七月十四日に長崎出身の青年ルイスと平戸出身のカタリナとの結婚が登録されている(史料一〇)。このカタリナこそ前述のカタリナ・ふくに違いない。してみれば、その夫ルイスとは六兵衛のことであって、彼が長崎出身であったことがわかり、彼女はこの日に結婚して、七年後に不幸にも夫六兵衛と死別したことになる。以上の推定にして誤りなしとすれば、長崎出身のルイス・六兵衛の後家平戸出身のカタリナ・ふくこそ『長崎見聞集』のふくに当り、またこの手紙の差出人六兵衛の後家ふくと同一人物であることは明らかである。さらにその後一六七四年六月三十日に村上武左衛門がしたためた遺言状の中にも、彼女には小判十五枚などが遺贈されることが書込まれているから(一八九ページ参照)、少なくともその頃までは彼女が存命していたことが確かめられる。この手紙はその間にしたためられたものであろう。

この手紙は他のジャカタラから差出された女性たちの手紙がいずれも殆んど仮名書きで長々としたためられたのに比すれば、所用の言葉に漢字をも交えて簡潔にしたためてあり、あるいは多少教養がある者の代筆かとも思われる。

さてその内容は、主人筋に当る五郎作、三蔵、並びに実兄三吉、及びその家族に対してそれぞれ贈物をしたことを記した外、五郎作の妻の他界に対して弔意を述べ、追而書で麝香入りの墨を注文しているに過ぎないが、普通の墨でなく、特にこの手の墨の注文を書加えているのは、その者が筆を執って文字をしたためる折のゆかしい心ばえがほのかに窺える。彼女の贈物の宛先は、光明寺、五郎作、その息子平吉、娘おかめ、三蔵、その内儀と息子勘八、兄三吉、その内儀、その息子と娘おもんの三家族十名であって、贈物の中に特に変った物もないが、菩提寺と思われる光明寺宛の中に龍脳とあるのはボルネオ産の薬用香料 Borneo camphor であり、菩提珠とあるのは、その重さを斤量を以て示し、しかも百斤にも上る大量であるので、とても数珠とは思われず、仏具などの器材として珍重された菩提樹の木材そのものらしく、発音の近似した菩提珠なる文字を充てたもののようである。恐らく相当な金額の贈物であろう。

第四節　一女性の手紙の断片

第四の手紙は末尾が欠損していて、その発信人も日付も受取人も全く判明しないが、現存部分は次のようである。

まいとし《毎年》なかさき《長崎》御両まんところ《政所》さま《様》より、くわうたい《広大》の御しひ《慈悲》をかうむり《蒙》、九月十七日の御文、御ゐんしん《音信》として、大すぎはらがみ《杉原紙》一そく《束》おくり《送》たまはり、なに《何》ともくわぶん《過分》にそんじ《存》まゐらせ候。まづ〳〵そこもと御一もん《門》中御ぶじ《無事》におわしまするよし一しほ《入》まんそく《満足》いたし《致》候。

一、きでん《貴殿》おば様事十四五にちほど《日程》ふくちう《腹中》わつらい《煩》、よろづ《万》りやうち《療治》いたし《致》候へとも、とし《年》の身にて、かつはそのきとく《奇特》なく、四月四日についに御はて《果》なされ候。かす〳〵のこり《残》おほき事にて候。そこもといつれ《何》も御ちから《力》おとし《落》これヨリさつし《察》まゐらせ候。われも一し《入》をかなしく《悲》ふで《筆》にもつくし《尽》かたく候。こまかく《細》申こし《越》たき事とも候へともわざとひかへ《控》候。

そのはうおば様御はて《果》の丶ち《後》、ひつ《櫃》のかぎ《鍵》をたつね《尋》候へは、まへ《前》ひま《暇》とらせなされ候下女のて《手》にかぎ《鍵》御ざ候ま丶、おみや《宮》との、あんちどの、われら三人にて、ひつ《櫃》をあけ《開》見候へば、きるもの《着物》いで《出》候。これかたみ《形見》のため、こんど此舟ヨリそこもときやうだい《兄弟》中御かた《方》へつかは《遣》し候。ちうもん《注文》のごとく《如》御みわけ《見》、おの〳〵うけとる《受取》べく候。

一、たん《反》のひとへ《単衣》物　一ツ
一、むらさき《紫》しほ《入》あわせ《袷》　一ツ
一、もゑぎ《萌黄》しほ《入》同　一ツ
一、むらさき《紫》ちりめん《縮緬》同　一ツ
一、あさぎ《浅黄》ちりめん《縮緬》同　一ツ
一、くろりんす《黒綸子》同　一ツ
一、むらさきりんす《紫綸子》同　一ツ
一、しろさやうらちりめん《白紗綾裏縮緬》　一ツ
一、ひちりめん《緋縮緬》わた《綿》入　一ツ
一、しゆす《繻子》のひとへ《単衣》物　二ツ
一、そめもの《染物》ひとへ《単衣》物　五ツ
一、むらさきしま《紫縞》ひとへ《単衣》物　一ツ
一、かなきん《金巾》ゆかた《浴衣》　六ツ
一、ふるき《古》くゝし《括》かたひら《帷子》　一ツ

一、おび《(帯)》　三すじ
このぶんひつ《(櫃)》のうち《(中)》より、いたみわつらい《(痛　病)》のうちにき《(着)》申され候物は、ふとん《(蒲　団)》、よるのもの《(夜　物)》、あわせ《(袷)》、ひとへもの《(単　衣)》、みな〱《(皆)》よるひる《(夜　昼)》、かいひやう《(看　病)》いたしたる、ひま《(暇)》の下女どもにとら《(取)》せ、こんど《(今　度)》(以下欠)[38]

手紙の中で僅かに具体的に判明するのは「きでんおば様」とある名宛人の叔母の歿後、その遺品の処理に立会った発信人女性と、おみやとあんじの三人であるが、このおみやは『長崎見聞集』にある平戸の立石清之助の妹で、同地の森田伝右衛門の妻の姉みやに違いない(一四〇ページ参照)。あんじとあるのは、この頃よく一般に呼ばれているパイロットに当る按針ではあるまいか。

さてこの手紙の筆者なる女性や受取人の氏名も発信年月日も欠落して明らかでないが、便宜上仮りに筆者を**A**とし受取人を**B**とすれば、九月十七日付の手紙と大杉原紙一束とを受取人**B**から既に受取ったことが記してあり、前述のコルネリヤやふく等の手紙と均しく、筆者**A**が平戸にいる彼女の身寄りである受取人**B**に宛ててしたためたものと思われる。ところで前に掲げた六兵衛の後家ふくが甲辰即ち寛文四(一六六四)年九月十六日付の平戸の五郎作からの手紙と贈物に礼を述べているが、この手紙の筆者**A**が受取った平戸からの手紙の方も一日違い、即ち翌九月十七日付であるから、その年オランダ船の長崎出帆も差迫ってから、五郎作と、この手紙の受取人**B**の両人とが取り急いで手紙をしたため、同じ船でジャカタラに向けて託送したものを、ふくの方は翌年一月十三日に受取り、他の女性**A**も同じ頃受取ってから、ふくは折返し、その四月十五日に五郎作に宛てて前掲の礼状をしたため、この女性**A**は、四月四日に死亡した「貴殿おば様」のことを、その甥なる受取人**B**にしらせて、遺品をその頃日本に向けて出帆するオランダ船に託送したのではあるまいかと思われる。いずれにしても、「貴殿おば様」なる人物の遺品十五点中には、綸子、紗綾などの反物衣類などの高価な物も多く、同女のジャカタラにおける生活の豊かであった一面が読み取られる。

第五節　ジャカタラお春の手紙

世に専らジャカタラ文と呼ばれているお春の手紙は、長崎の故事や異国情趣をあれこれ興味深く記した西川如見の『長崎夜話草』の中でも、特に彼女の異域への追放にからんで永の年月世人の心を引きつけたくだりであるが、その綿々としたためた手紙の大要をまず紹介すれば、寛永十六(一六三九)年平戸と長崎在住の紅毛の血統を引いた男女十一名を長崎からジャカタラに追放したが、その中に春という長崎生れの小娘がいた。彼女は当時十四歳で、父はオランダ人であって、母の縁者のもとに養われていて、容貌もいと麗しく気立てもさかしく、手習にも秀でていたが、ジャカタラに渡って後三年たって、望郷の思いに堪えかねて、卯月朔日に日本に向かって出帆する便船に託して故郷にいるおたつに宛てて自分の不運な境遇と悲しい心境をしたため、ジャカタラにいる知る辺の近況をも報らせる手紙を差出した。それは全文三千字ばかりに上る実に長い擬古文で、「千はやふる神無月とよ、うらめしの嵐や、まだ宵月の空も心もうちくもり……」という書出しに始まり、その間に時々古歌をさしはさみ、「あら日本恋しやゆかしや、見たや〳〵〳〵」という言葉で結んである。その後春は自立して暮すこともできかねて、年頃になって唐人に嫁いで子を儲け、日本へも度々手紙を寄越したが、元禄九(一六九六)年頃まで生きながらえて、七十六、七歳で死んだということである。その後彼女の子も手紙を寄越していたが、公儀から禁止されたので、その後は如何になったか明らかでない。(39)

しかし蘭学の泰斗大槻玄沢はこの手紙を見て、

文のすがたいと殊勝に、あはれ深きやうに思ひはべり。抜萃して一軸となし置けるに、その後菊河采女が妻、朝鮮に在陣せし夫のかたへ送りし文体によく似はべれば、西川がこれにならひて偽作せしものかと思はれぬるゆへ、往年長崎に遊びしとき、お春が文の真蹟さぐり求めけれど、誰れ彼れが家にありなど人のいふまでにて、たずね得で帰りき。……よりて考ふるに、夜話の文はうたがふべきもなき西川の偽文と見ゆるなり。……いまだ三五に満たぬおみなの、いとけなきとき放たれしその前に、いかでかかる中古のふみの詞を知り覚ゆべきにもあらず。(40)

と述べ、彼の門弟で地理学界の第一人者土浦藩出身の山村才助もその著『訂正増補采覧異言』の中で「其文辞悲切ニソ観ルベシ。然レドモ人多クコレヲ偽作ナランカト疑フ者アリ」(41)と記し、やはり偽作であろうと疑い、他にも多くこの見解を取っている者があると述べている。全文擬古文で綴られ、時々古歌をもさしはさみ、内容に乏しく、余りにも潤色の多い整った美文であって、到底十四歳で異境に追放された娘の手になったものとは受取りがたく、平戸に残っている他のジャカタラ文の原物や、後年春が親しくしたためて郷里に送った手紙の写しと比較して見ても、その文体は全く異なっていて、春の文に仮託して西川如見が綴ったと一応疑うのも無理からぬようにも思われる。

もっとも、さらにその全文を仔細に検討して見ると、その前半三分の二ぐらいの間は、僅かに名宛人おたつからの手紙と贈物とが届いたことに謝礼を述べている以外には全く内容の乏しいのに引きくらべ、後半末尾になって、バタビア在住の助右衛門と九郎の消息にふれ、他に長崎興善町のおかたやきく、平吉、下のうばなどの名を挙げ、その消息に接せんことを切望するなど聊か具体性も認められて、あながち全文が偽作とも断定し難いようでもある。

ところでこの如見は、鎖国後間もない慶安元(一六四八)年に長崎に生れ、享保九(一七二四)年に歿した天文・地理・経済に通じた学者で、文人でもあったが、春よりは二十二歳若く、海外遠く南北に離れていたとはいえ、その前半生五十一年間は全く彼女の生涯とオーバーラップしているから、長崎において必ずや彼女の消息か、彼女の送った手紙のことかを伝え聞いたに相違ない。あるいはその手紙を親しく手にとって目を通したかも知れない。そして彼が『長崎夜話草』を起稿するにあたり、広く世人の興味と関心を一層そそるように、この恰好な題目をとらえて、お春の手紙を下敷きにして、この創作をものしたかと思われる。

第六節　しもんす後家お春の手紙

最後に五月七日付「しもんすこけおはる」から「ミね七ひやうへ、同二郎右衛門」宛の書翰があるが、これは現存せず、前述のように大槻玄沢の随筆『畹港漫録』の中に収められ、先年早稲田大学図書館長岡村千曳氏が初めて紹介されたもので、

頃《このご》ろ中良の主集め給ひし海外異聞といふものに今村源右衛門がかたに蔵めしを求め得たりと見せられき。(42)

と記し、『長崎夜話草』所収の書翰の全文を載せ、それに続いて「○しもんす後家阿春正文」と題して、春自筆の五月七日付峯七兵衛、同次郎右衛門宛書翰の全文の写しを紹介し、若干の注が加えてある。しかしその文を渡辺庫輔氏の紹介した長崎県立図書館所蔵の同書翰の写本と比較すると、玄沢の写しは春の原文の仮名を漢字に改めた所もあり、字句に多少の出入があるので、次に図書館本を底本として両者を対比して紹介しよう。

なをなを《(尚尚)》申いれ候。こんと《(今度)》そこもと《(其許)》へわたられ《(渡)》候かひたん、われわれ《(我々)》しんるい《(親類)》とうせん《(同然)》の人にて候まゝ、こんと《(今度)》のにもつ《(荷物)》、いかほと《(如何程)》にても、もちわたる《(持渡)》へきよう申され候まゝ、かのひと《(彼人)》に、ことつけつかハし《(遣)》申候。

まいねん《(毎年)》長崎御両まんところ《(政所)》さま《(様)》より、くわうたいの御しひ《(慈悲)》をかうむり《(蒙)》、きよねん《(去年)》おらんたのくろふね《(黒船)》、ならひ《(並)》にとうしん《(唐人)》びんき《(便宜)》に、両と《(度)》の文、ゐんしん《(音信)》物とも、たしかにうけとり《(請取)》、かすかす《(数数)》くわふん《(過分)》にそんし《(存)》まゐらせ候。

そこもと《(其許)》かない《(家内)》いつれ《(何)》もそくさい《(息災)》のよし《(由)》、まんそく《(満足)》に思ひまいらせ《(参)》候。

すこし《(少)》つかハし《(遣)》候物之事、

一、上々はらからしろもめん《白木綿》、小かす九十四たん《反》、一丸ニして、
一、よろつ《萬》こま《小間》物入ひつ《櫃》一ツ、蔵の鍵印此のしるしにてにかす二ツ、同うちに入候こま物之事、
一、上々にいしん《人参》　三正ミ斤
一、しろりんす《白綸子》　六十壱たん
一、あさき《浅黄》しゆす　二たん
一、大かなきん《金巾》四き《良》物　六たん
一、もゑきあるもしん　三たん
一、色さや　二たん
一、上々らしや《羅紗》、しやうしやうひ《猩々緋》、はしたくらしのしやく《尺》にて、十二ニすこし《少》たらす《足》、これはこゝもと《爰許》にて、一はんにて、いかに《如何》もしなやかに、きるもの《着物》になり《成》候するにて候。でしま《出島》にも、もちまいり《持参》候たち《質》にてハな《無》く候。
一、ちつさらさ《更紗》　四たん《反》
一、さらさたちもの　壱たん
一、ぬのさよミ　二たん
一、くろさや《黒紗綾》　一たん
一、くろりんす《黒綸子》　一たん
一、はり《針》いろ〱　すこし《少》
此六品は七郎兵衛とのか、もし二郎右衛門ふうふ《夫婦》かたへのいんしん《音信》のもの、かきつけのことく、見わけうけ

とらるへく候。

一、志ま《(縞)》　壱ひき《(匹)》

一、色々そめ《(染)》ませのさらさ《(更紗)》　一たん

一、しま《(縞)》たち物　一たん

一、はり　すこし

これは、しまはら《(島原)》にて、七ろうへもん《(郎右衛門)》殿にやうはう《(女房)》きく《(菊)》かたへゐんしん《(音信)》申候。とりまきれ《(取紛)》なく御わたし《(渡)》給はるへく候。きよねん、こゝもとよりつかはし《(遣)》候、しなのむき《(品向)》、ちかひ《(違)》候するやうに候へとも、さため《(定)》てワが《(我)》かき《(書)》ちがへ《(違)》とそんし《(存)》候。こんど《(今度)》も、いつれ《(何)》ものはしに、ゐんばん《(印判)》つき候。そのはう《(方)》そんし《(存)》られ候ごとく《(如)》、おさなき《(幼)》ときより、そは《(傍)》におきたるものにて候へは、昔こひしく《(恋)》、かす〳〵《(数)》ふひん《(不憫)》に候。

そめもの《(染物)》ゝため、つかハす物之おほへ《(覚)》

一、しろちりめん　壱たん

これハかたかのこ《(鹿子)》、てほん《(手本)》ハ色あしく候。むらさきあさき《(紫)(浅黄)》の色もずいふん《(随分)》よく《(良)》

一、しろしゆす　はんたん《(平反)》

みき品色よく《(き)》もえき

一、しろさや《(白紗綾)》　一たん

一、しろあや《(綾)》　一たん

この二たんハ、上々本むらさきに色よくそめらるべく候、にセ《(似)》ハかへ《(却)》つてやくにたゝす候。たゝいや《(嫌)》にて候。いつれもかミかた《(上方)》へ御のほせ、そめたまはるへく候。たゝし、こんねん《(今年)》の一はんふね《(番船)》にまいり候やうに

頼み入り候。もしこんど《今度》との、かきあいこになるましく候ハヽ、右のしろものニくわへ《加》、うり《売》なさるべく候。

一、ふき銀　かけめ《掛目》百五十四匁

きんま《蒟醤》とうく《道具》の、ちがね《地金》のためつかハし候。これもなるほど《成程》いそき《急》、こんねんのかきあいになり候やうにたのミ《頼》申候。らいねんはいらす候。すなはちてほん《手本》のため、銀のひんろうし《檳榔子》入一ツつかハし候。いつれも、しろものとも、さうはにうりたて候て、

一、丁銀四百五十目ハ、ミね《峯》七ひやうへ《兵衛》とのへ《殿》、

一、同　五十目ハ、おはつ方へ、いんしん《音信》申候。こんど《今度》はゐんしんの銀すこし、かさにつかハしたく候へとも、こんねんも、おひたゝ《夥》しきそん《損》いたし、それによりわつか《僅》の銀つかわし申候。

一、こんとよろづ《萬》あつらへ《誂》もの共、のこる銀にてハ、いかにもすこしこまか《細》の金小はん《判》かい候。はまた《浜田》茂左ヱ門とのヨリまいり候はこ《箱》ニ入、いつれもとうせん《唐船》にたまハるべく候。

一、さいしや事、いまたそこもと《其許》へきちよう《帰朝》申さす候よし、さて〱きのとく《気毒》にて候。もしこのさいしやか、又ハたうにやうか、その方ニまいり候ハヽ、まへ〱《前々》ふみ《文》に申候ふん《分》、たしかに御うけとりたまハるへく候。

一、七兵衛とのいもと《妹》かたへ、そへふて《添筆》申候。きよねんはかす〱むつかしき事ともあつらへ《誂》候ところに、見なく〱けつこうに《結構》とゝのへ《調》たまはりなにともくわふん《過分》にそんしまいらせ候。

一、二郎右衛門殿ふうふ《夫婦》かた《方》へも、とうせん《唐船》に申候。まいねんいんしん申され候。ことに《殊》おもしろき草紙、いろ〱うれ《嬉》敷そんしまいらせ候。

一、きよねん、そこもとより、こゝろミ《試》乃ためとて、たいこん《大根》つちにいけたまハり候へとも、これはふねにてうせ《失》候するか、又ハあけ候てよりうせ候や、うけとらす《請取》候。かやうのやさい《野菜》のたくい、なにゝても、ふだん

とき《(多く)》ハに御さ《(座)》候。木のミ《(実)》なとハ、かたゑたに《(片枝)》、花さき候[共]、かたゑたにハ見なり[て]、なき物ハ、くり、しひなどにて候。又のそミ《(望)》のものハ、こゝもとヨリ申こすへく候まゝ、なににても、あつらへさる物は、むやう《(無用)》にて候。そのしさいは、そのはうへ、ざうさ《(雑作)》かけ候事、なにともめいはく《(迷惑)》に候。さは申ながら

一、くれない《(紅)》のきく《(菊)》、さき《(咲)》[わけ《(分)》のきく《(菊)》]おなしく、そのほか、いつれ成とも めつらしききく候ハヽ、うれしくそんし《(存)》候。これはきよねん、そこもとよりまいり候するを、あまりちそう《(馳走)》いたし候ゆへか、きへ《(消)》候て、一本もなく候。へち《(別)》になにゝてもうへ《(植)》す、たゝきく《(菊)》はかりよく御座候。たゝし、いかにも、わかめたち《(若芽立)》、又このさしたるをうへ候へハ、ミちにてめたち《(芽立)》よく候。すいふん《(随分)》ねんを入うへたまハるへく候。

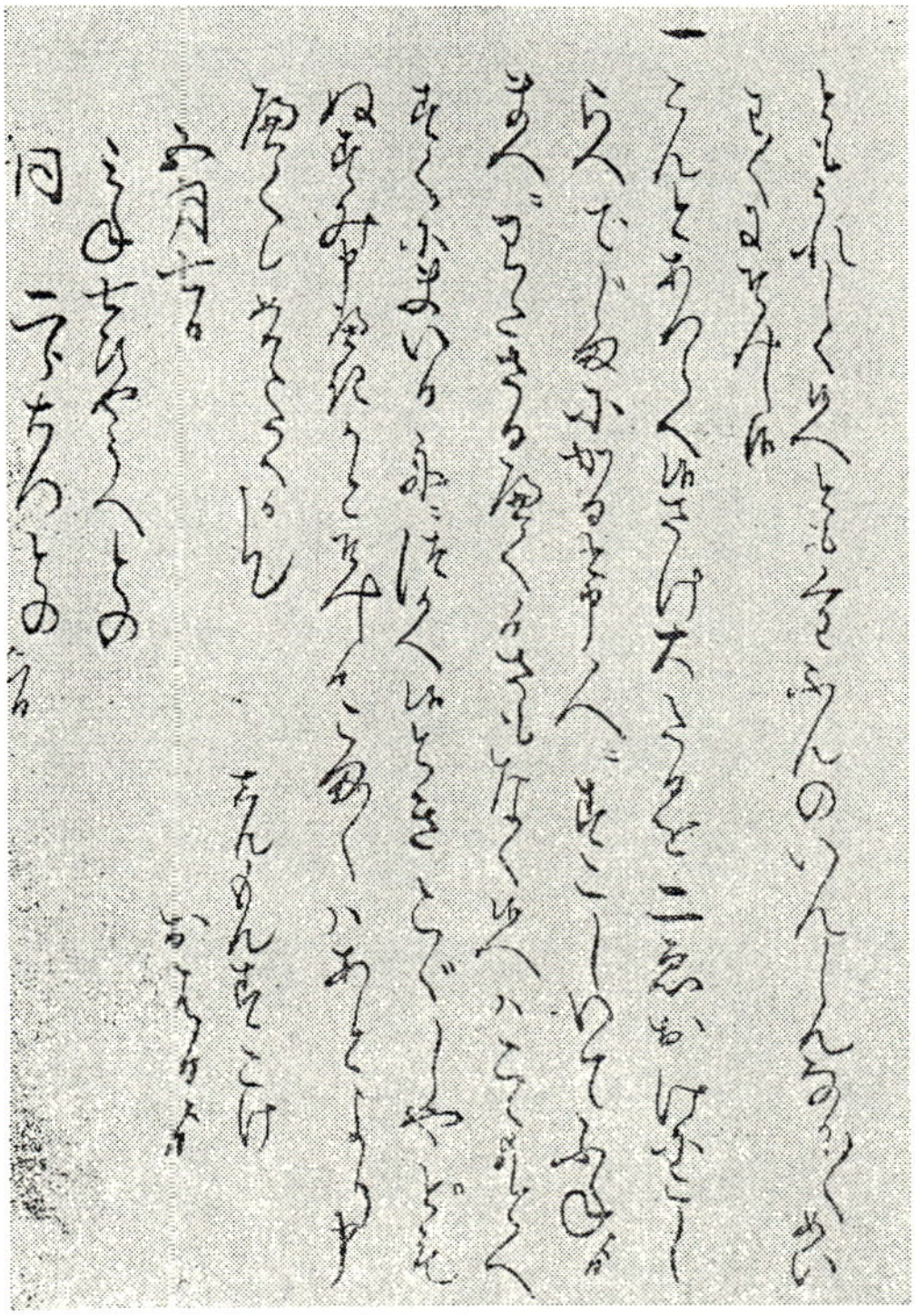

しもんす後家お春の手紙末尾

一、七ひやうへ《(兵衛)》との《(殿)》へ申候。まつ申へきハ、きよねんハ、こま〳〵のゐんしんのうへ、入り《(乗)》物ともたまハり、なにともうれしく存候へとも、くわふんのいんしん、なか〳〵めいわくにそんし候。

一、こんとあつらへ《(誂)》候さけ《(酒)》、大たる《(樽)》を二ゑおけ《(重桶)》にこしらへ、でじま《(出島)》に[の]かると申人ニ、すこしいで《(出)》ふね《(船)》よりまへに、わたさるべく候。さもなく候へは、こ

ゝもとへ、すくにまいる舟ニ、つかへ候とき、こぐしやとも、ぬすみ《(盗)》申へきかとそんし候。こま〳〵はあと
より申へく候。　めてたくかしこ

五月七日

しんもんすこけ
おはるより

ミね《(峯)》七ひやう《(兵衛)》へとの
同二郎右衛門との
まゐる(43)

さてこの手紙の真偽について、

中良案ずるに、長崎夜話に載せたる阿春が文はくちつき大いに違つて、同じ人の書るものとも見えず。なまなかに、中古の物語、ふみの詞をまじへて書たれど、しかとふみのすがたをなさず。うち見にあわれ深きやうなれど、かく書かば悲しかりなんと、こしらへ書きたるさまなれば、心浅らなり。いかさまにも悲しみに沈める人の、しかも船ひらきをいそがれて、そこはかとなく書きやるものとは見えず。或人の説に、爪哇文はあまりに詞つたなしとて、正休《西川求林斎》ゑせわざに書直したるよしなりといへるはさもあるべし。この文は、こと葉ふつつかなれどあわれ深く、げにも長崎の賤児の筆すさみと思ひたまへられ侍る(44)。

即ち前者が擬古文でかえってその真情を失っているのに、本状は文章は拙いけれどもあわれ深く、長崎の賤しい娘の筆になるものと思われると述べている。全文殆んど仮名書きのたどたどしい口語体で、その文体は前者とは著しく異なっていて、桂川家の一門で、蘭学者で文人でもある森島中良の断定も誤りないものと思われる。その上手紙の差出人を「しんもんす・こけ・おはる」と記してあるが、既にしばしば述べたように、春は十四歳で同地に着いてからほ

ぼ七ヶ年たった一六四六年十一月二十九日に、二十一歳ぐらいで東インド会社の商務員補で平戸生れのシモン・シモンセンと結婚し、夫婦なかも至って睦まじく暮すうちに、一六六三年十二月四日になって、東インド政庁から本国転勤を命ぜられたが、『バタビア城日誌』同日の条によれば、

午後、総督参議員の会議で、本国の会社重役が特殊の貿易用務のために召喚した前税関長シモン・シモンスゾーン Symon Symonsz. は、彼と妻、並びにその家族一同が日本人の血統なるが故に、当地に滞在することを熱望せるを以て、これを適当と認めて、決議録の中に詳細に記入した。(45)

とあって、お春一家は引続いて同地で暮していたが、その後九年半たって、夫シモンセンが一六七二年五月に死亡したので、この手紙の発信は、お春が既に未亡人になってからであることには疑うべくもない。しかし先年来研究が進んで、その間の経緯が判明するまでは、江戸時代から、わが記録には、春がかつてシモンセンというオランダ人と結婚していたことを伝えたものはこの手紙より以外には全くなく、本文によって初めて夫の名が判明するのも、この手紙の真実性を一層裏付ける有力な手掛りである。なお名宛人の一人「ミね七ひやうへ」は『長崎見聞集』によれば、長崎酒屋町在住の彼女の叔父である(一四〇ページ参照)。

この手紙には差出された年は記されていないし、文中にもこれを直接暗示するような記事もないが、「しんもんすこけおはる」とあるからには、夫シモンセンの歿した一六七二(寛文十二)年五月以後で、しかも夫の病歿について少しも言及していない点から見ると、彼女の一身に取って最も重大な、夫シモンセンの病歿という不幸な出来事は、この手紙より以前に既に郷里の身寄りに報らせていたはずで、その後幾分年月もたって、悲しみも薄らいでからしたためたものと見て差支えあるまい。しかしどんなに遅くとも、何か彼女に心身の事情が起り、心が動いて、遺言状の追加書を作成し、これに自ら筆を執ってはっきりと署名することができた一六九二年五月以前にしたためて差出したこ

とも明らかである。

ところがこの書翰の終りに近く「こんとあつらへ候さけ、……でじまに［の］かると申人ニ、すこしいてふねよりまへに、わたさるべく候」とあって、出島の商館員の一人か、あるいはこの書翰を託されて日本に渡航したオランダ船の乗組員の一人と覚しいカルなる人物の日本出発に当って、注文品を手渡さんことを依頼している。そこで彼の日本滞在および出発の時が判明すれば、この春の手紙の執筆の年も推定できるわけである。あるいはお春が、かねて親しくしていたカルなる人物は、一六八一(天和元)年から翌年にかけ出島の商館長であったヘンドリック・カンシウス Hendrik Cansius をカルと呼んでいて、これがこの手紙の年代推定の鍵となるかと思われる。そしてこのカルと春とはかねてから親しく交わっていて、あるいは彼がその酒樽を携えて便乗し、日本から帰航する筈のオランダ船が、これより先日本に向かってジャカタラを出帆した五月某日が差迫って、その七日にこの書翰をしたためたものではあるまいか。

転じて春の手紙の内容を検討すると、他の女性たちの手紙四通に比べて非常に豊富で、多様である。まず言及された人物も、名宛人の峯七兵衛夫妻を始め、同二郎右衛門夫妻、島原の七郎右衛門の妻きく、おはつ、浜田茂左衛門、七兵衛妹、甲必丹すなわち出島商館長、館員カル、唐船乗組員さいしや、たうにや並びに「こぐしや」など十余名が挙げられている。名宛人の一人峯七兵衛は彼女の叔父で、長崎酒屋町に住み、他の一人二郎右衛門は「同じく」と冠してあるからにはその一族で、やはり峯姓を持っていたことを示すものである。また文中「七兵衛殿いもと方」ともあるから、春はこの一族五名と互いに文通し、贈物を託し合い、所用を依頼し合っている。まず両名に対して上々はらから白木綿九十四反や白綸子六十一反を始め、反物七種合計一七一反にも上る多量の反物と、極上人蔘と小間物入櫃二つを贈っているが、中でも羅紗と猩々緋とは「これはこゝもとにて、一はんにて、いかにもしなやかに、きるものになり候するにて候。でしまにも、もちまいり候たちにてハなく候」と記し特別高級品のようで、反物だけから見ても春一家の富の豊かさが窺われる。この外白縮緬など白布二反半を送って上方で染めさせ、もしこれが一番目の帰航船の出帆に間に合わぬようならば売り放つように依頼し、また見本として檳榔子入れを送って、これに倣って蒟醤《きんま》入れを作るように、銀子一五四匁を送り、これもまた年内の帰航船の出帆に間に合わぬ際は、時の相場で売り放つことを依頼している。なお別に丁銀四百五十目を七兵衛宛に、五十目はおはつ宛に送って、万ず誂物の買付けに充て、残銀があった際には小判を買入れて、浜田茂左衛門が送って来る箱に詰め、唐船に託するよう依頼しているが、おはつとはやはり春と極めて昵懇の女性であろう。このことから察すると、別に浜田茂左衛門にも、既に手紙か伝言で箱を送ることを依頼していたことがわかるが、あるいはこの男性は浜田助右衛門の一族ではあるまいか。この銀子の送付について、

　こんとはゐんしんの銀すこし、かさにつかハしたく候へとも、こんねんも、おひたゝしきそんいたし、それによりわつか[の]銀つかわし[申]候

と弁解しているのを見れば、彼女は必ずしも亡夫の遺産だけに頼って手を拱いて無為に暮していたわけでもなく、これまで何か営利に携わることに手を出していたものと察せられる。

　それにしても平戸に現存する他のジャカタラ文やこの手紙は、いずれも女性の差出したものであって、自然反物が多いのが目につく特徴であるが、この春の手紙に挙げられた反物は、はらから白木綿、白綸子、黒綸子、浅黄繻子、白繻子、金巾、あるもじん armozijn 即ち海黄、色紗綾、羅紗、猩々緋、チツ更紗、布さよみ、縞、白縮緬など十五種にも上っている。この外、七兵衛の妹にも加筆して、昨年の誂物を種々調達してくれたことに対して礼を述べている。さらに極めて特殊な品として、二重桶の大樽詰の酒を注文して、途中こぐしやどもに盗まれることを気遣って、オランダ船の出帆の際、前述のカルに出島で直接引渡すことを依頼している。この「こぐしや」と言うのは、西川如

見の『増補華夷通商考』などにも「工社《コンシャ》、水主を云、大船は百人、中船は六、七十人、小船は三、四十人なり[46]」とある工社の訛りで、水主は即ち水夫のことである。

次に名宛人の他の一人二郎右衛門夫婦とも年々互いに音信を通じているが、特に面白い草紙の寄贈を受けて深謝の意を表している。但し昨年試験的に送ってきた大根は途中で紛失したが、野菜類は不断容易に手に入り、果樹でも同地に無いのは栗と椎くらいであるから、今後特に注文する物以外には送ってくる必要がないことを述べ、現地で生活した者でないとわからない感覚を伝えている。また昨年送ってきた鉢植の紅菊には特に嬉しく感謝の意を表し、その後皆消えて育たなかったので、さらに入念に植えた菊を送るように所望している。さらに島原の七郎右衛門の妻きくに宛てて縞物一匹、更紗など二反、並びに紗少しを送り、その伝達を乞い、去年同人宛に送った品が所望のものと違っていたことを詫び、「おさなきときより、そはにおきたるものにて候へは、昔こひしく、かす〳〵ふひんに候」とあるから、この女性は春に仕えていた奉公人であろうが、このような人々にまで温かい思いやりをかけている。このほか、何か品物を託した「さいしや」と「とうにやう」とは、恐らく日本通いのシナ船の船長か船員と思われるが、これ以上のことは何も明らかでない。

これらの女性の手になる手紙はいずれもその文体が稚拙ではあるが、かえってその真情を吐露して、日本とジャカタラと遠く南北に隔たって異境に暮し、日頃強い望郷の思いを胸に抱きつつ、オランダ船やシナ海の船便あるごとに、これに託して故郷の親しい身寄りや知る辺と常に音信を取交わして、懐しいせつない気持を伝え、その近況消息を知らせ合い、故郷からの消息を手にしては、これを在住の知友にも互いに見せ合い、音信をしたためる際には知人の申し出た伝言をもそのまま書込んでいたようである。その上、船便ごとに故郷の身寄りや知る辺に織物などの贈物を託送し、さらに自分の所要の品々の調達作製さえも依頼していたことがわかる。

バタビア政庁の決議録一六七九(延宝七)年六月二十一日水曜日にも、

古くから当地に住んでいる日本人婦人たちが、これまでもしばしば行なったように、日本在住の友人たちを扶助するために、若干の品物や些細な品々を会社の船で同地に送り、ついでに自分らの所用に充てるために、果樹やその他の品々を当地に送らせるように請願した。よって会社は無下にこれを退けることもできかねて、これに同意することを諒承した。(47)

とあって、この頃同地在住日本人女性たちは東インド会社の諒解を得て、会社船に託して故郷との音信や品物を贈答していて、しかもこれは既に以前から行われていたことがわかる。その後、西川如見の『増補華夷通商考』巻三「咬𠺕吧」の項にも、

此国に居住の日本人唐人も之れ有り。昔戎蛮種類の日本人御制禁の時、長崎より男女多く亜媽港或は咬𠺕吧等に遣さる。其内此国に在し人の中、長命にて近年迄存生なる者、日本の縁類朋友に、ヲランダ或は唐船より絶ず書状音物等之れ有りしなり。最も来書返書ともに公儀にて改め有て後に渡さる。(48)

と記している。同書は最初元禄八(一六九五)年に刊行され、その増補版は宝永五(一七〇八)年に出版されているから、ほぼその時代の消息を伝えたものである。殊に初版の元禄八年は、ちょうど春がバタビアで息を引取った年にも当っている。しかしこれより先、『唐通事会所日録』巻三、元禄元(一六八八)年四月二十三日の条に、

御用之次ニ、去年も被二仰出一候通之異国へ書翰書籍取やり仕間敷旨之御書出し、後藤庄左衛門殿ヨリ御渡し被レ成候。(49)

とあり、一応海外在住日本人との音信は年々禁止せられたもののようであるが、それは実は建前で空文に近く、相互の音信は依然として前述のように取交わされていたもののようである。

一六九七年四月（元禄十年三月）に遺言状追加書をしたためて後、幾許もなく死亡したお春がジャカタラ移住日本人の最後の一人かと思われたが、全く意外にも『唐通事会所日録』を繙いて見ると、随所にジャカタラのおきやらという一女性の消息が散見している。お春の死後一年たって、翌元禄十一年七月に長崎に入港したオランダ船に託してこのおきやらが長崎西筑町の峯七郎兵衛宛に手紙を寄越したが、『長崎見聞集』によると、お春はこの七郎兵衛の姪であるから、彼女は同地在住のお春の身寄の一人に当っている。奉行所はその手紙の和解《わげ》を通詞に作成させて提出させ、その検閲を経た後に手紙は本人に手渡されている。また同書元禄十二（一六九九）年七月八日の条には、

> 西ニ而七郎兵衛罷出候序ニ、じやかたらおきやら方ヨリ峯次郎吉方江書簡幷送り物之儀申来候。此書付七郎兵衛江御渡し候ニ付、早速和ヶ仕七郎兵衛差上申候。[50]

とある。これより先お春が文を寄越したのは、長崎酒屋町在住の叔父峯七兵衛と同二郎右衛門両人であったが、おきやらの文の宛先は峯次郎吉とあるから、この三人は近い一族に違いなく、同地在住のおきやらとお春も、きっと縁りある間柄かと思われる。その翌元禄十二年九月に峯次郎吉は、おきやらに宛てて返書と贈物や誂物をオランダ船に託して発送した。ついで元禄十四年（一七〇一）七月にも彼女は再び手紙を送って来たが、一年たってその和解が漸くでき上り、役所に提出されている。さらに宝永元年（一七〇四）八月におきやらは重ねて峯次郎吉に手紙を送り、当局は通詞に命じてその和解を作成して提出させたが、翌二年（一七〇五）七月にも彼女は手紙と贈物とをオランダ船に託して次郎吉に送って来たので、当局はその和解を作成提出させ、翌三年（一七〇六）七月にも彼女の手紙が次郎吉に送られると、やはりその和解が作成提出されたが、彼は同年九月におきやらに返書をしたため、その和解の方は役所に提出されている。このように両者の間では殆んど毎年音信を通じたり贈物を託したりしていたが、宝永四年（一七〇七）八月にオランダ船がおきやらの手紙を齎らしたのを最後として、その後の彼女の行末は明らかでない。彼女がジャカ

タラから寄越した手紙の原物か、両者の間に遣り取りされた数々の手紙の和解や彼女に関する現地での史料が見つかれば、彼女の消息はもとより、あるいは未だ生存していたかも知れない日本人移民の消息も判明するに違いないが、遺憾ながら今までのところ一通も残存していないようである。[51] このようにジャカタラ在住日本人移民男女の故郷の身寄りや知る辺などに送った書翰は、現存する女人たちの五通を含めて僅かに六通に過ぎないが、それらの書翰の中にさらに他の人々に宛てて文通したことが記されているものを抽出加算すれば、その総数は少なくとも二十四通に上っていて、彼等と故郷との間には、割合にしげしげと手紙や贈物の遣り取りがあったことが窺われる。

しかし年がたつにつれ、在住日本人は漸次死亡していった。既にこれより先一六八四(貞享元)年に長崎のオランダ商館長コンスタンチン・ランスト・デ・ヨンゲ Constantin Ranst de Jonge が幕府当局の諮問に対して答申するところによれば、バタビア移住日本人中、男性は全く死に絶え、僅かに三名か四名の女性が生残っているのみとなった。[52] オランダ系婦人小児の最後のジャカタラ追放を去ること既に四十五年に及び、移住日本人は哀れにも次々と死んでいったのであった。春も一六九七年の春には、娘や孫に看取られて同地で息を引取ったが、おきやらが峯次郎吉に文を寄越したのはちょうどこの年のことであるから、必ずやお春の死亡のことも伝えたに違いない。西川如見の『長崎夜話草』にもお春の身の上について、

此女人年たけて後、唐人に嫁して子などありて、日本へたび〳〵文おこせたり。元禄九年の頃迄なからへ、七十六七歳にて死せしよし、便りに聞え侍りぬ。そののち子なるが文おこせしかど、公けより止させ給ひてのちは、いかゞ成行けん、しらず。[53]

とあって、初代移住日本人女性たちの死亡と共に、彼女たちの故郷との音信も自然絶えていったことを伝えている。

その後三十八年もたって、日本人キリスト教徒甲必丹市右衛門 Itsemon の子孫アブラハム・助右衛門 Abraham

Scheemonが一七三五年に同地で埋葬された記録があるが、[54] この甲必丹市右衛門とは、十七世紀の初め頃政庁からバタビア在住日本人の初代甲必丹に任命された大坂出身の楠市右衛門に相違なく、彼が移住したのが一六一五年のことで、それから既に一二〇年も経過しているから、この助右衛門は彼の二世か三世の混血児で、僅かにその日本風の名によって日本人の血統であることを窺い知ることができるが、もとよりその消息などは全く日本に伝わらなかったとしても無理からぬことである。なおこのほか平戸には、小袱紗の裏にはぎ合わせた小切に、執筆年月日を欠いた「こしよろ」のしたためた数行の手紙があるが、[55] 僅かに「うはさま」に宛てて茶つつみ一つ送ることを記してあるのみで、その文体が如何にも西川如見のじゃかたら文を思わせるものがあり、恐らく後人の偽作ではあるまいかと推せられる。

第五章　バタビア移住日本人の遺言状とその家族

バタビアにおける日本人移民は、同地に定着して生活が安定すると、わが鎖国直後頃から一時各方面に大いに活動したが、年がたつに従って次第に死亡して、十七世紀後半になるとその数は非常に減少した。まず初期の頃は、オランダ軍に従軍して各地の攻城野戦で戦死する者もあり、このほか不慮の災害に遭って命をおとす者や、あるいは少数ではあったが罪を犯して処刑される者などもあって、ただでさえそれほど多くもない彼等の人口の急速な減少を招いた。

このほか歳月が経過する間に、必然の現象として疾病や老衰によって死亡する者があったことはいうまでもない。その際、彼等はあらかじめ公証人役場に出頭して遺言状を作成してもらったり、または重病の枕頭に公証人を招いて、これを作成してもらうのが常であった。このような在住日本人関係の遺言状並びに関係書類は、日本人移民数に比すれば大変少ないが、その年代の早いものは一六二六年十一月十二日付の平戸の対岸に近い田平出身のマリヤの遺言状を始め、遅いものは一六九七年三月二十日にジェロニマ・マリナ・春が作成してもらった遺言状の追加補正書に至るまで、今までのところ三十三通を採訪することができた。これを遺言人の姓名と出身地、遺言状作成時の体調、公証人、遺言人の身分職業など、それぞれ遺言状の諸要件を挙げて作成年次順に列記すれば左の如くなる。なお、本章に訳出したものはその番号を太字にして示してある。

年次順バタビア在住日本人関係遺言状要項表(1)(一六二六―九七年)

	年・月・日	遺言人	体調	配偶者	公証人	備考
1	一六二六・一一・一二	田平のマリヤ	病臥	ヤコブ・ヘルリッツ	ドラック	
2	一六四一・三・二四	日本のアンドレ・ロドリゴ	病臥	デニセ・ピニェイラ	ケール	
3	一六四二・八・二七	京のマリヤ	病臥		ケール	
4	一六四五・六・二一	長崎のミヒール	病臥	太泥のマリヤ	カーテルス フェルト	証人日本人ピーテル・五兵衛
5	一六四七・一一・一三	長崎のイザベラ	病臥	故ビセント・ロメイン	ハッキウス	嗣子ヨハン・ダイエはマニラ在住
6	一六四八・九・一八	長崎のイザベラ	病臥	故ビセント・ロメイン	ハッキウス	
7	一六四九・八・二一	長崎のイザベラ	病臥	故ビセント・ロメイン	ハッキウス	
8	一六四九・一〇・二六	長崎のイザベラ	病臥		ハッキウス	
9	一六四九・一一・九	長崎のイザベラ	死亡		ハッキウス	源左等日本人男性五名と春等女性七名遺産請取
10	一六四九・一二・九	長崎のイザベラ	死亡		ハッキウス	ピーテル・喜左衛門等日本人八名遺産請取
11	一六五一・三・二五	平戸のルイス・六兵衛	病臥	平戸のカタリナ	ハイズマン	証人シモン・シモンセン
12	一六五一・四・一〇	長崎のフランショイス・助九郎	病臥	平戸のヨハンナ	ハイズマン	妻ヨハンナ妊娠中
13	一六五一・一二・一一	長崎のトマス	病臥	パウリニヤ・ローザ	ハイズマン	
14	一六五二・一一・二九	堺のペドロ	病臥		ハイズマン	
15	一六五四・一・二六	平戸のマリヤ	病臥		ハイズマン	
16	一六五五・三・八	ミヒール・トレサハール クライン・ヤンスゾーン	病臥	平戸のヘステル	ハイズマン	陸軍大尉(英人) 軍曹
17	一六五七・一一・二六	長崎のフランシスコ・助九郎	病臥	平戸のヨハンナ	ハイズマン	女児モニカ
18	一六五七・一一・三〇	平戸のマリヤ・カロン イザーク・ソールマン			ハイズマン	妹ニコラース・デ・ホーフトの妻ペトロネラ・カロン
19	一六六〇・八・四	平戸のマリヤ・サンテン ニコラース・フェルブルフ	病臥		ハイズマン	司法委員(一六五〇―五三台湾長官)

20	一六六一・三・二九	長崎のミヒール・ディヤス・惣兵衛			カイゼルス	シモンセン・村上武左衛門、浜田助右衛門遺産請取
21	一六六二・五・二三	平戸のマリヤ・ファン・サンテン ニコラース・フェルブルフ	病臥		ハイズマン	司法委員
22	一六六五・一・二一	平戸のヘレナ ヤコブ・カレ			ホウムス	仕立屋
23	一六六五・二・一三	長崎のジェロニマ・春 シモン・シモンセン			ホウムス	上級商務員、税関長
24	一六六七・八・二六	平戸のコルネリヤ・クーケバッケル ヨアン・デ・ハルデ			ハイズマン	コルネリヤの妹マカオのマリヤ・助右衛門と三児 下級商務員
25	一六六九・九・二八	アベリス・ベンチング	病臥	ヘステル・ファン・ニューエンローデ	ハイズマン	下級商務員、一児
26	一六六九・一一・一九	マカオのマリヤ・助右衛門 ヤン・ファン、カウエンブルフ			ハイズマン	
27	一六七二・二・一五	平戸のコルネリヤ・ファン・ニューエンローデ ピーテル・クノル	病臥		ハイズマン	子女並びに甥ベンチングに遺産を贈る 筆頭上席商務員(一六七二・三・一八日死亡)
28	一六七三・三・八	コルネリヤ・ファン・ニューエンローデ				
29	一六七四・六・三〇	長崎の村上武左衛門	失明		カイゼルス	娘コルネリヤ・武左衛門とその夫ヤン・デ・ブライン
30	一六七五・二・四	コルネリヤ・武左衛門 ヤン・デ・ブライン			カイゼルス	商務員、四児
31	一六七六・九・一六	ヘステル・ファン・ニューローデ		亡夫アベリス・ベンチング	ハッキウス	嗣子ヨハン・ベンチング
32	一六九二・五・一七	長崎のジェロニマ・マリニヨ		故シモン・シモンセン	レギュレット	長女寡婦マリヤ・ファン・デル・レー 孫三人
33	一六九七・三・二〇	長崎のジェロニマ・マリナ	病臥	同右	レギュレット	一六九七年四月死亡

右の表によれば、日本人男性の遺言状は八名で九通、日本人女性の遺言状は五名で十通作成されているが、これはその中一名が六通作成したためである。この他日本人女性を妻とした外国人男性の遺言状が十二通あるが、それらは主としてオランダ人が日本人妻と連名で作成したものであって、その中二通だけは夫が単独で作成したものであるが、それらはいずれもその日本人妻を対象として記してある。これに反して日本人男性がその妻と連名でしたためた遺言状は一通もなく、九通ともことごとく単独でこれを作成しているが、勿論遺言の中にはその日本人妻や外国人妻を対象として、遺産の贈与などの要件が書込まれている。

ところで日本人男性の遺言状九通の中、一六五一年四月十日に日本人キリスト教徒で長崎出身のフランショイス・助九郎が妻の平戸生れのヨハンナに対してしたためた遺言状では、妻が妊娠中と記してあるが、(2)その後六年たって一六五七年十一月二十六日に日本の長崎生れのフランシスコ・助九郎 Francisco Sckeklau が妻の平戸のジョアンナに対してしたためた遺言状では、両人の間に娘モニカがあって、(3)前者では妻の前夫の子バレント・マタイスゾーン Barent Mathysz. に奴隷を遺贈することを約しているが、後者ではこれを省いているなど、その内容にかなりの異同が認められるが、遺言人はこの六年間引続いて病床に臥していたものと思われ、その妻とは両者とも同一人と推せられるから、結局遺言状を作成した日本人男性は八名となる。

日本人女性の場合は、一六四七年十一月十三日に故ビセント・ロメインの寡婦長崎のイザベラ Isabella van Nangasackj, geboortich van Japan, weduwe van wylen Vicent Romein が遺言状を作成したが(二〇六―二一二ページ参照)、翌一六四八年九月十八日にも重ねて他に一通の遺言状を作成し、さらにその翌一六四九年八月二十一日と十月二十六日にはその追加書を作成した。(4)その後彼女は幾許もなく死亡したので、彼女の遺言状に基づいて指名された甲必丹市右衛門を始め、男女二十二名の人々が同年十一月九日と十二月九日に、分配に与った遺産の請取を、それぞれ連名でしたためている(二一三—二一六ページ参照)。即ちイザベラの遺言状に関連して一連の書類が六通作成されたわけである。次に平戸のオランダ商館長ピーテル・ファン・サンテン Pieter van Santen は在任中日本人夫人との間に生れた娘二人の中の一人マリヤとその夫の司法委員ニコラース・フェルブルフ Nicolaes Verburg と三名連名で一六六〇年八月四日に遺言状を作成したが、翌々一六六二年五月二十三日に彼等は連名でこの遺言状を破棄し、さらに他の遺言状を作成し、別に前記の遺言状の欄外にもその旨を記入した。彼等の遺言状が二通あるのはこのためである。(5) 長崎出身のジェロニマ・マリヌス・春と夫のシモン・シモンセン連名の遺言状は一六六五年二月十三日に作成されたが、シモンセンはその後七年たって一六七二年二月に死亡し、寡婦になった春は一六九二年五月十七日になって前記の遺言状の追加書をしたため、さらに五年たって一六九七年三月二十日にはまたその追加書の補足書を重ねてしたためてもらっている(一九六—二〇三ページ参照)。ピーテル・クノルの妻で平戸生れのコルネリヤの姉ヘステル・ファン・ニューエンローデ Hester van Nieuwenroode については、イギリス生れの夫陸軍大尉ミヒール・トレサハール Michiel Tresahar, Capitayn Luytenant des Casteels Batavia が病床で遺言状をしたためたが、(6) この夫の死後彼女が再婚した第二の夫である東インド会社の下級商務員アベリス・ベンチング Abelis Bentingh もまた不幸にして死亡し、寡婦となった彼女は一六七六年九月十六日に遺言状を作成したが(二二七—二三〇ページ参照)、その後七年にして一六八三年には彼女も死亡している。(7) このほか、一六六九年十一月十九日に夫婦連名で遺言状をしたためたヤン・ファン・カウエンブルフとその妻マカオのマリヤ・助右衛門は、バタビア市の西部地区に住み、Maria Schemon van Makau…… woonende aen de west sijde deser stede と記されている。(8) しかしその前々年一六六七年八月二十六日に平戸のコルネリヤ・クーケバッケル Cornelia Coeckebacker 夫妻連名の遺言状にはこのマリヤ・助右衛門を異父母の姉妹と記してあるから、(9) 他の用例などから推すと、彼女の母がクーケバッケルと離別して、マカオで生れたか、または同地から移

出身地	男	女
長崎	五	二
平戸	一	七
田平		一
京		一
堺	一	
日本	一	
マカオ		一
バタビア		一
合計	八	一三

住した助右衛門と呼ぶ男性と再婚し、その間に儲けた娘ではないかと思われる。結局日本人男性の遺言人は八名で、女性は十名であるが、他に遺言の対象になった女性が三名あって、都合十三名となり、結局日本人移民の遺言人は合計二十一名となる。

　この中日本人女性八名は混血児であるが、男性中には混血児は一人もいない。これを性別、出身地別に集計表示すれば上の表のようになる。即ち彼等の出身地の分布は結婚届出などに見られる在住日本人の出身地の分布にほぼ対応している。なお日本人女性と結婚したオランダ人等の身分職業は『婚姻簿』では極めて断片的に記録されているにすぎないが、遺言状では殆んどもれなく記載されている。夫妻連名で遺言状を作成したのは結婚後かなりの年月を経てからのことであるが、それでも依然として東インド会社の社員の振出しに近い下級商務員が五名あり、他に上級商務員が二名あるが、彼等は勿論若い結婚当時の下級商務員の身分から漸次昇進したものであった。東インド会社所属の軍人としては前記の大尉トレサハールと軍曹フラーレンバウトの二名があるが、前者と平戸出身のヘステルとの結婚は一六四四年四月十四日であったから(史料九)、その後十一年にして彼女はこの不幸にあったことになる。この外仕立屋一名と司法委員フェルブルフがあるが、後者はこれより先既に一六四九年から一六五三年まで台湾長官という高官の職にあった。バタビアの東インド政庁当局は新植民地の開拓に当り、女性移民の少数なことを憂えていた。たまたま本国から到着した未婚の女性等は大いに歓迎されて、直ちに高級吏員との結婚が成立したとも報ぜられているけれども、日本人移民女性の場合は必ずしもそうともいえないようである。

　なおこれらの遺言状の中、京のマリヤ、長崎のミヒール・ディヤス・惣兵衛、堺のペドロの三名は単独でこれをしたためているが、他はいずれも遺言人とその配偶者名が記入され、殊にその中十通は夫妻連名であるので、これらによって日本人移民の婚姻関係が合計十九組判明するが、その中ジェロニマ・春とシモンセン、平戸のコルネリヤとクノル、姉のヘステルとミヒール・トレサハール、及び長崎のトマスとパウルニヤ・ローザの四組は第二章第二節に掲げた婚姻簿二冊によってその結婚日もわかるが、他は記載がなく判明しないので、本書三四―三六ページに掲げた「年次別バタビア在住日本人結婚登記表」の九十三組に追補検討することはできなかった。

日本人移民の病死に関する記録は、僅かに年月日不明の女性の手紙の断簡に「きでんおば様事、十四五日ほどふくちうわづらい、……四月四日についに御はてなされ候」とある一件以外には見当らないが、日本人男女が単独でしたためた遺言状十二通を見ると、村上武左衛門の一通を除いては、他はいずれも本人が作成の時病床に臥しており、枕頭に公証人を招いて作成してもらったことが記入されているから、彼等はその後余り歳月がたたない中に死亡したものと推せられる。長崎のイザベラは最後の遺言状をしたためてから間もなく死亡し、ミヒール・ディヤス・惣兵衛も後述するように遺言状をしたためてから二年後の一六六三年四月に、平戸のヘステルは七年たって一六八三年に死亡し、長崎のジェロニマ・春は最後の遺言状追加書の補足を一六九七年三月二十一日にしたためてから一ヶ月足らずの間に死亡している。

第一節　ミヒール・ディヤス・惣兵衛の遺言状

さてバタビア在住日本人が遺言状をしたためる場合は、本人が追々老境に入って、あらかじめその歿後の資産などの処分を考慮して、公証人役場に出頭したり、または病床に公証人を招いて、証人立会いの下に遺言状を作成してもらうのが一般的のようであるが、老境に入っても未だ心身ともに健康な場合でも、この手続を踏んだ場合が少なくな

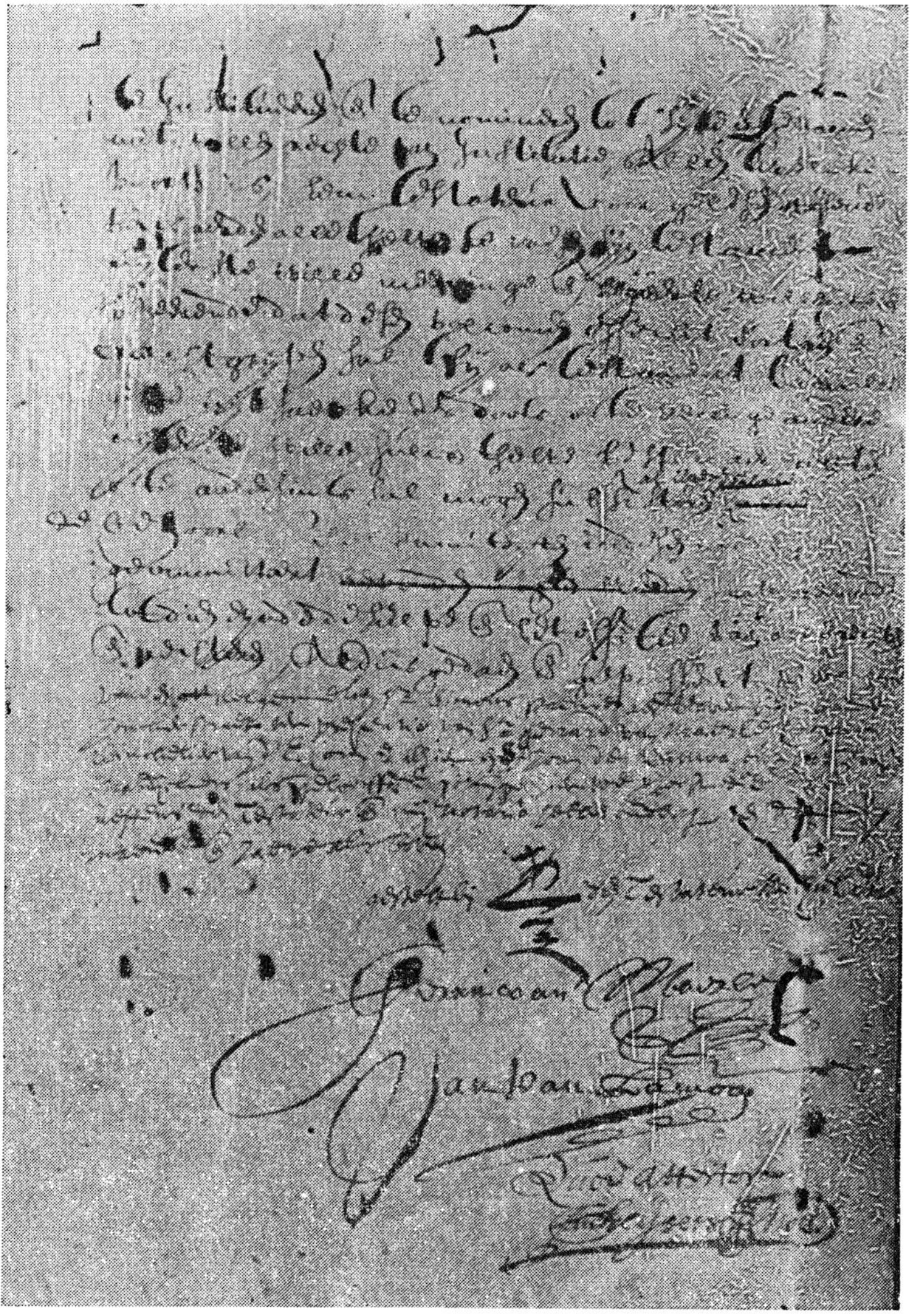

同左

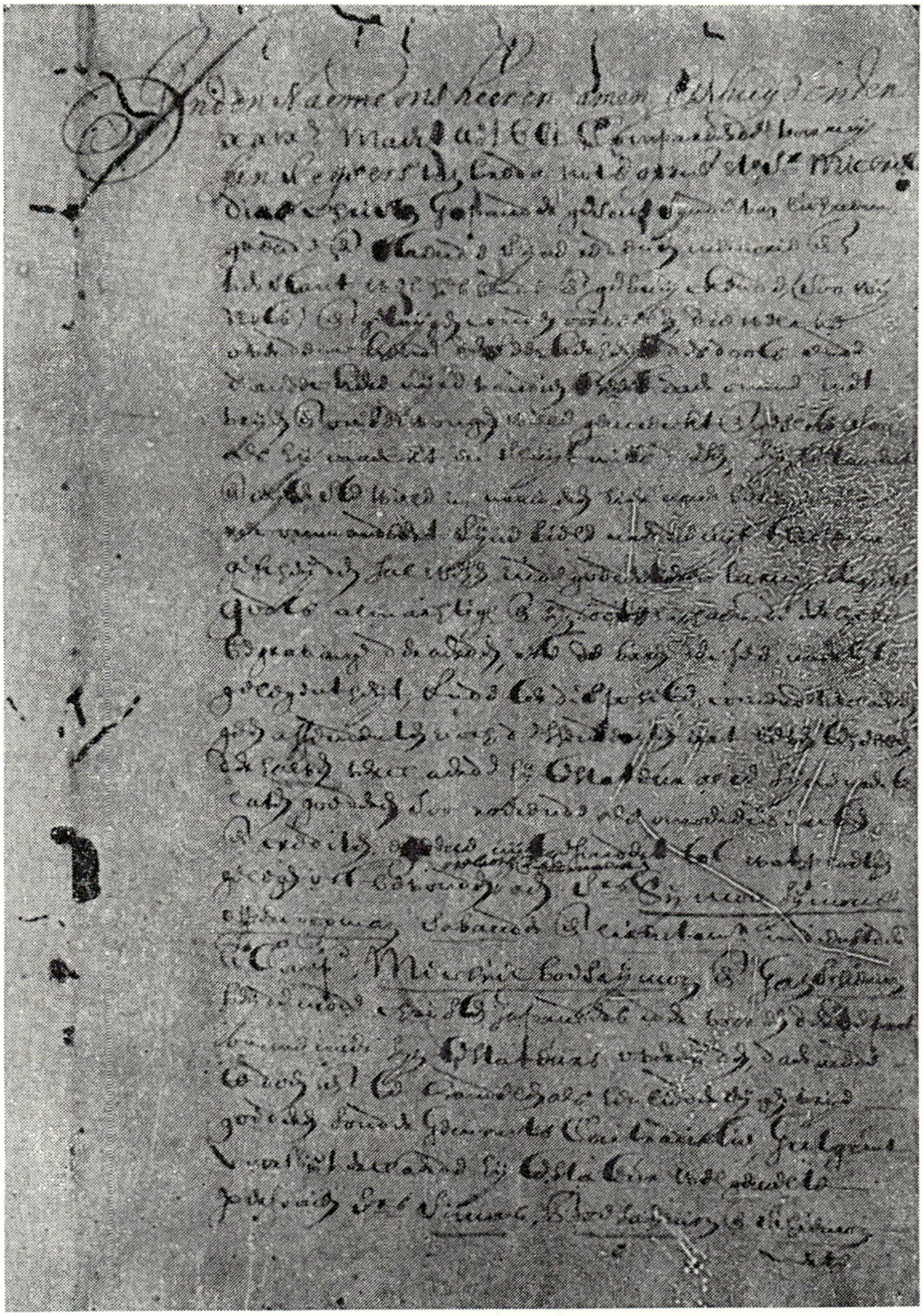

ミヒール・ディヤス・惣兵衛の遺言状

いようである。今これらの遺言状の作成者、つまり遺言人本人、並びにその内容とその関連事項を検討するために、まずその一つミヒール・ディヤス・惣兵衛の遺言状を訳出しよう。

我が主の御名においてアーメン。一六六一年三月二十九日に公証人たる予ヤン・カイゼルスの前に日本人キリスト教徒ミヒール・ディヤスが出頭して、（我々公証人の証するところでは）その身体は健康で、立居振舞も自由であって、記憶力も思考力も充分働いているけれども、その日時はわからないが、いずれは死ぬものと考えて、何人にも強制されるところなく、自分の自由意志に基づいて下記のように最後の遺言状をしたためるものである。即ちまず第一には、彼の霊がその身体を離れた暁には、全能の神のいとも恵み深き慈愛のもとに、その事情に応じて、その遺骸を土葬にするか、水葬にするものとする。

次に最新の決定では、遺言人には誰も身寄りがいないことが明らかなので、その遺産は、何処にあるものでも、動産、不動産を問わず、また株券や債権であろうとも一切を、東インド会社勤務の上席商務員で港務長兼許可証発行官であるシモン・シモンスゾーン Sijmon Sijmonsz. 殿と、共に日本人キリスト教徒であるミヒール・武左衛門 Michiel Boesaijmon とヤン・助右衛門 Jan Schiemon とに対して、遺言人の死亡後、それぞれその三分の一ずつを全く彼等の所有に帰するものとして贈る。これに対しては何人も反対することはできない。上記のことに基づいて、遺言人は前記の人々、即ちシモンス殿、武左衛門及び助右衛門をあらゆる法的権利を有する彼の相続人として指名することを言明する。そして前述の事項がことごとく彼遺言人の前で読上げられた後、彼もこれは遺言状、すなわち最後の意志であって、これに充分効力を持たせて、今後履行されんことを希望し、これを権威づけるために、すべての裁判官の援助と協力を求めることを明らかにした。本状はヨンケル通の対岸にある前記のシモンス殿の家においてこの通り作成され、信用ある証人としてここに招請された当地の会社の商務員で販売係であるヘラルト・ファン・マーレ Gerrard van Maerle、及び以前マルダイケルの甲必丹であったヤン・ファン・ラモア Jan van Lamoa 立会いの上で、遺言人と予公証人とが、上記の日付に署名した。

遺言人の自署　ミヒール・ディヤス・惣兵衛(自署)

ヘラルト・ファン・マーレ(自署)

ヤン・ファン・ラモア(自署)

書記J・カイゼルス(自署)[10]

遺言人ミヒール・ディヤスは、その日本文自署、及び他の彼に関係した公正証書の華押から判読すれば、その日本名は惣兵衛であったようである。しかし彼には身寄りがなく、その遺産についても何等具体的に記述されておらず、またその遺贈人についても記入がなく、ただ知人三名を指名して遺産を遺贈することを記入したに過ぎない。したがってこの遺言状を通してだけでは、惣兵衛について判明するところは極めて少ない。

ミヒール・ディヤス・惣兵衛の墓

ところがこの度の太平洋戦争中まで、バタビアの日本総領事館の前庭に古い日本人の墓石が一基あった。これはかつて一八八六年頃イギリス人宣教師キング Armine Francis King 氏が同市の歩道の舗石の中から発見して、一時これをイギリス教会内に移し、後に日本総領事館に移したものであるが、その墓誌銘は上図のようにオランダ文で八行に彫ってある。[11]これを訳せば、此処に尊敬すべき日本人キリスト教徒ミヒール・テ・ソーベ安眠す。一六〇五年八月十五日長崎に生れて、一六六三年四月十九日に歿す。

となる。なおこの墓誌銘の上方に漢字で「安永」と縦に彫ってあるが、これは恐らく墓の主が永く安らかに眠ることを祈願して彫ったものに違いない。この外、墓石の裏面中央にはさかさまに「留愛碑」と彫ってあり、その両側には留愛の文が彫ってあるが、これらの漢文は墓誌銘とは全く関係がなく、後年中国人が、この墓石を流用したものと思われる。この墓の主ソーベは先に遺言状をしたためた惣兵衛に違いないが、もしこの推定に誤りなければ、彼は遺言状を作成してもらってから二年たって後、一六六三年に同地で五十七歳で歿したものと思われる。そしてその翌一六六四年五月十日には惣兵衛指名の前記遺産管理人三名が公証人役場に出頭して、彼等の管理下にある遺産の中から奴隷二名を解放する証書を作成した。即ち、

一六六四年五月十日に公証人たる予アントニイ・ハイズマンの前に、以前東インド会社の許可証発行官であって現在港務長であるシモン・シモンスゾーン、いずれも当地在住日本人キリスト教徒であるミヒール・武左衛門 Michiel Boeseymon 殿とヤン・助右衛門殿とが、同じく生前当地の日本人キリスト教徒であった故ミヒール・ディヤスの遺産の後見人兼管理人に選定された者として出頭した。出頭人等はこの資格で、前記のミヒール・ディヤスの奴隷であったベンガルのジョアンとベンガルのジョアンナに対して自由を与え、解放することを明示した。これは故人が生前に前記の奴隷から受けた多くの忠実な奉仕に基づくものであって、そのために、今後彼等に対しては奴隷のように取扱って一切面倒をかけたり困らせたりしないことを約束する。ここに法律の規定に従って、証人として招請した書記メルヒオール・ハイルマン Melchior Heylman とヘンドリック・フェック Hendricq Vecq の立会の下に、当市内において以上のように作成履行する。

S・シモンス(自署)

ミヒール・武左衛門(自署)

日本人キリスト教徒ヤン殿に依って捺された印判 浜田

A・ハイズマン(自署)

M・ハイルマン(自署)

H・フェック(自署)

一六六四年(12)

惣兵衛が指名して遺産処分を代行した三名中二名の日本人は既にしばしば述べたようにいずれも同地在住日本人の有力者で、他の一名シモンスゾーンもまた春の夫で、日本人とは特に深い関係を持つ人々であった。前述のように、前世紀の末頃その墓石が発見されて、一時日本総領事館の前庭に移されたが、墓石はインドネシア独立戦争の際の混乱中に撤去されて、今では不運にもまたもやその所在は判明しない。

第二節　ミヒール・村上武左衛門の遺言状

右の三人の中ヤン・浜田助右衛門は前述のようにこの後間もなく翌一六六五年頃に死亡し、シモンセンも一六七二年五月に死亡したが、残ったミヒール・武左衛門も一六七四年六月三十日になって長文の遺言状をしたためている。本状は変色して、かなり腐蝕破損しているが、その中若干の欠損部分は他の遺言状の慣用的な文句を参照して補い、辛うじて判読できた部分を訳出すれば次のようになる。

神の御名においてアーメン。本一六七四年六月三十日公証人たるブレダ出身の予ヤン・カイゼルスの面前に日本人キリスト教徒ミヒール・武左衛門 Michiel Boussaijmon が出頭して、予公証人に対して、その目は盲目であるが、記憶力と理解力は充分働くことを知らせて□その死は確かであるが、その来る日時の何時とも定かでないので、彼がこの世を去る前に□以下記すような方法で□まず彼遺言人はその霊が肉体から離れた時に全能の神の恵み深き御手に委ねて、その亡骸《なきがら》を然るべく埋葬することにする。

また遺言人はあらかじめ本状によって、本日より以前にかつてしたためたすべての遺言状並びにその追加書は例外なく無効であることを申立てて、左様な遺産譲渡を望まないが□□生前彼に尽した忠実を愛でて□マンゲライ Mangerije のサプ Sap にその自由と□一〇スタイフェルを与え、□のアントニイ、別名□にその自由と同じく一〇スタイフェル、マラバールのヤンにその自由と同じく一〇スタイフェル、マンガライ Mangary のコレック Colleck にその自由と同じく一〇スタイフェル、同地のテガル Tegal に同じく五スタイフェル、クイナム Quinam のダング Dangh に同じく五スタイフェル、マカッサルのトソユー Tosoyoe に同じく五スタイフェル、ついで以下の女奴隷に対して、即ちスンバワ Sumbawa のオガテ、別名テトング Ogathe alias Tetongh に五〇レイクスダールデル、マンガライ Mangaray のラベカ Rabeca に同じく五〇レイクスダールデル、バリのパロル Parol に同じく五レイクスダールデル、バリのヨリス Joris に同じく五レイクスダールデル、ビマ Byma のマルグリタ Margrita に同じく□、バタビアのクララ Clara に同じく一〇レイクスダールデル、同地のサンニイ Sannie に同じく五レイクスダールデルを与え、第三にブトン Bouton のアンナに同じく五レイクスダールデル、マカッサルの□に同じく五レイクスダールデルを与えて、これら二名の女奴隷には自由を与え□奴隷二名は下記の遺言人の相続人に対してなお今後三ヶ年間奉仕せしめる。第四には、彼遺言人は友情、協力、及び良き理解の想出、並びにその他の多くの良き理由から次の人々や友人連に対して遺贈することを定める。即ち彼遺言人の弟森田喜兵衛殿 Moerita Kibioj dono に対しては色々な品が入れてある箱［とそれに納められている品々］、つまり内容目録によれば彼遺言人の最上の日本着物四着、赤色段子の最上の蒲団二重ね、小さい金鏈つき黄金製の角《カク》い湯沸し、繊細な金鏈つきの琥珀で埋めた金製の玉、金のモザイクを飾った柄のある小刀《コガタナ》、即ちメスをつけた日本の脇差などであり、これらは前記の遺言人の譲受人にことごとく遺贈されるべきもので、遺言人の死後最寄りの機会に日本にいる前述の弟に送られるであろう。また彼遺言人は、彼の義妹で、生前上席商務員且つ当市の□であった故シモン・シモンセン・ファン・デル・ハイデ Simon Simonsen van der Heyde の尊敬すべき寡婦ジェロニマ・マリノ Jeronima Marino に対して日本小判二十五枚、並びにその内側にも外側にも絵が描いてある屏風一双、彼女の手に委ねられている合計二十四枚の小判の中から同女の子女たち、即ちニコラース・シモンセン・ファン・デル・ハイデ Nicolaes Simonsen van der Heyde、同人の妹で尊敬すべきファン・デル・レー Van der Lee 夫人、及びタニイ・ジェロニマ・デ・ヨンゲ Thanie Jeronima de Jonge にそれぞれ日本小判五枚ずつ、同女の親愛な弟ヤン・シモンセン・ファン・デル・ハイデに日本小判十五枚、彼遺言人の昵懇の友で、生前東インド会社に勤めていた故アウフスチン・ミュレール Augustin Muller の寡婦で尊敬すべきスザンナ・助右衛門 Sussana Scheymon にもまた日本小判十五枚、並びに茶の湯に使う台子茶釜 daijsoe tsagama、金風炉 kanaboeroe、及び付属品一式、生前日本人商人でまた彼遺言人の昵懇の友人であったルイス・六兵衛殿の寡婦カタリナ・六兵衛に日本小判十五枚、並びに色々な小物を入れる四角な小箱の提食籠 sange sikiro 一個、マリヤ・セス Maria Zes とアンナ・助右衛門 Anna Scheymon 夫人にそれぞれ日本小判三枚ずつ、□彼遺言人が自由を与えたカタリナの子女たちでユイフト・デ・コスタ Juijft de Costa □並びにその子でグレゴリウス・□ギルセン Gregorius［…］Gilsen という東インド会社の商務員補には一六六二年六月十八日の譲状に基づいて間口二ルード、奥行五ルード半の瓦葺の小家屋 pedak、並びにコンスタンシャには銅張の箱、グレゴリウスには銀飾付きの□日本斧一振、またそれぞれ一レイクスダールデルにつき六〇スタイフェルの換算で、トマスには三〇レイクスダールデル、アンドリース・六兵衛 Andries Rockbe には一レイクスダールデルを遺贈する。また彼遺言人は遺言人の娘で尊敬すべきコルネリヤ・デ・ブライン Cornelia［de Bruyn］の子供たちに対して、彼女の現在の夫で東インド会社の商務員ヤン・デ・ブライン Jan de Bruyn の下で彼女が既に所有せる物か、または少なくとも今後取得するであろうものを譲り、大河の西岸にあって南から始まって並んでいる七軒の石造小家屋は、その建物または毎年の収入を前述の両親が生涯受取り、その子供たちの中誰かが幼くして死亡した場合には、その兄弟姉妹の中最後に生残った遺言人の子に対して前記の□の遺産、株、負債、貸金、男奴隷及び女奴隷、金子、金銀貨、並びに地金、宝石などを、如何なる事情があろうとも留保なしに□は何処に建てられているものでも、ことごとく譲渡せらるべきものとする。さらにまた彼遺言人は前述の娘コルネリヤ・デ・ブライン夫人、並びに前述のその夫をそれぞれ折半して完全な法的権利を有する相続人に指定指名したが、これは彼遺言人が慈愛を以て彼の娘婿デ・ブライン殿、並びに彼の娘を□し、さらに彼等が素直に愛し合い、平和に暮さしめんがためであって、ここに彼遺言人は両人をして以上記した事柄をことごとく彼遺言人の面前で読上げさせ、彼はこれが紛れもなく遺言状即ち最後の意志と願望であって、これに十分なる効力を持たせ、権威づけることを要請し、このように予公証人の役場において武左衛門の面前にて作成した。

武左衛門（自署）

書記　ヤン・カイゼルス（自署）

我等の立会いの許に

ヨセフ・ヘンドリックセン Joseph Hendricksen（自署）
ニコラース・デ・ラート Nicolaes de Raedt（自署）
ヤン・ホウワイスゾーン　一六七四年 Jan Houwysz. 1674（自署）
ピーテル・ドミンゴ Pieter Domingo（自署）[13]
ダビット・ピレス・ナーヘル David Philles Nagel（自署）

この遺言状は非常に損傷しているが、八頁にもわたる長文のもので、それだけにその内容もなかなか豊富である。その中に記された遺産の寄贈を受ける人名も、まず娘のコルネリヤとその夫ヤン・デ・ブラインを始め、日本在住の弟森田喜兵衛、義妹のジェロニマ・マリノ・春とその子女四名、知人のスザンナ・助右衛門、カタリナ・六兵衛、マリヤ・セス、アンナ・助右衛門等日本人関係者十二名の外、奴隷、女奴隷、解放奴隷、並びに彼等の子女など総数十六名に上っている。この中日本在住の弟森田喜兵衛は、『長崎見聞集』によれば「村上武左衛門今魚町森田喜兵衛為に兄」とある森田喜兵衛に違いなく、したがってミヒール・武左衛門がこの村上武左衛門であることは決定的となる（一四〇ページ参照）。次にジェロニマ・マリノ・春が彼の義妹として記されているが、彼女の一族には母のマリヤの外は、一緒に追放された当時十八歳の姉のマダレナ・まんがあるだけである（史料六）。して見れば、武左衛門がこの姉と結婚して初めて春を彼の義妹と称することができるわけである。しかるに『婚姻簿』一六四二年一月二十二日の条に、

当地の自由市民である日本人キリスト教徒長崎のミハエルと日本人キリスト教徒である若い娘マグダレナ

とあって（史料一〇）、恐らくこの両人は武左衛門とジェロニマ・マリノ・春の姉マグダレナ・まんを指したに違いなく、彼女は追放後満二年たって二十一歳になっているはずである。しかるにその後四年たって、『オランダ人婚姻簿』一六四六年三月八日の条に、

長崎のマグダレナの鰥夫で長崎生れの日本のミヒールと若い娘バタビアのヤンネケン

とある(史料九)。もし故人マグダレナの鰥夫ミヒールを武左衛門とすれば、マグダレナは結婚後四年以内に死亡したことになる。娘コルネリヤは恐らく両人の儲けたただ一人の愛娘に違いない。ところがその後十年を経て、同書一六五六年二月十日の条に、

当市の市民でバタビアの青年ヘンドリック・ス＝ヘルトーヘンラートと日本人ミヒール・武左衛門の離別した妻で、同じくバタビアのアンネケン

とある(史料九)。日本人ミヒールの離別した妻バタビアのアンネケンとは、前述のように、これより先十年前彼と結婚したバタビアのヤンネケンと同一人に違いなく、武左衛門は何等かの事情によって、この妻を離別したものと思われる。

次に彼の遺産の相続と分配・遺贈の状態に眼を転じて見ると、まず最も身近な娘のコルネリヤとその夫ヤン・デ・ブライン、並びに武左衛門の孫に当るその子女に対しては、具体的には石造小家屋七軒を譲渡することを記し、女奴隷二名を今後三ヶ年間相続人に奉仕させることを記した外には、ただ抽象的に遺産を贈与する旨を記しているに過ぎない。しかし彼は深い愛情に基づいて、全資産についてその遺贈の順序や、その権利関係を明確に定めている。

次に日本在住の弟森田喜兵衛に対しては、着物、蒲団、湯沸、脇差など日用品を一箱に詰めて贈っているが、それらはいずれも最高級品で、湯沸しなども黄金製であった。義妹ジェロニマ・マリノとその子女に対しては、屏風の外に、それぞれ小判を遺贈することを記し、彼女とその子女四名に対して合計小判五十五枚を贈ることにしている。ところが『長崎見聞集』によれば、当時長崎の上町には彼の妻妙金がいたことが記されている(一四〇ページ参照)。遺産の相続に当って、まずその直系の子女が第一順位に挙げられるのは当然であるが、これについで、江戸時代といえど

もその妻が第二の順位に挙げらるべきであろう。遺言状では長崎にいる弟の森田喜兵衛には多額の遺産を贈与することが記入されているが、妻の妙金に対しては全く言及されていない。妙金というのは恐らく仏門に入っての法名と思われる。彼女は夫の武左衛門がジャカタラに渡り、鎖国の禁令によって帰る望みも絶えたために、その生存中にもかかわらず得度したものに違いない。『長崎見聞集』の氏名調査は遅くとも一六六五(寛文五)年以前のものと推定されるから、その頃までは妻の妙金は未だ存命していたが、その後十年たって、武左衛門が遺言状を作成した頃までの間に、彼女は憐れにも今生において夫に再会することもなく病歿し、その結果遺産の配分に際しても全く言及されなかったに違いない。

その他さらに知人のスザンナ・助右衛門に対しては茶の湯の道具一式の外、小判十五枚、カタリナ・六兵衛にも小判十五枚と提食籠、マリヤ・セスとアンナ・助右衛門にもそれぞれ小判三枚ずつと、以上四名に対して小判三十六枚を遺贈している。即ち彼が遺贈を定めた小判の総計は九十一枚の多額に上っている。さらに奴隷たちに対しては、男女にかかわらず自由を与えて解放することを約束し、さらに若干の金子を恵んでいるが、マンゲライのサプ以下六名には少なくとも総額四〇スタイフェル以上を、またスンバワのオガテ等八名には総額一三〇レイクスダールデル以上を、さらにトマスとアンドリースには三一レイクスダールデルを与えているが、ただカタリナの子女両名には小家屋並びに銅張の箱と日本斧とを遺贈することを記しているだけである。第二章の金融や奴隷取引の項で見たように、彼が相当な資産を擁して活動していたことは明らかであるが、今この遺言状によって小判九十一枚を始め多額の金子を遺贈し、他にも高級な身廻品や茶の湯の道具、その他黄金作りの品々を色々遺贈していることからも、彼の富の豊かさには驚かされるばかりである。それと共に近親を始め、友人から奴隷の末にまで及んだ温かい心やりも知られる。またスザンナ・助右衛門に贈った台子、茶釜、金風炉及び付属品一式など茶の湯の道具は、移住先での彼の愛用していた品と思われるが、これによって彼の趣味や教養の一端も窺われる。

ところで前述のように、彼は一六七〇年シナ人船主リテンコの貸付金の受渡しの際には未だ健在のようであったが(史料四二)、その後四年たって本遺言状を作成した一六七四年六月には既に失明している。彼のジャカタラ渡航は、どんなに遅くとも一六三五(寛永十二)年の幕府の海外在住日本人帰国の厳禁以前であって、しかもその前年である一六三四年には海外在留五ヶ年未満の者の帰国が認められているにもかかわらず、帰国しなかった点を見れば、少なくとも同地在留四十年に及ぶ永の歳月が流れ、恐らく老境に入って健康も著しく衰え、余命も幾許もないかも知れないと自覚して、この遺言状を作成したものに相違ないが、遺憾ながら彼の死亡を伝える記録は見当らない。恐らくそう永くは生きながらえなかったと思われる。

一方その後半年余りたって一六七五年二月四日に彼の娘コルネリヤ・武左衛門とその夫ヤン・デ・ブラインとの間で遺言状が作成されたが、遺産は一切両人の中で生きながらえた方が相続し、両人の間に儲けた四児ヘンドリック Hendrick、ジェロニマ、ミヒール及びマリヤ・マグダレナ Maria Magdalena の二男二女にはおのおの現金五〇〇レイクスダールデルを与え、近親ヘンドリック・デ・ブラインには二〇〇レイクスダールデル、そして同市の貧民には二〇レイクスダールデルを遺贈することを定めている。(14)

その後幾許もなくブラインは死亡したので、同年二月十二日に総督府においてマテウス・ファン・ルフテンブルフ Matheus van Luchtenburgh が彼の後任として、商務員の資格で財務部の糧食費支払官に選任され、俸給月額五〇フルデンを支給されることになり、引続いて三月十九日には、故ブラインの兼任していた町の西部H区の区長の職にも、日本人とやはり縁故の深い春の子ヤン・シモンセ[ン] Jan Simonse[n] が市会からその後任に任命された。(15)その後七年たって一六八二年六月二十一日にバタビアに来航した一モール人が武左衛門に生前借受けていた二〇〇〇レイクスダールデルをその未成年の相続人たちに返済しているが、(16) この相続人は恐らくブラインの遺児たちで、武左衛門の外孫に相違ない。さらにその後同市の自由婦人コンスタンチヤ・デ・コスタ Constantia de Costa が一六八九年二月十三日にしたためた遺言状によれば、故ヤン・デ・ブラインの寡婦コルネリヤ・武左衛門の遺児等にも二〇〇レイクスダールデルを遺贈することが記されているから、(17) 武左衛門の娘コルネリヤは未だ存命していたことと思われる。因みにブラインはかつて出島商館に勤務したことがあるから、(18) そんな縁故からも日本人女性コルネリヤと結婚するようになったに違いない。

第三節　ジェロニマ・マリノ・春の遺言状

次にお春ことジェロニマ・マリノの遺言状については、彼女が夫シモン・シモンセンと結婚した一六四六年十一月二十九日から約二十年たって、一六六五年二月十三日に夫妻揃ってバタビアの公証人マインデルト・ホーメンス Meyndert Houmens(ホウムスに同じ)の前に出頭して遺言状を作成している。この遺言状は昭和十四年の秋に親しく手に取って目にした際には、未だその最初の書出しの部分は多少判読できたが、今日ではもう非常に腐蝕変色して殆んど判読できない。

我が主の御名においてアーメン。我等の父、救世主イエズス・クリスツスの年一六六五年二月十三日に、正式の夫妻である我々即ち下記日本王国平戸生れのシモン・シモンセン Symon Symonssen と長崎生れのジェロニマ・マリヌス Jeronima Marinus 両人は、人の命の脆くして、その死は確かであるが、その日時の予測できないことを考慮し、両人の中一人生きながらえた方について最終的な遺言状の作成と、孤児財産管理局委員諸賢の求めで、生きながらえた方の遺留分を知らせる。[19]

とあって、これ以下は殆んど判読できないが、遺言状としての書式は一応整っているようである。ただ普通記されている両人の健康状態については全く触れていないが、これは公証人の見かけたところではその必要を認めなかったためであろう。なお、もしさらに判読できたとすれば、その部分からは必ずやその時点におけるお春一家の家族構成とその員数、その資産の実態も把握でき、またさらに文中時々「生きながらえた方」云々という語も読み取られるから、彼等の遺産相続額とその順位も判明するはずであり、遺言状の末尾にはシモンセンと春夫妻両名の自署も据えてあったはずである。

その後七年たってシモンセンが歿したが、[20]さらに二十年たって一六九二年には、お春は追放されてバタビアに着いて以来既に五十二年の永い歳月を送って、六十七歳にもなっていた。この間に近い身寄りや知人も次々と死亡して、そぞろに身辺の寂寞を感じてきたに違いない。彼女はこの年五月になって公証人ダビット・レギュレットを自宅に招いて、証人二名立会いのもとに四ページに達する先の遺言状の追加書をしたためたが、これを訳出すれば次の通りである。

本一六九二年五月十七日、東インド最高政庁の公証人で当バタビア市在住を許可された予ダビット・レギュレットの前に、下記証人等立会の下に、生前当地で東インド会社勤務の商務員で税関長であった故シモン・シモンスゾーン・ファン・デル・ハイデの寡婦ジェロニマ・マリニョ Jeronima Marinho が出頭して、予公証人に対し、既に周知のことながら当市のヨンケル通に住し、身体は健康で、記憶力も理解力も共に確実にして、かつ言語も明晰なることを明らかにして、彼女の埋葬執行人及び遺産管理人として、生前当城の司法委員であった故フランシス・ファン・デル・レー Francis van der Lee 氏の寡婦である彼女の娘マリヤ・シモンセン Maria Symonssen

夫人、当市の聖職者である尊敬すべきドクトル・テオドリウス・サス Theodorius Zas 師、及び同じく会社勤務の商務員ウィルレム・サベラール Willem Sabelaer 等を指名委任して、彼等に権限を与えることを陳述し、彼女出頭人の埋葬後、遺産を金子に替え、その遺産勘定の中から埋葬費とその他の負債を支払い、残金を相違なく彼女の娘たちと孫たちの間に正四等分せしめるものとする。即ち彼女の娘マリヤ・シモンセン・ファン・デル・ハイデに正四分の一、彼女の息子故フィリップ・シモンセン Philip Symonssen の遺児なるその相続人に対して、父の代りに同じく正四分の一、彼女の息子故ニコラース・シモンセン・ファン・デル・ハイデの遺女に対して前記と同額なる正四分の一、彼女の娘故ジェロニマ・シモンセン・ファン・デル・ハイデ Jeronima Symonssen van der Heyde の遺児に対して彼の母の代りに同じく正四分の一である。

また彼女の所有にかかる衣類一切を留保なしに、すべての布地並びに家庭用品や下着類に属するものに至るまで、恐らく彼女等がこれらの衣類と布地類や、その他この種の物のいずれにても売却することを好まないような物一切はこれらの相続人等の間にて分配せらるべく、なおまた出頭人は彼女が自ら適当と思う遺産を他の別の遺言状によって遺贈する権利と資格とを保留し、その部分については前述の執行人と管理人とによって今後ともに払渡されることを欲するものである。同時に彼女出頭人は、本状によって彼女の死後、下記の奴隷、女奴隷は即時自由となって解放せらるべく、かつ奴隷の子供たちでその時既に自由を取得せる者、並びになお将来において取得するであろう者もまた同様に解放されるべきことを公に希望するものである。即ち、

マラバールのミッシャ Missia

共にバリ出身のドミンガ並びにその息子カーレル Carel

バリのパンパンゲルなるベンツーラ並びにその子ヤン・ベンツーラ Jan Ventúra

マラバールのハンス Hans 及び
バタビアのトマス別名サンチュー Santchoe
同じく左の女奴隷の子供達、即ち、
コーチン Coetchyn のマシカ Masica の娘バタビアのフルシャナ、ブトン Boeton のツシカ 't Sika の娘バタビアのロセライン Roselyn、マカッサルのルクレチヤ Lucretia の子バタビアのヨセフ Joseph、マカッサルのコンスタンシヤの娘バタビアのブギス Boegis

但しこれらの子供達がいずれもその自由を手に入れんとする場合も、自らその身代金を稼ぎ出せるような時が来るまでは、その母親を購入した者の監督の下で、母親のもとに留まるべきものとする。

なおまた彼女の奴隷マカッサルのマルガレッタ Margareta は、彼女の娘マリヤ・シモンス夫人がこのマルガレッタを自分の善き庇護の下に置いて暮させることを望んでいる期間中、同女に奉仕・服従すべきものとする。最後に彼女出頭人は前記マリヤ・シモンセン・ファン・デル・ハイデ夫人がその選択に従って、遺産の中から下記の女奴隷、即ちマカッサルのセシリヤ Cecilia、コーチン Coetchijn のマリヤ、マンゲライ Mangry のゴイス Goys、マカッサルのコンスタンシヤ Constansia をその所有とすることを認める。但し同夫人はおのおのその身代金として一人につき五〇レイクスダールデルを支払って、これら奴隷を取得すべし。

これらはすべて当市の孤児財産管理局委員、及びその他言い分を持つ人々には関係がないものであって、これらの人々の全部、もしくはその一人に対しても(その有せる債務を尊重して)除外なく、彼等の世話と骨折に感謝し、またこれらの管理人と執行人等の不意の出発または死亡の際には、この除外について孤児財産管理局委員の異議あることを予想して、彼女出頭人は、予が警告したにもかかわらず、前記の管理人と執行人に委託して、彼等の

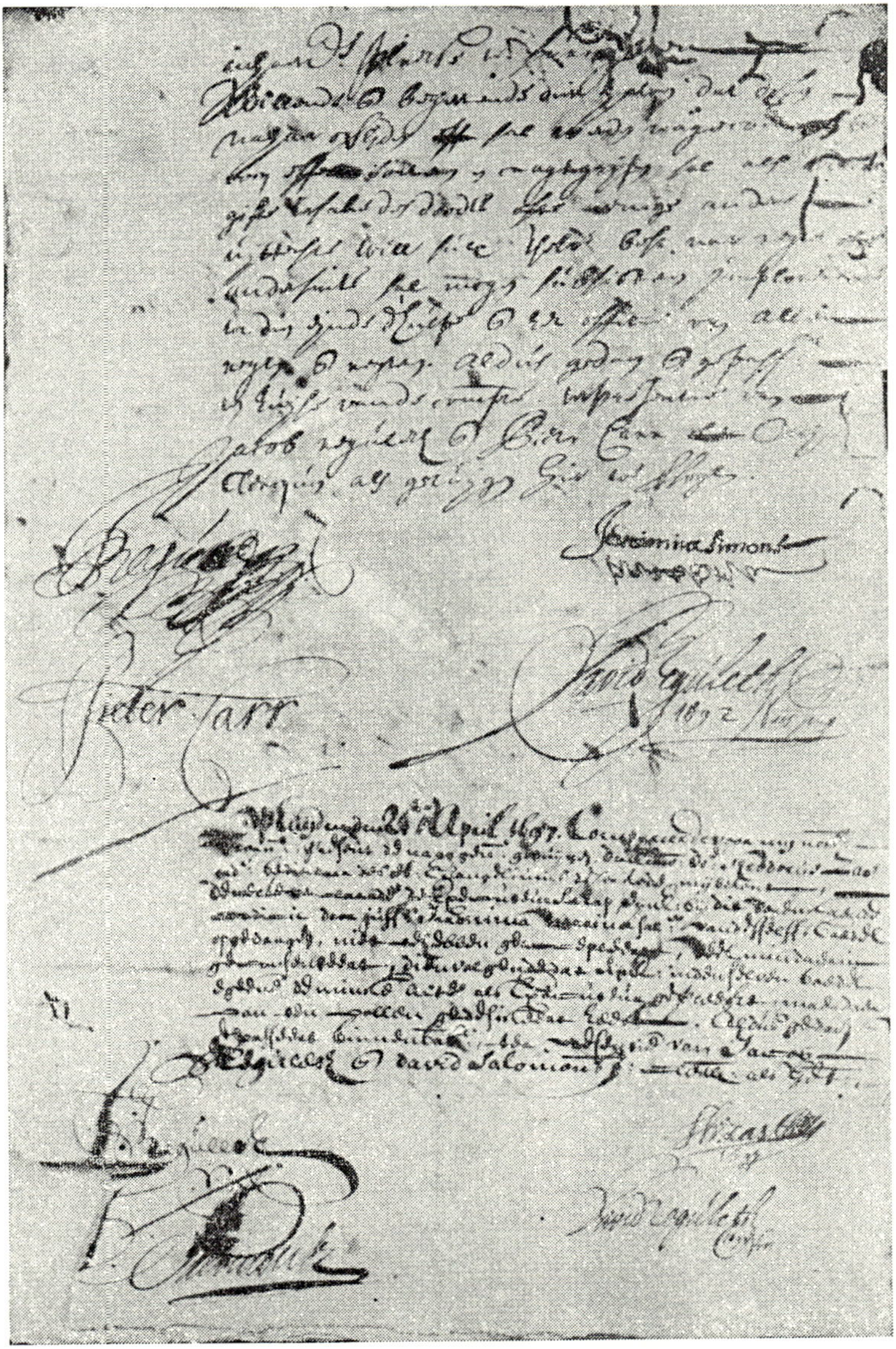

1692年5月7日付お春の遺言状補正書末尾

一名もしくは数名、あるいはそれらの人々の代理人に権限を与えて、この遺言状が彼女の死後直ちに提出されて、遺言状追加書、または死後の遺贈状、またはその他の最終的遺言として、いずれも諸法律やその他これに準ずるものに照して最善なるべきことを認めて、有効ならしめることを願望する。よって諸法律の規定に基づいて、出頭人の自宅において、ここに証人として申請されたヤコブ・レギュレット Jacob Reguleth と予の書記ピーテル・カルル Pieter Carr の面前においてかように作成確認するものである。

ジェロニマ・シモンス Jeronima Symons

せらうにましるし(自署)

ヤコブ・レギュレット(自署)

ピーテル・カルル(自署)

公証人　ダビット・レギュレット(自署)(21)

この時お春は老境に入ってはいたが、未だ達者で、言語も明晰にして理解力も確かであったが、人の身の何時死が訪れるかも計られないので、ここに公証人を招いて、その面前でこの遺言状の追加書をしたためたのであった。

さて彼女がまず遺産を分贈する肉親としては、娘で生前司法委員であった故フランシス・ファン・デル・レーの寡婦マリヤ・シモンセン夫人と、息子である故フィリップ・シモンセンの子、同じく息子である故ニコラース・シモンセンの娘、娘である故ジェロニマ・シモンセンの息子など一女と孫三名の僅かに四名に過ぎないようである。しかるに前述の村上武左衛門の遺言状によれば、彼の遺産の遺贈に与った人々の中に、彼女の娘ファン・デル・レーの寡婦の外に、当時未だ存命していた息子のニコラース・シモンセンと、彼女の娘としてタニイ・ジェロニマ・デ・ヨンゲと、息子のヤン・シモンセンの四名が挙げられている(二八九ページ参照)。そこでこの二名の遺言状による限り、春にはかつて三男三女の六名の子女がいたことが判明する。しかるに『オランダ人洗礼簿』一六六〇年一月某日の条によれば、彼女にはさらにアンナ・クララというもう一人の娘があって、洗礼を受けていたことがわかる(史料一二‐六)。つまり今まで判明した限りでは、シモン、春夫妻の間には三男四女の七名の子があったが、この遺言状の追加書を作成した時には彼女は既に六名に先立たれて、僅かに娘のマリヤと三名の孫がいるばかりで、その晩年は誠に寂しい境涯であったことが容易に推察される。しかもその娘マリヤも、その夫で司法委員のフランシス・ファン・デル・レーを早く失って寡婦となり、嗣子もなかったようである。

この遺言状の文面からだけでは彼女の資産の額は具体的には判明しないが、娘と孫三名の間にこれを四等分して遺贈することを規定した外、その家に使用していた奴隷五名、女奴隷四名、その子女七名の処分法も明記してある。いずれも彼女の死後自由を取得して解放されるべきことを約しているが、武左衛門の場合のように彼等に金銭を恵むことは記してない。当時バタビアにおいては前述のように多数の奴隷が売買使役されていたが、春一家も土地の習慣に従って男女奴隷を使用しており、さらに先に紹介した夫の死後峯七兵衛と同二郎右衛門両人に宛てた手紙の内容から見ても、物質的にはその晩年に至るまでかなりゆとりのある楽な生活を営んでいたように思われる。

彼女の遺言状の末には立会証人を始め、書記や遺産管理人等が自署しているが、春も自らペンを採って欧文の署名をし、その下方に「せらうにましるし」と日本風に仮名で署名している(一九九ページの写真参照)。これこそ伝説の人春がこの世に残した唯一の筆の跡である。

その後五年を経て、一六九七年わが元禄十年には、春も追放後五十七年に及ぶ長い年月を暮して七十二歳の老齢に達し、漸く健康も衰えて病の床に臥する身となった。彼女の記憶力や理解力は未だ十分であったが、言語がやや明瞭を欠くようになった。そこで彼女はさらに同年三月二十日(元禄十年二月二十七日)に公証人等を招いて、先の遺言状

の追加書の補正書をしたためてもらった。即ち、

本一六九七年三月二十日、東インド最高政庁の公証人にして当バタビア市在住を許可された予ダビット・レギュレットの前に、下記証人等立会の下に、生前当地の商務員で税関長であった故シモン・シモンセン・ファン・デル・ハイデ氏の寡婦ジェロニマ・マリナ Jeronima Marina 夫人が出頭して、周知の如く床に臥してはいるが、その記憶力も理解力も確かにして、言語はやや不明瞭なことを知らせ、一六九二年五月十七日に予公証人並びに立会人等の面前で作成した彼女の遺言状の追加書を彼女出頭人が是認して、次の如くその効力を拡充することを明らかにした。

第一。彼女出頭人は、その娘にして故フランソア・ファン・デル・レー François van der Lee 氏の寡婦マリヤ・シモンセン Maria Simonssen 夫人に対して、彼女出頭人が最高政庁から与えられたポンドク・プトング Pondock poetong と称して、パサングラハン Pasangrahan 河の西岸にある一地面、並びにその娘の家の後方にあって、当地の住民ヤン・マニコ Jan Manico の家に隣接して立てる石造小家屋四棟及び、前記遺言状の追加書によって解放せらるべき、共にバタビア出身のトマス、別名サンチューという若い奴隷とフルシャナという若い女奴隷を譲渡することに定めたが、この解放は本書によって取消すこととする。かくして彼女出頭人は前記の娘が地所、小家屋四棟、並びにその敷地、及び前記の奴隷と女奴隷などの全遺産の分配に与るべきことを希望する。

第二。彼女の遺言状の追加書中、その解放を許した奴隷の子女達を、彼女の死後、彼女の前記の娘マリヤ・シモンセンのもとに隷属せしめ、彼女の娘がこれを適当と思う時まで、下記二名を除いては決して今後完全な自由を取得させないものとする。即ちその二名とは、バタビアのドミンガとバリのパンパンゲルなるベンツーラであって、両人に対しては彼女の死後即刻自由を与うべし。

第三。聖職者たるテオドリウス・サス師及びウィルレム・サベラール氏は共に高齢なれば、彼女出頭人はその遺産の管理人で遺言状執行人を補強するため、彼女出頭人の要請によって、当市の孤児財産管理局委員フィリップ・ファン・クローンPhilip van Cloon氏を、その同意を得て本状によってこれに追加規定する。かくて彼女出頭人は前記の人々が前記の遺言状の追加書に記されたような事項について一語も相違なく、その権限と資格とを保持すべきことを明らかに要請する。かくてここに召喚された予の書記ヤコブ・レギュレットとダビット・サルモンスDavid Salmonsの面前において、出頭人の病床の前にて作成されて、本状に出頭人及び予公証人の自署を据える。

ジェロニマ・マリナ(自署)

J・レギュレット(自署)　ダビット・レギュレット(自署)

D・サルモンスゾーンD. Salmonszoon(自署)

一六九七年[22]

本書は五年前にしたためた遺言状の追加書をさらに補正したものであるが、その署名は前書と異って僅かにかけ十字らしい記号が据えてあるに過ぎない。恐らくは病臥して正確な署名を書くこともできなくなっていたのであろう。この遺言状の補正書の内容は殆んど娘マリヤに贈る遺産のことに尽きているが、これはマリヤが春の最も身近な肉親中生残った唯一の子で、その上既に寡婦となって嗣子もなかったから、特にその将来を慮っての深い思いやりからであろう。

一六九七年三月に遺言状の追加書の補正書がしたためられた時に、春はもう七十二歳の高齢に達し、病床に横たわり、言語もやや不明瞭になったとあるから、あるいは卒中など脳に何か障害が起り、それは恐らく春の一命にかかわ

村上武左衛門と春の系図

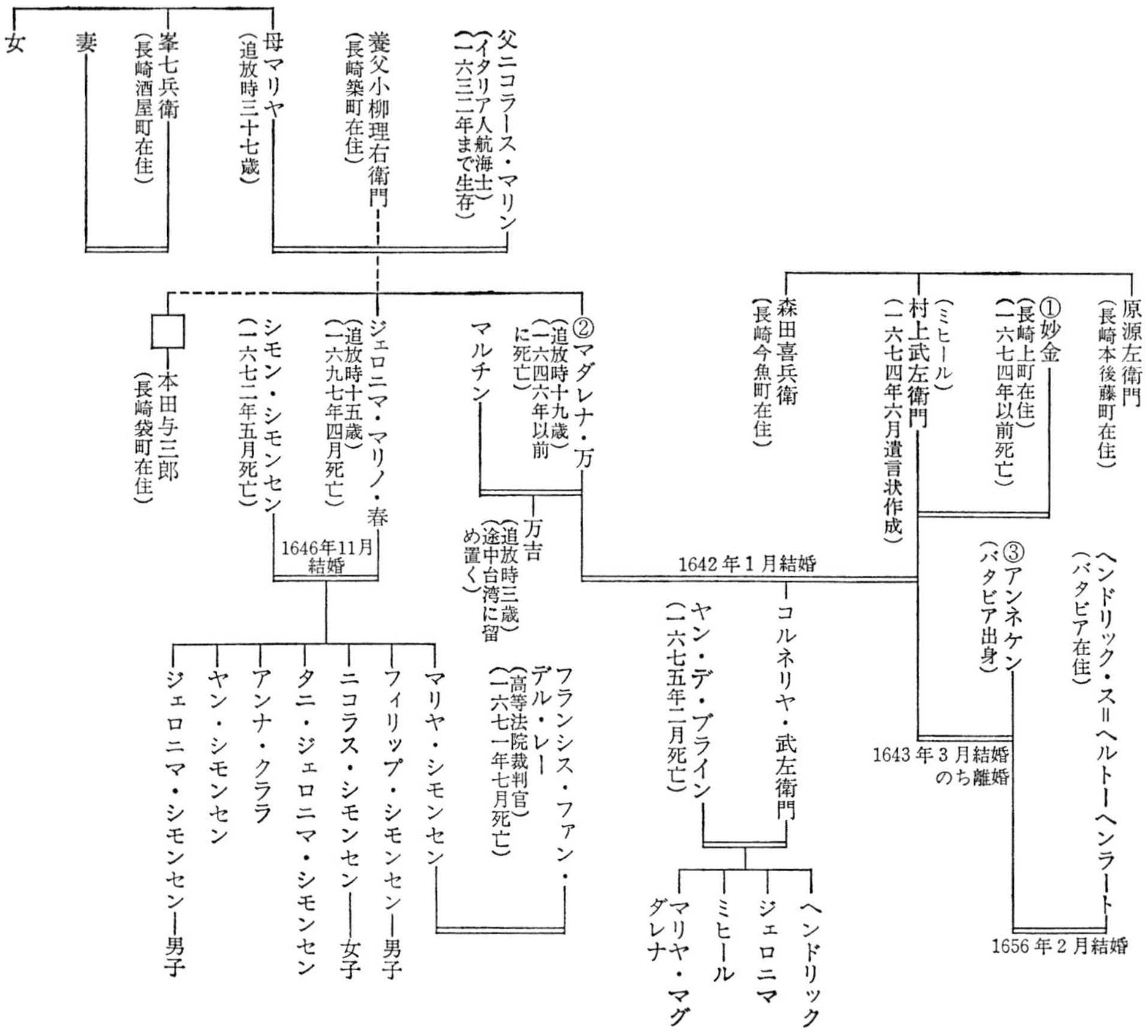

るものであったと思われる。春の最期については『長崎夜話草』に、「元禄九年の頃迄ながらへ、七十六、七歳にて死せしよし、便りに聞え侍りぬ」とあるが[23]、最後の遺言状の補正のなされたのがその翌年に当る一六九七年即ち元禄十年であるから、彼女が伝説よりも後まで存命していたことは確かである。しかるに、前述一六九二年五月十七日付の遺言状の末尾下段の余白に次のような注意すべき書入れがある。即ち、

当一六九七年四月二十五日、前記の予公証人の前で、下記証人立会の下に、当市の聖職者である尊敬すべきテオドリウス・サス師が出頭して、故人ジェロニマ・マリナ夫人の前記の遺言状の追加書の執行人なることを明らかにして、同夫人の遺産を受取らなかったこと、なおまたその執行人としては殆んどなすところなく、すでにその任より全く解放されたことを宣言した。かくてバタビアにおいて、証人なる書記ヤコブ・レギュレット及びダビット・ソロモンスゾーン David Solomonszoon の面前において作成・確認する。

テオドリウス・サス(自署)

一六九七年

公証人　ダビット・レギュレット(自署)

ヤコブ・レギュレット(自署)

ダビット・ソロモンスゾーン(自署)[24]

とあり、同年四月二十五日には春が既に故人となっていたことは明らかであるから、彼女が最後の遺言状の補正書をしたためた一六九七年三月二十日から一ヶ月余たった四月二十五日までの間に病が革り、わが伝説よりも一年後の元禄十年に、年齢は四歳若く七十二歳で異境における悲劇の一生を終ったことが判明するのである。

以上村上武左衛門とジェロニマ・春の遺言状を中心として、彼等の結婚届や子女の洗礼届などを組合わせることに

よって、両家の家族構成が詳しく判明したが、これはその社会生活の一面を知る重要な手掛りともなるものである。

第四節　長崎のイザベラの遺言状

ジェロニマ・マリノ・春と一緒に追放された一行の中に、長崎在住の自由商人ビセント・ロメインと妻の日本人イザベラがいた。夫のロメインは、もとマニラ航路のノヴァ・イスパニヤ船の乗組員であった[25]。彼は、日本に来て長崎に住みつき、妻イザベラを迎え、追放令に遭ってバタビアに渡ったが、在住僅か二年三ヶ月にして同地で病歿している。故永積昭教授の示教によれば、彼の墓石は今日ジャカルタの歴史博物館に保存されており、その銘文は次のようである。

生前このバタビア市の自由商人で、市の評議員であったビセント・ロメインは一六四二年三月二十二日に歿して、ここに埋葬された[26]。

その後五年たって妻のイザベラは一六四七年十一月十三日に死後の遺産分配を考慮して、公証人ピーテル・ハッキウスのもとに出頭して遺言状を作成した。即ち、

我が主の御名においてアーメン。ここに提出した証書の内容によって、何人に対しても以下のことを知らせるものである。即ち我が主救世者イエズス・クリスチの御出世以来一六四七年十一月十三日夕刻六時に、当バタビア市の書記たる予ピーテル・ハッキウスの前に、下記の証人等立会のもとに、生前当市の参議員であった故ビセント・ロメインの尊敬すべき寡婦である日本長崎生れのイザベラ夫人が出頭して、その身体は強健にして、同時に理解力も記憶力もいずれも外見上充分活潑に働いてはいるが、人の身の何時かは死ぬことは確かであるのに、そ

れに反してその日時の予想できないことを慮って、これに先んじて、全能の神がこの世で彼女に恵み給うた物について、あらかじめ遺言状で最終的な意志決定をなさんと欲するものである。これは彼女の明らかにするところによれば、彼女の自由意志に基づき、何人からも影響されたり強制されたりすることなく作成したものである。そしてまず彼女はその不滅の霊がその肉体から離れた暁には、彼女の遺骸を我等の救済者である全能の神の慈悲深い御手に委ね、キリスト教式の埋葬に付するものとする。そしてこれより以前に彼女遺言人がかつて作成した遺言状、その追加書、または最終的な意志の決定はこれを取消して、今後決してそれらに効力を持たせず、ここに提出した彼女の遺言状のみがただこれに代って十分有効であることを願望するものである。

かくて、彼女の前述の資産の処分について、彼女遺言人は特別な熟慮に基づいて、自分が死亡してこの世を去った暁には、本状によってドミンゴという彼女の奴隷と、ジョアンナというその妻、並びにマリヤという女奴隷等を、彼女遺言人の息子が母の相続人と決定してから以後三ヶ年間彼等を彼に奉仕させることを条件として自由を与えることを明らかにする。さらに彼女遺言人は、その嫡出の息子で、現在我等の公敵たるイスパニヤ人の勢力圏マニラに在住せるジョアン・ダイエ Joan Dije を彼女の唯一かつ正当な相続人に指名し、一切の動産並びに不動産、宝石、金銭、金銀貨並びにその地金、及び奴隷と女奴隷、その他彼女遺言人の死後に遺された物一切を、ジョアン・ダイエが彼女遺言人の死後最初の五ヶ年以内に、その家族を伴ってバタビアに来て、自ら前記の相続を行い、引続いて同地に在住することを条件として遺贈するものである。そしてもし彼がこの条件に欠けたならば、彼女遺言人はその息子が彼に相続させる前記の完全な相続分並びに法規上定められた一切の分前に与ることを拒否する旨を言明する。

このような場合には、彼女遺言人は特別な熟慮に基づいて、その心情を傾けて、次のように遺贈することに定めるものである。即ちまず第一に当バタビア市内の改革派キリスト教区の貧民に五〇〇レアルを、その上、当バタビア市在住日本人貧民にも慈善金として同じく一〇〇レアルを遺贈し、彼女遺言人の女奴隷ジョアンナの娘イザベラには、現金五〇〇レアルと、彼女遺言人が目下居住しているタイヘルス堀割通の東岸にある遺言人の住宅と庭の一部、即ち今彼女が寝室に使用している南側の部分で、両側は独立の壁で隔離して造作され、奥行一七ルードで、前述のタイヘルス堀割通の竹造小家屋にまで及んでいるものを遺贈し、なおまたアントニイという奴隷とルシヤという女奴隷とには、ポルトガルと日本の箱大小二個、並びにその中に入れてある物一切、さらにまた彼女遺言人が目下寝起きしている寝台とその付属品、椅子二脚、回転卓子など、およそ彼女遺言人死亡の際前述の寝室にある物一切、並びに銀のナイフ四本、銀の匙四本、銀のフォーク四本、銀製塩入れ一個、銀製胡椒入れ一個、及び銀製小酒盃一個を遺贈する。しかし彼女遺言人死亡の際は、直ちに前記の現金は当地の孤児財産管理局に寄託し、品物と住宅の一部は当地在住市民でブレーメン出身のヘンドリック・ドッベルツセン Hendrick Dobbertsen に引渡し、同人死亡の際には、彼女遺言人の息子ジョアン・ダイエが前述の規定に従って家族を引連れて当バタビアに到着するまで、同人の妻平戸のスザンナに渡すか、さもなくんば前記のイザベラが、成年になるか、または結婚するまでの期間、その適当な管理に委ねてこれを利用させる。但し前記のイザベラを同女が実子のように衣食の面倒をよく見て育てることを条件にして、前述の二箱は彼女遺言人の希望に従って、今後五ヶ年間その中にある物をそのままにして置くことにする。そして前記のイザベラが成年に達するかまたは結婚する前に死亡した際には、彼女遺言人の希望によって、前述の現金五〇〇レアルの所有権は同女の死後直ちにイザベラの実弟ジョアンに完全に譲渡し、前記の住宅と庭の一部は彼女遺言人の希望に従って、前述のヘンドリック・ドッベルツセンに、またその死亡の際には同人の妻前記スザンナにその完全な所有権を譲渡するものとする。また彼女遺言人は前記のジョアンに現金一〇〇レアルを同じく遺贈し、そのヤン[ジョアン]が成年に達するか、または結婚する前に死亡した際は、前記の一〇〇レアルはジョアンの姉前記のイザベラにその完全な所有権を譲渡することを欲する。また彼女遺言人は前述の自由を与えた奴隷と女奴隷、即ちマリヤには現金一〇〇レアル並びに竹造小家屋一棟とその敷地と通路とを、ドミンゴとその妻ジョアンナにもそれぞれ竹造小家屋一棟ずつとその敷地並びにそれぞれ両人に現金五〇レアルずつを同じく与えるが、敷地はいずれも彼女遺言人の住宅の背後にあって、奥行は五ルードある。また現在東インド会社に勤務し、日本商館長であるウィルレム・フェルステーヘンWillem Verstegen 殿の妻スザンナ・[ファン・]サントフォールト Susanna [van] Santvoort 夫人に対して、彼女遺言人はこれまた前述のようにタイヘルス堀割通にあって、その敷地はしばしば述べた彼女遺言人の家の北側に接し、その奥行は七〇ルードあり、竹造小家屋にまで及んでいるもの、並びにさらに他の竹造小家屋一棟とその敷地は前記石造小家屋の敷地の後側にあるもの、及び椅子三脚、大寝台一台、回転卓子一台、鍍金の薔薇花を同じく遺贈し、またマリヤ・マリヌス Maria Marinus に対しては、前述の彼女遺言人の住宅の前半、並びにその敷地で奥行七〇ルードあって後方は竹造小家屋まで及んでいるものを同じく遺贈し、また生前当地の市民であった故メルヒオール・ファン・サントフォールト Melchior van Santvoort の寡婦イザベラ・ファン・サントフォールト夫人には現金三〇〇レアルと皮張りの空箱一箱を、また前記ヘンドリック・ドッベルツゾーン Hendrick Dobbertszoon の妻平戸のスザンナには現金三〇〇レアル、並びに日本の皿とコップ、及びその付属品を詰めてある箱一箱を同じく遺贈し、また片足の不自由な男性日本人キリスト教徒喜左衛門 Kiseymon、別名ピーテルには現金三〇〇レアルを同じく遺贈し、また前記会社勤務の事務員補シモン・シモンスゾーンの妻ジェロニマ・マリナス Jeronima Marinas には現金二〇〇レアルを同じく遺贈し、また日本人六兵衛の妻カタリナには現金五〇レアルを同じく遺贈し、また日本人キリスト教徒フランシスコ・助九郎の妻ヨハンナには現金五〇レアルを同じく遺贈し、また東インド総務長官フランソア・カロン閣下の家に住んでいる平戸のマリヤには現金一〇〇レアルを同じく遺贈し、また当地在住日本人の前甲必丹日本人キリスト教徒市右衛門 Itsemon には現金一〇〇レアルを同じく遺贈し、また前記ウィルレム・フェルステーヘン殿には、彼女遺言人の亡夫の衣服一包と、彼女遺言人の亡夫の羅紗の外套とを詰めた箱、並びに手鏡一面を同じく遺贈し、また前記ウィルレム・フェルステーヘン殿の子メルヒオール・フェルステーヘン Melchior Verstegen には細身の投槍を、その弟ヘラルト・フェルステーヘン Gerard Verstegen には銀の剣一振を同じく遺贈し、また前記のシモン・シモンスゾーンには銀のナイフ二挺、銀の匙二本、及び銀のフォーク二本を同じく遺贈する。また彼女遺言人は前記のシモン・シモンスゾーンとしばしば述べたヘンドリック・ドッベルツゾーンとに対して、当地の教会内にある彼女遺言人の墓を同じく遺贈する。また彼女遺言人は按針手故マルクス Marcus の寡婦で、目下マカオ在住のジェロ Jerro または京五郎 Kiongero という息子を持っているマリヤと呼ぶ日本婦人に一〇〇レアルを同じく遺贈し、また日本人キリスト教徒武左衛門の娘コルネリヤ・武左衛門に現金一〇〇レアル、並びにシナの木机を同じく遺贈する。また彼女遺言人は日本の長崎在住の彼女の最も親しい友で、共に生前長崎の町の市民で商人であった宮嶋六右衛門 Miasima Rockeymon の寡婦と小柳道栄 Coijanaigi Doye の寡婦とに対しても、同じくそれぞれ現金三〇〇レアルと日本の絹着物三着ずつ遺贈し、前記寡婦の中いずれか一人が彼女遺言人に先んじて死亡した場合には、彼女遺言人の希望に従って、長く生き残った方の一人に前記六〇〇レアルを合算してことごとく手渡し、両人共に彼女遺言人に先立って死亡した際には、前述の六〇〇レアルを遺言に記されていない前述の寡婦両人の相続人等に対して、それぞれ正当と思意される彼等の分前に従って分配するものとする。最後にまた彼女遺言人は、オユス Ojus という日本在住の彼女の養女に対して、前述の寡婦に問合わせた上で、一〇〇レアルと綿の入らぬ金紗の日本着物一着を同じく遺贈する。そして日本で出されている厳しい取締令によって、前記の七〇〇レアルと日本着物七着を同地において遺産受取人等に手渡すことができなかった場合は、彼女遺言人の意向と希望に従って、その七〇〇レアルは前述のカロン閣下によって、必要にしてかつ活かして使えると看做された他の日本人等に分贈されるものとする。彼女遺言人はこれらの遺贈分の現金はことごとく彼女遺言人の死亡後、前述の条件に従って当地の孤児財産管理局に寄託されることを希望するものであるが、即ちそれは、しばしば述べた規定通りに、彼女遺言人の息子が当バタビアに来着するまで、または今後五ヶ年経過するまでのことであって、その間に生ずる利息は、遺産受取人各自によって勘定せらるべきものとする。

かくてさらに彼女遺言人は彼女の最後の遺言状の執行人として、これまでも指名してきたように、前記のフランソア・カロン閣下と東インド総督と参議員との書記ヨアン・キュネウス Joan Cuneus 殿を指名設定し、両人の死亡、出発または故障の生じた場合には、彼等が他の人を指名でき、同人が彼等に代ってその処理を引継ぐことを厳かに言明し、なおさらにこれらの除外規定によって、彼女遺言人はこの遺言状について異存を申し立てんとする当市の孤児財産管理局委員と、さらにすべての他の孤児財産管理局委員諸氏や、裁判所がこれについて介入するのを忌避することを明らかにする。

かくて彼女遺言人は本状を以て彼女の遺言状すなわち最終的な意向とし、本状に対して遺言状、遺言状補助書、死亡後の遺贈書または他の最終的意志決定の如何なる書式よりも充分効力を持たせ権威づけることを希望した。本状には法律によって要請されている厳粛適正さが若干遵守されずして省略または無視されているにもかかわらず、この地方の法律に従って最善のものとして有効ならしめるものとし、彼女出頭人は予書記に乞いて、同状の抜書を、要請した書式で若干通作成させ、送付手交せしめるものである。
前述の日時に当バタビア市の遺言人の家でかくの如く作成承認された。

我々の面前にて　　長崎のイザベラ
ヘンドリック・ウィッゲルセン Hendrick Wiggersen によって署名さる(自署)
ワイナント・ファン・カーテルスフェルト(自署)
予の前にて
書記ピーテル・ハッキウス(自署)
一六四七年[27]

この遺言状は原文十七ページにわたる極めて長文のもので、当時マニラ在住の息子を始め、バタビア並びに日本在住の近親と知友、及び奴隷などに対して遺産を分贈することを詳細に規定している。しかしこの翌一六四八年九月十八日になって、彼女は旧知のフランソア・カロンの邸宅に再び公証人ハッキウスを招いて遺言状を作成したが、その内容は前年十一月十三日にしたためた右の遺言状と全く等しい。[28]同文のものを、日を変えて再び作成した理由は明らかでないが、その重要性に鑑みて、再確認のためかも知れない。

さてこの遺言状の中に、彼女に関係のある人名の記されているのは、バタビア在住日本人としては日本人前甲必丹ミヒール・市右衛門等十四名で、その他に日本人を妻とせる外国人三名と、彼女の日本に残した養女オユス、長崎在住の知人宮嶋六右衛門並びに小柳道栄の寡婦、他に彼女の息子で当時マニラに在住しているジョアン・ダイエ(道栄カ)一家と、マカオに在住している京五郎の母親でマルクスの寡婦日本人マリヤの名も挙げられ、男女奴隷も九名ほど数えられ、その合計二十九名の多きに上っている。この他同市の改革派教会の教区在住の貧民及び日本人貧民のことにも及んでいる。

次に彼女の遺産の相続並びに分贈の状態について見るに、まず彼女の実子ジョアン・ダイエには、彼女の死後五ヶ年以内にマニラから移住して来ることを条件に、彼女の遺言状に記された人々の受ける遺産を除いた一切の動産・不動産を譲渡することを記している。そして金銭の遺贈は、彼女の使用している奴隷夫婦の娘イザベラに贈る五〇〇レアルを筆頭に、五〇〇レアル二件、三〇〇レアル五件、二〇〇レアル一件、一〇〇レアル八件と五〇レアル四件で、合計二十件、金子総額三七〇〇レアルの多額に上っている。この外多くの家屋、敷地、家具、衣服、食器を分贈しているが、特異なものにシモンセンと平戸のスザンナの夫ヘンドリック・ドッベルツゾーンに対して彼女の墓を遺贈することを書込んでいることがあげられる。彼女の夫ロメインはバタビア来住後僅か二年余で死亡し、彼女もその後五年たってこの遺言状をしたためているから、このような多額の資産は、彼等がバタビア来住後蓄積したものではなく、長崎に在住して長年朱印船貿易に関係して蓄積したものを持出したものに相違ない。先にマカオに追放されたポルトガル人やその家族二百八十七名もそれぞれ多額の資産を携帯することを認められていたほどである。なおバタビアの貧民の外、日本人貧民にも一〇〇レアルを贈ることが記してあるが、本書で今まで述べてきた者の多くは、同地で一応生活が安定していた場合が多かったのに、このように不遇な境涯に暮して、その名も全く記録に上らない無名の日本人達もいたことが推測される。ついで彼女は翌一六四九年八月二十一日午後十一時に、証人フランソア・カロンの家において、公証人ハッキウスの面前でその追加書をしたため、その翌一六四九年十月二十五日に前記ハッキウスがこれを遺言帳に書取り、十二月三日に公証人ヤン・トロンペルが遺言状の原本と対校している。(29)

そこで彼女が死亡すると、早速遺言状に従って遺言執行人カロンとキュネウスの手によって、それぞれ遺言状に記名された人々に贈られる手続がとられたはずであるが、その中金銭の遺贈並びにその受領については次のような二通の証書が残っている。即ちその一は次の通りである。

バタビア市の書記たる予ピーテル・ハッキウスの面前に、下記の証人立会のもとに、当市の市民ヘンドリック・ドッベルツゾーン、日本人キリスト教徒ピーテル、別名喜左衛門、日本人キリスト教徒市右衛門、日本人キリスト教徒ヤン・助右衛門、及び同じく日本人キリスト教徒ミヒール・武左衛門(自分の娘のコルネリヤ・武左衛門 Cornelia Bosaymon の父または彼女の代理人として)、会社勤務の商務員補シモン・シモンスゾーン君の妻ジェロニマ・マリヌス、日本人六兵衛の妻カタリナ、日本人キリスト教徒フランシスコ・助九郎の妻ヨハンナ、平戸のマリヤ、共にベンガル出身のドミンゴ及び妻ジョハンナが出頭して、生前当市の法務官であった故ビセント・ロメイン君の寡婦長崎の故イザベラ夫人の遺言執行人である政務総監にして東インド総督府参議員フランソア・カロン閣下、並びに当市の法務長官メーステル・ヨハン・キュンネウス Johan Cunneus の手から、前述の長崎のイザベラが一六四八年九月十八日に予並びに証人等立会の上で作成した遺言状により、各出頭人に遺贈した金額を受取った旨を陳述した。即ち出頭人ヘンドリック・ドッベルツゾーン二〇〇レアル、ピーテル、別名喜左衛門同じく二〇〇レアル、市右衛門一〇〇レアル、ヤン・助右衛門一〇〇レアル、ミヒール・武左衛門は彼の娘コルネリヤに代って一〇〇レアル、ジェロニマ・マリヌス二〇〇レアル、カタリナ五〇レアル、ヨハンナ五〇レアル、平戸のマリヤ一〇〇レアル、ドミンゴ五〇レアル、ベンガルのヨハンナ同じく五〇レアル、総計一二〇〇レアルである。よって出頭人等は右の支払について、前記遺言執行人に感謝し、今後決して要求をなさないことを約するものである。

一六四九年十二月九日、バタビアにおいて作成す。

証人フレデリック・ルースト(自署)

ガスパル・ファン・アスペレン Gaspar van Asperen（自署）

ヘンドリック・ファン・デル・ベーケン Hendrick van der Beecken（自署）

ピーテル、別名喜左衛門（花押）

市右衛門（花押）

ミヒール・武左衛門（自署）

ジェロニマ・マリヌス（印）

カタリナ（書判）

ヨハンナ（印）

平戸のマリヤ（印）

ドミンゴ（書判）

ヨハンナ（書判）

書記ピーテル・ハッキウス（自署）[30]

この受領書を先のイザベラの遺言状と対照して見れば、その大部分は遺言状に記された人名と金額とに一致するが、喜左衛門には一〇〇レアル減額されて二〇〇レアルが渡され、ヤン・助右衛門の一〇〇レアルについては全く記載がなく、またドッベルツゾーンに二〇〇レアルとあるが、遺言状では彼の妻平戸のスザンナに対して三〇〇レアルとあって、若干の食違いが認められる。なおこの外同年十一月九日付の他の受領書も残っている。即ち、

バタビア市の書記たる予ピーテル・ハッキウスの面前において、下記証人立会のもとに、源左、藤蔵、五郎作、

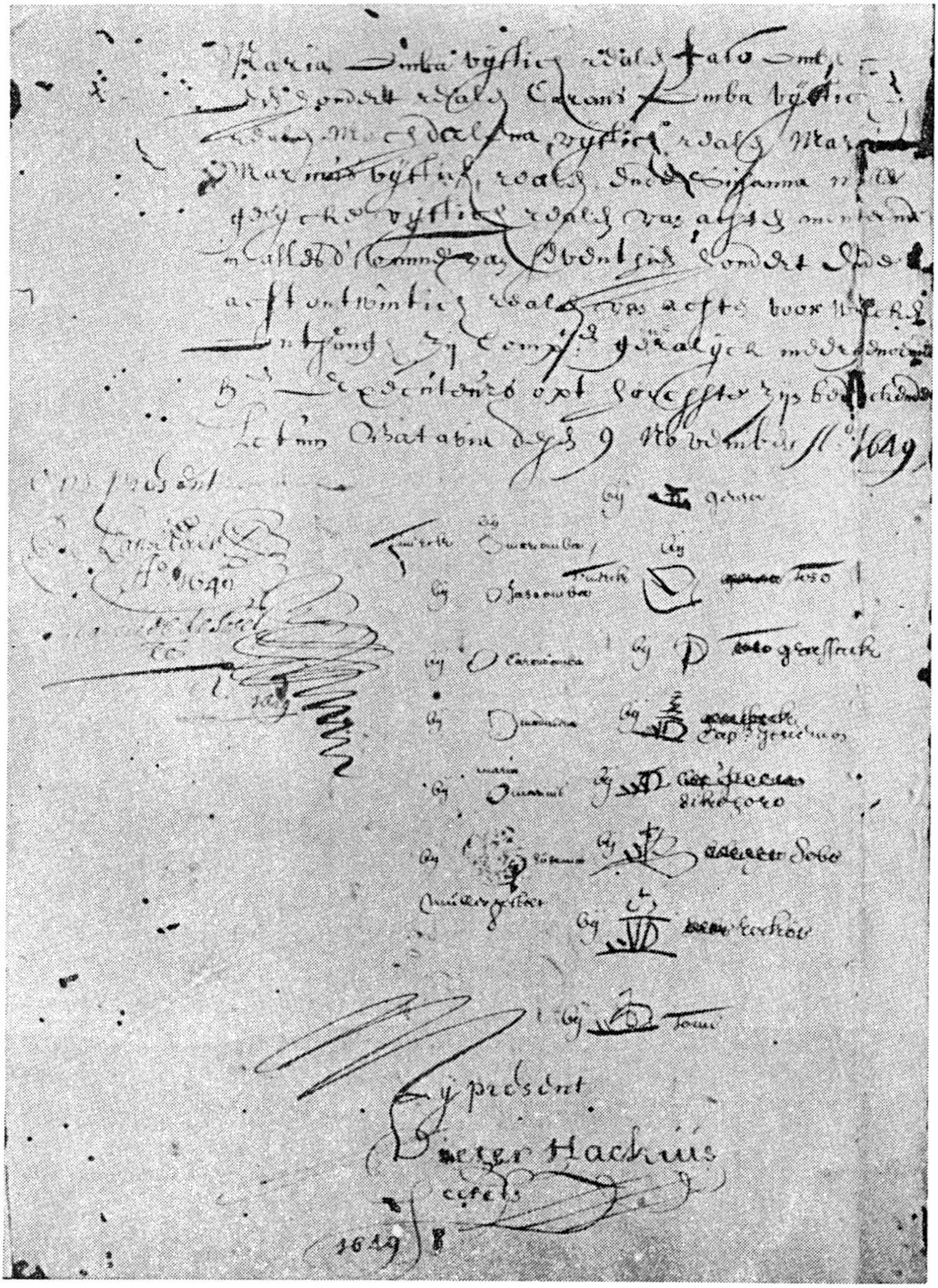

1649 年 11 月 9 日付長崎の寡婦イザベラの分贈遺産受領書

市右衛門、助九郎、惣兵衛、六兵衛、トメ、マリヤ・オンバ Maria Omba、ヤゾ・オンバ Jaso Omba、カロンス・オンバ Carons Omba、城の門番の妻マクダレナ Mackdalena、及びアウフスチン・ミュレールの寡婦スザンナが出頭して、生前故ビセント・ロメイン殿の寡婦であった故イザベラ夫人の遺言状の執行人である政務総監にして東インド参議員であるフランソア・カロン閣下、及び当地の法務長官ヨハン・キュネウスの手によって前述の長崎のイザベラの残した資産の中から各人に遺贈された金子を受領した旨を陳述した。即ち出頭人源左二五〇レアル、藤蔵同じく二五〇レアル、五郎作同じく二五〇レアル、市右衛門二〇〇レアル、助九郎一〇〇レアル、惣兵衛五〇レアル、六兵衛五〇レアル、トメ五〇レアル、マリヤ・オンバ五〇レアル、ヤゾ・オンバ一〇〇レアル、カロンス・オンバ五〇レアル、マクダレナ五〇レアル、マリヤ・マリヌス五〇レアル、及びスザンナ・ミュレールに同じく五〇レアル、その合計一七二八レアルであって、出頭人達はこれを受取ったことについて、前述の執行人に最高の謝意を表わすものである。

一六四九年十一月九日　バタビアにて

証人P・ランセラール P. Ranselaer
一六四九年
マノエル・デ・ソーザ Manoel de Sosa
一六四九年

源　左 Gensa (花押)
藤　蔵 Toso (花押)

マリヤ・オンバ Maria Omba（記号）　五郎作 Ghorssack（花押）
ヤソ・オンバ Jaso Omba（記号）　甲必丹市右衛門 Cap. Itsiemon（花押）
カロンス・オンバ Carons Omba（記号）　助九郎 Sikogoro（花押）
マダレナ Madalena（記号）　惣兵衛 Sobe（花押）
マリヤ・マリヌス Maria Marinus（記号）　六兵衛 Rockbe（花押）
スザンナ・ミュレール（記号）　トメ Tome（花押）

予の面前にて
書記ピーテル・ハッキウス（自署）
一六四九年[31]

この受領書に署名した十四名の人名とその受領金額については、前甲必丹市右衛門を除いては遺言状にもその補正書にもなにも記されていないが、何故にまた如何なる手続によってこの変更がなされたかは明らかでない。なお実際の遺贈金額の合計は一五五〇レアルであって、文中の合計一七二八レアルとも合致しない。

第五節　平戸のコルネリヤと夫クノルの遺言状

次に平戸生れのコルネリヤと姉のヘステルとの場合について見るに、彼女は既に述べたように、一六三三年一月三十日に父のオランダ商館長ナイエンローデの死後、母スリショから引取られて、姉のヘステルと共に一六三七年十月最寄りのオランダ船でバタビアに送られ、一六五二年に至って東インド会社の商務員補ピーテル・クノルと結婚した。

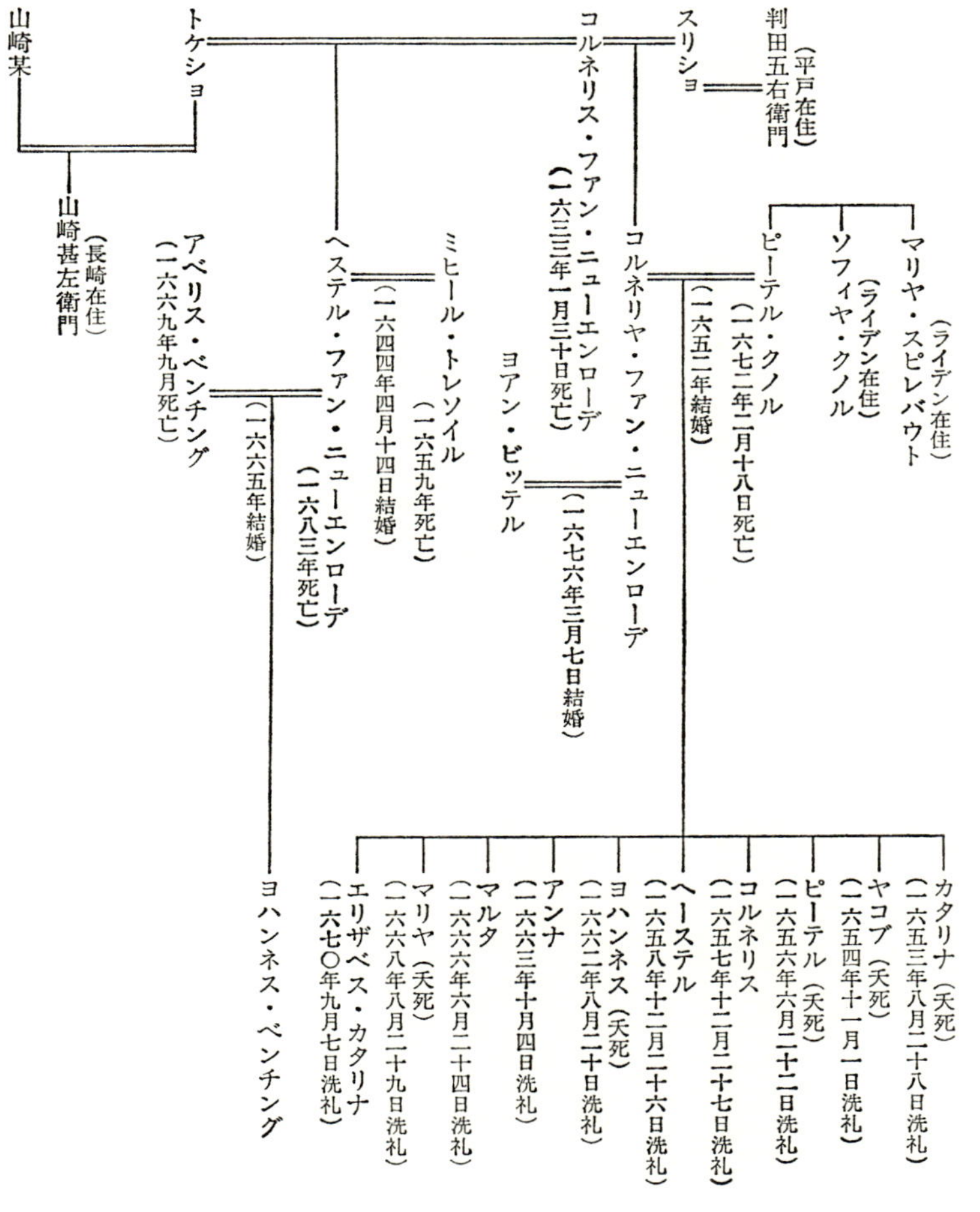
判田五右衛門（平戸在住）
スリショ
コルネリス・ファン・ニューエンローデ（一六三三年一月三十日死亡）
トケショ
山崎某
山崎甚左衛門（長崎在住）
マリヤ・スピレバウト（ライデン在住）
ソフィヤ・クノル（ライデン在住）
ピーテル・クノル（一六七二年二月十八日死亡）
（一六五二年結婚）
コルネリヤ・ファン・ニューエンローデ
ヨアン・ビッテル
（一六七六年三月七日結婚）
ミヒール・トレソイル（一六五九年死亡）
（一六四四年四月十四日結婚）
ヘステル・ファン・ニューエンローデ（一六八三年死亡）
（一六六五年結婚）
アベリス・ベンチング（一六六九年九月死亡）
カタリナ（夭死）（一六五三年八月二十八日洗礼）
ヤコブ（夭死）（一六五四年十一月一日洗礼）
ピーテル（夭死）（一六五六年六月二十二日洗礼）
コルネリス（一六五七年十二月二十七日洗礼）
ヘーステル（一六五八年十二月二十六日洗礼）
ヨハンネス（夭死）（一六六二年八月二十日洗礼）
アンナ（一六六三年十月四日洗礼）
マルタ（一六六六年六月二十四日洗礼）
マリヤ（夭死）（一六六八年八月二十九日洗礼）
エリザベス・カタリナ（一六七〇年九月七日洗礼）
ヨハンネス・ベンチング

コルネリヤ一家の系図

クノルは材幹ある人物で、累進して一六六六年頃には主計大尉に進み、上席商務員の筆頭になった。夫婦の間も至って円満で、十子を儲けたが、不幸にも六子が夭折して、ただ四子だけが育った。その間夫婦連名で故郷平戸の知人半田五右衛門夫婦に宛てて出した手紙の中、寛文三(一六六三)年五月二十一日付と寛文十一(一六七一)年四月二十一日付の二通は現存していて、彼等との親交とジャカタラにおけるその生活を伝えている。しかし後者をしたためた後、夫クノルは健康を害して病床に臥し、翌一六七二年の初めには病状がいよいよ悪化して、もはや恢復の望みも持てなくなったので、その二月十五日に、バタビア市の公証人アントニイ・ハイズマンを枕頭に招いて、妻のコルネリヤと他に証人二名が立会って、長文の遺言状をしたためてもらった。即ち、

我が主の御名においてアーメン。

本一六七二年二月十五日午前八時頃、オランダ法廷の公証人にしてオランダ領東インドのバタビアに住むことを認められた予アントニイ・ハイズマンの前に、以下に記された証人等立会のもとに、予公証人並びに(彼等も明言するように)証人等にもよく知られている夫妻である当城の筆頭上席商務員デルフトのピーテル・クノル殿と日本平戸生れのコルネリヤ・ファン・ニューエンローデ Cornelia van Nieuwenroode 殿とが出頭した。さて前述のクノル殿は病臥して立居も自由ならず、その妻は健康にして言語も明晰であるが、両人は世人も承知しているように理解力、意識も智能も確かであって、これによってその心中を語り合い、死は確実であるが、その来る日時の何時とも計り難いことを慮って、彼等の遺言状を作成し、この世において所有している資産を次のような方法で、処分することに決定した。

まず何より第一に、彼等はその霊が肉体から離れた時に、それを全能の神の恵み深い御手に委ねて、その亡骸《なきがら》を然るべく埋葬することにする。

また遺言人等はあらかじめ本状によって、両人がかつて本日よりも以前に共々あるいは単独に作成または明示した一切の遺言状、遺言状の補正書、またはその他如何なる遺産の譲渡もこれを取消し、または破棄して、それらのいずれも、またはその一部でも価値があり効力があることを欲するものではない。そして(彼等が本状によって明言しているように)それらがかつて作成されたこともないのと同様に、無価値無効たらしめねばならぬものとする。

そして彼等はここに新たに相互に感じあっている夫婦間の親密な愛情に基づいて、彼等相互間に指名し規定し合っていたように、今も相互に指名し規定して、両人の中一方が先に死んだ場合、彼または彼女は、彼または彼女を唯一の全財産相続人に指名任命して、動産、不動産を問わず、株、預金、貸金、俸給など一切を留保することなく、それが如何なる所にあろうとも、また何人から入手するものであろうとも、彼または彼女の死に当り、最初に死んだ方はこれを放棄し、そのような資産、俸給、及びその他のものは一切これを挙げて両人の中生きながらえた方にその所有権を移し、何人もこれを否定することができず、完全にかつ拘束されることなく、これを保持せしむべきことを明言するものである。

この了解の下に、さらに遺言人両名の中で生きながらえた方が、両名の結婚から生れた子供や子供たちの成年に達する日、または結婚するまでは、子供たちの法定相続分に満ちるまでその衣食住の面倒を見、さらにこれに加うるに子供たちに読み書きを教え込み、将来生計を支えるに足る正しい職業につかせるものとする。なおこの上、彼等が成年に達し、または結婚した時、たとえ子供が一名であっても、または二名以上であっても、彼等全員に四〇〇〇レイクスダールデルを一レイクスダールデルそれぞれ六〇スタイフェルの換算で渡すものとする。

これについて遺言人両名は本状において自分たちが彼等子供たちのものとなるべき法定相続分(これについて遺

言人両名は公証人たる予から充分な説明をうけた）を絶対に侵害しないものであることを指摘し、この理由から遺言人両名は自分たちが後にのこす遺産に関して発言権ありと称するに違いない孤児財産管理局、同管理官、及びその他すべての人々［の介入］をしかるべき敬意を払って排除し、一覧表もしくは財産目録の引渡しを拒絶し、たとえ内規、孤児財産管理所の諸規則、あるいは成文法の規定に反することがあったとしても、互いに相手を［この財産を］管理する後見人、もしくは後見人夫人に指名し、かつ自分以外に数名の後見人を選ぶ権利を持たせることとするものである。

そして遺言人中の一名が死んだ後で、彼等の生き残っている子供または子供たちが未成年か、あるいは請取分を処分する前にこの世を去る、即ち死亡した際には、死亡した子供の請取分は未だ生き残っている子供に渡るが、しかし最後の子供もまた未成年か、またはこれを処分してしまわないで死亡した場合には、遺言人等は前記の最後の子供が、本遺言状によって相続する分を挙げて一切ことごとく両者の中生きながらえた方に引渡し、その一方は他を代理して、この目的のために、この国の法律で、両親はその子から相続することを規定したアースドム法を選ぶことをはっきり欲するものである。

さらにまた生きながらえた方は、遺産として二〇〇レイクスダールデルを一レイクスダールデル六〇スタイフェルの換算で当市の貧民たちに適宜支払うべきものとする。

また遺言人が先に死んだならば、遺言人夫人は前記の事項一切の外、等しくライデン在住の遺言人の二人の妹、即ち敬愛するソフィヤ・クノル Sophia Cnoll 嬢と敬愛するマリヤ・スピレバウト Marja Spillebout 嬢とに対して、両人が共に遺言人死亡の際に未だ存命しているならば、相続分としてそれぞれ五〇〇レイクスダールデルを一レイクスダールデル六〇スタイフェルの換算で支払うべきものとする。但し彼女等が死んでいた場合はこの限りではない。かつ前記の妹等の一人が未婚のままか、または一人または二人以上の子供を残さずに死亡した場合には、先に死んだ方の相続分またはその当時未だ残された分は、なお生きながらえた方の妹に渡されるが、しかし妹両人が未婚のままか、または一人あるいは二人以上の子供を残さずに死んだ場合には、残っている前記の両相続分中なお残っている分は、遺言人の子供たちに渡されるべきものとする。

そして栄誉ある東インド会社勤務の旗手ヨアン・ファン・シュリーク Joan van Schrieck 氏は、彼遺言人から一〇〇レイクスダールデルを借りているが、彼はここに相続分としてその額を彼に遺贈するので、彼は遺言人の死後に再びこれを返済するに及ばざるものとする。

しかしもし万一遺言人夫人が遺言人に先立って死ぬようなことが起ったならば、遺言人は相続分を形見として、商務員補故アベリス・ベンチング Abelis Bentingh を父として、敬愛するヘステル・ファン・ニューエンローデ夫人を母とするヨアンネス・ベンチング Joannes Bentingh という遺言人夫人の姉の子に対して、五〇〇レイクスダールデルを一レイクスダールデル六〇スタイフェルの換算で支払うべきものとする。

遺言人は本遺言状の執行人として、（彼の給与に関する限り）本国における東インド特許会社の重役諸公を選定して、この件に関してあらゆる必要な事項を適当に処理し親切に履行せんことを要請するものである。

前記の条々をことごとく両遺言人に読み聞かせ、そのことごとくが彼等両人の遺言状にして、最終的意志と願望とであることを明言し、法律やその他の点で正当と定められた遺言状、遺言状の補正書、贈物、死亡の事務処理、あるいはその他の最終的意志として、只今即刻効力を持たせるようになることを願望して、たとえこの際必要とする一切の正式さに欠ける点があったとしても、彼等はこの点について、法律と裁判の援助と職務に一切委ねるものとする。

かくて本城内の遺言人の家において、弁護士にしてインドの水利局会計官ピーテル・パウ Pieter Pauw 氏、及び上席商務員で前記城内の栄誉ある司法委員コンスタンチン・ノーベル Constantijn Nobel 殿が証人として召請され、本状を提示され、両遺言人と予公証人と共に下記に署名するものである。

一六七二年　公証人

署名　A・ハイズマン

一六七二年五月四日、上記の遺言状を一々照合す。

書記コルネリス・モル Cornelis Moll(32)

この遺言状の内容を検討すると、まず彼等の遺産が少なくとも四万一八〇〇レイクスダールデル、即ち一〇万四五〇〇フルデンに上っていることが判明する。しかしその遺贈を受ける者は、妻のコルネリヤとその子女、本国ライデン在住の妹二名とその子女、姉のヘステルとその子、並びにバタビア市の貧民だけであって、他の日本人関係遺言状のように、日本人親戚知友に対する遺贈が全く記入されていないことと、殊に男女奴隷をその家に雇傭していたかどうか明らかではないが、これについて一言半句も言及されていないことは、他の遺言状と比較して特に目立った特徴的な相違点として挙げられる。

かくてクノルはこの遺言状に妻コルネリヤと共に署名確認して後僅か三日にしてついに立たず、その十八日に妻や子女や知友の悲しみの中に息を引取ったのであった。(33)

しかしその後四年たってコルネリヤが同地において再婚したことが、市役所戸籍係の『結婚決議録』に記されている。即ち、

一六七六年三月七日土曜日の午後、臨時の会合において、

アールヘム Aerhem 出身の故バルタ・ダイヘルス Barta Dygers 夫人の鰥夫で尊敬する司法委員であるアールへム出身のヨアン・ビッテル Joan Bitter 殿と生前当バタビア城の上席商務員であったピーテル・クノル殿の寡婦

コルネリヤ・ファン・ニューエンローデ夫人(一六七六年三月二十六日に結婚す)欄外記入

同人等は代表委員諸賢に対して、来るべき結婚を確定するために、教会堂においてキリスト教の会衆の中で三度の日曜日の祈りを許されんことをしばしば願出た。

代表委員諸賢はすべてのことに気をくばって、これについて何等差障りないことを認めて、願出人にその願出を認可した。

前記の日付に代表委員諸賢の会合において右のようになされた。(34)

とあるが、その後彼女は夫ビッテルの社会的地位と、彼女の才能によって、バタビアの上流社会において目立つ存在であったようで、総督レイクロフ・ファン・フーンス Rijklof van Goens が退任帰国の途に上り、代って一六八一年二月十三日にコルネリス・スペールマン Cornelis Speelman が後任の総督に任ぜられ、属官も決定して、同年十一月二十五日に就任式が行われたが、それには、スペールマン夫人やコルネリヤ等が招待されて列席した、(35)総督が在任僅か二ヶ年余りで死亡すると、その通夜にコルネリヤは名流夫人四名の一人として棺側に列席するなど、(36)彼女の後半生は一見華やかに見えた。

しかし彼女の後半生の家庭生活は、前半生のようには円満にいかなかった。一六七六年三月二十六日に結婚すると、同年十二月二十二日には早くも夫婦の間に悶着が起って訴訟を起している。(37)直接のきっかけとなったのは、彼女の乗用馬車につけた家紋の蕪であったようである。(38)事もあろうに蕪のオランダ語クノル cnol, knol は彼女の先夫の姓である。その上夫ビッテルは社規に違反して本社から譴責を受け、本国に送還されることにもなった。その間夫婦間の係争は永曳いて、政庁の日記にもしばしば記録されたほどで、ついに一六七九年十一月十一日に司法委員会の命によって、ビッテルと妻コルネリヤとは、今後食卓、ベッド、家具などを別々に分離して、命を待って帰国させることになったが、早くも十二月十九日には夫妻は食卓、ベッドを別々にして帰国すべきことを命じた正式の書面が司法委員会から交付されている。(39) 研究心が強く物好きでもある宣教師フランソア・ファレンタイン François Valentijn はその大著『新旧東インド誌』の中にこの夫妻間の紛争をその見聞に基づいて幾分揶揄も交えて述べたので、その話は遥かにヨーロッパにも伝わったわけである。(40) 挙句の果ては、一六八七年十二月二十三日になって、コルネリヤ夫人はその子コルネリス・クノルとその二児を伴い、夫ビッテルと別れて、ジャカタラ生活五十年にして、ヤコブ・クーペル Jacob Couper の統率する帰国船団の一船に便乗してオランダ本国に向かい、ビッテルは二女を伴い、妻コルネリヤとは別の船ワールストローム de Waarstroom で帰国の航海に上った。(41)

第六節　平戸のヘステルの遺言状

コルネリヤの姉ヘステルも前述のように妹と共にそれぞれ母親の膝許から引離されてオランダ商館に引取られ、直ちに最寄りの便船でバタビアに送られ、同地に着いたのは一六三七年十二月初旬のことであった。その後成長して結婚するまでの彼女の生活についてこれを窺うに足る資料は殆んどないが、バタビア市役所の『ポルトガル人洗礼簿』一六四三年十月十日の条に見える証人の一人日本のエステル・[ファン・]メウエルローデはヘステル・[ファン・]ニューエンローデのことであって、まさしくコルネリヤの姉ヘステルであるが（史料一二－八）、また『オランダ人洗礼簿』にも彼女の名前が証人の一人として記されている（史料一二－五）。ヘステルがこのように時々知人の子の洗礼に立会ったところより見れば、この頃彼女は既に成長して、相当な年齢に達していたと見ねばなるまい。バタビア渡航の後六年の歳月がたっているから、日本を離れた時十歳とすれば、彼女は既に十六歳になっていたことになるが、十三歳ぐらいの時に日本を離れたとすれば、既に二十歳前後となっているはずで、知人の子女の洗礼の証人として立会う年齢にも達して、結婚適齢期にもなっていたことになる。果してその翌一六四四年四月十四日に、彼女はミヒール・トレソイルと結婚した（史料九）。しかしこの結婚は妹コルネリヤのそれにひきくらべて余り恵まれたものではなかったらしく、二人の間には子宝も恵まれずに、夫ミヒールは健康を害して、一六五五年三月十八日に遺言状をしたため、(42)その後四年たって、ついに一六五九年に彼女は夫と死別した。彼女は数年たって会社の下級商務員アベリス・ベンチングと再婚し、(43)こんどは幸いにも一子ヨハンネスを挙げたが、その後余り日時がたたない中に、この夫も健康をいたく害し、一六六九年九月二十八日に公証人アントニオ・ハイズマンを病床の枕頭に招いて、お春の夫シモンセン等五人の証人立会の下に遺言状をしたため、妻子両人にそれぞれ二〇〇〇レイクスダールデル、即ち五〇〇〇フルデンを死後遺贈することを定めて後、やがてみまかった。(44)ついで一六七二年二月十五日に妹コルネリヤが夫クノルと連名で遺言状をしたためた時には、将来姉ヘステルの一子ヨハンネスに五〇〇レイクスダールデルを一レイクスダールデルにつき六〇スタイフェルの換算で遺贈することが定められている。(45)

彼女は故郷平戸に残っている母親には時々船便に託して反物なども贈り届けていたが、一六七六年九月十六日になって、将来のことを慮って遺言状をしたためている。即ち、

我が主の御名においてアーメン。本一六七六年九月十六ヨに、オランダ領東インドにおいて認められた公証人である予ピーテル・ファン・レーウエ Pieter van Leeuwe の前で、以下に記された証人等立会の上で、生前東インド会社の下級商務員であった故アベリス・ベンチング氏の未亡人ヘステル・ファン・ニューエンローデ夫人が出

頭して、予公証人もよく承知しているように、その身体は健康で、立居振舞も自由で、精神力も、理解力も、記憶力も皆よく働いているが、人の身の脆くして、何時か死が訪れるのは確かであっても、その日時が測り知れないので、資産を次のような方法で委託処分することを希望するものである。しかしそうするよりも以前に、彼女の霊と肉体とを限りない神の御恵みに委ねて、蘇えるまで埋葬するものとする。そして彼女出頭人がこれまでに如何なる方法によっても最前の意志による証書を作成していても、これをことごとく取消し破棄して、只今、新たに彼女自身の自由にして、他に強制されることのない意志に基づいて本証書を作成して、次のことを陳述するものである。

即ちまず第一に、彼女の奴隷と女奴隷八名に自由を与えて解放するものである。それは奴隷四名と女奴隷四名であって、彼等はベンガルのマタイス Matthijs、ベンガルのヨナタン Jonathan、ベンガルのアブラハム、サンゴラ Sangora のトメ、及びコロンボのファシンタ Fasinta、並びにコーチン Coútsijn のアンナと彼女の息子バタビアのアントニイ、同じくコーチン Cochin のシリピナ Siripina、並びにベンガルのレベッカ Rebbecca、及び同人の娘バタビアのマリヤ等であって、彼等は彼女遺言人が死亡すると、直ちに気がねすることなくその身の自由を享受するものとする。また彼女の意志が動いて、今後さらに資産を処分するような時には、彼女の唯一にして一般的な相続人を指名確定することを言明し、さらにこれに基づいて彼女のただ一人の息子ヨアンネス・ベンチングを指名確定して、彼女遺言人はその動産、不動産、金、銀、宝石、奴隷、女奴隷、証券や正当な権益を一切除外することなく、彼女の死後直ちに残して彼に引渡すべく、前述の彼女の息子がこれを意のままに彼自身の資産として相続することには何人もこれに反対することなかるべく、さらに彼女遺言人は後に残った息子の後見人と監督人として、彼女の妹コルネリヤ・ファン・ニューエンローデ、並びに共に会社勤務の同市の尊敬する牧師テオドルス・サス Theodorus Zas と本城の商務員で会計官たるニコラース・ブッケス Nicolaes Buckes 殿を選定指名した。彼等は彼女遺言人死亡の際には彼女の栄ある埋葬を世話し、彼女の手許にあり、その権利の下にある遺産並びに一切の株券、資産、物品とを喜んで処理し、後に残った息子に最も適当と認める方法で譲渡するものとする。さらにここに選定された前記の後見人のいずれかがその後見の行為を他の誰かに代理させようとした場合、全員の承認と合意を得た上でそれを行う場合は別として、それ以外の場合はこれを禁ずるものである。これは(彼女の明らかにするところによれば)彼女遺言人の特別に明確な意志からそうした考えを抱くようになったものであって、また明確な判断に基づき、ここにその理由を説明することは差控えたい。

また彼女遺言人はさらに孤児管財局委員諸賢とその権威[の介入]を排除するものである。つまり彼女後見人はたとえそれが誰であろうとも、他人が彼女ののこして行く遺産、及び前記の彼女の息子に対する処置について介入したり、紛争を起したりすることを望まないものである。

さらにここに指名、選定され、本状に基づいてその権限を賦与された前記の三名の後見人は、その三名中の一名が不在もしくは死亡した場合、全員の同意に基づいて死亡もしくは不在となった者の代りに第三の後見人を選任して自分たちを助けさせることとし、このことについてはこれ以外の何人に対しても責任を負わせるべきではない。

前記の陳述を彼女遺言人は明らかに読んで、これが彼女の遺言状、最終的意志、最後的希望であることを言明して、これが彼女の死後においても保存維持されて履行されることを欲し、かつ希望するものである。そしてそれが遺言状、遺言状の追加書、または死亡に基づくその他の遺贈について、法に照らして最良かつ基本的なものとして成立し諒解されることを欲し望むものである。

このようにして、当市において、ここに証人として招請された書記ヤコブ・パウルスゾーン Jacob Paulsz. とヤン・ニコラースゾーン Jan Nicolaesz. 立会の上でその記録が成立決定するものである。一六七六年公証人ピーテル・ファン・レーウエが立会の上署名した。

当孤児管財局において校合し公示した遺言状。バタビアにおいて。
一六八二年一月二十一日。書記ピーテル・ファン・ライスワイク P. van Rijswijkk[46]

こうしてヘステルは一六八三年、即ちわが天和三年の春頃、バタビアで生活すること四十六年にして、一児を残して、その年老いた母親に先立って憐れにもその生涯を終えたのである。[47]

このようにして遺言状を中軸として、現地に保存されているそれぞれの関係文書を探し出して対照することによって、村上武左衛門やお春を始め『長崎見聞集』などによって鎖国時代僅かにその消息が伝えられたジャカタラ移住日本人について、ここにその行末を突きとめることができる。さらにまた彼等が故郷に送った音信や、これらの遺言状を通して、遠く故郷を離れてジャカタラで暮している彼等の心情や、その遺産の中などに記された品々によって、彼等の日常生活の一面を窺うようすがともなるのである。

第六章　東インド諸島各地分遣日本人の活動

第一節　バンタンにおける日本人

江戸時代初期朱印船貿易の発展と日本人の南方進出に伴い、呂宋、交趾、柬埔寨、暹羅など各地には日本町が形成されたが、オランダ人のこの方面経略の中心拠点バタビアにも主として彼等の要請によって少なからざる日本人が移住定着して各方面に活動した。このことについては既にこれを詳述したが、日本人の中にはその他の東インド諸島各地に渡航移住する者もあって、彼等は一時各方面に活躍した。しかし西部ジャワのバンタンにも、その頃若干移住した者があったことは、従来殆んど注意されなかった。

バンタン Bantam, Banten は今日ではジャカルタ市の西方に近いジャワ島の北岸の見る影もない漁村に過ぎないが、十六世紀には西部ジャワ一帯を統治していたバンタン王国の首都として、同国の発展に伴い一時大いに栄え、十六世紀の中頃からポルトガル船を始め南方各地はもとより、遠くはインド、アラビヤからも商船が入港して貿易を行なった。(1) この頃から漸く南方各地に活潑に商路を開拓し始めたシナ船に対しても、既に明の官憲より年々同地渡航の文引つまり許可証が給せられるほどになった。当時シナの文献では同地のことを專う下港と記している。(2) そして町の西北隅にはシナ人町も営まれるようになって十七世紀に及んだが、このシナ人町の起源とその後の消長についてはかつて他の機会に論述したこともある。(3)

オランダ人も一五九六年六月コルネリス・デ・ハウトマン Cornelis de Houtman が初めて同地に赴いて貿易を始めたのを端緒として、彼等の南洋発展に伴い、同地に寄港して交易を営む商船も漸く多く、その商館も一時町の西北隅にあるシナ人町の中に建設され、(4)後れてイギリス人も一六〇二年十二月ジェームス・ランカスター James Lancaster の率いる商船団が同地に初めて入港し、王から貿易の許可を得て、一地をオランダ商館の南にトしてその商館を建設した。(5)ここに同地の貿易は一層活潑となり、町もまた従ってさらに栄えたが、他方これら諸国民の間には陰に陽に貿易上の競争が激しくなって、時には血腥い事件が惹起されることもあった。

南洋に渡航した日本人の中にもまたこの貿易港を訪れる者があった。一六一四年にはシナ人がアチンから、また日本人とマレー人がマラッカから多量の優良な布地を持船に積んで齎らしたので、同地の布価がにわかに下落したことが報ぜられているが、(6)日本人の同地移住者の多くは、このように、オランダ人やイギリス人等の要請によって一旦バタビアに渡航したのち、必要に応じて、同地からさらに転住した者に相違ない。

これより先一六一三年一月、イギリス東インド会社の東洋派遣船団司令官ジョン・セーリス John Saris が日本貿易開始の使命を帯びて同地を出帆して日本に向かった時、在住日本人の一人を通訳として傭入れたが、(7)セーリスが無事使命を果して日本から帰航した際にも日本人水夫十五名を傭入れて、彼等をバンタンに伴った。(8)その後彼等はさらにロンドンに渡り、一旦上陸して、一六一五年一月同地のグレーブゼンド Gravesend で東インドに向かうイギリス船エクスペディション the Expedition に乗込んだが、(9)同船はこの年九月中旬インドの西北岸スラットに寄港し、坐乗していた司令官トーマス・ロー Thomas Roe はムガル帝国に使し、同船は翌年五月一日にバンタンに到着したから、(10)彼等も同船で一旦同地に立寄り、ついで便船を得て日本に帰国したに相違なく、彼等はこの長途の航海中の労銀支払について、平戸のイギリス商館との間に悶着を起している。(11)これより先イギリスの世界周航船隊司令官トーマス・キャベンディッシュ Thomas Cavendish がマニラ近海からイギリスに連れ帰った日本人青年クリストファー Cristopher、コスムス Cosmus の両名は日本人渡英の先駆であろうが、[12] 彼等のその後の消息はまるで明らかでないのに対して、これらの日本人はこの両名についで渡英したものではあるが、その帰国の消息も伝えられている。その後一六一七(元和三)年一月に平戸のイギリス商館員リチャード・ウィッカム Richard Wickham が日本を去るに当って、イギリス艦隊司令官の勧めにより、船中やバンタンにおいて労務につかせるために日本人十一名を同地に伴ったが、既にこれより先他のイギリス船でも日本人十四名が渡航している。[13] ついで商館長コックスの日記一六二一年八月三日の条に、

八月三日(ロクェングワチ《六月》二十六日)、マニラに向かう我等の艦隊に乗って行く日本人十名に支給するため、司令官ロバート・アダムズ Robert Adams に小粒銀二〇〇テールを手渡したが、それは一名につき一〇テールで、その人名は次のようである。即ち、

善　蔵 Jenzo 三四郎 Sanshero 九　七 Cuishti	ムーン the Moone 乗組
久　左 Cusa マチヤス Matias 五郎作 Goresak	ブル the Bull
忠七郎 Tuestro 仙五郎 Shengro 儀　八 Gibatch	エリザベス the Elizabeth[14]

とあって、このようにしてイギリス人に傭われて海外に出て、彼等のもとに在勤する者もかなりあったことが判明する。

他方、オランダ人も平戸に商館を開設して以来、軍務や雑役に使用するために多数の日本人を雇傭して、これをバタビアに輸送したことは、上来すでに述べたところであるが、彼等がバンタンのオランダ商館の守備や雑用に当らせるためにも、このような日本人を分遣したことはいうまでもない。一六一六年五月にオランダ領東インド総督府総務長官クーンがバンタンから平戸の商館に送った報告の中で、日本人六名がオランダ人のもとにあって、木材の積下ろしに当っていることが報ぜられているが、(15)同月十三日にバンタンのオランダ商館長コルネリス・バイゼロ Cornelis Buysero が上申書をクーンに提出して、同地に来着した日本人六名と、来着後二十日にして死亡した一日本人に対して、かつてバンダ島で勤務した期間の給料の支払に関して指令を仰いでいるが、彼等は勿論前述の日本人六名に相違なく、その氏名は三五郎 Sangorro、喜右衛門 Keymon、太郎次郎 Taro-giro、三助 Sanske、左市 Sijtsij、及び喜兵衛 Quefoy であった。(16)そこでクーンはこれに応えて、翌十四日に関係当局に対して彼等の労銀を支払うべき旨を命じている。(17)しかし彼等の身分、年齢、及び出身地などは全く明らかでない。もとより同地のオランダ商館に雇傭された日本人は前記六名ばかりではなかったに相違ない。

前述のように、日本人はバンタンにおいてそれぞれオランダ人およびイギリス人のもとに雇傭されて労力を提供する者もあったが、同地における両国人の対立が漸次激しくなるに伴い、彼等の中には好むと好まざるとにかかわらずその渦中に巻込まれる者も出てきた。一六一七年七月十九日、バンタンの魚市場においてイギリス商館の料理人頭とオランダ商館の料理人頭とが魚の買入れについて争論を始め、報に接したオランダ商館の次席は、配下のオランダ人、黒人、並びに日本人二十名を引連れて現場に急行し、相手方に害を加えたので、イギリス人もその雇傭している日本人及びバンダ人を引連れてオランダ商館を襲撃し、同館雇傭の黒人を斃し、館の使用人四名に重傷を負わせたが、その中には日本人使用人も一名含まれていた。[18] バタビア政庁では即刻総督参議員会を開いて、ピーテル・デ・カルペンチール等をバンタン王のもとに遣わし、英人の不法行為を訴え、その処断を要請せしめた。[19]

しかるにこの事件が未だ落着しない中に、同年十一月二十二日に至り再び両国商館の間に悶着が起って、互いに相手を殺傷するまでに発展した。これより先オランダ商館に捕えられていたポルトガル人捕虜等が逃れてイギリス商館に走り、その保護を受け、ついでジャカタラのオランダ人のもとから他のポルトガル人捕虜もまた来投するに及んで、オランダ人はその引渡しを強く要求し、折衝中に機を窺って捕虜の一人を暴力を以て奪還したので、イギリス人は再び雇傭している日本人やバンダ人並びに黒人等二百名と共にオランダ商館に殺到した。オランダ人の大半は逸早く逃れたが、逃げ遅れた日本人五名は倉庫に踏留まってこれが防衛に努め、一名は即死し、四名は瀕死の重傷を負い、その夜一名はついに死亡し、翌日また一名もそのために斃れたが、殊に後者は両手を斬取られ、さらに全身十数ヶ所に傷を負っていた。一方イギリス人側でも、バンダ人一名がオランダ商館雇傭の日本人に斬殺され、また当のイギリス人一名もこの騒動の最中に、自国商館に雇傭されていた一日本人にオランダ人と誤認されて殺害された。[20] この事件をたまたま目撃したフランス船の一乗組員の言によれば、殺害された日本人の中にはオランダ人雇傭の日本人の頭目、即ち甲必丹もいたことが報ぜられている。[21]

その後もイギリス人は配下の日本人に対して、オランダ人に出会い次第、直ちに殺害するように命じたので、両国民の間には依然として不穏の空気が漲り、バンタン王はオランダ人に対して、外出を差控えて居館に引籠り、必需品の買入れは現地住民の手を通じてなすべき旨を勧告し、十二月末日にも、王はさらにイギリス人に対しても保護を加えることを約したほどであった。[22] そこでその頃同地のオランダ・イギリス両商館に勤務していた日本人の数は、少なくとも合計三、四十名にも上り、しかもオランダ人のもとにおいては彼等日本人の甲必丹も選任されて、これが取締りに当っていたことさえ判明する。

その後、オランダ人とバンタン王との関係が緊迫し、一六二一年に至って、互いに兵船を海上に出して、必需物資の搬入を計る商船がそれぞれバタビアやバンタンに入港することを互いに妨害したが、この頃命に違反してバンタンを出港した一船の乗組日本人十二名が捕えられて殺されたこともあり、[23] 一六三三年の暮にオランダ艦隊がバンタン港を封鎖した時、数名の日本人が小船で同地からバタビアに赴く途中でオランダ船に拿捕されて、バンタンの情勢について語り、[24] その後間もなく翌年一月十二日にも、日本人の船が同地からバタビアに航海するなど、[25] この頃までなお日本人の同地に滞在する者もあって、中には自ら商船を操って独力活動する者のあったことも判明する。

第二節　モルッカ諸島における日本人

一　ヨーロッパ人のモルッカ諸島経略と日本船の渡航

モルッカ諸島 Moluccas, Molukken とは一つに香料諸島ともいい、その境域は余り明瞭ではないが、現在は大体においてインドネシアの中、スラウェン(セレベス)島の東辺とイリアン・ジャヤの西側との中間の海洋に点在する島嶼を指しているようである。しかし元来はジロロ Gilolo, Djailolo 島即ちハルマヘラ Halmahera 島の西側に沿い、赤道の両側を北から南に並列するテルナテ Ternate、チドール Tidore、モチール Motir、マキヤン Makian, Makjan、及びバチャン Bachan, Batjan の五島、並びにこれに付属する島々を指していたが、十八世紀の初め頃からその範囲が南方に拡大されて、前述のように北はハルマヘラ諸島からスラ Sula, Soela、セラム Ceram、ブル Buru, Boera、アンボイナ Amboina（アンボン Ambon 島ともいう）、及び南方バンダ Banda 等の諸島を包括する総称を意味する場合の方がむしろ一般的となった。

さて、ヨーロッパ人のこの方面への進出は十六世紀の初頭に溯る。一五一一年のアフォンソ・デ・アルブケルケ Afonso d'Albuquerque のマラッカ占領後、東方に派遣されたアントニオ・デ・アブレウ António d'Abreu は香辛料の主産地を探査しながらジャワ島の北岸から北へ航海して、バンダ、アンボイナ諸島からモルッカ諸島に達し、同方

モルッカ諸島

面におけるポルトガル人発展の端を開いた。一五二二年にポルトガル人はテルナテ島に一城塞を築いて、ここに軍事的活動の拠点を置き、同方面における香辛料の独占的取引に成功した。この頃イスパニヤ人も同島に到着したが、未だされたる活動をなさずして撤退した。このため十六世紀の終り頃までは独りポルトガル人だけが自由に活躍することができた。しかし現地の支配者や住民は漸くその搾取と暴圧に堪えかねて、その後しばしば叛乱を繰返した。たまたま一五九九年から翌年にわたって、ワイブラント・ファン・ワールワイク Wijbrand van Waerwijk、ヤコブ・ファン・ヘームスケルク Jacob van Heemskerck、ステーフェン・ファン・デル・ハーヘン Steven van der Haghen 等の率いるオランダ船隊が始めて同方面に来航して、相次いで碇泊交易の地を求めんとしたので、彼等はこの新来のヨーロッパ人の援助協力を得てポルトガル人の駆逐に成功し、ここにオランダ人の勢力が同方面にも伸張するようになった。

当時アジア各地の到る所においてこのような新旧勢力の交替があり、同地もまたこの一大転換期に入ったのであるが、その後幾許もなくしてイギリス人がこの間に割込みを策し、イスパニヤ人もまた漸くフィリッピン諸島の経略を遂げて、余力を駆って再び同方面に触手を伸ばし、ここに香辛料の主産地であるモルッカ、バンダ、アンボイナ等の島々はにわかに彼等諸国民争奪の中心となった。したがって、ちょうどこの頃南方に発展した日本人はこのような国際紛争の渦中に身を投ずることとなった。

一六〇四年イスパニヤのバリャドリイ Valladolid で出版されたドミニコ会の僧ガブリエル・キロガ・デ・サン・アントニオ Fr. Gabriel Quiroga de San Antonio の『柬埔寨国情実記』には、

チドール島には沈香購入のために、日本人、シナ人、交趾シナ人、暹羅人、柬埔寨人、マレー人、ボルネオ人、ジャワ人、バンダ人、ペルシャ人、アラビヤ人、トルコ人、ギリシャ人、ポルトガル人が来航し、最近にはホランド人、ゼーランド人、及びイギリス人も来航する。[26]

とある。著者は一五九五年から一五九八年までフィリッピン諸島に滞在して親しく伝聞したところに基づいて、同島に香料買付に諸国船が輻湊する盛況を記したものと思われるが、だからといって必ずしも日本船来航の事実を目睹した正確な記述ではあるまい。しかし北方呂宋島には一五八六年頃から日本の商船が殆んど連年来航し、[27] また中にはその西方ボルネオ島に航海する者もあって（二七四ページ参照）、彼等の中には両地に近い赤道直下のこの方面に進出渡航する船が絶無であったとも断じ得ない。殊に一六一五年十一月三十日にアムステルダムの東インド会社本社からジャワの政庁に送った指令中には、

特に我等は東インド総督及び参議会に下命し、かつ貴下にも（できる限り全力を尽して）モルッカ諸島における諸国民、シナ人、マレイ人、クリング人Clingen、日本人、及びその他の諸国民、就中イギリス人とそのフランス人の名義及びフランス船で来航する者に対して、その貿易を一切阻止すべしという前記の決議を実行せんことを厳に強制する。[28]

とあって、モルッカ諸島における諸国船の貿易阻止の指令の中に日本船が列記されている点から見れば、日本から南方に渡航する船の中には既にこの方面にはるばる貿易に赴くものもあったと解せられる。現に『異国渡海御朱印帳』には、

十九　摩陸国　是ヘハ始而被ㇾ遣也

一、自二日本一到二摩陸国一舟也　高木作右衛門ニ被ㇾ下候也。長谷川左兵衛状有、まろくとかなにて書来。

右

元和二年丙辰九月九日

御城にて直談に、道春なとゝ文字を談合して書也。
功来。
元和二年辰三月八日、駿府にて書之。(29)

と記され、実に前の指令の翌年元和二(一六一六)年に長崎の町年寄の一人高木作右衛門が摩陸《まろく》宛の渡航朱印状を得ているが、この摩陸は既に川島元次郎教授の考証もあるように、同時に朱印帳に記された摩利伽 Malacca とは区別せらるべきモルッカ諸島であって、(30)「是へは始而被レ遣也」とあるように、この年初めて幕府から正式に同地渡航朱印状が下付されたのであるが、同地むけの朱印状の下付はこの一回限りで終っている。これは恐らくモルッカ諸島が日本と南方との交通の幹線から遥かに隔絶する僻陬の地であることや、日本船の南方貿易の主要な対象がヨーロッパ人の香料に対する熱狂的な欲求とは異なって、砂糖、獣皮、シナ産の絹や生糸にあって、地理的理由から同地はこれが購入の便に乏しく、かつ未だ日本人の移住するものも稀であって、その買付仲継の便がなかったことなどに起因するものに相違ない。このように、日本人のモルッカ諸島への進出は日本船による自発的な渡航ではなく、全くヨーロッパ人の招致誘導によるもののようである。

二　モルッカ諸島移住日本人の活動

オランダ人は南洋における植民地の開拓に当り、兵力と労力の不足を補うために、日本との交通開始以来、これが補充を日本に仰がんと計画して、便船ごとに日本人兵員や労働者を招致したことは既にこれを述べた。最初の集団的契約移民は平戸商館開設後間もない一六一三(慶長十七)年二月末日にオランダ船ローデ・レーウ・メット・パイレンで平戸からバタビアに向かった。そしてこの年の初に再び本国から着任した艦隊司令官クーンが同年七月初旬に十三隻の艦隊と兵員六九〇名を率いてチドール島遠征を決行した際には、既に日本兵四十名の一隊が従軍している。(31) 彼等は恐らく前述の最初の契約移民がバタビアに到着すると同時に、直ちにこのモルッカ遠征に参加出動せしめられた者に相違ない。クーンが九月九日にイスパニヤ人の拠っているチドール島の旧ポルトガル城塞を攻略した時に当って、日本人は奮戦して勇名をとどろかせたが、翌年一月一日付司令官クーンの戦況報告によれば、

　日本兵は常に我が兵と等しく勇戦し、彼等の隊旗が最初に城壁の上に立った。そしてまた彼等は余りにも大胆で剽悍なために、多数の戦傷者を出した。(32)

と記して、日本兵の武勇を認識賞讃している。

オランダ軍の出動に対抗して、一六一五年の末フィリッピン長官ドン・フワン・デ・シルバ Don Juan de Silva が大小十五隻からなる艦隊を率いてモルッカ遠征のために南下した時、マニラ在住日本人から五百名の多数が応募してこれに従軍した。(33) しかし艦隊が転戦してマラッカ近海に赴いた時、スペイン人はかねてから彼等の制御に手を焼いていたので、ついにシンガポール海峡でこれを解雇して、陸上に追放した。(34)

このように南方に移住した日本人の中にはモルッカ諸島の攻防に当り、諸国軍隊に参加転戦する者もあったが、オランダ人は平戸の商館開設以来、日本からモルッカ諸島方面への直航船を利用して軍需品や必需品の供給を図るとともに、日本人をも招致したもののようで、一六一五年六月十日にクーンが平戸商館長ヤックス・スペックスに送った指令の中に、日本で購入した帆船で米穀その他の必需品をモルッカ諸島に輸送することに関して、

　貴下は日本人をそのジャンク船に適宜乗組ませられたく、かつまた商館会議で適当と認められた銃、軍需品、及びその他のオランダ人用の必需品を積込まれたし。(35)

と記して、同船の船員として日本人を採用することを命じているが、その後も日本からの直航船は時々あったから、(36)

必ずやこれに便乗してモルッカ諸島に渡航した日本人があったに相違ない。現にその翌一六一六年七月十八日テルナテ島のマライユ Maleije からモルッカ諸島長官ラウレンス・レアール Laurens Reael が本社に送った報告中に、

さて我々はまず何より船漕具に不足を告げている。就中これに必要な大工が不足している。何となれば、我等は当地来着当時から日本人を傭っていたけれども、彼等は狡猾にして厄介な人民であり、オランダ人は彼等三名分の能率があるようであるから、彼等の労銀はかえって我等以上に割高につくも同様である。(37)

とあり、また、同方面派遣船隊司令官ステーフェン・ファン・デル・ハーヘンが同日同地から本社に送った報告の中にも、

日本兵についていえば、既にテルナテ及びバンダで経験したように彼等は非常に危険であって、制御することがすこぶる困難であるから、我等には余り有用でない。殊に彼等の大工、石工、並びに鍛冶職において然りである。むしろ彼等をその本国に留めておいた方が宜しい。(38)

とも記している。たとえその評価は芳しくないとしても、既に早くから少なからざる日本人が同方面に招致されて、兵員としてオランダ人に雇傭された者の外、このような大工、石工、鍛冶職などの技能労働者も渡航滞留していたことが判明するが、翌一六一七年八月十二日のテルナテ島のマライユにおけるオランダ駐在員の決議録によれば、

一六一七年八月十二日　土曜日

今度エーンドラハトに便乗して当地に来着した日本人等の上に一人の頭領即ち甲必丹 een hooft ofte Cap. を置き、これを彼等の間から互選させることこそ適当であると思う。(39)

とあり、同地に来住していたこれらの日本人の統制のため、特にこのように彼等自国民中からその首領を選出せしめたが、これは他面から見れば、同地在住日本人の数がさまで僅少でなく、その統制のために日本人の甲必丹の選出を

特に必要としたために他ならない。オランダ政庁では前述のように、バタビアなど各地の新植民地においてシナ人、日本人、アラビア人などの比較的多数の外来移民の場合には、その統制はそれぞれ彼等自国民出身の頭領を通じて間接的にその取締りを行い、彼等に幾分の自治的な生活を営むことを認めたが、今またこの方針をテルナテ島在住の日本人にも適用したのである。この頃同方面在住日本人の実数は全く明らかでないが、一六二〇年度モルッカ諸島各地在勤東インド会社使用人名簿によれば、

オランダ人	四四〇
イスパニヤ人	五
マルダイケル	一八八
日本人	二〇
シナ人	三[40]

が列挙されていて、明らかに日本人使用人二十名の在住を伝えているが、会社の使用人でない自由在住民の在否とその実数については、この名簿からは判明しない。

当時オランダ人とイスパニヤ人とは依然として同島の争奪戦を繰返し、翌一六二一年フレデリック・デ・ハウトマン Frederick de Houtman が新たにモルッカ諸島知事に任命されて、六月三十日に手兵を率いてテルナテ島に着任し、一年有半にわたり同島南岸のカラマタ Kalamata の城塞に籠城してイスパニヤ人の来襲を頑強に防禦したが、この時彼の配下には、オランダ人四十名、マルダイケル二十五名、日本人十名がいた。[41]これらの日本人が前年の在勤使用人名簿中に記された日本人二十名中の一半か、あるいはハウトマンが新たに引率して来た者かは明らかでないが、いずれにしても彼等は同島にあって、オランダ人の軍務に服役していたのである。十月二十九日のイスパニヤ人との戦闘

に当って、イスパニヤ人側には戦死十一名、戦傷三、四十名が出たのに対し、オランダ側ではオランダ人七名、日本人三名、テルナテ人一名が戦歿し、二十名が負傷している。[42]

しかるにこれより先同年九月十三日(元和七年七月二十七日)に、幕府が今後外国人が戦争のために日本人を海外に輸送することを厳禁したから(二一ページ参照)、オランダ人の日本人海外招致、特にモルッカ諸島方面への日本人兵員の補充は困難というよりも、全く不可能になったと見ねばならない。それでもなお一六二三年八月二十九日現在のモルッカ諸島在勤会社員名簿によれば、

タファソー Taffasoho

以下日本人兵	月俸、単位レアル
五郎作? Gordt Sack	五
浪蔵? Naniso	五
仁吉? Zinckits	五
左市? Zijts	五
クワンガン Quangam	五

以下自由日本人

アントニイ }未婚
ヤバ Java }未婚

……

ノフィキヤ Gnoffiquia

以下解雇して帆船アムステルダムに便乗を許可した者
ヨースト平右衛門 Joost Heymon　七フルデン半
自由民
日本のパイ Pay Japon 既婚
……
マライエン Malayen
日本人キリスト教徒　一名
……
カラマッテ Calamatte
以下日本人(月俸、単位レアル)
アンドレア　三
トメ　三
十兵衛 Jubee　三
治右衛門 Jemon　三(43)

とあるが、タファソーとはマキヤン島の西岸にあるタファソア Tafasoha、ノフィキヤとは同島東北岸にあるノファキアー Ngofakiaha、またカラマッテはテルナテ島の東南岸のカラマタ、マラメニンはマライユと同じく同島東南岸にあって、カラマタの西北に近いマラユー Malajoe をさしている。彼等を、在住地別、身分別に表計すれば次のとおりである。

		使用人	自由民	合計	
マキヤン島	タファソー	五	二	七	九
	ノフィキヤ	一	一	二	
テルナテ島	マライエン	一		一	五
	カラマッテ	四		四	
合計		一一	三	一四	

即ち当時モルッカ諸島在住登録日本人全員十四名中、マキヤン島在住者は九名、テルナテ島在住者は五名であり、その中会社の使用人は十一名で、自由民は三名であった。その中数名は独身であるが、中には妻帯者もあった。また兵卒等の会社の使用人である日本人はオランダ人の要請に応じてバタビア等から送致された者であるが、自由民もまた自発的に渡航したものではなく、かつて使用人であった者が雇傭期間満了後残住して、何等かの生業に従事していたものと思われる。

前表には当時マライエン在住の日本人としては僅かに一名が記録されているに過ぎないが、前年五月十八日に同地イギリス駐在員ウィリアム・ニコルス William Nicols が提出した抗議に対する知事ハウトマンの答弁書の中に、彼の配下と覚しい一日本人吉右衛門 Quitchiemon とイギリス人との喧嘩に他の日本人等が応援したことが記してあるから[44]、少なくとも日本人数名の滞在していたことが判明するが、あるいは前記一六二三年度の名簿調製の頃までに、これらの日本人は他地に移動してしまったのかとも思われる。その翌々一六二四年四月二十六日付ポルトガル人アベル・サルバドール・ディヤス Abel Salvador Dias の報告によれば、当時オランダ国旗の下に日本から連れてきた日本人百五十名、及びシナ人二百名が在勤したとあるが[45]、これはオランダ側の記録に比すれば余りにもその数が多く、あるいは何等かの誤解か誤伝ではあるまいかとも思われる。その後一六三一年度マライエン在勤オランダ東インド会

社員決議録の中に、

> 当地で解雇し、近く出帆するス＝フラーフェンハーフ 's Gravenhaag とゼーブルフ de Zeeburg の両船でバタビアに赴くことを許可した兵卒並びに住民の一覧表
>
> 一六三一年四月四日、テルナテ島マライエンにて、
>
> フワン・ロピス Juan Lopis、日本兵
>
> 下記もまた願出に依りバタビアに出発することを許可す。
>
> 日本人フワン・ロピスの妻子[46]

とある。恐らく前掲人名簿中マライエン在住の唯一の日本人キリスト教徒とは、この兵卒フワン・ロピスに違いない。もしそうだとすれば、彼は少なくとも九年間同地で在勤し、妻子を伴ってこの年にバタビアに帰還したのである。

またタファソー在住日本兵の一人五郎作とは、その後一六三〇年九月一日現在のアンボイナ島守備隊員名簿中に見える「日本の五郎作、兵卒」[47]、と同一人に違いなく、彼はこの頃までに同地からアンボイナ島に転勤したのであろう。なお翌一六三一年八月三十一日現在のテルナテ島のタルッケン Talucquen 守備隊員名簿によれば、知事以下会社使用人三百四十八名に対して自由市民は白人十一名、マルダイケル三十二名、自由日本人二名、シナ人四十一名であり[48]、また一六三〇年九月一日現在のマキヤン島タファソー在住守備隊員名簿によれば、会社員百九十五名の外に自由オランダ人四名、マルダイケル七名、自由日本人二名、シナ人一名、奴隷三名(その中二名はイスパニヤ人捕虜)が掲げられている[49]。そして翌々一六三三年七月三十一日現在のタファソー守備隊員名簿中にも、未だタファソー在住日本人自由市民二名が掲げられているから[50]、この両名とは一六二三年の名簿に記されたアントニイとヤバの両人が引続いて同地に在住していたに違いない。

第三節　アンボイナ島における日本人

一　日本人のアンボイナ島移住

アンボイナ島はモルッカ諸島中の大島セラム Ceram の西南に近接している一小島で、同島もまた一五一二年アントニオ・デ・アブレウの発見以来十六世紀の末までポルトガル人の領有する所であったが、同世紀末にオランダ艦隊が来航し、現地の住民と結んで彼等を駆逐し、同島の支配権獲得の端緒を開き、次いで一六〇五年二月にはアンボイナ湾の南岸に一地をトしてアンボイナと名付け、城塞を構築してニュー・ビクトリヤ Nieuw Victoria と命名し(のちビクトリヤと改称)、ここにオランダ人統治の基礎を固めた。(51) 後れてこの方面に進出したイギリス人は一時彼等と激烈に抗争したが、一六一九年の防禦同盟成立後は互譲して、同島を中心として五ヶ所に商館を経営し、前記アンボイナの町に設立した商館がその首位に立って、他の四館を統轄することとなったが、(52) 両国民の間は必ずしも常に融和したものではなかった。

オランダ人は同島の開拓に当っても他のモルッカ諸島と等しく、夙に日本人の移植を計画した。クーンが一六一五年四月十日に平戸商館長スペックスに送った書信中に、

以前ブルーウェルが購入したジャンク船は貴下がこれを良好に保管しているが、銅を少しも購入することができないならば、同船に日本人を乗組ませて、他に各種の食糧及び必需品を積んで、モルッカ諸島、即ちバチャン、アンボイナ、またはバンダ島に派遣されたし。(53)

と記しているが、翌々六月十日クーンから再び同人に送った書信には、前述のように日本人を同船で送致することを命じた後、さらに、

ブルーウェルが購入したヤン・ヨーステン Jan Joosten のジャンク船に就いていえば、……もし貴下が同船でアンボイナとバンダに居住させる既婚日本人若干名、並びにその妻子、及び未婚婦人をも送致することができるならば、決してこれを等閑に付すなかれ。(54)

と付言している。即ちオランダ人は同島の開拓防衛などのために、ただに未婚の日本人契約移民を多数招致するだけでなく、比較的浮動性が少ない既婚日本人とその妻子、及び未婚婦人の移植をも計画しているのは特に注意すべきことであって、もしこの指令がそのまま実行されていたとすれば、日本人男女、小児が多少なりとも同島に移住したはずである。

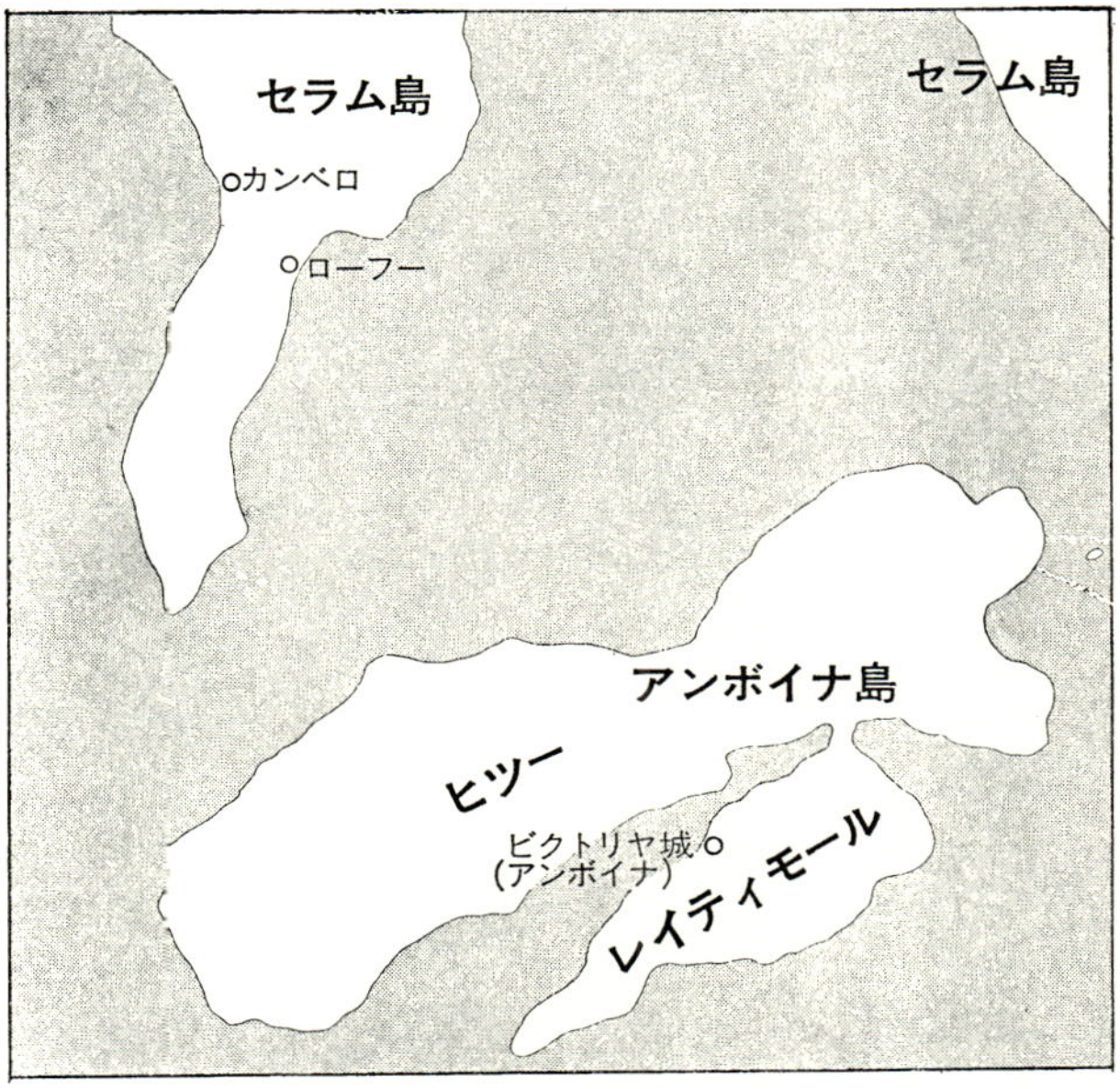

アンボイナ島

然るにジャカタラ城決議録一六二〇年一月十七日の条に、

一六二〇年一月十七日、金曜日。……

なおハレヤッセ de Galeasse に便乗して当地に来た作右衛門殿 Saquemond^{pe} と呼ぶ一日本人、並びに他の日本人二十一名を彼等の願出によっ

てそれぞれアムステルダムとアレントの両船に分乗させて、彼等が総督に提出した陳情に従って、会社所属の一島にある銀鉱脈発掘のためアンボイナ島に差遣するを適当と思惟す。その言によれば、かつて一日本人が前記の銀鉱脈から発見した鉱石の見本を日本において熔解して、かなりの量の銀分を採取した由であるから、銀の存在には既に明白な希望も懸けられている。前記の提言の責任上、前述の日本人等を同地において使役しても、会社には何等の損失を招かないから、その事はさらに快諾すべきである。[55]

と記されている。これによって銀鉱採掘のため作右衛門等二十二名の日本人労働者がバタビアから派遣されることになったが、これに先立って既に日本人が同島に赴いて、銀鉱石の見本を発掘して帰国したことがあったことも判明する。そしてこの時特にバタビアから派遣された日本人の数について、同島勤務の上席商務員アールツ・ハイゼルス Aerts Gijsels が翌年五月八日に綴ったアンボイナ島現状詳報の中で、これを四、五十名と記しているが、[56]前掲の報告や他の関係報告では、いずれも二十名乃至二十二名と記しているから、その数字はハイゼルスの誤聞ではあるまいか。

さて日本人派遣について一六二〇年一月十七日にジャカタラ城でなされた決議に続いて、クーンはその二月二十三日にモルッカ知事ハウトマンに指令を送って、いよいよ日本人二十余名を銀鉱採掘のためアンボイナ島に派遣したことを通告して、彼等を使用する際の注意を伝えている。[57]そして同年五月四日に当面の責任者であるアンボイナ知事ヘルマン・ファン・スピュールト Herman van Speult からクーンに提出した答申書中には、二船で来着した日本人二十二名の申請に応じて、斧、鑿、梃子などの必需品の準備を整えてから掘鑿工事を開始したが、所期の銀鉱を発見できず、しばしば日本人とは紛争を生じ、あらゆる希望も煙と消えたので、このようになってはむしろ閣下の下命のように、彼等を兵卒に採用したい旨を縷々詳述した。[58]その後八月十四日に同人からクーンに送った書信にも、

日本人はまず最初の掘鑿工事に着手し、今や一月余にわたり寸時も休まず労働し、ある所では二十五尋、他の所

では二十尋、十五尋、十乃至九尋も岩盤を掘進したが、鉱石の片鱗も発見できなかった。しかし彼等の語るところによれば、銀鉱を熟知している一イスパニヤ人捕虜が非常に有望な由を報じているとのことである。[59]と記して、同島に派遣された日本人労務者の銀鉱採掘工事は、もはや殆んど失敗に終った観がある。そして、当局は重ねて銀鉱に明るい日本人の頭領を至急日本から呼び寄せて採鉱せしめたが、結局得るところなく、すべては徒労に帰した。[60]

当時彼等の外にもなお多数の日本人が同島に移住していたらしく、一六二〇年度の調査によれば在住欧州人は百九十六名で、他に日本人も六十三名おり、その大半は守備隊に属していた。[61]しかるにここに、はしなくも一六二三年三月同島のオランダ・イギリス人の抗争は激化し、在住日本人の中にもその渦中に巻込まれる者もあって、天涯万里の孤島において哀れにも虐殺の悲運に遭い、世に所謂アンボイナの虐殺事件として喧伝せられることとなった。

二　アンボイナ島虐殺事件と日本人

いわゆるアンボイナ島の虐殺は当時オランダ・イギリス両国朝野の耳目を聳動し、事件の翌年から両国当局はしばしば関係文書を印刷公表して、互いにその立場を弁明したが、[62]一六七三年に至りイギリスの文豪ジョン・ドライデン John Dryden がこの事件を題材として書下した『悲劇アンボイナ』は、この事件に対するイギリス人の憤激を表現したものである。

わが学界では恐らくリチャード・ヒルドレス Richard Hildreth の『日本古今記』[63]や、レオン・パジェス Léon Pagés の『日本吉利支丹宗門史』などによって初めて事件の片鱗がおぼろげに紹介されたのではないかと思われる。[64]その頃デ・ヨンゲ J. K. J. de Jonge が、『蘭人東インド発展史料集』を刊行し、その序説の中でこの問題を詳述し、[65]またノエル・セインスベリイ Noel Sainsbury は彼の刊行したイギリスの『編年政府文書集植民地文書東インド編』の中に当時の事件関係文書を多数網羅し、その解説を記している。[66] さらにオランダ領東インド近代史を専攻して多くの論著があるスターペル F. W. Stapel はこの事件を研究して、「アンボイナの虐殺」なる論文を発表して、その責任がイギリス側にあることを論じ、[67] ついでコールハース W. P. H. Coolhaas もまた一論文を著してこれに同じ、[68] わが国では時野谷常三郎博士や杉本直治郎博士がアンボイナ虐殺事件に現われた日本人について論争され、[69] 今や事件の全貌はいよいよ明らかになったようである。しかしヨンゲ以下の諸研究を見るに、未だ必ずしも当時の関係文書をことごとく利用しているとは思われず、殊に在住日本人についてはもっと考察すべき点や、また他の史料によって敷衍すべき点も残されている。

まず事件の経過を簡略に記せば、一六二三年二月二十三日の夜、オランダ守備隊中の一日本兵七蔵が城壁上を漫歩し、再三禁制区域に出入し、オランダ人衛兵と雑談を交わし、城壁の構造、城内の兵数等色々質問した。衛兵はその言動に不審を抱き、直ちにこれを捕えて拷問した結果、彼は他の日本人等が城塞占領の陰謀を企てていることを自白した。そこでオランダ人は猶予することなく直ちに他の日本人十名、並びにオランダ人の下に奴隷監督を務めている一ポルトガル人を捕縛し、二、三日にわたって彼等を拷問にかけ、当時拘禁中のイギリス人外科医と対決せしめた。結局これらの日本人は当時アンボイナ駐在のイギリス人に加担して、この陰謀を遂行せんとしている旨を自白するよう強要された。よってさらにイギリス商館長ガブリエル・タワーソン Gabriel Towerson を喚問して拷問にかけてその事実を認めさせ、同二十三日から翌三月三日にわたって喚問を受けた者三十名の自白書を作成して、それぞれ各自に署名させた。同八日知事ヘルマン・ファン・スピュールトは一同に死刑を宣告した。即ち翌九日(元和九年二月九日)にイギリス人十名、ポルトガル人一名、及び日本人九名が刑場において斬首され、商館長タワーソンと主謀者と思われる日本人はさらに梟首された。なお日本人二名と残余の八名は釈放された。こうしてオランダ人は同地におけるイギリス人の勢力を叩き、一時大いに凱歌を奏することができた。

以上述べた事件の梗概は上述の諸研究においても大同小異、ほぼ一致している。しかし関係日本人について記すところは必ずしも根本的な史料を精査したとはいえず、ハーグの国立中央文書館には関係史料が多く保存され、就中当面の責任者である知事スピュールトが東インド総督ピーテル・デ・カルペンチールに提出した事件の詳しい報告や[70]、喚問された日本人等が署名した自白書の副本十一通も保存され[71]、またロンドンの旧インド省記録課にも、セインスベリイの収録文書の外、前述日本人の自白書の副本や多数の証人の陳述書が保存されている[72]。

アンボイナにおけるイギリス人の拷問
(*Trve Relation* より)

そして知事スピュールト等の訊問書に添付されたこれらの自白書には、それぞれ彼等の氏名、年齢、出身地、身分などが記入されていて、その末尾にはたいてい日本風の署名が据えてあるが、今まずこれを訳出すれば、次のようである。

一六二三年二月二十三日、神の慈悲深い御恵みと御決定により次のようなことが明らかとなった。即ち七蔵 Hitieso という一日本人が、夕方遅く説教と祈禱の時間に、許可もなく、その資格もなくしてしばしば城壁外稜堡の前面に至り、そこに居合せた年若い兵卒に向かって城内にどのくらいオランダ兵がいるか、夜間どれだけ休息を取っているかを時々尋ねた。そこでアンボイナの知事ヘルマン・ファン・スピュールト殿と参議員等は前述の人物の行動と質問に疑惑の念をさしはさむのは当然のことであるとして、この日本人を知事殿と参議員の面前に召喚して、そんな事があったのかどうか、そしてそれが真実であるかどうかを訊問し、彼を捕えて次のような自白書を取った。

前述の日時アンボイナ城において、

ヘルマン・ファン・スピュールト

ラウレンス・デ・マルシャルク Laurens de Marchalk

クレメント・ケルケボーン

ヤン・ヤンスゾーン・フィッセル Jan Janszoon Visscher(73)

［以下十名略］

とあるが、これに添付した当の七蔵の自白書は次の通りである。

日本の平戸生れで二十七歳の日本人七蔵は彼の面前に連れて来られて、かつて彼がしばしば色々な所で質問したことを否認し、そんな事は気のむくままに冗談でやったことだと自白した。そこで閣下は、そんな遅い時刻に、居合わせた若い兵卒に気のむくままに質問することはできるものではなく、そこにはもっと何かが潜んでいたはずだと述べて、(残酷ではあったが)閣下と参議員諸氏とは彼を拷問にかけることにした。そこで彼を捕えて暫く拷問にかけた後に釈放した。彼は事件がどのようなものであったかを自白し、ついで同じく東インド会社勤務の兵卒でシドニイ・ミヒール Sidney Michiel といい、以前イギリスの会社に勤務していた他の一日本人が、彼にそのようなことを欲するかどうかを尋ね、かつまたこのミヒールは彼や他の日本人等が城塞をイギリス人に引渡すのを手伝うことを欲するかどうかを尋ねたので、彼はこの日本人がイギリス人の名で提供されているのと同様な良い手当が与えられるならば、これに応諾しようと答えたと自白した。

彼はまたしばしばマルダイケルの住宅地域並びにイギリス人の館に現われて、自分たちが城塞を引渡すつもりだということを語り、また他の多くの日本人やイギリス人商人チモセウム・ジョンソン Thimoseum Johnson とイギリス人外科医アベル・プライス Abel Preys にも同じことを語ったと自白した。

彼は城塞内にいた日本人兵は皆城塞を引渡すことに同意して、これに援助せんことを約束したと述べた。

彼はさらに自分たちはイギリス船が当地に来航したら、この陰謀と裏切を実行に移したであろうと自白した。そして彼は日本人を各稜堡に二名ずつ派遣し、残った者は知事殿の館に侵入して、そこに居合わせた者を残らず殺害するつもりであったとも述べた。

アンボイナの城塞において当一六二三年二月二十三日にこのように自白して署名す。

日本人　七蔵

ヘルマン・ファン・スピュールト

ラウレンス・デ・マルシャルク

［以下十四名略］

クレメント・ケルケボーン

ヤン・ヤンスゾーン・フィッセル Jan Jansz. Visscher

ヤン・ファン・レーウェン Jan van Leeuwen (74)

［以下九名略］

他の日本人の自白書もその主意においてほぼこれに類似するか、またはもっと簡略である。今、これによって関係日本人の姓名、年齢、出身地を列記すれば次のようになる。

姓名	年齢	出身地	書類日付
七蔵 Hytieso	二四	平戸	二月二十三日
シドニイ・ミヒール Sidney Migiel	二三	長崎	〃 二十四日
ペドロ・コンギ Pedro Congie	三一	長崎	〃 〃
トメ・コレア Thome Corea	五〇	長崎	〃 〃
長左 Tsiosa	三二	平戸	〃 〃
久太夫 Quiondayo	三二	唐津	〃 〃
神三 Sinsa	三二	平戸	〃 〃
左兵太 Tsavinda	三二	筑後	〃 〃
三忠 Sanchoe	二二	肥前	〃 〃
ソイシモ Soysimo	二六	平戸	〃 〃
作兵衛 Sacoube	四〇	平戸	〃 二十五日

これらの十一名の中、最後の二名は後に釈放された。また彼等の姓名中、七蔵、久太夫、神三、左兵太はほぼその署名から推定ができ、また作兵衛の比定も誤りないものと思われるが、他は仮りに推定したに過ぎない。ペドロ・コンギは他にコンエ又はコニェ Conje、あるいはコンゲイ Congey と記した場合もあるが、いずれにしてもその日本名はちょっと推定し難い。また左兵太の出身地を筑後 Tjouckertge となすのは、既に時野谷博士の推定もあるが、彼の自

白書の右側に併記された英訳文にその出身地を別にペイス・フォレイコ Peys Voleyquo と記してあるのは何処を指すか、全く判断に苦しむ。

彼等を出身地別に見れば、平戸出身五名、長崎出身三名、肥前出身一名、唐津出身一名で、即ち肥前地方出身者の総数は十名となり、他に筑後出身者一名があり、いずれも九州西南の対外関係が深い地方出身者を以て占め、その年齢も最低二十二歳から最高五十歳であって、二十代四名、三十代五名、四十代一名、五十代一名で、平均二十三歳強になり、最も筋肉労働に適した年齢であるといえよう。これらの人々の在郷時代の身分職業は判明しないが、アンボイナに渡航した人々の場合はいずれも傭兵としてであって、その中ミヒール、ペドロ、トメなどの教名を持つ者は、あるいは海外に逃避したキリスト教徒かも知れない。また自白書によれば、シドニイ・ミヒールはかつて同地のイギリス商館に雇傭されていた者である。トメ・コレアは長崎出身の朝鮮系の者かと思われるが、日本人が南方各地に進出するに伴い、在住朝鮮人男女の中にもまたこの方面に進出する者が多少あった。(75)

このようにしてこの事件は一見オランダ人の成功に終り、殊に同島が東南アジアの東端にある孤島であるために、事件は暗々裡に葬り去られたかに思われたが、やがてその情報は漏洩して、遅れて同年十二月に漸くバタビアに転報されると、俄然イギリス上下の憤激を招き、蘭英両国は互いに事件の顚末を公表して応酬し、ついに問題は両国政府の外交折衝に移され、事件後三十余年を経てクロムウェル時代に、オランダ政府が八万五〇〇〇ポンドに上る多額の賠償金を払ったことによって漸く落着したが、(76)異境に憤死したこれらの日本人に対しては何等酬いられるところもなく、その消息も恐らく彼等の郷里には全く伝えられることもなかったに相違ない。

三　アンボイナ島残住日本人の活動

アンボイナ島の虐殺事件に関して蘭英両国間の交渉がこのように紛糾すると、オランダ側では彼等の立場の正当性を立証するために、一六二八年の春になって、事件当時同島に在留していた自国商人等を喚問して、それぞれ百数十ヶ条にわたる質問を発してその証言を記録し、これをイギリス当局に送ったようである。(77)その中日本人に関するものは六十項にも上り、事件関係日本人の行動は言うまでもなく、往々当時在留日本人の生活状態をも色々の角度から窺うことのできる好史料である。

例えば一六二八年二月九日付の東インド会社員ヤン・ヨーステンの答申によれば、

第十九項。曰く、アンボイナの前記城塞のオランダ守備隊中には日本人十一、二名がいて、刀 catanas、即ち剣を佩びているが、それはいずれもそれぞれ大小二刀から成っており、また時には一スパンの長さに過ぎない小束を添えていることもある。この外、市中と島内には、会社に勤務していない日本人がいるが、その数は不明である。

第二十二項。曰く、当時同地にいたイギリス人の中に、日本語に通じてこれを話す者がいたか否かは承知しないが、イギリス人はたいていマレー語かポルトガル語には通じ、中には両語に通じている者もあり、日本人もたいていこの両語を話す。(78)

とあり、また同年四月七日付の元東インド会社社員ヤン・ヤコブス・ウィネコップ John Jacobs Winecop の答申中には、

第十八項。曰く、その陰謀に関して日本人十一名が捕縛されたことをよく承知している。また曰く、処刑後アンボイナの町で他の日本人等を見かけたが、その総数は判明せぬ。また彼等日本人はたいてい大刀を佩びているが、

また時には二刀を佩びている。
後に思い出したところでは、島中には疑いもなく、兵卒その他で総数三十名ぐらいの日本人がいた。(79)

と述べている。さらに同年三月二日付のラウレンス・デ・マルシャルクの口述書には、

第十八項。曰く、当時アンボイナの城塞中には日本人が十二名いて、その中二名は奴隷であったが、キャプテン・タワーソンに仕えたのはシドネ・ミチェルとピーター・コニェであって、他に幾人の日本人が町や島内に滞在していたかは承知しない。前記の日本人等はローフー Lohoe、ヒツー Hitoe、及びカンベロ Cambello の住民から弾薬を買上げる便宜を持っているが、現地住民等は同地でこれを製造して、アンボイナに売りに来る。

第九十九項。曰く、日本人は皆マレー語で訊問されたが、査問官もたいていこの言語に熟達している。……日本人の中にマレー語を解せぬ者があった。彼等は時にはアンボイナの町に在住していた他の自由日本人の通訳を煩わしていた。(80)

と記され、同月九日のペーター(ピーテル)・ファン・サンテン Peter van Santen の答申書には、

第十八項。曰く、当時前記の城塞中には日本人十名がいた。なおアンボイナの町にも他の日本人が多数いたが、その実数は承知しない。前記の日本人は毎日両刀を佩びて横行し、またマカッサル人やその他の現地住民から火薬を購入する便宜を持っている。(81)

と、日本人に関して種々陳述している。これらの証言中に散見するところによって見れば、当時オランダ守備隊に勤務している日本人兵員の外、日本人自由市民や奴隷も町に居住して、事件後においてもその数は三十名近くであったようであるが、事件直後ロンドンで印刷公表された『アンボイナ虐殺真相報告』なるパンフレットには、

これらの日本人は(島全体でも三十名とはいないが)、たいてい兵卒としてオランダ人に傭われていたことは特に

注意すべきことである。(82)

とあって、両者の記している日本人の数と処刑された日本人の数の間には九名の食違いがある。もとよりいずれも正確な調査に基づく実数でもあるまいから、単にその頃三十名内外の日本人が在住していたくらいに解してよかろうが、先に一六二三年の調査に六十三名と明記された在留日本人の数が、この頃には幾分か減少していたのであろう。そして彼等はマレー語かポルトガル語を解し、中にはマカッサル人や近隣の現地住民との交易を業とする者もあったが、その多くは自国の習慣を墨守して、常に腰に両刀を佩びていたことがわかる。

その後、引続いて同地に在住する日本人もあって、一六三〇年九月一日現在のアンボイナ城塞守備隊員名簿によれば、兵員総数二九九名中に左記日本人兵士五名の氏名を見出すことができる。即ち、

日本の五郎作 Gortsack　兵卒
日本のヨウスト Jouste　同
日本人長崎のルイス Louis　同
平戸の庄三郎 Siosabra　同
堺の孫六 Mangurock　同(83)

この五名の中の五郎作は一六二三年七月のモルッカ諸島在勤会社員名簿に記されたマキヤン島タファソー在勤の日本兵五郎作と同一人と思われるから(二四四ページ参照)、彼はこの頃までに同地からアンボイナに転勤したのであろう。

また翌一六三一年五月二十七日のアンボイナ城塞における決議録によれば、

一六三一年五月二十七日。火曜日。

日本のヤン・デ・クロウス Jan de Crous は元来自由市民であるが、志願して会社に勤めることになったので、今

後三年間彼を憲兵に採用し、俸給は一六三〇年十一月二十二日から起算して月額二〇フルデンを支払うこととする。(84)

とあるが、同年九月十五日現在のアンボイナ守備隊員名簿には既に前記五郎作の外に、新たに採用したこのヤン・デ・クロウスの姓名と、各自の俸給が記入されている。(85) ついで翌一六三二年八月三十一日現在のアンボイナ守備隊員名簿にはヤン・デ・クロウスと五郎作以外に、新たにペドロなる日本兵が登録され、兵士等はいずれも給料の外、それぞれ肉類六ポンドと米四〇ポンドを支給されることが記入されているが、(86) 翌一六三三年五月の名簿にも、前記五郎作等三名の氏名、給料を掲げ、ペドロの身分について、「日本人ペドロ、マルダイケル、兵士」と記されているから、(87) 彼は以前奴隷の境遇にあって、その頃解放されて自由を取得し、改めて城塞の兵卒に雇傭されたものであろう。そして同年八月三十一日の名簿には五郎作、ペドロ等の外に、また新たにヤン・六兵衛 Jan Rokbe とルイス・デ・コスタ Louis de Costa の両人が登録されているから、(88) この頃アンボイナ城塞勤務の日本兵の数はかえって増加していたことが判明する。

しかるに同年度のアンボイナ島における市民の会社に対する預金表によれば、

日本人アントニオ・インバ Antonio Imba　一四〇フルデン　一四スタイフェル　八ペニング

日本人ミヒール　五一　〃(89)

なる二名の日本人市民の名も見え、未だ城塞内に勤務する兵士や士官等の外に、この種の市民も残住していたことがわかる。その後一六四三年九月一日現在のアンボイナ島ビクトリヤ城塞守備隊員名簿によれば、未だなお日本人一名即ち憲兵ヤン・デ・クロウスの在職が記してあるが、(90) 彼はこれより先一六三一年五月に志願して、三年間の契約で憲兵に採用された日本人自由市民ヤン・デ・クロウスと同一人物と思われるから、彼はその後この年まで引続いて十三年間在職したことになる。しかし翌一六四四年以降の名簿には彼の名も、また他の日本人名も発見できないから、恐らく彼が同島残住日本人の最後の一人であろう。

なおかつて平戸のオランダ商館長として敏腕を振ったフランソア・カロンと日本婦人江口氏との間に儲けた五児の一人で、父と同名のフランソアは、父カロンが一六五〇年九月二十四日に家族を引連れてバタビアを出発し、本国に引揚げた際に伴われて本国に帰り、(91)一六五四年九月にライデン大学で神学を修め、翌年ユトレヒトに転じて修学を続け、ノーテボーム de Noteboom に便乗して一六六〇年十二月二十九日にバタビアに着き、翌年アンボイナ島に渡って現地住民の間に熱心に伝道すること十四年、後に知事ピーテル・メルビーレ Pieter Merville との間に感情の疎隔があって、一時城塞内に拘禁されたが、ついに一六七四年六月同島を去って本国に帰り、一七〇六年レクスモント Lexmond で歿した。彼はマレー語に長じていて、永年の布教の傍ら著した『マレー語説教集』や『天への道』などの布教書が出版されている。(92)

このようにアンボイナ島移住日本人は、あるいはオランダ守備隊の兵士として、あるいは自由市民として活動していたが、他の南方各地から船を操って、貿易のため同地に寄港する者もあった。一六三八年東インド総督アントニオ・ファン・ディーメンが、第二回モルッカ諸島巡視の途中、四月二十四日にアンボイナ島ヒツーの碇泊地からセレベス島のマカッサル駐在上席商務員ヘンドリック・ケルケリング Hendrick Kerckeringh に送った書信の中に、

宗右衛門 Soyemon の日本ジャンク船もまたアンボイナに来着したが、八日後には再びマカッサルに向かって出帆するであろう。その願出によって、同船には必要な諸雑貨を提供した。(93)

とあって、日本船のアンボイナ寄港を報じているが、ディーメンは同日別に一書をしたため、船主宗右衛門に次の如く通じている。即ち、

マカッサルにいる日本人ヨサ・宗右衛門 Josa Cheymon Japander に。

敬愛する友よ。

我等のヤハト船アッケルスロート de Akersloot において我等に宛てた一六三八年三月八日付の貴翰、並びに敬意の印として我等に贈られた品々を請取り、これに対して深甚の謝意を表す。貴下の船は無事アンボイナに着いて貨物を売却した。我等は同船の船長の願出によって、貴船の需要に対して若干の必要品を提供したが、ただ貴下の要請した鉄砲については商談に応ずることはできない。けだし小銃は我等の小船にもすこぶる必要で、到底提供し難いからである。自分は約二ヶ月以前アンボイナを出帆して、目下ヒツーに碇泊中であるが、今まさにカンベロに向かい、同地でテルナテ王を接待せんとしているので、今後八日でマカッサルに向かって出帆する貴下の船とその乗組員に何等の親書を与えることができず、かつ彼等の出帆前に彼等と会談することも、書面を与えることもできないけれども、予は貴下がキャプテン・ヘンドリック・ケルケリングと会商して、米穀をバタビアに輸送するならば、多大の利益があると思う。けだし白米は同地ですこぶる高値で、一ラスト［二トン］に付き七〇レアルで売却できるからである。ここに僅少ながら胡桃、丁子、及び土産の果実を贈ったから、何卒感謝の印として請取られたし。

一六三八年四月二十四日

ヒツー港碇泊中のフレデリック・ヘンドリック Frederick Hendrick 上で、

アントニオ・ファン・ディーメン(94)

とあって、彼は一旦アンボイナに貿易に来て、さらにマカッサルに廻航しようとしていたことがわかるが、もとよりこれは日本からの直航船によるものではなく、この頃頻りにマカッサルに来航した柬埔寨在住日本人の有力者宗右衛門の船である。

第四節　バンダ島における日本人

バンダ島とは大バンダ島またはロントール Lontor、バンダ・ネイラ Banda-Neira、及びグヌン・アピ Goenoeng Api の三主島及び若干の小島とからなる一小群島の総称であって、バンダ海の東北隅にあり、アンボイナ島、及びその他のモルッカ諸島と均しく一五一二年にアントニオ・デ・アブレウによって発見されたが、十六世紀の末オランダ人が渡来してからは、ポルトガル人の勢力は全く一掃された。その後オランダ人は現地住民と香辛料の取引契約を結んで貿易の独占を企てたが、しばしば彼等と紛擾を惹起し、この間隙に乗じて一六〇九年の初めにイギリス船が渡航して商館を開設し、両国民は互いに他を排してその勢力を扶植せんとし、現地住民もこの間に介入して、同島を繞る関係が極度に緊張すると、(95) オランダ人は同地にも日本人を招いて、兵備の強化を図らんとしたようである。

既に一六一三年の最初の日本人契約移民輸送の後、平戸の商館では翌一六一四(慶長十九)年八月十二日に左の事項を議決し、これを便船に託してバタビアに送り、政庁の注意を喚起した。即ち、

また前に出帆したローデ・レーウ・メット・パイレン及びハーゼウィント den Hasewint の両船に随伴して、日本船一隻と約七十名の日本人をモルッカ諸島に差向け、これをバンダ島における特殊な任務に充てることに決定した。日本人は他の地方においてむしろ必要なのであるが、しかもその地方には従前から現在に至るまで駐屯する者が少なくて、かえって従来同島に多数駐在せしめたオランダ軍隊を割くことなくして、バンダ人に対抗するためにこれらの船並びに人員を用いることができるが、なおまた同島の悪化した事情に鑑み、かつこれについて

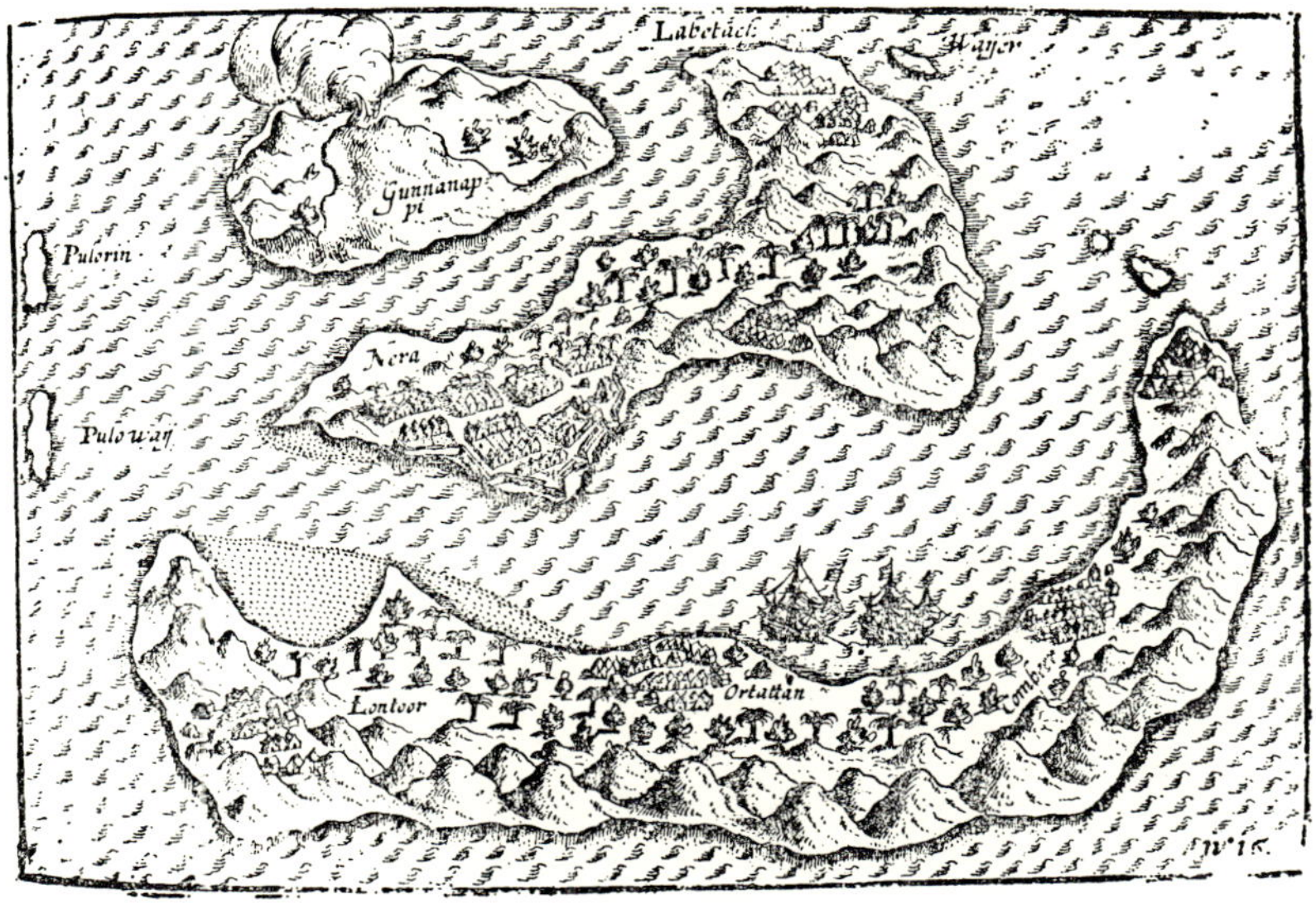

バンダ島

> 他に色々考慮を繞らし相談して、バンダ人を抑圧するためには、オランダ軍隊を使用せずに、船数隻と日本人を同島に派遣するのが極めて緊要であることが十分諒解される。(96)

と記して、オランダ軍を他の地方の防備に充当して、そのために守備薄弱となるバンダ島に日本人を送るべき旨を力説しているが、翌一六一五年四月十日にクーンがバンタンから平戸の商館長スペックスに送った返書には、

> 貴下がヤハト船ジャカタラ Jacatra で送った訴状、及び暹羅と交趾シナのこと、並びに日本人を乗組ませてバンダ島に使用する日本船に関して、我等は直ちにヤハト船一隻と他に一船を当地に急派すべき旨を総督閣下に書面で呈した。恐らく遅延することはないであろうが、その一隻か他の一隻が来着し次第、貴下は前記の件に関して閣下または我等の最終的決定を受取るであろう。(97)

と報じて、バンダ島で使用する日本船と日本人を平戸からバンダ島に直接送付することを慫慂したことについて、ク

ーンは一応返答を保留して総督の意向を聴取しているようであるが、翌々六月十日には、既に引用したように、彼が再び平戸の商館に送った指令の中で守備隊に使う日本人の送致を要請した外、アンボイナ島と同様に、婦人小児連れの日本人移民の送致をも要求している(二四九ページ参照)。彼は翌一六一六年五月十四日に同地からスペックスに送った指令中にも重ねてこの問題を繰返して、

なお予は会社が良い船若干隻に日本人を乗組ませて、これを適当な頭領の指揮下に置いて、バンダに送ることを切望す。思うに彼等が宜しく訓練されたならば、よくバンダ人を制圧し、充分任務を果すであろう。否、それは既に彼等が東方人種中で有している空疎な名声のみによっても可能であろう。既に当地に来着した者については、未だ親しく会う機会がないから何とも批評することができないが、もし貴下の報告したように、さらに二隻を派する便宜があるならば、同船で彼等を送致されたし。(98)

と命じ、彼は日本人をバンダ島の守備隊に充てることを熱心に希望し、かつ日本人女性の移植についても多大な関心を示して、その送致を要請している。後者はもとより同地開拓に要する平和的移民の招致に留意したものにほかならない。

これより先一六一五年五月アドリヤーン・ファン・デル・デュッセン Adriaen van der Dussen が総勢九百名に上る兵員を統率してバンダ島の遠征に向かった際には、日本兵を乗組員とせる一船がこれに随航し、プロ・アイ Poeloe Ai の攻略に当っては、従軍した日本兵がその隊旗を掲げ、先頭に立って進撃し、オランダ兵がこれに後続して、ついに城塞を陥れた。(99) この時従軍した日本人の数は明らかでないけれども、同年十月二十二日にクーンの出した報告によれば、

この時なお日本人の乗組んだ日本船一隻も同行して、グリッシ Grissix のジャンク船を抑留して積載貨物を奪っ

た。(100)

とあるから、前年来の交渉のように日本人の乗組んだ一船が日本から来着して活動したものと思われる。したがって少なくともこの一船を構成するに足るだけの日本人も来航して従軍したはずであり、この外前述のように、デュッセンの麾下にも相当数の日本人兵が従軍していたのである。この頃イギリス船隊司令官ジョン・ジャーデン John Jourdain が前述の一小島プロ・アイ島に派遣した一船の船長が同地でオランダ軍に捕えられて、日本人兵四名に監視されたが、(101)彼等は従軍者中陸上に残ってこの任に服した者と思われる。

翌一六一六年にも、オランダ人は引続いて司令官ヤン・ディリックゾーン・ラム Jan Dircksz. Lam の指揮下にバンダ諸島の経略を続行したが、日本人も再びこれに従軍した。同年七月二十五日に前記デュッセンが東インド会社本社に報じたところによれば、ラム指揮下の兵員七百八十名の外に、現地の住民シャウエル Ciauwers、マルダイケル及び日本人の混成隊百五十名も従軍しているが、(102)同年十月十日付のクーンの戦況報告には、

イギリス人が同地から撤去したので、ラムは各隊七十名から成る陸兵七隊、水兵隊三隊、及び日本人二十三名を率いてプロワイ Puloway に上陸し、三日かかってバンダ人の城下のすぐ近くに軍勢を配置し、砲兵陣地を敷いたので、バンダ人は同地から逃走した。(103)

と記されているが、右の二十三名は前述混成隊百五十名の一部であって、当時この方面に従軍した日本人の全数ではあるまい。なお同年七月現在の東インド地方におけるオランダの軍備並びに貿易情報によれば、彼等はバンダ諸島中の二島にそれぞれ城塞を有し、ナッサウ Nassau 城塞にはオランダ兵守備隊百二十名の外、多数の日本人兵、シナ人兵の在勤が記録されているから、(104)プロワイ島攻略戦に参加した日本人の外に、このバンダ・ネイラ島東南の一角にも多少の日本人兵が駐屯していたはずである。

しかしその後これらの日本人の中には他の地方に転住する者もあった。一六一六年五月十三日バンタン駐在オランダ商館上席商務員バイゼロはクーンに書翰を送って、同地に来着した日本人六名と来着後二十日にして死亡した一日本人に対して、かつてバンダ島で勤務した期間の給料支払に関して指示を仰ぎ、クーンが翌日これを許可したことは既にこれを述べたが[105]、さらに翌々一六一八年三月三十日にクーンがジャカタラ碇泊中の艦上から平戸の商館長スペックスに宛てて、バンダ島で死亡した日本人等の補償を十分行うべき旨を命じている[106]。

その後一六二一年春にもクーンはそれぞれ七十名ずつを乗組ませた十二隻の艦隊を率いて大挙バンダ島遠征を企てたが、この時も彼の坐乗した旗艦ニュー・ホランディヤには日本兵四十二名がバタビアから乗組み、ジーリックゼーには四十五名が乗組んで出征し[107]、攻略戦に当って日本人は奮戦して、戦後特別賞与を授けられた者もある。即ち一六二一年三月十四日にバンダ・ネイラのナッサウ城塞前面に碇泊中の旗艦上において作成された決議録によれば、

　一六二一年三月十四日、日曜日。朝。

大尉メルテン・ヤンスゾーン・フィッセル Merten Janszoon Visser、並びに志願兵オランダ人三十四名、及び日本人十五名は自ら先陣を申し出て、山中未知の小径を伝って進軍中、激しい抵抗を受け、激戦の末敵を撃退して、ついに山頂に到達したので、下記の賞与を下賜することを適当と認む。即ち、

大尉メルテン・ヤンスゾーン・フィッセル、別名鳥 Vogel に六〇〇レアルと別に分捕銃二挺。

前記日本人等の首領にもまた六〇レアル、……日本人十四名にはそれぞれ三〇レアルずつを[108]。

と記されている。彼等はその後暫く滞留して残敵を掃蕩し[109]、いよいよバンダ島を完全に占領した後、同年四月五日に今後同島の守備のため残留させる兵員四百名の割当を決定したが[110]、同月十九日の決議によって、従軍日本人等の大部分はクーンに率いられてさらに他の地方の軍務に振向けられることになった[111]。そこで日本人の大多数も同島から引揚

げたが、なお同島に残住した者も多少はあったらしく、一六三三年度バンダ島在住民名簿には次の四名とその在住地、並びに使用人の員数が登録されている。(112) 即ち、

	自由バンダ婦人	他の自由土着人 男	他の自由土着人 女	奴隷 男	奴隷 女	計
プロアイ Pouloay						
日本のピーテル	一				一	二
日本のフランシスコ		一	一	二	一	五
プロロン Pouloron						
日本人茂助 Mosque		一	一	二		四
日本人ルイス Luis			一			一

プロアイは即ちプル・アイ Poeloe Ai、プロロンは即ちプル・ルン Poeloe Roen などの島々であって、共にバンダ諸島の最西にある小島であるが、これらの残住日本人はおのおの同地においてその家庭に現地住民男女や奴隷を使役して、相当な生業を営んでいたと思われる。ところが東インド会社の使用人としてこの方面に赴いたドイツ人ヨハン・シグムンド・ウルフバイン Johann Sigmund Wurffbain の日記の翌一六三四年一月二十四日の条に、

一六三四年一月二十四日、また下記犯罪人数名が処刑された。一人は当バンダ島の刑吏であった日本人キリスト教徒トーマス・茂助 Thomas Mosch であった。彼は楅を含めて長さ一スパン、刀身幅約二指の彼の日本刀を抜いて、斬罪を宣告された人を片手を以て一撃の下に斬首し、その後で刑場の側にあるシナ人の料理店に赴き、その間刑吏の下役を見張りに立てておいた。前述の日本人は裸足で緩々とその家からこちらに歩いて来て、ねらい違

わず彼の役目を間違いなく果したが、しかし他の絞罪や鞭打などの刑罰は自分では執行せず、これを奴隷に委せた。このトーマス並びに前記の刑吏等は、二十二日に徒らに酩酊して脱走した兵卒ヨハン・ヘルマン Johann Herman と共に死刑を言渡されて、その刀で斬首され、その死骸は地上に放置された。(113)とあるが、この刑吏トーマス・茂助とは、恐らく前記プル・ルン在住の日本人茂助かと思われるが、同方面に残住の他の日本人のその後の行末は明らかでない。

第五節　セレベス島における日本人

上述のようにオランダ人の南洋経略の初頭に当って、日本人は彼等の招請に応じてテルナテ、チドール、マキヤン、アンボイナ、バンダ等のモルッカ諸島各地において、あるいは東インド会社の使用人として、あるいは兵卒として、はたまた労働者として、商事、軍務、雑役など諸般の任務に服して活動し、他に自由市民として残住して商業方面に活動する者もあったが、なおその近隣セレベスやボルネオの諸島、あるいは東南のソロール島や西方のスマトラ島など、オランダ人の開拓地各地に進出する者もあった。

『バタビア城日誌』一六二四年九月十六日の条に、セレベス島のマカッサルから同地に来航した一イタリヤ人が同方面の情報を齎らして、これらの情報はことごとくマカッサルに在住している日本人アルフォンゾ・カルベリョ Alphonso Carvello, Japponees から聞取った旨を述べているが、(114)翌年八月十七日にバタビアから暹羅に向かった一オランダ船に乗込んだ日本人三名は、これより先マカッサルから同地に渡って来たものであった。(115)

その後十年を経て、『日誌』の一六三四年七月十三日の条によれば、オランダ艦隊司令官ヘイスベルト・ファン・ローデンスタイン Gisbert van Lodenstijn の命によって一日本船がマカッサルからバタビアに廻航されて来たが、同船は前年柬埔寨を出帆して、貿易のため同地に渡航したもので、帰航の途中オランダ艦隊に拉致されたが、オランダ当局によって、日本人との今後の関係を考慮して釈放されたものである。[116] 翌々一六三六年三月二十九日に同船は米穀、塩魚などを積んで再びバタビアに入港し、[117] 綿糸や綿布を購入して五月二十日柬埔寨に帰帆するに当り、政庁に願出て、さらに柬埔寨からマカッサルに赴き、同地で米穀を積んでバタビアに運送する許可を求めており、船長の名を「日本人甲必丹、シセミの宗右衛門」Japansen Capiteijn Soyemon van Sissemij と記してあるが、[118] 彼は疑いもなく柬埔寨における日本人の有力者で、同地日本人の頭領森嘉兵衛の弟に当る宗右衛門と同一人物である。[119]

宗右衛門は同年八月九日に米穀を満載した一船を柬埔寨から交趾シナに派遣すると同時に、別にマカッサルに差向けるために船一隻を購入したが、[120] 当時この方面を巡視中の東インド総督アントニオ・ファン・ディーメンの航海巡視記によれば、果して翌一六三七年六月二十二日には彼の船は柬埔寨からマカッサルに入港して、先年東インド総督の下付した渡航免状と、同年一月十三日に柬埔寨オランダ商館長ヤン・ディリックセン・ハーレン Jan Dirrcxsen Gael-en の発給した免許状を携えていた。[121] 船長宗右衛門はマカッサル在住のシナ人や他の日本人等と共に贈物を携えてディーメンに面会して敬意を表し、いずれも航海許可証の下付を願出たが、彼の許に出頭した人々の中に、

アチン Atchijn の大使、宗右衛門の船の日本人船長、並びにマカッサル在住の数名の他の日本人及びシナ人その他 eenige andere Japanders, Chinesen, etc., op Macasser resideerende[122]

とあり、また彼等に下付する航海許可証については、

甲必丹宗右衛門所属の柬埔寨船に乗組む日本人等に対して、当地からアンボイナのビクトリヤ城、ついでヒトーHietto に航海して貿易し、速かに丁子を積込むことができないならば、再びマカッサルを経てバタビア

に航海するためのもの。……当地在住日本人フワン Ivan に対しては、アンボイナ、バタビア、暹羅、柬埔寨、及び交趾シナに渡航するためのもの[123]

と記されていて、当時日本人の船が頻りに柬埔寨から同地に来航すると共に、先に掲げたアルフォンゾ・カルベリョの外、このフワンや他にも若干名の日本人が在住して、主として通商貿易に従事していたことがわかる。

翌一六三八年に総督ディーメンは第二回のモルッカ諸島巡視の途中、前述のように四月二十四日にアンボイナ島ヒトーの碇泊地からマカッサル駐在上席商務員ケルケリングに送った書信の中で、宗右衛門の船のマカッサル渡航を報じているが、また同日ディーメンは前に掲げたように別に一書をしたためて、マカッサル滞在中の宗右衛門にこれを送り、同地から米穀をバタビアに輸送して販売することを慫慂した(二六二―二六三ページ参照)。このように宗右衛門は当時、柬埔寨、マカッサル、アンボイナ、バタビアなど各地を廻航して貿易に従事し、特にバタビアでは米穀類の運輸販売を続け、マカッサルでは一六三四年以来、一六三六年、一六三七年、一六三八年の都合四回にわたって殆んど連年渡航している。

ついで一六四三年三月に東京在住日本人の有力者和田理左衛門がマカッサルに派遣した彼の持船は、七月半ば頃東京に帰着したことが報ぜられるなど[124]、鎖国後でも東南アジア各地在住日本人の中にはマカッサルに商船を派遣して、貿易を営む者もあったが、その後十年して一六五三年十一月二十六日に、マカッサル在住日本人次良兵衛が女奴隷を一シナ人に五〇レアルで売却し、バタビアの公証人役場に出頭して売買契約を結んでおり(史料五三)、このような時代にも未だなお若干名の日本人が同地に残住して活動していることがわかるが、その後四年たって、同地在住の日本人ヤンがその持船に乗ってバタビアに入港している。即ち『バタビア城日誌』一六五七年十月十日の条に、

そしてまた税関長が日本人船主ヤンを連れて城内に来たが、その男は今日自分の持船でマカッサルから来航した

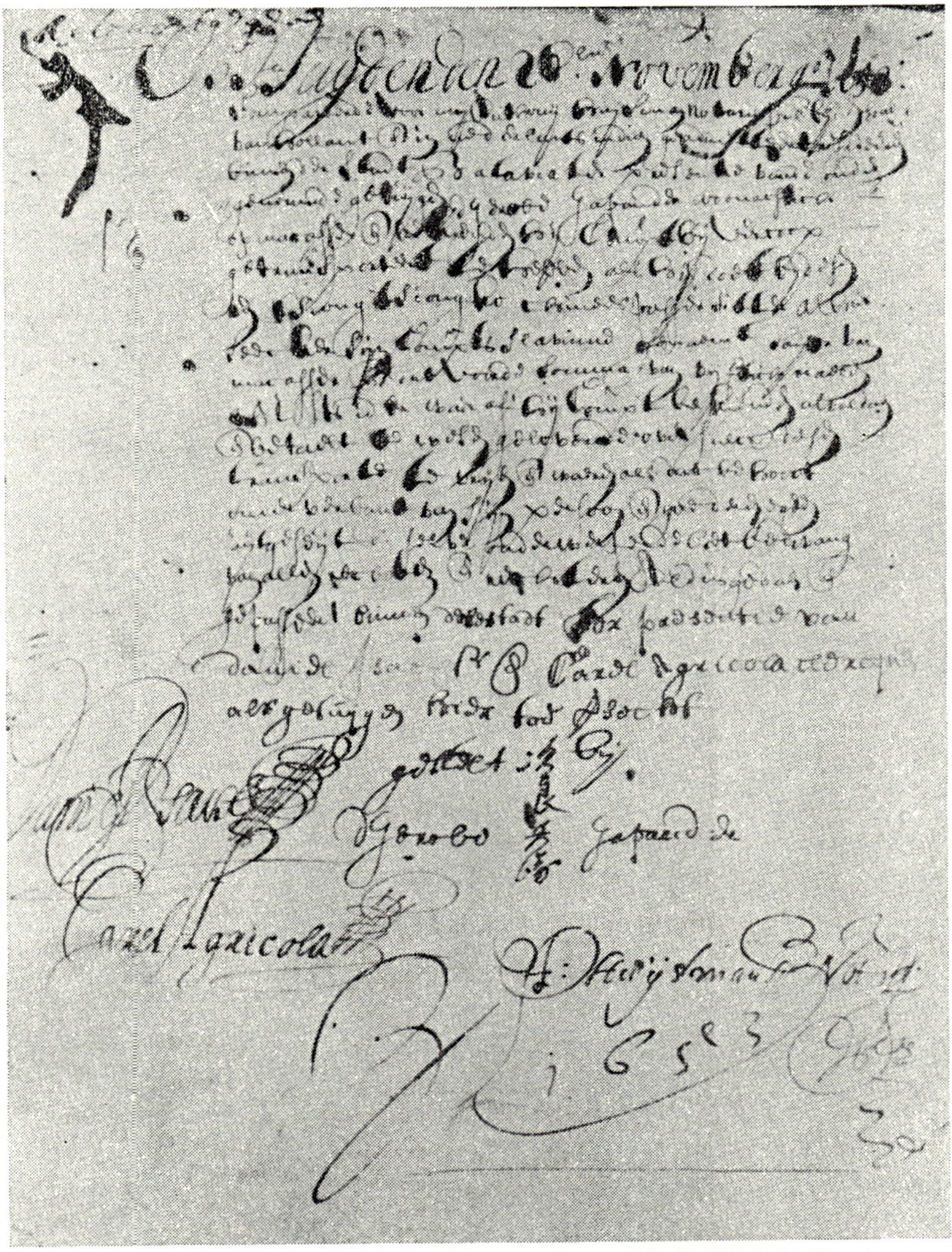

1653年11月16日付マカッサル在住日本人次良兵衛奴隷売渡書(史料53)

ものでで、商務員補のヘンドリック・クリュール Hendrick Crul の書翰を持って来た。[125] と記してある。このヤンはあるいは前記の次良兵衛と同一人かも知れないが、いずれにしてもこの年代にもなお同地に日本人が在住して、オランダ人とも連絡して、その持船を操ってバタビアとの間を来往していたことを伝えるものである。

第六節　その他の各地における日本人

一、ボルネオ島

セレベス島の西隣ボルネオ島においても既に一六〇一年一月三日にオランダ船団司令官オリビエ・ファン・ノールト Olivier van Noort が、長崎を出帆してマニラに向かい、暴風雨のためボルネオ(ブルネイ)に待避した一船に会ったが、彼の『世界一周航海記』には、

夜が明けて風が陸から吹いてきたので、我々は錨を揚げて出帆したが、我々の後に一船を見つけて、これに向かって帆走した。同船は日本から来たシャンパン Champan 船で、マニラに向かおうとしたが、暴風雨のため航路を誤って、余儀なく当ボルネオに入港し、薪水を補給しているが、マニラに入港できるまで、モンスーンを待ってなお四ヶ月同地に滞留せねばならない。

司令官はその船長を船上に招いたが、彼は港から港に渡り歩くポルトガル人の肥えた老人で、エマヌエル・ロイス Emanuel Lovis といい、長年マラッカとシナのマカオに住み、今では日本の長崎という町に住んでいる。彼は二ヶ月前コイヒノチュ Coihinochoe という港、即ち島を出帆したが、船員の大部分は日本人で、その国の習慣

で髪を剃っていた。一人のシナ人が同船の按針であった[126]。

ここにコイヒノチュとあるのは、九州を指しているようでもあり、発音からすれば口ノ津のようにも思われるが、判然としない。当時日本船の南洋渡航も漸く始まった頃で、日本人は未だこの方面の航路に通ぜず、シナ人が傭われて按針を勤めていたことを示すものである。同船は元来マニラに渡航せんとしたものではあるが、とにかく多数の日本人がボルネオ島の西北岸ブルネイの港に渡航しているわけである。その後、慶長十(一六〇五)年に大坂の薬屋甚左衛門に、翌年には長崎の町年寄後藤宗印に対して、同地渡航朱印状が下付されて[127]、日本船の同地に渡航するものもあったことがわかるが、日本人移住者の存否は明らかでない。

その後、一六三七年二月に交趾シナのフェイフォ在住日本人の有力者林喜右衛門が胡椒買入れにボルネオ島の東南のバンジャルマシン Banjermassingh に派遣した積載量二〇〇〇ピコルの商船が、帰航の途中プロ・カントン Pulo Canton の近海で暴風雨に遭って沈没したことがあるが[128]、翌一六三八年四月にはバタビア在住日本人の雷珍蘭《リューテナント》等が出資して艤装したインディッシェ・ズワーンが同島の西南部コタワリンギンに航海して、バンジャルマシン王の軍隊が同地のオランダ商館を焼打ちした際に巻添を食って船荷を掠奪され[129]、同地在勤オランダ人六十四名と日本人二十名、及び黒人等が殺害され、会社の蒙った損害は一六万フルデンの多額に上った[130]。このことからこの方面にも日本人の船が稀に渡航すると共に、彼等の中にはオランダ人のもとに在勤していた者のあったことも僅かに判明する。

二、ソロール Solor 島

これより先一六一五年六月十日にクーンがバタビアから平戸の商館長スペックスに送った書信の中で、

ブルーウェルからの報告によれば、京《ミヤコ》 Meaco で軽快に建造された二、三十挺の櫓で漕ぐ舟を三五〇フルデンで入手した由である。貴下は帆船エンクハイゼン及び前述のような舟など二、三隻でソロール並びにバンタン、ジャ

カタラ間、及びその他の方面に使役する日本人等を送られたし。(131)

とある。京都で建造したという記述は理解に苦しむところではあるが、いずれにしても日本人をバンタンやバタビアに送ると共に、遥か東方小スンダ列島中の小島ソロール島にもこれを送って使役せんと計画していることがわかる。現にその前年一六一四年五月十一日にソロール島のオランダ人のヘンリクス Henricus 城塞からアドリヤーン・ファン・デ・フェルデ Adriaen van de Velde が総督ピーテル・ボットに発した通信によれば、同地に来航した漳州船のことについて述べた後に引続いて、

また当地で前述のジャンク船のシナ人一名が会社勤務の一日本人に殺害された。そのため同人は逮捕されて訊問を受け、自白した後、銃殺を宣告され、ついで処刑された。(132)

とあるから、既に同地では日本人がオランダ人のもとに傭われて在住していたことがわかる。その後一六一九年にポルトガル艦隊司令官アウグスチン・ラバト Augustin Labato が東方遠征の途中、同島で碇泊中に日本人に殺害されたこともあるから、(133) 南方渡航日本人の中には、オランダ人の要請によってこの僻陬の地にも足跡を印した者もあったと思われる。

三、スマトラ島

東インド諸島中西方を画する大島スマトラ方面にもまた日本人の渡航する者があった。一六一六年十月十日にクーンが同島西海岸の要地ジャンビ Jambi 駐在員アンドリース・スウリイ Andries Soury に送った書信中に、

貴下は引続いて赴く船で日本人等を受取ることができる。(134)

とあり、また同日付の彼の東インド一般政務報告の中にも、ジャンビの情勢を記して、

我等はまた同地の強化のために、永らくジャカタラで待機中の兵卒、並びに日本人等を差向けた。(135)

ともあるから、この時の船便で恐らく若干名の日本人が同地に送られたに違いない。殊に翌一六一七年四月四日に再び彼が前記のジャンビ駐在員スウリイに送った書信の中には、

貴下が再び日本人の妨害に遭ったならば、彼等に対して最も極端に強制を加えれば、彼等からも常に我が兵と同様に万事良好な勤務を期待することができるが、その他の手段に訴えたのでは決してこれを遂げることはできない。(136)

とある。この書信は、前年同地に派遣された日本人等が何等かの不穏の行動に出た通報に接して、クーンが折返しこれに応えて、彼等の制御法を指示したものに違いない。渡航日本人の数は前掲三通の書翰からだけでは全然明らかでないが、少なくともオランダ人のスマトラ島経略の一重要拠点であるジャンビ防衛のオランダ軍隊補強のために日本人若干名が駐在し、しかも彼等の制御が特に政庁の注意を喚起したことから、彼等の数が決して少数でもなかったことが窺われる。

しかしその後同方面における日本人の活動を伝える記事は今までのところ全く見当らないが、ただ『バタビア城日誌』一六二五年二月十七日の条に、ヤン・ヘンドリック・ザール Jan Hendrick Sael がフレガット船ムイス de Muijs に坐乗してスマトラ島近海を掃海中に、南方スンダ海峡中のラグンディ Lagundi 島で日本人一名とシナ人四名を捕えたことが記されている。(137) 同島はこれより先イギリス人がバタビアのオランダ人に対抗するためにこれを開拓して商館を開設したが、同地は不健康地で、多数のイギリス人を失ったために、彼等はついにこれを放棄したから、(138) あるいはこの日本人は、かつてイギリス人との関係から同島に来往した者ではあるまいかと思われる。

四、インド

このようにして日本人はオランダ人の東インド経略の初年にバタビアを始め各地の要衝に派遣され、主として軍務

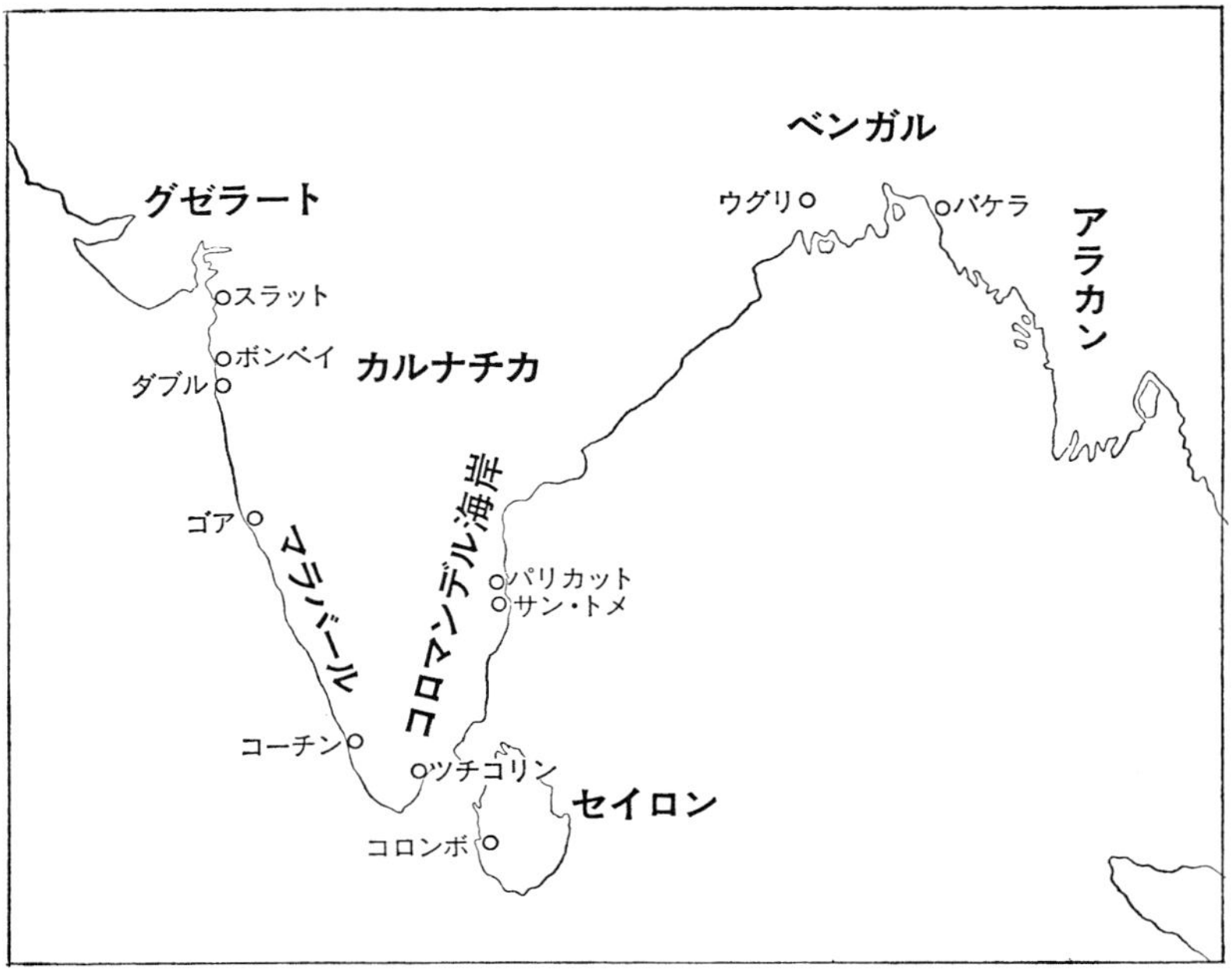

17世紀のインドの貿易港

に服し、時に商事や労務を担当して活動したが、中には彼等の要請によって、遥か西方のインド方面に派遣された者もあった。一六二〇年四月現在のスラット Suratte 商館員名簿によれば、全員十七名の中に日本人が一名いる。即ち、

> 兵卒。日本人で京《ミヤコ》 Miaco 生れのヤン。彼は帆船ミッデルブルフ Middelburch に便乗して渡来滞留している者で、三月十一日に俸給額の契約を結んだから、同日から起算して本月十二日までの給与月額は……九フルデン。[139]

とあるが、彼の勤務地スラットは言うまでもなくボンベイの北にあるインド西北の貿易上の要地である。また、インドの東南岸にあってマドラス北方に近いパリカット Pallicate の一六三二年十二月現在の商館員名簿によれば、一日本人マヌエル・デ・シルバ Manuel de Silva は兵卒としてやはり月俸九フルデンを受け、同地において妻帯している。[140] なおこの外、トマス・デ・コスタ Thomas de Costa と称する有力な一日本人貿易商がインドの西海岸を本拠として活動していたことは既にボクサー教授も指摘しているが、[141] 一六二七年三月イギリス船メリー the Mary 外五隻の航海記をひもとけば、

三月十六日、我等の航海を続けるためにまさに解纜しようとすると、カンナパタム Kannapatam から一隻の船が我が船の処に来着して、同船で州知事シボ・シボ・アバルダ Sibo Sibo Avarda の親書を携えてシニョール・トマス・デ・コスタ(彼は日本人であって、我等がダブル Dabull に赴いた前の航海の時には、我等の船客として便乗して同地に赴いたことがある)が来訪した。……

三月二十九日。……ロゴポール Rogepore に到着して、我等はシニョール・トマス・デ・コスタの家に宿泊したが、町の有力な商人一同が贈物を携えて、我等を来訪した。[142]

と記してある。インドの西南部でゴアとボンベイのほぼ中間にあるロゴポールは彼の居住地であったと思われる。そして彼は同地を中心として独力貿易を営むと同時に、あるいは州知事と外国人との交渉を斡旋し、あるいは自宅をイギリス商人の定宿に提供して、同地における彼等の取引を助けているが、前記の日本人等とは異なって、オランダ人とは雇傭関係がなく、そのポルトガル風の姓名から推しても、彼は恐らくポルトガル人との関係からこの地に移住して来た者ではあるまいか。

第七章　台湾における日本人

第一節　日台交渉の黎明

十七世紀の初めからオランダ人は全力を尽して東インド地方の経略を進めたが、その経略が一応軌道に乗ると、彼等はさらに北進して、シナ貿易の門戸として一六二四年から台湾の開拓にも乗出し、ここに南下して来た日本人との接触が始まった。

これより先、近世初期に日本人は漸次南方に進出し始めたが、これはいわゆる倭寇の災害によって、明の朝野が対日貿易の門戸を堅く閉鎖して来たために、日本人が次第に眼をシナ大陸に近い南方に転ずるようになったこともまたその有力な一因であった。して見れば、南シナに極めて近く、しかも日本人南方進出の途上最初の足場ともなり、かつ当時未だ明の政令の全く及ばず、その版図外にあった台湾こそは、当然日本人がまず交渉を持つべき所であったといえる。

果して明の嘉靖三十九(一五六〇)年に成った鄭舜功の『日本一鑑』には初めて台湾の図を載せ、島中に鶏籠山を描き、付近に硫気噴出の状さえ記し、かつ、

自二回頭一径取二小東島一、島即小琉球、彼云大恵国。按此海島、自二泉永寧衛間一、抽二一脈一渡レ海、乃結二澎湖等島一。再渡二諸海一乃結二小東之島一。自島一脉之渡、西南乃結二門雷等島一。一脉之渡、東北乃結二大琉球日本等之島一。夫小東之

域、有二鶏籠之山一、山乃石峯、特高二於衆中一、有二淡水出一焉。[1]

と記しているが、ここに小東島の別名を与えた小琉球とは明らかに台湾のことであり、しかも日本人が当時これを大恵国と称したことを記しているのは特に注意すべき文字であって、時はわが永禄年間、ちょうど日本人の南方発展の最も初期であり、正確な記録に現われた日本人と台湾との接触を示す最初の文字である。ついで南シナ沿岸から拒まれた倭寇の一派が退いて同島に走り、一時蛮人を逐って占拠するようになったことは、何喬遠の『閩書』を始め諸書の伝えるところである。[2]

その後一五七四(万暦二)年の暮から三ヶ月間にわたって大挙呂宋島に侵寇して、イスパニヤ人の心胆を寒からしめた潮州出身の海寇の巨魁林鳳 Limahong や、翬下の日本人シオコ Sioco 等の一党は台湾や澎湖島を巣窟として、対岸のシナ大陸や南方各地に侵寇の触手を伸ばしたのであった。[3]この頃から日本人の南方進出は漸く活潑となって、既に台湾を越えて、遥かに呂宋島や越南方面にもその平和的な商船がしばしば渡航して貿易に従事するようになったが、[4]台湾に対しては未だ依然として平和的な交渉を開くには到らなかった。これは恐らく同島の住民が未開であって、また物産に見るべきものも少なく、これと平和な折衝を開くのが困難であったためと思われる。

しかるに文禄二(一五九三)年十一月の初め、豊臣秀吉は突然配下の原田喜右衛門に自分の親書を携えさせ、台湾を招諭させようと計画したが、その計画は事に先んじて早くも漏洩して、周辺の国々を聳動せしめた。殊に当時秀吉は北方朝鮮に征戦の師を遣わし、南方琉球・呂宋島に対しても既にその朝貢を威嚇強要していた際であるから、彼が周辺の諸国に先鞭をつけて、南進の足場として同島に積極的に働きかけたことはいたく列国の注意を喚起し、恐怖危惧の念を惹起し、ついにはこれに対抗して明は澎湖島に衛戍を増強し、呂宋島のイスパニヤ人は進んで台湾占領を計画したほどであったが、やがて秀吉、原田が相ついで世を去り、この計画は実行に移されることがなかった。[5]

第二節　朱印船の台湾貿易

慶長五（一六〇〇）年関ヶ原の役によって徳川家康が政治の実権を掌握すると、従来の豊臣秀吉の強硬外交を一変して、専ら海外諸国と親善関係を結び、平和裡に通商貿易の実利を収めて、国内の整頓と政権の強化に専念しようとした。そこで家康は執政の始めに、安南、呂宋、柬埔寨、暹羅、占城諸国の政府に書翰を送って、善隣友好関係の促進と、彼の渡航免状を携行する所謂朱印船に対しては、渡航先において応分の保護を与え、貿易を円滑に行なわせることを要請した。このようにして一度朱印船貿易に関して彼我政府の間に十分な諒解が成立すると、爾後朱印船は盛んに南方各地に向かって出帆し、その数が最初の間は少なくとも年々二十隻前後に達したが、台湾方面渡航朱印状の下付されたものは、家康の執政時代には僅かに一、二回に過ぎなかったようである。これは前述のように、同

台湾

島の住民が依然未開であって、これと経済関係を開くことが困難であったために外なるまい。しかしこの間に日本船の渡航するものが全くなかったわけでもない。現に明末に澎湖、台湾の防衛に功のあった沈有容に随従して万暦三十(一六〇三)年十二月に親しく見聞した台湾の実情を記録した陳第の「東番記」によれば、

　万暦壬寅［慶長七(一六〇二)年］冬、倭復拠二其島一、夷及商漁交病。浯嶼沈将軍往勦。余適有二観海之興一、与倶。倭破収二泊大員一。夷目大弥勒輩率二数十人一叩謁。献二鹿餽酒一、喜レ為レ除レ害也。予親覩二其人与事一。帰語二温陵陳志斎先生一。謂不レ可レ無レ記。故掇二其略一。[6]

とあって、日本人がこの頃台湾に渡航して、同島に拠っていたことを伝えている。万暦壬寅と言えばわが慶長七(一六〇二)年であって、ちょうど江戸幕府の朱印船制度が確立した頃に当り、しかも日本船が同島の大員、即ち今の安平付近に仮泊していたのであった。ついで慶長十七(一六一二)年には京都の津田紹意に対して毘耶宇嶋渡航朱印状が初めて下付されたが(二九八ページ参照)、この毘耶宇嶋とは、既に諸家の説くように澎湖島のことである。[7]

当時台湾といい、澎湖島というも、未だ物産に見るべきものが少なかったにもかかわらず、このように日本船が渡航したのは、むしろこれらの地方において対岸から来航するシナ船と出会って、明の厳重な海禁を避けて密貿易を遂行するためであった。現にこれより先慶長十四(一六〇九)年二月肥前日野江の城主有馬晴信が幕府の諒解を得て部下の士卒を台湾に遣わし、これを視察させた時に、士卒に示した心得書の中にも、

　無事に成候上にて、大明日本之船、たかさぐん江出合、商売仕候様に可レ致二才覚一事。[8]

と記しているのも、全くシナ船との密貿易の可能性を調査させたものである。その後元和二(一六一六)年四月に長崎代官村山等安が再び幕府の諒解を得て、次子秋安、部将明石道友に対し、部下の士卒を率いて兵船十三隻に分乗し、台湾遠征に赴かせたのも、一は日本人の南方渡航の足場を獲得するためであり、一は同地においてシナ船との貿易港

を確保するために外ならなかった。(9)

当時台湾における日本船の貿易の実情を伝えた「異国渡海船路ノ積リ」を見ると、

鶏頭籠《タカサゴ》　此所先年亥年より初而御朱印船参候。　五百里、
一、此所北ノ端たんすいと申処に呂宋之南蛮人居申候。南ノ方たいわんと申湊ニ日本人商売ニ参候。おらんたも住宅仕、大明ニ近く御座候ニ付、糸、巻物之類、此所ニ而買申候。おらんた居申候付、天竺南蛮物も御座候。
鶏頭籠之地ニ有物鹿皮迄にて候。
一、日本よりかの地に持渡候物、銅、鉄、やくわん其外日本物少宛、但是ハ多伽佐古のものに売申候ためにては無レ之候。大明人に売申候為にて候。(10)

とある。即ち同地の物産は鹿皮ばかりで、日本船は主として銅、鉄、薬鑵などをシナ人に売り、彼等から生糸、反物類を買入れ、傍らオランダ人からインドや欧州製の商品を買入れていたことが記されている。他にこの種の貿易報告の写本も数種類あるが、その内容はいずれも大同小異である。(11)ただ右に引用した貿易報告の詞書の書出しに「此所先年亥年より初而御朱印船参候」とあるが、この亥年は、慶長十六(一六一一)年辛亥、元和九(一六二三)年癸亥、及び寛永十二(一六三五)年乙亥の三ヶ年の中、慶長十六年には台湾宛朱印状下付の事実は全くなく、また寛永十二年は朱印状下付がこの年を以て廃止され、しかも同年の朱印状の宛先は東京、交趾、柬埔寨の三地だけであったから、(12)詞書の亥年は元和九(一六二三)年癸亥より外には比定し難い。ただ元和元年卯年に長崎代官村山等安宛御朱印状下付の次第に「高砂国《たかさぐん》　始而被レ遣候也」とあって、(13)一見両者に記された「始而」という語は矛盾するように思われるが、等安の受けた朱印状は台湾遠征という特定の軍事的目的もかねた派船であって、貿易船の派遣ではないから、毫も差支えはあるまい。なお寛永七(一六三〇)年正月、当時長崎代官であった末次平蔵が東インド総督ヤックス・スペックスに

充てて江戸からバタビアに送った書翰の訳文の一節にも、

平蔵殿が御朱印状を得て台湾に渡航し始めたのは八年以来のことである。(14)

と記されている。寛永七年から数えて八年以来といえば、まさに元和九(一六二三)年から起算したこととなって、この記事と先の貿易詞書の記載とは全くその年次が一致し、両者に何等かの関係があるものと推察せられる。

もっとも既に元和三(一六一七)年頃から平戸や長崎を出帆して同島に渡航する商船もあったが、朱印状下付の実否は明らかでなく、殆んどは在留シナ人の派遣するもので、日本船の渡航の明確に判明するものはやはり元和八、九年前後であって、前掲詞書の文句には何か確かな根拠があったに相違ない。今わが国から台湾に渡航して貿易を行なった商船の内外諸記録の中に判明するものを拾って、年次別に表記すれば次のようになる。

年次		隻数	備考
元和　三年	一六一七年	二	シナ甲必丹李旦船、同華宇船
同　四年	一六一八年	四	シナ甲必丹李旦船三隻、某支那人船
同　五年	一六一九年		
同　六年	一六二〇年	一	長崎中町シナ人医師二官船
同　七年	一六二一年	三	シナ甲必丹李旦船三隻
同　八年	一六二二年	四	シナ甲必丹李旦船、日本船三隻
同　九年	一六二三年	三	シナ甲必丹李旦船、末次平蔵船、日本朱印船
寛永　元年	一六二四年	一	シナ甲必丹李旦船
同　二年	一六二五年	二	末次平蔵船、日本朱印船
同　三年	一六二六年	二	末次平蔵船(浜田弥兵衛乗船)、平野藤次郎船(中村四郎兵衛乗船)

同　四年	一六二七年		
同　五年	一六二八年	二	末次平蔵船（浜田弥兵衛乗船）二隻
同　六年	一六二九年		
同　七年	一六三〇年		
同　八年	一六三一年	五	松浦隆信船、日本船四隻、朱印船一隻、長崎の武左衛門船外二隻北部台湾に渡航
同　九年	一六三二年	三	日本船三隻淡水に渡航
同一〇年	一六三三年	三	日本船三隻

即ち元和年間は主としてシナ甲必丹李旦の持船が同島に渡航して貿易を行なっていたが、彼は泉州出身のシナ人の巨頭であって、長く平戸に在住して南方貿易に活躍し、イギリス人は彼とその兄弟華宇とを台湾における最大の密貿易業者と称していたほどであるが、鄭芝竜も初めは実に彼のもとで働き、その死後地盤を継承して漸次大をなしたのである。[15] 長崎代官末次平蔵と共にこの方面に貿易船を出した平野藤次郎は京都の商人で、幕府の代官でもあり、貿易商末吉孫左衛門の一族であった。[16]

その頃わが商船が主として出入して貿易を行なったのは、前記「船路ノ積リ」にも北の淡水に対して「南ノ方たいわんと申湊ニ日本人商売ニ参候」と明記されているように、その当時は南部台湾の西海岸で広い湾を擁し、湾口に北から南に小島が並列していた今日の台南市安平の地であって、ライエルセンの航海記一六二二年七月三十日の条によれば、彼の同地探査の次第を記して、

同所は毎年日本人がジャンク船二、三隻で取引に来航する港湾である。シナ人の言によれば多量の鹿皮を産する由で、日本人は同地で現地の住民からこれを購入する。また毎年日本人に売るために、シナからジャンク船三、四

隻が生糸を積んで来航する。[17]

と述べて、日本船は現地住民から鹿皮を購入し、同時に大陸から来航するシナ船と生糸の密貿易をするために同地に入港していることを伝えている。またわが国側の文書によれば、前表元和六(一六二〇)年の二官船、並びに寛永三(一六二六)年の平野藤次郎船の渡航先はいずれもこの台湾をさす北港と記されているが、[18]ちょうど寛永三年即ち一六二六年に平野船が末次船と共にタイオワン港に入港したことがオランダ人の報告にも見え、[19]その後諸船の多くは同地に渡航し、寛永五(一六二八)年の浜田弥兵衛一党の活劇も同地で演じられたのであった。

これに反して北部台湾に赴く商船は極めて少なかった。試みにライエルセンの航海記から台湾に渡航した日本人の言を摘記すれば、

また日本人から聞くところによれば、基隆 Kylang 湾は大船の入港するに充分な水深があるが、現地の住民は殆んど信頼し難く、我々に有利でないであろう。[20]

とあって、恐らくこのような理由や南部台湾における貿易発展のため、日本船の北部台湾に渡航する必要は減少したに相違ない。記録に現われたところでは、僅かに一六三一年四月二十一日付平戸のオランダ商館の報告に、

武左衛門殿 Bysemondno は一船をタイオワン Tayouan に派遣したと自分でも語っているが、長崎における世評によれば、同船は長崎から出帆した他の一隻と同様に、フォルモサ Formosa 島のカスチリヤ人の城塞に派遣された由で、そのことはその船の積荷によっても明らかである。[21]

とあり、また淡水で布教していたイスパニヤ人宣教師ハシント・エスキベル Jacinto Esquivel が翌年報ずるところによれば、

同地に入港した日本船三隻は鹿皮を多量に積込んだが、一日本人の語るところによれば、本国においては生糸が

あるので、糸よりも鹿皮の方が遥かに利益は大である。(22)

と報ぜられているに過ぎない。

第三節　南部台湾における日本人

日本船の台湾貿易の発展に伴い、他の南方各地の場合と同じく、渡航先における取引商品の買付・売捌きなどを円滑有利に行うために、貿易商自身やその一族・使用人等の中、一時的または幾分長期にわたってその地に滞留する者のあったことは想像に難くない。

明の陳仁錫の『皇明世法録』の「澎湖図説」によれば、

万暦丁巳(元和三年一六一七年)倭流劫二大金一、所レ余船突犯泊レ此(澎湖島)、遷延至二十余日一、始徙去、……既去、住二東番竹篸港一、遊船追剿、為レ所レ敗。(23)

とあるが、これは村山等安の台湾遠征の翌年のことであって、恐らく南シナ沿岸の密貿易に赴いた日本船が一時澎湖島に碇泊し、転じて台湾中部の西岸に拠って、のち明の兵船に逐われたことを伝えたものに相違ない。また林謙光の『台湾紀畧』にも、

先レ此北綫[線]尾、日本番来レ此、搭レ寮経二商盗一、出二没於其間一、為二沿海之患一。後紅毛乃荷蘭種、由二咖嚁吧一来、仮二其地於日本一、遂奄為二己有一、築二平安(安平の誤)・赤嵌二城一、倚二夾板船一為二援戦一。而各社二酋聴二其約束一、設二市於安平鎮城外一、与二商売貿易一。(24)

とある。同書は康熙二十八(一六八九)年に著わされたもので、謙光が後年その伝聞を記したものではあるが、オラン

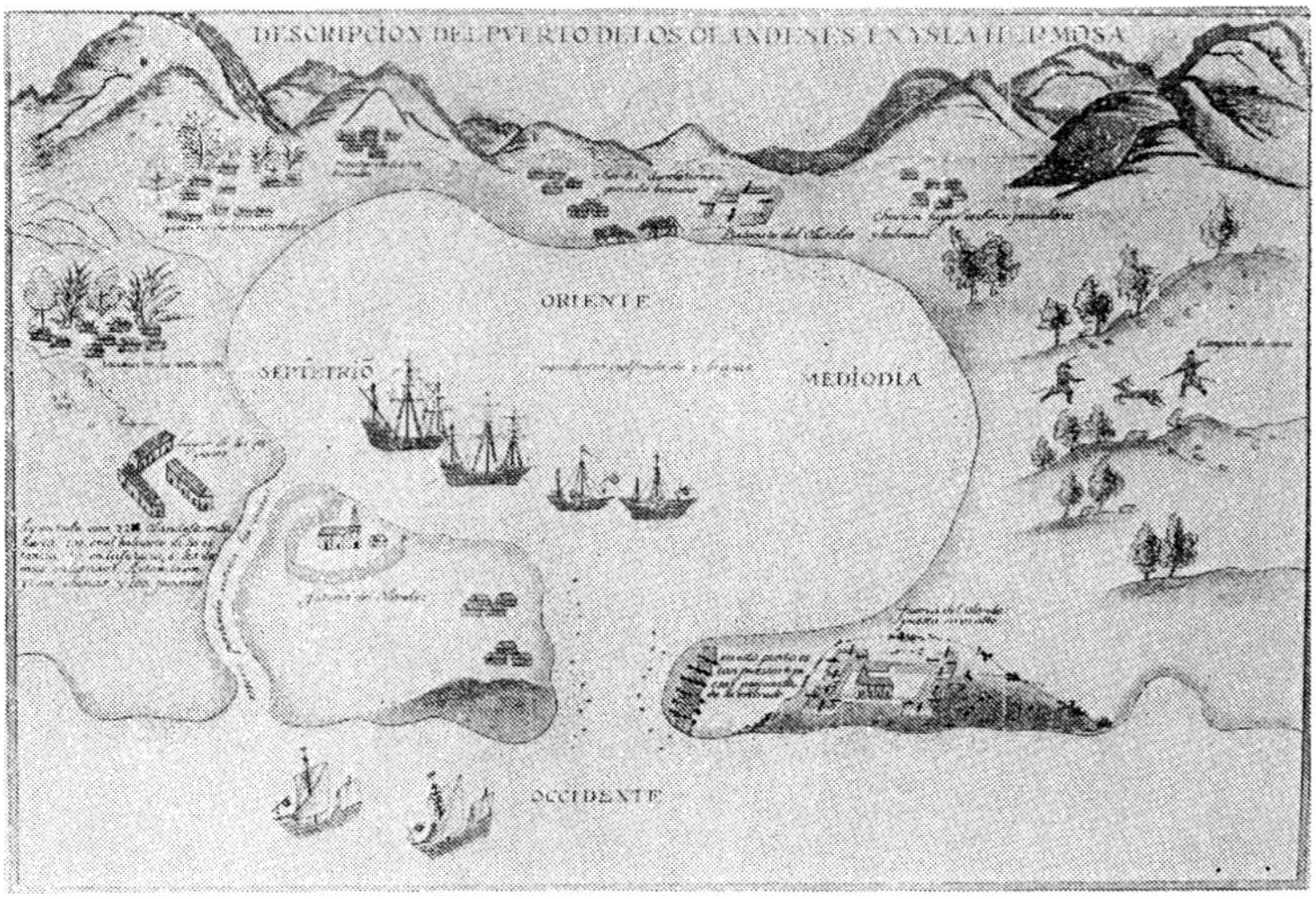

「フォルモサ島におけるオランダ人の港の描写」

ダ人の台湾占拠築城以前に、既に日本人がゼーランディャZeelandia城の構築されたタイオワン島の対岸北線尾に一時滞留して、貿易に従事していた消息を伝えたものである。

その後、一六二六年頃にイスパニヤ人の作成した「フォルモサ島におけるオランダ人の港の描写」なる鳥瞰図によれば、北線尾の北方、一水道を隔てた対岸と思われるあたりに三棟の長屋を描いて「日本人の村落」lugar de los japoneses と記し、さらに「同所にはまたシナ人五万一千名と日本人百六十名がいる」と書き入れられている。(25) この図は、スペイン国のセビリヤ市のインド文書館に所蔵されているもので、極めて大ざっぱな鳥瞰図で、日本人の部落の位置を的確には定め難いが、もしこのイスパニヤ人の記載にあまり誤りがないとすれば、その頃一時日本人百六十名が北線尾の北に隣接する一地か、あるいはその北方の台湾の本土に居住していたことが判明して、前述の林謙光の伝聞と相俟って、オランダ人の占拠前後既に相当多数の日本人が台湾に在住していたことが確認される。

これより先オランダ人は一六二二年に一時澎湖島の南端風

櫃尾を占拠したが、シナ軍に迫られて同地を撤退し、翌々一六二四年タイオワン島に退き、同地に築城して長期占拠の計をたて、その後シナ人や日本人が貿易に来る者も多いことを予想して、さらに台湾の本土にも一地を取得して、新たに町の建設を計画した。即ち一六二五年一月十四日火曜日のタイオワン島在住オランダ人の決議録には、

従来商館のあった砂地は甚だ狭隘となり、今後商品を携えて来るシナ人及び日本人の居る場所が皆無となる虞がある。今日[ゼーランディア]城からは対岸にあたるフォルモサ島の本土に、淡水の川に沿って相当な地所を求めたから、同所にオランダ人、シナ人、及び日本人の住宅を造ることにして、追っては町となし、既に築いた城と共に命名しては如何であろうか。(26)

と記されており、また『バタビア城日誌』一六二五年四月九日の条にも、

一六二五年一月十五日の決議により、砂原にある商館をフォルモサ島の本土に移し、同所に町を作り、シナ人、日本人、その他の居留地を置くことに定めた。澎湖島からフォルモサに移った後、シナ人の来る者が非常に増加した。右フォルモサの地所は、現地の住民の承諾を得て新港 Sinckan の領域内に選定し、カンガン布十五を以て新港人から買受けた。……選定した地域の一方には淡水の川があり、土地は肥沃であって、野獣が群棲し、また魚の生息している沼沢も多く、沿岸にも魚類が多いから、シナ人及び日本人が移住して来ることは疑いない。(27)

と記されているが、また同年二月十九日付の長官マルチヌス・ソンク Martinus Sonck の報告書には、いよいよ日本人の町の建設と新しい町の命名について、

シナ人、日本人、並びにその他の国民が日々増加することを期待するので、評議会の賛成を得て新港領内において淡水の川に沿った便利な地所を選定した。同所には会社の商館を設け、また連合ネーデルランド諸州政府の命令に服してこの地に居住しようと欲する者を置こうとしている。そして我等はこの地が時を経るに従って人口の

多い町となることを信じ、連合七州を記念して(閣下の認可を経て)プロビンシヤ Provintia と命名することに決定した。

右の地所の状況と我等が此処に設ける街路、及び水道は添付の設計図についてこれを見られんことを希望する。[28]

と記されていて、日本人やシナ人等のための町プロビンシヤは一定の都市計画に基づき、水道さえも敷設されていたことがわかる。しかし右の設計図は残念ながら今日残っていないようであるが、同町が今日の台南市内赤嵌楼を中心とする地域であることは、当時の古地図を始め先人の研究の一致するところである。[29]

このようにして一度町が建設されると、まずシナ人が多数来住し、同年末には早くもその戸数三、四十軒となった。[30]同地の長官フレデリック・デ・ウィット Frederick de Witt の決議録一六二六年五月二十一日の条には、

目下プロビンシー Provintie の町に住んでいる日本人銀七 Gingst、喜左衛門 Quesaemon、長右衛門 Tjoiemon と伊兵衛 Ifioye の勘定でシナから当地に来た生糸を……抑留するを適当と認む。[31]

とあるから、オランダ人が期待したようにシナ人はもとより、このような日本人の同町に来住する者があったことが判明する。そしてたまたま彼等四名はオランダ人の敵であるマニラにひそかに布を売却して得た金を生糸に投資したために、この処置を受けたのであって、[32]このような日本人はその他にもなお相当多数在住していたに違いない。あるいは先に紹介したプロビンシヤの町の建設とほぼ同年代の「フォルモサ島におけるオランダ人の港の描写」の中で、タイオワン島の対岸陸地に日本人百六十名が在住していることを図示しているのは、同じく同所にシナ人が五千百名在住していることを図示している関係から見ても、このプロビンシヤ在住のことを誤伝して図示したのではないかと思われる。いずれにしても、彼等日本人にとって、対岸福建省のシナ人との生糸取引がその滞留の主なる目的であったことはいうまでもない。

この方面の事情に精通していた明末の学者何喬遠もまた、

雞籠淡水之地、一日夜可レ至二台湾一。台湾之地、両日両夜可レ至二漳泉之内港一……而比者日本之人亦雑二住台湾之中一、以私貿易、我亦不レ能レ禁。(33)

と記して、日本人が台湾に雑居して陰にシナ人と交易するも、シナの政令の及ばない所であって、如何ともする能わずと述べている。

ここに何喬遠の「台湾」と記したのは、北方雞籠淡水とは区別される南部のタイオワンを指したことに疑いないが、この文は彼が崇禎三(一六三〇)年にしたためたものであって、管見の限りでは台湾という文字の初見であって、当時使用された他の大員、大円、台員、大湾と等しく、安平の地を指したことはいうまでもない。そして彼は日本人が台湾に雑居していることを指摘しているが、恐らくゼーランディヤ城のあるタイオワン島ばかりでなく、その近隣である北線尾付近やプロビンシヤに滞留した日本人をも併せて記したに違いない。これより先一六二六年九月二十六日に平戸の商館長ナイエンローデから台湾長官マルチヌス・ソンクに送った書翰の欄外追而書にも、

ここに一緒に送る日本文の書翰は、タイオワンにおいて同地に住む一日本人に届けるように予に渡されたから、閣下が適当と認めるなら、これを手渡されても宜しい。(34)

とあるから、同地に滞留する日本人の中には、平戸あたりと通信連絡を取っていた者もあったことがわかる。

江戸幕府が鎖国政策の強行に踏切ると、台湾滞留日本人の大多数もその実施以前に母国に引揚げたに相違なく、その後日本人の台湾における活動を伝える消息は極めて寥々たるものである。

台湾におけるキリスト教伝道の口火を切ったジョルジウス・カンディディウス *Georgius Candidius* の妻サラ・スペックス Sara Specx は日本人の血をひいた女性であった。サラは、蘭領東インド総督ヤックス・スペックスが平戸

の商館長時代に日本婦人との間に生れた娘で、一六三二年五月バタビアでカンディディウスと結婚式を挙げ、翌年六月夫に伴われてその任地台湾に赴いて、新港で暮すこと三年にして病を得て、十九歳で同地に歿した。(35)その後同派の宣教師ヨハンネス・デ・レオナルデュス Johannes de Leonardus は一六五六年本国からバタビアに渡り、同年六月台湾に移り、翌々年平戸生れのソフィヤ・クーケバッケル Sophia Koeckebacker と結婚し、台湾が鄭成功に占領された際に一時捕えられていたが、後年妻と共に釈放された。(36)彼女は平戸生れで、その家名がクーケバッケルであるところから推せば、平戸商館長ニコラース・クーケバッケル Nicolaes Koeckebacker と日本人女性との間に生れた娘に相違ない。

これより先一六三九年の暮、日本から追放された長崎のお春一行三十名が蘭船ブレダで台湾に寄港した際、暫くの間を利用してメルヒオール・ファン・サントフォールトと妻の日本人イザベラ等四組の夫妻が同地の教会で宣教師ヘラルデュス・レビウス Gerardus Levius 司式の下に正式の結婚式を行なった後バタビアに赴いた。(37)この時オフケの儲けた男児と、春の姉マグダレナの間に儲けた息子万吉の両児は台湾に留め置かれたが(史料六)、その後彼等両人の行末は明らかでない。

ついで一六四四年一月フランソア・カロンが台湾長官として赴任する際、バタビアにある彼の家屋敷などの管理を日本人フランシスコ・助九郎に委託し(史料二四)、自身は同地から日本人青年フランス・スネルを給仕として任地に同伴したが、(38)彼は会社に雇傭され、翌年四月二十九日から月俸五フルデンを支給されることとなった。(39)同日またゼーランディヤ城勤務の日本兵平戸出身のウィルレム・伊丹 Willem Itams は少尉候補生に昇任して、月俸一二フルデンを支給されている。(40)

長官カロンは既にしばしば触れたように早くから日本に住み、日本語に巧みであって、浜田弥兵衛が長官ピーテル・ヌイツ Pieter Nuyts と折衝した際には、彼は傍らにあって通訳を勤め、その後平戸の商館長を経て、累進して台湾長官となった人物で、日本在住中に夫人である平戸の江口氏との間に三男二女の五名の混血児を儲けた。(41) カロンは家族を引連れてバタビアに渡り、長男ダニールはオランダに赴いて、一六四三年九月からライデンで神学を学び、(42) 後父の旧任地台湾に渡って伝道に従事しようと望んで、一六四七年六月バタビアの教会にその許可を乞うたが、(43) 未だその許可を得ない前に、宣教師ダニール・フラビウス Daniel Gravius 夫妻と共に台湾に赴き、同地から重ねて許可を申請したので、翌一六四八年四月二十日にその許可が出ている。(44) 彼は台湾に在ること一年余りで、翌年三月にはバタビアに帰来し、(45) さらに神学を履習して宣教師の資格試験の準備に励み、(46) 翌年一六五〇年九月六日これに合格し、宣教師の資格を許されて、さらに修業することを命ぜられた。(47) しかし幾許もなく父のカロンが総督府政務総監の職を退き、家族を纏めて九月二十四日にバタビアを立って本国に向かったので、(48) 彼も他の弟妹と共に再び父に従ってオランダ本国に赴き、翌年九月二十六日に再びライデンに到って学習を始め、(49) ついで一兵卒の資格で一六五八年二月十七日再びバタビアに帰来し、改めて牧師補 proponent として渡台せんことを請願し、(50) 渡台して父の義弟に当る長官フレデリック・コイエット Frederick Coyett の監督の下に蕭壠の現地人学校の副校長を勤めたが、(51) その後の彼の運命は明らかでない。恐らくは彼の渡台後間もなく来襲した鄭成功軍のため敢えない最後を遂げたのではあるまいか。一方彼の同母弟フランソワは長年アンボイナ島にあって現地住民の教化に従い、マレー語で綴った説教書などを著したことは既に述べた通りである。

第四節　北部台湾における日本人

一時南部台湾に日本人の滞留する者が比較的多かったのに対して、北部台湾に滞留する者が極めて少なかったのは、同地と日本との連絡が余りなかったことによるものに違いなく、毎年日本バタビア間に往来するオランダ船は南部台湾のゼーランディアに寄港し、日本船も前述のように時々渡航して貿易を行なったのに対して、北部に渡航したものは僅かに寛永八、九(一六三一—三二)年の両度五隻が判明するに過ぎない。

オランダ人の南部台湾占拠に対抗して、イスパニヤ人も二年後れて一六二六年に北部台湾を占領し、基隆・淡水にそれぞれ築城し、同島経略の拠点とすると共に、かねてシナ貿易の擁護を計ったが、同時にマニラから宣教師等も派遣されて、現地住民の教化に従事することになった。

十七世紀の初期三十余年を主としてフィリッピン群島にあって伝道に努めたドミニコ会のディエゴ・アドゥワルテ Diego Aduarte の著した『フィリッピン・日本・シナにおけるロザリオ管区の歴史』によれば、一六二六年二月初めに十四隻の船団が派遣され、同会の管区長バルトロメ・マルチネス Bartolomé Martínez 以下五名の宣教師もこれに便乗して同島に渡航し、彼等の努力によって、漸次現地住民の信仰に入る者も出たが、最初に洗礼を受けたのは現地住民女性と結婚して家庭を持っている一日本人カトリック教徒との間に生れた二名の娘で、その後彼等の協力によって伝道は大いに進み、成果を挙げたと記してあり[52]、日本人の同地在住を具体的に伝えている。ついで同会の宣教師ハシント・エスキベルについて、彼は日本渡航を志し、マニラでまず日本語を学び、一応渡台して淡水から基隆に移り、学校を起して日本人、シナ人や現地住民の子弟に学芸、技術、ラテン語や神学も教えて伝道に努めたと伝えているから、(53) あるいは同方面に他に日本人の滞住する者もあったかとも推せられるが、学校で日本人子弟を教育したというのは恐らく文章のあやで、あまり確実な記事ではあるまいと思われる。しかしこのほか、マニラから同地に派遣された平戸のトマス・デ・サン・ハシント Tomás de San Jacinto や大村のサンチャゴ・デ・サンタ・マリヤ Santiago de Santa Maria の両宣教師の如きも、やはり一六二七、八年頃に北部台湾住民の教化に従事したことがあった。(54)

その後、一六三四年八月に暹羅のオランダ商館長エレミヤス・ファン・フリート Ieremias van Vliet が平戸の商館長クーケバッケルに送った書信の中に、同年イスパニヤ人の台湾島城塞司令官ドン・ルイス・デ・ギンセマン Don Luys de Ginseman の船が基隆を出帆してマニラに向かう途中暴風雨に遭い、針路を誤って六昆に漂着したが、同船には日本人四名が便乗していて、その中二名は長年国外にあったために自国語に通じていない旨が記されているから、(55) 彼等は基隆においてイスパニヤ人に雇傭されていた者に違いなく、なお他にもこのような日本人が北部台湾のイスパニヤ人の下に多少いたかとも思われるが、他に記録に上るものを見出せない。

オランダ人は一六四二年に至ってついにイスパニヤ人を屈服させ、全台湾を占領することに成功したが、翌年三月九日に北部台湾に長年在住する一日本人喜左衛門をゼーランディヤ城に招いて、東部台湾の砂金に関して二十三ヶ条にわたり審問したが、その答申によれば、彼は三十五年前、即ち一六〇八年頃難船して北部台湾に漂着し、金包里の女を娶って生活していたのであった(史料七三)。彼の生活年次や家族構成から見て、同人はあるいはアドワルテの報じた同地在住カトリック日本人と同一人物かとも思われる。オランダ人は彼の答申によって大いに刺激され、爾後頻りに東部台湾の砂金探査を企てるようになったが、喜左衛門はこの年六月六日に新たに通訳に採用されて淡水に派遣され、(56) ついで翌々一六四五年五月十七日には原地住民労働者の監督に任ぜられ、(57) 一六四八年二月三日にはさらに淡水における雇傭契約を延長されたが、(58) その後二月十二日には特に願出て、彼の持船を年二回カバラン Cabalangh 方面、

即ち東北部宜蘭に貿易に派遣することを許可されている。(59)

第五節　澎湖島における日本人

日本人が澎湖島に直接交渉を持つようになった最初の記録は慶長十七(一六一二)年のことである。即ち、

自日本到
毘耶宇嶋舟也
右
慶長拾七年壬子正月十一日
御朱印

この異国渡海朱印状は京都の糸割符宿老の一人津田紹意に下付されたもので、弟の小作が乗船渡航したようである。(60)この毘耶宇嶋が澎湖島であることは、川島元次郎教授等先学の既に比定するところであるが、その後日本船の同地への渡航は全く記録に上って来ないようである。恐らく同地は台湾に近接する小島群で、取引すべき物産もなく、しかもその後日本船は専ら台湾に渡航するようになったために他なるまい。その後日本人と同島との交渉はオランダ人が同方面に姿を現わして、その媒介によるまで暫く待たねばならなかった。十六世紀の末から漸く東方発展を開始したオランダ人は、既に一世紀ほど以前からこの方面に進出していたポルトガル人やイスパニヤ人等の先進旧勢力と各地において衝突した。彼等に追随して、殆んど時を同じくしてイギリス人も東方発展を開始して、その間に割込んで来たので、これら新旧四勢力の抗争はにわかに熾烈となったが、オランダ、イギリス両国の当局者はこの情勢に鑑みて、

ついに一六一九年に至って、互いに鋒を収めて防禦同盟を結び、協力して共同の敵ポルトガル・イスパニヤ両国に対抗することとなった。このようにしてオランダ・イギリス両国連合艦隊が編成され、その一部は早くも平戸港で戦備を整え、南下してマニラ湾の封鎖掃海を決行すると同時に、ポルトガル人の極東における策源地マカオを攻略し、さらにポルトガル・イスパニヤ両国人に先んじて台湾を占領して、南シナ沿海のシナ商船がこれら両国民と通ずることを阻止するため、バタビアにおいて新たに一艦隊が編成された。

一六二二年四月総督クーンは、コルネリス・ライエルセンを起用してこの派遣艦隊の司令官とし、旗艦ジーリックゼー以下八隻を以て編成し、艦隊には総勢千二十四名が乗組み従軍した(61)。そして総督クーンはこの艦隊のバタビア解纜の前日、即ち一六二二年四月九日付を以て、司令官ライエルセンに宛てて長文の遠征の目的、並びに作戦計画を指示したが、その一節に、

シナ人は日本人を極度に畏敬するから、手に入る限り、また事情の許す限り多数の日本人を招致して援助させよ(62)。

と命じている。既にしばしば述べたように、当時オランダ人はその新植民地の開拓と防衛のために盛んに日本人を傭入れたが、クーンはライエルセンの遠征に当っても、あらためてこの方針を指示したのである。しかしフルーネフェルト氏の引用したこのシナ派遣艦隊構成員表によれば、僅かにイギリス船ベーヤの項に日本兵二名が記載されているに過ぎず(63)、これはクーンの指令に比べて余りにも僅少な人員である。しかるに翌一六二三年一月三十一日付バタビア在籍市民人口表によれば、

市　民	一六三
日本人自由市民	一二二
黒人自由市民	六〇

計　三四五

会社に雇われてデーデル Dedel 氏に従って某遠征に出征した市民　五八

〔中略〕

前述のように会社に雇われて司令官コルネリス・ライエルセンの艦隊に乗組み、出征した市民　一四一

日本人　三七

計　一七八[64]

とあって、当時バタビア在住日本人自由市民百二十二名の他に三十七名がライエルセンのシナ派遣艦隊に従軍出征したことが記入されており、先にフルーネフェルト氏の引用した表とその数が一致しないばかりでなく、かなり甚だしい開きさえ示している。

さてライエルセン指揮下のシナ派遣艦隊は四月十日未明バタビア港を解纜し、六月二十一日には目指すマカオの近海に達し、かねての指令に基づいてこれに砲撃を加えてその陥落を計ったが、ポルトガル人もまたよく防戦してこれを占領することができず、かえって六月二十四日の総攻撃にはオランダ軍に多数の戦傷死者を出したほどであった。当時二番艦フローニンゲン Groningen に乗組んでいたウィルレム・ボンテクー Willem Bontekoe の航海記によれば、この日数名の日本人が脱走してポルトガル軍に投じて戦況を内通したが、[65]一方ライエルセンの航海記によれば、オランダ側の戦死者中に日本人隊の隊長 Capitein van de Japonders もあったから、[66]ライエルセンの遠征に従軍した日本人の数はイギリス船ベーヤの二名だけではなく、日本人隊を構成するに足る人員で、恐らくはバタビア在籍人口表の三十七名か、あるいはさらにそれ以上であったに相違ない。

マカオにおけるポルトガル人戦捷の報は直ちに本国に通報され、この戦の翌年一六二三年には早くも本国リスボン

において、『シナのマカオ市におけるオランダ人に対する戦捷報告』が出版されたが、その中にはオランダ側の戦死者中に日本人も十二、三名あったことをも伝えられている。(67) そして艦隊中の一艦である前記ベーヤがその後漳州河口に碇泊中、同年十二月七日艦長ヤン・ヘンドリック・ザールから司令官ライエルセンに送った報告中には、

先月八日、暴風雨のため十八名がわが艦外に吹飛ばされたが、その中には按針手、兵曹、水夫十名及び日本人六名がいた。(68)

とも記してあるから、フルーネフェルト氏が日本人二名と数えたこのベーヤだけでも、既に少なくとも六名以上の乗組員があったことになる。このようにしてこの戦闘と戦後の暴風雨で一命を失った日本人は合計二十名内外を数えるから、もし前記のバタビア在籍市民人口表中の日本人三十七名が従軍日本人の実数とするならば、その半数以上を失ったことになる。ここにライエルセンの艦隊は大いなる損害を受けて、一時マカオの占領を断念し、退いて澎湖島の南端風櫃尾に築城して、長期占拠を企図することとなった。したがって従軍日本人生存者もこれらのオランダ人と行動を共にしたに相違なく、同島における犯罪者処罰記録一六二三年五月十日の項には、一日本兵航海手が泥酔して歩哨を嘲弄したために、銃の台尻で五十四回打擲された後、今後三ヶ年間足を鎖に繋ぎ労役に服すべき判決を受け、(69) 他の日本兵も泥酔して、銃の台尻で打擲八十回の刑に処せられている。(70) 恐らくこの両名の外にも、他に生存日本人の中には同島に一時滞留する者もあったと推せられる。このようにして日本人の中には、たといその数は少なくとも、オランダ艦隊に従軍して、あるいはマカオの攻撃に参加し、あるいは漳州河口に進入し、あるいは澎湖島の守備に任ずる者もあったが、これらの事実は当時南シナ沿岸の警備に任じ、殊に紅毛蕃の問題に直面して神経過敏となっていたシナ官憲の耳にも漏れ伝わったのではあるまいか。『全浙兵制考』の著者として知られた明の葉高向がこの時の事を記した「中丞二太南公平紅夷碑」なる文中に、

時新酋牛来文律自二其国一駕二三巨艦一来、倭夷百余助レ之、勢復張。(71)

と記している。「新酋牛来文律」とあるのは新たに来任した長官《フーベルニュール》、つまりマルチヌス・ソンクをさし、「自二其国一駕二三巨艦一来」とは、彼が三艦を率いて一六二四年八月三日にバタビアから澎湖島に来着したことを指したものに相違なく、この記事がこのように信ずべき事実を伝えたところを見れば、文中「倭夷百余助レ之」云々もあながち文飾だけではなく、上述の伝聞に基づいて幾分誇大に記したものと思われる。しかしその後明の大軍が迫って色々折衝の末、オランダ人は台湾に撤退し、同地にゼーランディヤ城を築いてこれを本拠とし、本格的に同島の経略に着手することになったので、オランダ人を媒介とする日本人の活動も自然澎湖島を去って台湾に移り、その後は日本人の同島に対する接触交渉は全く絶えてしまった。

第八章　結　論

第一節　日本人移民活動の特質

一　渡航の形態と過程

日本人がバタビアを始めとして、主としてオランダ人の勢力圏となった南洋各地の島嶼地域に渡航移住するようになった直接の動機と過程については、およそ次の七の場合があった。即ち、

(A)　日本人がバタビアを中心とした東インド諸島地方に自発的に渡航した場合は極めて少なかったが、これに対して台湾は朱印船の航路にも当り、一時他の日本町と同様に、彼等が独自に渡航した期間もあった。

(B)　オランダ人は兵力と労力を補強するために、日本人を集団的に雇傭して自国船で送致したのが最も普通の方法で、その数も他に比して断然多く、日本人移民の主流を形成した。これは他の南洋各地の日本町の日本人移民が自発的に渡航した商業移民とその関係者が多かったのと著しく相違している。

(C)　婚姻による渡航の場合は、オランダ人等外国人と結婚しているために、その配偶者に同伴されて渡航したものであるが、その実数は極めて少なかった。

(D)　江戸幕府のキリスト教禁圧政策の強化に伴って信徒が海外に追放された場合、他の日本町に逃避した信徒は多

かったのに比して、オランダ人の勢力圏に移住した人々の中にはそうした例は非常に稀であったが、ただ一六三九年にジャカタラに追放されたオランダ系家族の夫人小児の場合は、その背後にキリスト教の信仰の問題があった。

(E)　オランダ人と敵対関係にあったポルトガル人やイスパニヤ人、及びこれと通交せる第三国人の艦船が航海中停船または拿捕された際、乗組んでいた日本人が捕虜となって拉致された場合もある。

(F)　さまざまな経路によって第三者からオランダ人の手に入り、奴隷にされた場合である。かつてポルトガル人は日本人男女を奴隷として多数を買取って海外に連行し、これを使役して問題となったが、オランダ人の場合こうした例は極めて少数であった。

(G)　南洋各地の移住先から自発的に転住した場合もあるが、その頻度も絶対数も極めて少なかった。

そして彼等の渡航移住の経路について見るに、

(A)　長崎や平戸などの日本の港からバタビアや台湾など、オランダ人の中心的根拠地に直航した場合。

(B)　モルッカ諸島やアンボイナ島のように、臨時の必要に応じて、日本の港から同方面へ直航輸送された場合。

(C)　オランダ当局の臨時の必要に応じて、バタビアなどの移住先からさらに他の地方に渡航せしめられた場合。これは初期の間に割合頻繁に行われた。

なおこれらの日本人の渡航移住は男性の単身渡航者が一般的であったが、女性の単身移住者も時にはあったようで、さらに夫婦同伴、並びにその子女を同伴した場合もあった。女性の移住はオランダ政庁の特に歓迎するところであった。

二　移民の実数と定着地域

本書中で随所に触れたように、バタビアを中心とする南方各地のオランダ人の勢力圏への日本人の分散移住したのは、大体において日蘭通交貿易開始頃からオランダ人の要請によって始まり、江戸幕府が鎖国政策を断行して、日本人の海外渡航並びに帰国の禁令を施行する頃になって終っている。今彼等の移住定着地域、その年次、並びにその実数の確認できるものを拾って表示し、以てその総数を推定すれば、およそ次のようになる。

南方各地分散定着日本人表（一六〇八—三七年）

移住地	年次	人数	出発地	小計
バタビア	一六〇八年	一	マラッカ	二八四
	一六一三年—一九年	二二五	平戸	
	一六一七年—一八年	一六	平戸	
	一六一八年	一	太泥	
	一六一八年	一	暹羅	
	一六二〇年	一	太泥	
	一六二一年	一	平戸	
	一六二二年一一月	二〇	暹羅	
	一六二四年　四月	五	平戸	
	一六二七年一二月	□	暹羅	
	一六三五年一二月	四	台湾	
	一六三七年	一三	ビンタン島	

地域		年月	人数		計
バンタン		一六一七年　一月	二五		四五
		一六一七年　七月	二〇		
アンボイナ		一六二〇年	六三		六三
		(一六二八年　二月	三〇)		
マカッサル		一六三七年　六月	五		三九
バンダ		一六三三年	四		
テルナテ		一六二〇年	二〇		
		(一六一三年　七月	四〇)		
ソロール		一六一四年	一		
ジャンビ		一六一七年　七月	五		
インド	スラット	一六二〇年　四月	一		
	ロゴポール	一六二七年	一		
	パリカット	一六三二年一二月	一		
台湾	南部	一六二六年	一六四		一七一
	北部	一六〇八年―二七年	七		
総計					六〇二

即ち南方各地分散日本人移民の定着地域は、北は台湾から南はジャワ島に及び、東はモルッカ諸島からインドの西北スラットにわたる非常に広汎な地域、特にその中の十二地点であるが、その中でも特に北は台湾から南方ジャワ島に

及ぶ東インド諸島であって、いずれも当時オランダ人がその開拓経略に最も力を注いだ地域の中でもまた重要な拠点となった所で、在住日本人の総数は一応六百名にも上ったとも見積られる。もっともその中南部台湾のプロビンシヤにはシナ人と日本人のために新たに町が企画建設されて、日本人もかなり来住したと思われるが、その実数は明らかでなく、たまたま四名という数字が報ぜられたのをこの表に組入れ、他のゼーランディヤ城の北方対岸在住の日本人数百六十名という数字は当時イスパニヤ人の記したかなり曖昧な数字のようなので、これを内輪に見て仮りに六十名ぐらいとしても、なお五百名余となる。これを他の南洋日本町の人口、たとえばマニラの三千名、暹羅の推定千五百名に比すれば、この数字は前者の一六パーセント強、後者の三三パーセント強に当り、他の柬埔寨や交趾の日本町の人口を多少上まわっていたのではないかと思われる。

この日本人の集団的社会である南洋日本町の存在はその当時からこの方面に進出してきたヨーロッパ人の注目を受け、自然彼等の記録の中にもしばしば挙げられ、日本の記録にも関係記事が散見するのに対し、東インド各地に分散した日本人は、ある時点では相当な役割を果した場合もあるが、その活動は概して個別的間歇的であって、当時のオランダ側などの文書や記録の中にたまたま記された零細な関係史料を捜索発掘して漸くその実態が把握できるに過ぎず、わが国では彼等の書翰など数点が伝存するに過ぎない。

三　他民族との接触型態

日本人移民と接触したのは、ヨーロッパ諸民族とアジア諸民族とに大別されるが、ヨーロッパ諸民族の中でもオランダ人との関係が最も深く、その関係は主としてオランダ東インド会社の出先官憲との間の半ば公的なもので、たいていは雇傭主と被傭者との関係であった。この雇傭関係が終了して後は、日本人移民は一般社会人として、オランダ人とほぼ相互対等の立場で接触している。オランダ人以外ではイギリス人の場合がこれに多少類似しているが、そのケースは少ない。その他のヨーロッパ人との接触は極めて少なく、強いていえば、相互の婚姻による場合が目につくくらいである。これに対して日本人移民とアジア諸民族との接触は、基本的には原地住民と外来民族との接触であるが、外来のアジア諸民族の中ではシナ人との接触が多かった。当時バタビアには既に二千数百名を越えるシナ人移民がいて、始めから相互に全く対等の立場にあった。その接触の内容も日常生活の各方面にわたって多種多様で、金融、奴隷取引、家屋の建築、賃貸借、森林の伐採開墾、法廷の立証や訴訟などであった。中でも金融上の関係は、他の諸民族の場合よりも断然多く、関係人員の四二パーセント強を占め、金額にして三〇パーセント強に上っている。

日本人移民と現地住民や他の外来アジア諸民族との関係はそれほど深くなく、生活に重要な関係のある場合は少なかった。但し日本人が彼等を奴隷として売買したり、自家で使役した場合は比較的多かったが、このような現象は他の各地の日本町においては見かけなかったことである。そして日本人移民の遺言状などによると、その解放や、彼等に対する日常の扶養から、進んでは遺産の譲渡などの場合、遺言人に身内がなかった場合は、自家の使用奴隷やその子女に全財産を遺贈することさえあって、彼等の日本人らしい心情も窺える。

この地方における日本人の婚姻関係はこれらアジア諸民族との場合が断然多く、少数のヨーロッパ人と日本人女性との婚姻の外、シナ人とは業務上相互の交渉が密接であったのにもかかわらず、彼我の婚姻が全く見られなかったことは特に著しい特徴として挙げられる。

四　身分、職業と出身地

日本人移民の渡航前の国内における身分、職業の判明する例は殆んどなく、僅かに一六一五年に契約移民として集団渡航したもの六十三名の中に、大坂出身で後年日本人の甲必丹に任命された楠市右衛門が高級船員であって、他に楫取、掌帆手数名、碇取二名、船大工二名、家大工五名、馬丁二名を除けば、その大多数は水夫であった。ついで同年七月十八日テルナテ島方面派遣艦隊司令官ハーヘンの報告中には、その頃同島に日本人大工、石工、並びに鍛冶職もいたが、その制御に手を焼いたことが記されている。その後一六二〇年頃アンボイナ島の銀鉱試掘のために日本から日本人が特に呼寄せられたが、これはその道の技能を買われた上のことであった。しかししばしば日本から輸送された契約移民の大多数は、雇傭の主なる目的である軍務と労務に従事していた。最初彼等は各地の戦場に派遣されて武勲をたてたが、彼等は恐らく俄か仕込みの兵員であって、武士階級の出身ではあるまい。この点他の日本町の場合、自発的に渡航した武士階級出身の浪人などが少なからずいて、移住先で軍事上重要な役割を果したのと結果的に類似してはいるが、その動機、性格に多少相違が見られる。

このほか船舶乗員や陸上労務者となる者もあったが、いずれも雇傭期間が終ると、再雇傭される者も極く少数はあったが、その大多数は解雇手当を受けて、これを元手に独立自営で各種業務に従事するようになった。果樹園の経営並びに賃貸借、森林の伐採開拓、土地家屋の用益、市民の必需的嗜好品であるシリーや煙草の専売権を当局から獲得する者、さらに資金を蓄積して、皿などの仲買や卸売、船を艤装して各地に貿易を行う者、奴隷の取引や金貸を業とする者もあった。長崎出身のミヒール・村上武左衛門はその尤たるもので、常に多額の資金を運転して、諸国人を相手に手広く金銭を融通したり、あるいは奴隷を取引したりしていた。

さらに不幸にも奴隷となった日本人移民もあって、寓目の限りではその数は十名内外に達したが、いずれも後には解放奴隷すなわちマルダイケルとして自由の身分を取得し、自由市民と等しく各方面の職場で働いた。このような奴隷の外に、日本人移民の中には全く生活の手段を失い、生活意欲をも失って、貧民と称せられる階層に顚落した者も

出身地	男	女	小計
平戸	二	一〇	一二
長崎	五	一	六
日本	一		一
田平		一	一
京		一	一
堺	一		一
マカオ		一	一
合計	九	一四	二三

あった。勿論彼等の氏名や員数は全く明らかでないが、教会からの施与や、心ある人の遺言状の中に彼等に対する金品の施与が規定された場合もあって、その間の事情が僅かに窺われる。

次にこれらの日本人移民の出身地については、日本側の記録からは、僅かに『長崎見聞集』に挙げた海外在住日本人二十九名中、ジャカタラ在住日本人男女八名と、仲村善均の『外国通信志』の十一名、及び郷里に文通した日本人女性六名の出身地が判明するに過ぎない。これに対してオランダ側の記録や文書の中では、まず一六一五年の契約移民六十三名のリストによれば、大坂出身の楠市右衛門を筆頭に、いずれもその出身地を記し、その保証人等はたいてい居住町名までも記されている。次に日本人移民関係の結婚届によれば、その年次、結婚当事者の性別、その未婚・再婚の区別、その出身地がたいてい記されているが、子女の洗礼に際しては、その父母や洗礼証人等の出身地も記された場合がある。

これらの点についても既に詳述したが、彼等の届出に見えた九十二名の内、男性は六十一名、女性は三十一名であるが、さすがに肥前、筑前、薩摩など九州各地の出身者が多く、特に対外貿易港で吉利支丹宗の栄えた平戸と長崎両地の出身者が圧倒的に多く、全体の五〇パーセント弱を占め、長崎だけでも二九パーセント強に上っている。また特殊な場合として、一六二三年三月のアンボイナ事件で拉致糺明された日本人十一名の出身地は、平戸五名、長崎三名、肥前一名、唐津一名、即ち肥前地方出身者は総数九名であって、他に筑後出身者が一名あり、この場合も、いずれも西部九州の平戸、長崎を含む対外関係の深い地方の出身者がその殆んどを占め、その年齢は最低二十二歳から最高五十歳であって、二十代四名、三十代五名、四十代一名で、平均年齢は三十一歳強となり、最も筋肉労働に適した青壮年層であった。また一六二七年五月の日本人庄右衛門の殺人事件に関してバタビアの司法委員会に喚問された日本人三名もやはり長崎二名、平戸一名であるが、その平均年齢はやや高く、それでも三十六歳弱であった。この外一六二〇年四月のスラットのオランダ商館員名簿に京出身の日本人ヤンがあるが、結婚届にも同地出身者が二名あり、必ずしも異例とはいえない。

最後に日本人移民の出身地が判明するものに、彼等の作成した遺言状がある。遺言状には殆んど遺言人本人の出身地が明記してあり、夫が本人である場合には、その妻のことが記入され、その出身地も併記されている。今、遺言状を作成した日本人移民男女十七名、並びに外国人の遺言状の中で指摘された日本人妻六名、合計二十三名を出身地別、性別に表示すれば前ページのようになる。

即ち彼等は結婚届などに挙げられた人名とかなり重複しているが、その出身地の分布も結婚記録などに見られる場合にほぼ照応していることがわかる。ただ一例マカオとあるのは、マカオで生れて後年バタビアに移住したもののようである。

これに対して今までのところ管見の限りでは、マニラに移住した日本人十数名の氏名や出身地が判明する以外には、他の南洋各地の日本町の場合には、日本人移民の氏名やその出身地の判明するものは極めて稀であって、町の首長カピタン等の氏名は判明しているが、彼等すらその出身地の判明しているものは少ない。したがってあれほど多数日本町に渡航した日本人移民が、およそ如何なる地方の出身者で構成されていたかを推知することさえ困難である。

五　気質と品性

日本人は、兵士としては勇猛果敢で、労務者としては勤勉実直で、しかも低賃銀で傭われることがオランダ人にとっては非常な魅力であった。そこでオランダ人が南洋の開拓経略に着手すると、まず多数の日本人を集団的に雇傭して、バタビアを始め所要の各地に輸送した。そして特殊技能者は相当高く評価され、優遇されたが、彼等は各地の戦線においても、果して期待にたがわず勇戦して武勲を建て、中には特別賞与を受ける者もあった。

そこでオランダ人や現地住民は日本人移民の気質や品性について前記のような評価の上に、さらに次のように評価も与えている。一六一五年頃から一六一七年にかけて、バンタンの国王はイギリス人と結んでオランダ人に対抗し、クーンはその対策に苦慮奔走したが、たまたま日本を発したオランダ船五隻も来着し、その一隻で輸送された日本人四十五名もジャカタラに上陸して、オランダ人とその貨物の保全に努めた。このことについて一六一六年十月十一日にクーンがバンタンにおいてしたためた報告の一節に、バンタン王始め現地住民が日本人をオランダ人以上に畏敬していることを伝えているが(六一ページ参照)、一六二九年三月十八日バタビア政庁から総督クーン並びに参議員が本社に報じたところによれば、彼等は日本人とオランダ人の間にあるあらゆる不和を取除いて、相互の友好の維持と貿易の発展に資するため最善の方途を講ずるが、さらに、

日本人がペルシャ、スラットやコロマンデルのモール人のように貪欲であるならば、日本に投ずる多額の資本からは余り利益があがらないことを恐れるであろう。しかるに日本人は異教徒であって、モール人とは全く違った気質であるので、万事好都合に運ぶことが切望される。(1)

と述べて、日本人が金銭について淡白で、モール人と比較して強欲でないと観ている。なおこれより先一六一六年五月十四日にクーンが平戸の商館長スペックスに宛てた指令の中で日本人の気質品性について、「勇猛果敢、勤勉実直」、「貪欲でない」、「オランダ人以上に畏敬される」、「東方人の中で空疎な名声を有している」など、与えられた色々な評価は極めて良好であったといわねばならない(三、四、六一、二六六ページ参照)。

しかしながら、オランダ人が日本人に最も期待した勇猛果敢な性格は、その裏を返せば直ちに不羈乱暴にも繋がる。一六一六年三月十八日にモルッカ諸島方面派遣船隊司令官ステーフェン・ファン・デル・ハーヘンがアムステルダムの東インド会社に送った報告の中に、

重役諸公が我等に日本兵を招致するように指示されたが、これは既に経験済みのことである。このような不羈な国民をもはや我等に仕えさせたくない。(2)

と述べているが、重ねて同年七月十八日に本社に宛てた彼の報告書の中でも、日本人に対する評価は手厳しい。また同日マライユからモルッカ諸島長官レアールが本社に送った報告の中でも日本人に対して芳しくない悪評を下している(二四二ページ参照)。

このように日本人移民の気質品性に関する外国人の評価に反して、日本人移民相互の間には、異国において生活する者の必然的な心理的傾向かとも思われるが、極めて相互依存扶助の意向が強かったことが窺える。彼等女性が故郷の身寄りや知る辺に送った手紙や、移民が作成した遺言状に記された言葉の節々から窺えば、日本人移民相互の日頃の交りは大変親密で、常に温い愛情を以て接し合い、遺言状によると、郷里にある近親知る辺や、同地在住の近親はもとより、さては自分の家庭で使役せる男女奴隷の末々にまでこの気持を及ぼし、それぞれ相応の遺産を分贈し、あるいはその奴隷を解放したり、本人に遺族がない場合には、その男女奴隷や彼等の子女にも全資産を遺贈した場合もあり、時にはバタビア市の貧民に対してまでも若干施与することを規定したこともあった。

六　自治と統制

オランダ人は東インド地方の経略が進むにつれて東方の諸民族を多数その統治下にかかえるようになったが、その

場合専ら間接統治によってその統制につとめた。即ち彼等は諸民族ごとにそれぞれその有力者を選んで彼等の甲必丹に任命し、彼等に政庁の法令の伝達や徴税を担当させ、時には当該民族の裁判にも立合わせたが、戦争の場合にはその民族から編成した部隊の指揮を分担させることもあった。日本人移民もその例外ではなかった。

一六一六年一月に日本から契約移民がバタビアに来着した際、クーンは一日本人清右衛門をその頭領に任命したが、日本人間に紛争が起って殺害されると、同年六月十日に総督府参議員会の議決に基づいて、一日本人権左衛門を首領に任命し、支度料一二レアルを支給することにしたが、その後幾許もなく大坂出身の楠市右衛門がその任に就き、甲必丹として数年間在職し、ついで九郎兵衛がその職を継いだ。なおバタビア移住日本人市民の場合だけでなく、これより先一六一七年八月にはテルナテ島来着日本人等の上に甲必丹を選任している。これらの任命は、甲必丹職制度の典型とされている福建省同安県出身の蘇鳴崗が華僑の初代甲必丹に任命されたのに先行するものであった。

このようにして同地方在住諸民族は一応それぞれの甲必丹の指揮の下に自治制が認められていたが、その日常生活はオランダの法律に準拠するものであって、民事や刑事件における公正証書の作成の如きは、当時の日本人の意識観念には全く存在しないものであり、また法律に違反した場合には、もとよりオランダの法律によって処罰されている。これを他の南洋各地の日本町と比較すると、日本町においてもその有力者が移住地の政府から甲必丹に選任されて、時にはこれに対して俸給を支給された場合もあったが、その場合彼等はオランダ人の統治下にある場合よりも自国の法制慣習を一層多く取入れて生活していた。そしてこの相違は日本人移民のキリスト教の信仰について特に著しかったようである。日本人の最も多く移住定着したマニラでは、スペイン人の占拠以来カトリックの信仰が一般民衆の間にも大いに浸透しており、日本人の信仰に対しても全く束縛がなく、むしろ奨励されていたが、他の暹羅、交趾や柬埔寨諸国民の宗教は仏教、道教や他の東方宗教で、政府は自国民がキリスト教に帰依することには大いに掣肘を加えたにもかかわらず、外来の日本人移民については非常に寛容であって、彼等の中にかなり多数いたカトリック信徒に対してもその信仰を認め、キリスト教の行事を公然と行うことをも許したばかりでなく、彼等自身の教会堂の建立をも許して、日本人司祭や助祭が日本人移民を司牧する場合さえあった。これに対して、バタビアなどオランダ人の統治下の市民の信仰については、一六二一年一月十二日に総督クーンがピーテル・デ・カルペンチール等総督府参議員に与えた覚書によれば、

我々の名において公示した法令によって我々の統治下にある市民は何人も、それが自由市民であれ、会社の使用人であれ、自ら進んで、または他人に勧められて、結婚したり、洗礼を受けたり、その妻や小児たち、奴隷や女奴隷が洗礼を受けたり、結婚するに当っては、我々が当地において尊敬する上長と、または連合東インド会社によって公認せられ、我々がこれを承認した神聖な教会の聖なる神の御言葉を伝える御使の同意と勧告によるべきものとする。そしてこれらのことに関係する御使に対して、我等の長官の明確な同意なくして我等の支配下の人々に干渉することに対しては重い罰金を課し、さらに徹底的に矯正することを通じてこれを禁ずるものである。(3)

とあって、その信仰などについて東インド会社の最高政庁の厳しい掣肘を受けていた。日本人移民中に少なからざるキリスト教徒がいて、彼等はいずれもオランダ改革派の新教徒であったが、この掣肘の埒外にあったわけではなかった。

七　活動期間の特徴

東インド諸島、特にバタビアにおける日本人移民の活動期間は十七世紀初頭にオランダが日本との間に通交貿易を開始して以来、鎖国を経て十八世紀の初め彼等が漸次死亡した頃まで、およそ一世紀にわたっている。この間彼等の

移住先における身分や生活の移動、その従事した各方面の職場における種々な行為、あるいは遭遇した種々な事件に関連した当時の文書や記録に上るものを蒐集研究して、その実態については既にそれぞれ各章節においてこれを詳述してきたが、今その期間的な変動とその性格について考究解明するために、その各時点における主なるものを抽出して、これを年次別、事項別、件数別に集計表示すれば次のようになる。

東インド諸島移住日本人の生活・活動年次別事項別件数表(一六一三—一七〇七年)

年次	結婚	洗礼	軍務	金融	奴隷取引	法的活動	土地家屋用益	貿易	文通	遺言	小計
一六一三			一								一
一六一四								一			一
一六一五			二								二
一六一六			二								二
一六一七		一	三								四
一六一八	一		二								三
一六一九	二	二									四
一六二〇	四	二									六
一六二一			三								三
一六二二	四	四	一				一				一〇
一六二三	一		一				三				五
一六二四	七	六									一三
一六二五	八	二					五	一			一六
一六二六	一	二					一			一	五
一六二七	三	一				二					六
一六二八			一				一	一			三
一六二九	三		一								四
一六三〇	五						一				六
一六三一	一	一									二

一六三二	一六三三	一六三四	一六三五	一六三六	一六三七	一六三八	一六三九	一六四〇	一六四一	一六四二	一六四三	一六四四	一六四五	一六四六	一六四七	一六四八	一六四九	一六五〇	一六五一	一六五二	一六五三	一六五四	一六五五	一六五六	一六五七	一六五八	一六五九	一六六〇
	一		二	三	五		一	六		五	三	四		五	二	二	一			一			一					
		一	三					三	一	五	三	三	四		一			一		三		一				三	二	一
	三																											
		一			一			一			二	二	三	二	二		一二	一一	一二	一三			三	七	一一	四	二	二
		四		一	四	一		一	一	一	四	一〇	四	二	一〇	一〇	一〇	二	一〇	三	四		一		二		一	
					三			二	一			一							一	三	一	一	三	二	三	一	二	
					一								四	一			一	四	三			一	一	二			一	
		一			一	一																			二			
																								一				
									一	一			一		一	一	三		三	一		一	一		二			一
	四	七	五	四	一五	二	一	一三	四	一二	一二	二〇	一六	一〇	一六	一三	二七	一八	二九	二三	五	四	一〇	一二	二〇	八	八	四

一六六一	一六六二	一六六三	一六六四	一六六五	一六六六	一六六七	一六六八	一六六九	一六七〇	一六七一	一六七二	一六七三	一六七四	一六七五	一六七六	一六八一	一六八二	一六九二	一六九七	一六九八	一六九九	一七〇〇	一七〇一	一七〇二	一七〇四	一七〇五	一七〇六	一七〇七	合計
																													八二
一			二		一	三																							六三
																													二〇
二	五		四	二	一	一	一	二	一																				一〇九
二	一		三	一		一		一																					九五
二	一		二									一																	三二
			一																										三二
					一					一	一																		一一
	二	一	二	二			一			一						二	一			一	三		一	一	一	一	二	一	二四
一	一			二		一		二			一		一	一	一	一		一	一										三二
八	一〇	一	一四	七	三	六	二	五	一	二	二	一	一	一	一	三	一	一	一	一	三		一	一	一	一	二	一	五〇〇

即ち最初の間は彼等はオランダ人雇傭の目的に即して、主として軍務や労務に服したが、やがて雇傭期間満了後は解雇手当を受けて、独立自営で各種の業務に従事し、漸次生活が安定してくると、彼等の多くは独身の青壮年層であったので、当然適当な配偶者を求めて結婚するようになった。そしてその必然的結果として子女を儲け、進んでは洗礼を受けさせる場合が多かった。

彼等の生活はこのように継続発展した。即ち彼等の結婚は早くも一六一八年に始まり、三十九年間にわたって続き、一六五六年を以て終っている。そして子女の洗礼は一六一七年に始まり、結婚の最終記録より十年後の一六六七年に及んでいるのも、もっともな現象であろう。その間彼等の従事した業務についていえば、オランダ人に雇傭されて軍務に服した場合が早くも移住直後一六一三年に始まっているが、その後二十年後の一六三三年には既に終っている。これに対して彼等が独立自営して金融や奴隷取引などを行う場合は、奇しくもオランダ人に雇傭されて軍務に服した最後の年次の翌一六三四年に引続いて始まり、十年経った一六四三年頃からその件数が急に増加している。土地家屋の用益に関するものは、その初期には主としてオランダ政庁と係わり合うものが多いが、それ以後は散発的に一六六四年頃まで断続している。日本人移民の法律的事項に関するものは一六二五年に始めて見えるが、その終末もまた一六六四年である。母国への音信は幕府の取締りが緩和されだした一六五六年頃に始まり一七〇九年に及び、遺言状の作成は、一六二七年度の一件を除いては、一六四一年に始まり一六九七年に及んでいて、爾後関係記録は見当らないが、これは両者共に日本人移民の一世がその頃までに段々死に絶えていったことを示すものである。

この間一六三三年から一六三九年にかけては幕府の鎖国令が施行されて、母国からの人員物資の補給も断絶し、彼等は否応なしに母国への帰国も諦めねばならなくなった。ところで前掲日本人移民の生活と活動の年次別、事項別、件数表を考察すれば、日本人の活動がはじめて記録に現れた一六一三年から鎖国令の施行される一六三九年まで二十七年間にその件数は一二七件であって、鎖国の完了したその翌一六四〇年から一六六五年まで二十六年間はその件数も多く、三一七件に上り、以後十八世紀の初めまでの四十二年間には僅かに四一件が見えるに過ぎない。即ち鎖国完了後二十五年間の彼等の活動は全件数の六五パーセント強を占め、彼等の活動も最も盛んであったように推せられる。端的にいえば、彼等の活動は鎖国後の二十六年間が最盛期であったと見ねばならない。これは他の南洋各地の日本町の場合と顕著な相違であった。主として朱印船貿易を媒介として一時栄えた日本町が朱印船貿易の杜絶によって打撃を蒙り、次第に衰頽したのは当然の帰趨であろうが、もともとバタビアを中心とする東インド諸島などの島嶼地域においては、最初から母国との往来の便宜も少なく、その生活が移住先において幾分でも安定してくると、むしろ永住してその維持発展の方向を考えるようになった結果でもあったと解せられる。あるいは今日米国や中南米諸国における日本人移民発展の動機の一つに同じような心理的な動きがあったとも思われる。

第二節　日本人移民活動の停頓

一　幕府の日本人海外輸送禁止と鎖国令の実施

江戸幕府初期には、日本人の海外渡航、並びに外国人により雇傭送致されることは幕府より認められていて制限はなかったが、元和七(一六二一)年七月二十七日の日本人男女の海外輸送禁止令や、寛永十二(一六三五)年の日本人海外渡航並びにその帰国禁止令、それに続く同十六(一六三九)年の海外追放令によって、その後における日本人男女の海外渡航は全面的に禁止され、禁をくぐって帰国した場合には死刑の厳罰に処せられることになったので、ここに南方各地の日本人の移住先にはその後補充も全くとだえてしまった。僅かに長崎奉行所当局によって後年彼等の郷里の身寄りや知る辺との間に、彼我の間を往復するオランダ船に託して、互いに音信や品物などを色々取り交わすことは黙許されていて、残留日本人移民の消息の一端も窺えたが、やがてこれらの残存日本人の死亡に伴い、十八世紀の初め頃にはこのほのかな絆すらもぷっつり切れてしまった。

二　高い死亡率

バタビアを中心として東インド諸島各地に移住した日本人は、主としてオランダ当局の要請によって、その軍事力と労働力を補強するために送致されたものであった。従ってその大多数はもとよりこの任務に堪える体力を持った健康な青壮年の男性であったに違いない。その外若干の夫婦連れやその子女、並びに単身の女性もあった。彼等の渡航当時の年齢は殆んど明らかでないが、一六一五年に集団移民として渡航した六十三名の指導者で、高級船員でもあった大坂出身の楠市右衛門の結婚契約書によれば、彼は三十二歳の時に渡航している。かのアンボイナ事件で一六二三年に喚問糾明された日本人十名の平均年齢は二十九歳強であり、また一六二七年五月日本人庄右衛門の殺人事件でバタビアの法廷に証人として喚問された日本人三名の平均年齢は三十六歳弱であって、いずれも働きざかりの青壮年期であった。しかし彼等の中には、概して温暖な日本の気候とは異って、赤道をはさんだ熱帯地域における慣れぬ異境での生活で、天寿を全うする前に、思いもかけぬ病魔に犯されて死亡する者もあったに相違ないが、彼等の死亡については彼等の遺言状によって僅かに窺うことができるほか、彼等が故郷に送った手紙の中で断片的に触れている以外には殆んど判明しない。しかし病死の外、他の原因によって死亡した者も少なかったことは、どうしても見逃すことのできない現象であった。以下これを列挙表示すれば、

死因	年次	死亡地	人数	小計
戦死	一六一三年七月	チドール	二	二四
	一六一七年七月	バンタン	一	
	一六一七年十一月	バンタン	三	
	一六二一年十月	テルナテ	三	
	一六二二年六月	マカオ近海	一三	
	一六二八年十月	バタビア	二	
刑死	一六一四年五月	ソロール	一	一五
	一六一八年六月	バタビア	一	
	一六一九年二月	バンタン	一	
	一六二二年二月	スマトラ	二	
	一六二三年三月	アンボイナ	九	
	一六三四年一月	バンダ	一	
変死	一六一六年六月	バタビア	一	五一
	一六二一年	バンタン	一二	
	一六二二年十二月	マカオ近海	七	
	一六二七年五月	バタビア	一	
	一六三四年三月	バタビア郊外	二	
	一六三四年九月	バタビア郊外	六	
	一六三六年六月	バタビア郊外	二	
	一六三八年四月	コタワリンギ	二〇	
逃亡	一六二二年六月	マカオ	数名	数名
合計				九〇

以上三種の死因によってだけでも、日本人のこの地方移住の初期一六一三年から一六三八年まで僅々二十六年間に、早くも彼等の死亡したものは九十名にも上っているが、彼等はその死因から判断すれば、いずれも青壮年層であったに相違ない。

これらの不慮の死に対して、彼等の病死の記録に上る例は極めて少ない。一女性がジャカタラから知人の叔母が同地で病死したことを故郷平戸の身寄りに報らせた一例と、バンダ島からバンタンに移って一六一六年に死亡した一日本人の手当支払についての一事例があるくらいである。この他日本人移民関係遺言状は一六二六年十一月十二日付田平のマリヤのそれから、一六九七年三月二十一日付のジェロニマ・春のそれに至るまで三十三通あるが、この中十一通は日本人遺言人本人が重い病臥の枕頭に公証人を招いて作成してもらったことがしたためてあるから、彼等はその後幾許もなく死亡したものと思われる。しかしミヒール・惣兵衛、ビセント・ロメインの未亡人長崎のイザベラ、ヘステル・ファン・ニューエンローデとお春の都合四例以外には、その年齢を推定できる記載は見当らない。さらに婚姻簿や洗礼簿の中に記入されている日本人移民関係記載の中、その日本人夫妻の一方が既に死亡していて、他の一方を鰥夫または寡婦と記したことによって、その時点以前に日本人前配偶者の死亡していたことはわかるが、その死亡が同地移住以前か、それとも以後であったかは判然としない。この外東インド諸島各地の日本人移民減少の特例として、一六二三年にライエルセンの率いるオランダ艦隊がマカオを攻撃した際に従軍した日本人が五名逃亡して、ポルトガル人側に投じたこともあり、これらを合計すれば、日本人移民の減少者数は少なくとも最少百三名となる。

そこで、この年代の間にバタビア並びに東インド諸島方面に分散移住した日本人数のピークを、集団移住や個別渡航者、並びに婚姻届や洗礼簿などによるほか、さらに子女の出生を若干勘案して加算し、これを四百五十名乃至五百名内外と推定すれば、その減少死亡数百三名はその二二・九パーセント乃至二〇・六パーセントにも上り、他の遺言状にも上らない病死若干を加算すれば、この死亡率はなお幾分高かったと見ねばなるまい。当時日本人移民の絶対数が上述のようにそれほど大でもなかったのに、その中主としてその青壮年層の死亡率が高かったとすれば、たとえその間に時々二世の子女が出生したとしても、この死亡率をカバーするほどにはならなかったと思われる。遺言状などによれば、長崎出身のミヒール・惣兵衛には嗣子がなく、村上武左衛門には僅かに一子があって、その孫、つまり三世は四名いたことが判明している。ヘステル・ファン・ニューエンローデも一子を儲けたが、その妹コルネリヤの方は十子を儲けたのに、その中六名は早逝し、長崎の春は七子を儲けたが、その中六名は彼女よりも早く世を去り、僅かに未亡人となって嗣子がない長女と、同女の弟妹の子に当る三世三名、合計四名が春の遺留分の相続を認められているに過ぎない。こう見てくると、日本人移民の高い死亡率は、彼等の活動とその後の運命に対してかなりマイナスに作用したと思われる。

三　結婚と現地への同化

日本人移民は、オランダ当局の要請もあって、主として肉体的能力に富んだ独身の青壮年男性であった。したがって彼等が渡航後若干年月たって、同地に定着して、その生活も安定してくると、適当な配偶者を求めて家庭生活を営むようになったのは極めて自然の成りゆきであった。オランダ当局はさらにその上に女性の移住をも歓迎したが、その絶対数も、その男性に対する比率も非常に小さかったようである。なるほど一六三二年度のバタビア在住民の民族別、性別人口調査によれば、日本人の場合、男性四十八名、女性二十四名、児童十一名であって、男性に対して女性はちょうど五〇パーセントにも上り、一応かなり高い比率のようにも見える。しかし結婚登記や洗礼簿や遺言状などを通して見る限り、夫妻共に日本人である場合は少ない。

即ち結婚登記によれば、日本人移民夫妻八十四組の中、両人共に日本人である場合は十組であって、その比率は一〇・七パーセントに過ぎなかった。しかも日本人女性はアラカン出身者と結婚した一名以外の二十八名はいずれもヨーロッパ人と結婚したのに対して、日本人男性六十六名はバリ島出身女性を始め、他の外来アジア諸民族の女性と結婚している。また洗礼簿を通じて見ても、一六一七年から一六六七年までの間に教会で洗礼を受けた日本男児は十六名、女児は十七名で、合計三十三名ではあるが、その中両親共に日本人なる子女は四名で、他の二十九名は結婚した日本人を父または母とする混血児であった。如何にも僅少な例証に過ぎないが、日本人移民の間に生れた二世混血児の数が二世の純血日本人子女の七倍強にも上っていたことがわかる。恐らくこのような比率は日本人移民の世代がたどって行った方向を暗示するものに違いなく、ここに多数の異民族の社会の中で生活した少数の日本人移民が、急速に現地社会に同化していったことは到底免れ難い宿命であったと見ねばならない。

付録　日本人移民関係史料

史料一　元和元(一六一五)年にオランダ船で雇傭送致した日本人の名簿

一―一　元和元(一六一五)年十一月十一日付、ネーデルラント連合東インド会社に今後三ヶ年の期限を以て傭入れ、スヒップ船エンクハイゼン及びフォルタインと称するジャンク船で日本を出立し、バンタンまたはその他の地に到着して後、水夫、兵卒、並びにその他の任務に使役せしめる日本人等の名簿

大坂の楠市右衛門 Kusnokij Itsiemon。ジャンク船の高級船員で、日本人等の頭領として採用し、手当一ヶ月一〇レアル即ち八テール、並びに副食調味料代一ヶ月六分　計	二五テール
六蔵 Rockoso。彼の若い召使。手当八テールで二ヶ月分	一六
長崎の魚屋 Saccanij。舵工 Thaicon 即ち梢取。ジャンク船内で雇傭中は手当五テールで二ヶ月分	一〇
日本の艀舟または陸上で勤務の際は前以て手当一ヶ月三テール二分	三・二
同人保証人中町 Nacca Matsij の弥七郎 Jaystero	
長崎のトメ。亜班 Appan 即ち帆柱に上って大帆を上げ下げする係。ジャンク船内で雇傭中は手当五テールで二ヶ月分	一〇
日本の艀舟または陸上で勤務の際は手当一ヶ月三・二テールで、一ヶ月前払い	三・二

同人保証人サキノ町 Sackino mat の銀兵衛 Gimbioye

平戸の源右衛門 Gejemon。第一帆の第一帆綱役。ジャンク船内で雇傭中は手当四・四テールで二ヶ月分　テール 八・八

日本の艀舟または陸上勤務の際は手当一ヶ月　三・二

同人保証人木引田町 Kisi Kinda Mast の彦右衛門 Fikoyemon

長崎の市蔵 Itsisoo。二チン Nitin 即ち第二帆柱の操帆係。ジャンク船内で雇傭中は手当三・六テールで二ヶ月分　七・二

日本の艀舟または陸上勤務中は手当一ヶ月　二・八

同人保証人サキノ町銀兵衛 Sackino Masty Gimbioye

平戸の勇吉 Iukissy。三チン Samptin 即ち三番帆綱役。ジャンク船内雇傭中は手当三・六テールで二ヶ月分　七・二

日本の艀舟または陸上勤務の際は手当一ヶ月　二・三

同人保証人平戸の白河長左衛門殿 Siroo cauwa tjose mond

長崎の勇次郎 Jueseroo。大砲 Tachon の砲手。ジャンク船内雇傭中は手当三・六テールで二ヶ月分　七・二

日本の艀舟または陸上勤務の際は手当一ヶ月　二・八

同人保証人サキノ町の銀左衛門殿 Ginsemon donne op Sakino Massy

長崎の弥作 Jasacko。前記と同じく砲手。ジャンク船内雇傭中は手当三・六

テールで二ヶ月分　テール 七・二
日本の艀舟または陸上勤務の際は手当一ヶ月　二・七
同人保証人サキノ町の小兵衛 Cobioye op Sakino Mastij
宗右衛門 Soijemon。頭碇 Tautin 即ちいかりを掌る役。ジャンク船内雇傭中は
手当四・四テールで二ヶ月分　八・八
日本の艀舟または陸上勤務の際は手当三・二テールで、前以て一ヶ月分前貸　三・二
同人保証人河屋庄三郎 Kawaja Sjosabro
七右衛門 Stiemon。前記と同じ身分、即ち頭碇 Tautim　ジャンク船内雇傭中
は手当三・六テールで、二ヶ月分　七・二
日本の艀舟または陸上勤務の際は手当一ヶ月分　二・八
同人保証人清田瀬四郎 Kiouta Sesiroo
七兵衛 Stibioye。杉板工 Champankoo 即ち艀舟を掌り、同時に前帆の上げ下
げをも掌る役。ジャンク船内雇傭中は手当三・六テールで二ヶ月分　七・二
艀舟または陸上勤務の際は手当一ヶ月　三・二
同人保証人ソンソ新左衛門 Sonso Sinsemon

下記の者は船中並びに陸上において次の手当を受取る。
又市 Mataisij。船大工。手当月三・四テールで二ヶ月分　六・八

同人保証人崎方銀兵衛 Sackingatta Ginbioye

佐十郎 Sasiuroo。船大工。手当月三・四テールで二ヶ月分　［記入なし］

同人保証人中町の与七郎 Jaytstroo Nacca Massy

新太郎 Sintarro。家大工。手当月三・二テールで二ヶ月分　テール 六・四

同人保証人河屋新左衛門 Kawaja Sinzemon

孫兵衛 Mangobioye。家大工。手当一ヶ月三・二テールで二ヶ月分　六・四

同人保証人中町の彦左衛門 Fikosemon Nacca Matsij

ミグェル Miguel。料理人。手当一ヶ月二・八テールで二ヶ月分　五・六

同人保証人航海士塩星 Siwoon hosy, stierman

藤四郎 Tosiroo。給仕。手当一ヶ月二・六テールで二ヶ月分　五・二

同人保証人檜村与太郎 Vinbra Jotarro

以下水夫

九兵衛 Kubjoye。手当一ヶ月二・四テールで二ヶ月分　四・八

同人保証人前述の与太郎

久次郎 Kuiserro。手当同前　四・八

アントニオ。手当同前　四・八

ミクゲル Michguel。手当同前　四・八

テール

彦八 Fikofatsij°　手当同前　四・八
庄左 Sjosa°　手当同前　四・八
源七 Gejnsty°　手当同前　四・八
長蔵 Tsjoso°　手当同前　四・八
パウロ°　手当同前　四・八
　同人等保証人サキノ町清七郎 Sakino Matsy Sejusteroo
ルイス Luijs°　手当同前　四・八
　同人保証人シワン・左七衛門 Siwan Sasitiemon
又兵衛 Matabioye°　手当同前　四・八
　同人保証人中町換言すれば中西、騎手 Nacca Matsij segge Nacca Nicij, ruiter
フワン°　手当同前　四・八
トビヤス°　手当同前　四・八
九郎兵衛 Crobo°　手当同前　四・八
　同人保証人中町の彦左衛門 Nacca Matsij Fickosemon
半七 Faijnstij°　手当同前　四・八
新次郎 Synseroo°　手当同前　四・八
新左 Sinsa°　手当同前　四・八
　同人等保証人中町の弥兵郎 Nacca Matsij Jayffroo

喜蔵 Kisoo。手当同前　四・八《テール》

久助 Kiucke。手当同前　四・八

　同人保証人サキノ町の儀兵衛 Sakino Matsij Gebioye

四郎作 Siroo Sacco。手当同前　四・八

　同人保証人拙斎 Shessij

権左衛門 Gonsemon
吉右衛門 Kiitsiemon
久兵衛 Kiuffy
ミクゲル Michguel
ペドロ
〔以上〕各人手当同前　二四《ママ》
　同人等保証人中町の網屋円兵衛 Amia Eunbigi

久三郎 Kiusabroo。手当同前　四・八

　同人保証人舵工の八右衛門 Thaicon Fatiemon

半三郎 Fansabroo。手当同前　四・八

喜太郎 Kitarro。手当同前　四・八

コ・フワン Ko Juan。手当同前　四・八

　同人等の保証人アイマトサイの銀五郎 Aymatosij Gingeroo

吉右衛門 Kitsemon。ハンガニイ・トンギイ Hangany Tonggy〔意味不明〕。手当同前　四・八

同人保証人トウソ印七 Tonso Inhitsy		テール
嘉兵衛 Kas[f]ioye。手当同前		四・八
同人保証人サキノ町の清次郎 Sackino Matsy Sejnsero		
天川・フワン Amaccawa Juan。手当一ヶ月		四・八
同人保証人中の町の新五郎 Nacca no Matsy Singeroo		
作蔵 Sakuso。手当月額同前		四・八
同人保証人サキノ町の新九郎 Sakino Matsy Sincroo		
庄五郎 Siangeroo。手当同前		四・八
同人保証人炭屋道助 Sommia Doseky		
マチヤス。手当同前		四・八
アンドレ。手当同前		四・八
同人保証人サンソ新左衛門 Sanso Sinsemon		
三吉 Sankstsij。手当同前		四・八
同人等保証人檜村与惣左衛門 Finnbra Jososemon		
久四郎 Cousseroo。手当同前		四・八
同人保証人中の町の三右衛門 Nacca no Matsy Sanjemon		
市町の新四郎 Itsimasij Sieseroo。パンゲラン Pangeran［バンタム王をさす］の馬丁に同行して手入を掌る馬丁。手当一ヶ月分二・八テールで三ヶ月分		八・四

同人保証人はわれらの隣人印吉 Inkitsky

半左衛門 Gansaymon。手当月二・四テールで三ヶ月分　　テール 七・二

同人保証人大石治衛門殿 Oijsij Diejemond

アントニオ。家大工。手当月三・二テールで[二ヶ月分]　　六・四

同人保証人磯尾新左衛門殿 Isowsa Sinsemondonne

同人の賄料一ヶ月分　　〇・二

前述の如く明らかなように、解雇された頭碇即ち航海手に支払う手当二ヶ月分

を差引く　　七・二

合計三五一・六

前記頭碇の代りに任命された七兵衛に対する追加支払分　　二・四

なお一般的に最初に前述の人員全員に前以て渡した支払　　八〇

総計四三四

日本人に米並びに賄料として支払った給与の備忘録

士官は各人月二マス《（匁）》の生計費、三月十五日までの分を受領

水夫は各人月一・五マスで、前述の如く三月十五日までの分を受領

米は士官並びに船員ともに、各人月六〇カティ《（斤）》を、全員前述の如く三月十五日までの分を受領

ヤックス・スペックス自署

Monsterrolle van de Japanders aengenomen in dienst van de Generale Vereenichde Nederlantsche Oost-Indische Compagnie, vertrocken uyt Jappon, met 't schip Enckhuysen ende de jonck genaempt de Fortuyn... in den jaere ofte ouderdom genaempt Gewa Guannien[元和元年]in de 11 maent, de 11 dach[K. A., 11722].

史料一－二　連合会社において傭入れ、スヒップ船エンクハイゼン、並びにジャンク船フォルタインで当地からバンタンに出立した日本人が自署し、保証人を立てて約束した規定

一、まず第一に、何時いかなる場所においても決して喧嘩闘争をしてはならぬ。

一、決して賭事も博奕もしてはならぬ。

一、何時いかなる場所においても泥酔してはならぬ。

一、何時いかなる場所においても既婚婦人や子女に対して邪魔をしたり、暴力を振ったりしてはならぬ。

一、何時[いかなる場所]でも決して船長、航海士、あるいはオランダ人の上官に対して反抗したり、不服従の態度を示したりしてはならぬ。

一、いかなる場所においても、暴動や紛糾が起った場合、決してこれを援助したり、参加したりすることなく、上官に対して万事素直に、従順に服従しなくてはならぬ。

一、当地滞在中において、船長や上官に対して反抗の態度を示したる者はこれを陸上に放置し、同行させないこととする。

一、船中たると陸上たるとを問わず、万事船長の指揮下に快く服務すべきものとする。

一、何人も上級船員、船長または頭領の命令指揮に抗弁することなく、これに対して万事素直に服従すべきものとする。

一、何人も船長や他の上官に対して威嚇やその他の行為を以て反抗したり、または裏切行為を犯したならば、その者は死刑を以て罰せられ、その両親、妻、子女やその保証に当てられた保証人も、それ相応に処罰される。

一、船中並びに陸上においても決して不承不承であったり、あるいは注意を欠いたりすることなく、所定の勤務を各自充分に果すべく、一度彼等が約束したことは万事おろそかにせず、何時なりとも、これを指示命令されたならば、万事三十六ヶ月間これを忠実に履行することを、その保証人と共に約束連署する。

年次即ち年号元和元年 Jenwa Guannien 十一月十一日

Artijckelen die bij den Japponders in dienst van de Generale Compagnie aengenomen werden[K. A., 11722].

史料二　一六二〇年に連合東インド会社から解雇された人員の名簿(抜粋)

日本人ミヒール。一六一七年スヒップ船スワルテン・レーウに乗船して来た。

一六一九年十二月十二日に自由を許与して支払った現金四八レアル。四九スタイフェル換算で　一一七《フルデン》　一二《スタイフェル》

一六二〇年一月十六日現在彼の忠勤に対してなお当地に積立ててある　四三　三

計一六〇　一五

日本人アンドレ・ロドリグォス Andre Rodriguos(既婚)。マラッカの沖合でピーテル・ウィルレムスゾーン・フェルフーベ Pieter Willemsz. Verhoeve の艦隊に捕えられ、爾来約十一ヶ年間会社に勤務した。一六二〇年一月十三日に自由を許与して、一六二〇年一月二十日に彼に支払った現金一七七レアル。

	フルデン	スタイフェル	ペンニング
四九スタイフェル換算で	四三三	一三	
一六二〇年一月二十六日現在彼の忠勤に対してなお当地に積立ててある	一二〇	一三	一
計	五五四	六	一

日本人藤四郎 Thousero。一六一八年にスヒップ船アウデ・ゾンで日本から来た。一六一九年三月十二日に自由を許与して支払った現金

日本において彼が受取った九レアルと、アンボイナにおいて一レアルとカンガン布一反		二六	八
同じくギネア麻布一反一〇レアル半		三〇	
同じく縞木綿	二反	二	八
同じく弁柄縞	一反	一二	
同じく現金	五レアル	一二	
帽　子　一	一レアル	二	八
三月十二日現在彼の忠勤に対してなお当地に積立ててある額		三七	四

	フルデン	スタイフェル	ペンニング
計	一二二	八	
日本人京左衛門 Quyosaymon。一六一八年スヒップ船アウデ・ゾンネで来た。			
一六二〇年三月十二日に自由を許与して彼に支払った現金			
日本において彼が受取った九レアルとアンボイナにおける一レアル	二四		
一六一九年十月末日に締切った帳簿の残高			
麻布一反、帽子一つ、繻珍一巻、綾木綿上布一反	五五	四	
一六二〇年二月十五日	一二		
一六二〇年三月十二日現在彼の多大な忠勤に対して当地になお積立ててある	三一	四	
計	一二二	八	
日本人ヤン・ヤサゲ[弥助ヵ]Jan Jassage。約二年前太泥で付近の一小舟内でポルトガル人から捕えられた。一六二〇年三月十五日に自由を許与され、締切った帳簿から支払われた残額一〇レアル	二四		
一六二〇年一月一日に会計簿から繻珍一反代として	二一	一二	
同じく弁柄縞物一反代として	一二		
二月十五日同じく五レアル	一二		
彼の忠勤に対して当地に積立ててある	四四	七	
計	一一三	一九	

日本人シセコ Ciceco。一六一七年にフッデ・フォルタイン de Goede Fortuijn

でオランダから来た。一六二〇年五月六日に自由を許与し、五月十六日に四
九スタイフェル換算で支払った現金　一九三《フルデン》　一一《スタイフェル》
食糧に必要な種々な物品代　六〇
彼の忠勤に対してなお当地に積立ててある　七二　一六　八
計三三六　七　八

日本人兵左衛門 Fioseimon。スヒップ船バンタンで日本から当地に来た。一六
二〇年四月十二日に自由を許与し、四月十四日に彼に支払った現金　五　一七
当地並びに日本において必要であった種々な物品に対して　三二　一一
計　三八　八

日本人藤十郎 Tosiuro。一六二〇年五月二日に自由を許与し、彼に支払った現
金並びにその他　三二　一一
なお当地に積立ててある　一〇　一三
計　四三　四

日本人三助 Sanske。一六一八年にスヒップ船アウエ[デ]・ゾンネで日本から
来た。一六二〇年七月二十日に自由を許与して、彼に支払った現金三二レア
ル。四九スタイフェル換算で　七八　一〇《ママ》
同月二十二日当地において必要とした種々の品物代　五〇　八
計一二八　一八

日本人ペドロ四郎セー Pedro Sirose(既婚)。一六一八年に彼の自由意志によってイギリス人のもとから我等の所に転じて来た。一六二〇年七月二十日に自由を許与す。

日本人九郎兵衛 Crobeo。一六一六年に我等のスヒップ船で日本から来て爾来会社に勤務した。一六二〇年七月十日に自由を許与す。

Rolle van de persoonen die van dienst der Generale Compagnie ontslagen zijn, 1620[K. A., 983].

史料三　一六二〇年一月二十二日付、オランダ領東インド総督ヤン・ピーテルスゾーン・クーン並びに参議員から東インド会社重役にあてた一般報告書原本(抜粋)

[一六一九年]十二月十日にスヒップ船ハリヤッセ、同月十六日にスヒップ船バンタンが日本から当地に来着した。両船とも我等の指令に基づいて、送付した積荷目録の通りの米穀やその他の食糧品を積んでいた。……そして各地の守備隊の強化のためにかなり多数の日本人を招致した。既にバンタンとハリアッセで九十名が当地に到着し、多数がモルッカ諸島にむけて送られた。その員数は今年の中に三、四百名となるであろう。なお兵員を当地に送致するに当り、閣下はその員数を決して削減しないでいただきたい。何となればゞ多数の人員が会社の勤務に必要であるからである。もっともその経費は相当に軽減されるであろう。[下略]

一六二〇年一月二十二日ジャカタラ城にて

閣下の忠実なる

J・P・クーン

P・デ・カルペンチール

ヤコブ・デーデル Jacob Dedel

フレデリック・デ・ハウトマン

ウィルレム・ヤンスゾーン

Colenbrander, *Coen*, I, 518, 519, 534.

史料四　一六二〇年一月二十二日付、連合会社の出費と負担でジャカタラに在住する白人、黒人、学童、婦人並びにジャワ人捕虜等八百七十三名の名簿(抜粋)

日本人　七十一名

ジャカタラ城中、並びに城外兵営に在住する士官、兵卒及び日本人等名簿[中略]

前記二一九名。以下日本人

	手当一ヶ月 レアル		手当一ヶ月 レアル
市　蔵 Itsiso	六・半	藤　蔵 Thosoo	四・半
九郎兵衛 Crombeo	四・半	天川・ジョアン Machou Joan	五・半

藤兵衛	Tombe	四・半
五左衛門	Gosaimon	三
三助	Saanske	三
京左衛門	Quiosaimon	三
仙五郎	Sangaro	三
喜兵衛	Quifoye	三
角助	Kacxke	三
リアオン	Liaon	三
藤左衛門	Thoese	三
吉六	Kijtceroeke	三
喜七	Quist	三
忠助	Tschiusque	三
太郎左衛門	Thoronse	三
ヤン・弥兵衛	Jan Jafeoye	三
藤左	Thonsa	三
ミヒール	Migier	三
助太	Scheta	三
藤三	Thoisa	三

シセコ		四・半
才右衛門	Saijamon	三
左兵衛	Safeoye	三
藤市	Thoaijth	三
兵右衛門	Chaiamon	三
七蔵	Sitisoo	三
作右衛門	Sacqueaimon	三
喜三郎	Quesabroo	三
三吉	Sanketche	三
作左衛門	Saechosoemon	三
喜郎八	Quiroofaut	三
彦作	Ficquoseck	三
清吉	Seekitche	三
長助	Tschosque	三
喜右衛門	Kiejemon	三
藤蔵	Thouseo	三
久七	Quiestge	三
吉蔵	Kitgeseo	三

藤次郎	Thonsere	三
七	Sietche	三
高吉	Kouqueijts	三
善右衛門	Jenimon	三
長蔵	Tjoosoo	三
テコンターンデ	Tekontaande	三
長兵衛	Tjoubee	三
与左衛門	Jousaiemon	三
市次郎	IJtgeseroo	三
喜右衛門	Quiaimon	三
作助	Saeckesque	三
九作	Koesaeck	三
久七	Quiest	三
三右衛門	Saenemon	三
助九郎	Schickeroo	三
安左衛門	Gassesaiemon	三
九助	Koesque	三
金五郎	Quingoroo	三
喜作	Quisack	三
弥七	Jaijst	三
イセベル	Jsebel	三
万五郎	Mangero	三
新吉	Sinckets	三
ルイス	Louwijs	三
忠次郎	Tuijsero	三
ミヒール		三
勇八	Joefaicts	三
与四郎	Jofgesceroo	三
ヤン・ピーテルセン	Jan Pietersen	三
ジョワン	Jouan	三
フランシスコ		三

Monsterrolle van 873 persoonen tot Jacatra door de Generaele Compagnie onderhouden werden, 22 jan. 1620[K. A., 982]

史料五　一六二三年二月四日から同年十二月八日までの期間にバタビアにおいて自由を許与した人々の名簿（抜粋）

一六二三年四月七日バタビア城塞において

日本人藤八 Tovas。約六年以前にアウデ・ゾンに乗って日本から来た。一六二三年四月七日に自由を許与す。

日本人宇太 Outa。約二十六ヶ月以前にジャンク船フィランドに乗って日本から来た。一六二三年四月十一日に自由を許与す。

日本人作右衛門 Sacqueijmon。約四十五ヶ月以前にスヒップ船バンタンに乗って日本から来た。一六二三年四月十一日に自由を許与す。

日本人宗右衛門。約三十一ヶ月以前にスヒップ船サムソンに乗って暹羅から来た。一六二三年四月十一日に自由を許与す。

日本人長七 Tjosty。約四十五ヶ月以前にスヒップ船バンタンに乗って日本から来た。一六二三年四月十二日に自由を許与す。

日本人マテアス Matheas。約二ヶ年間連合会社に勤務したので、一六二三年二月末日に自由を許与す。

一六二三年十月二十日バタビア城塞において

日本人作兵衛 Sakubee。彼の雇傭期限が満期になったので、一六二三年十月二十日に自由を許与す。

日本人孫左衛門 Monqusaymon。彼の雇傭期限が満期になったので、一六二三年二月末日に自由を許与す。

日本人ディエゴ・又次郎 Diego Matagero。一六一七年に彼の自由意志で連合会社に勤務したが、その期限が満期になったので、一六二三年十月三十日に自由を許与す。

日本人ニュテ、別名仙之助 Nuth^{e} alias Senosque。一六二三年一月十四日以来連合会社に勤務したので、一六二四年一月十三日に自由を許与す。

Rolle van diverse persoonen 't sedert 4 feb. 1623 tot 8 dec. volgende in Batavia vrijdom vergundt[K. A., 992].

史料六　一六四〇年一月一日にスヒップ船ブレダによって日本からバタビアに来た既婚者並びにその他の者、及びその子供たちについての覚書

メルヒオール Melchior
イザベラ Isabella } ・ファン・サントフォールト van Sandtvoordt
ビンセント Vincendt
イザベラ Isabella } ・ロメイン Romeijn
} 自由民

ウィルレム・フェルステーヘン Willem Versteghen。商務員
スザンナ・ファン・サントフォールト Susanne van Sandvoort
ヘラルト・フェルステーヘン Geraardt Versteghen。二歳の小児
アウフスチン・ミュレール Augustijn Müller。商務員補

スザンナ
- アンドリース Andries 年十一歳
- アンネケン 年九歳
- ニコラース Nicolaas 年五歳
- ラフェル Raphel 年三歳

（以上 小児）

長崎のマリヤ。彼女の夫はイタリア人で、すでに死亡した
彼女の娘マダレナ。年十八歳。メーステル・マルテン Mr. Marten と彼女との間に生れた小児は台湾に留め置いた
彼女の娘ジェロニモ［マ］Jeronimo。年十五歳

平戸のマリヤ。彼女の夫はイギリス人
彼女の娘ショアンナ S'joanna。年十八歳

オフケ Offke。メーステル・マルテンと彼女の間の小児は台湾に留め置いた

イザベラ Ysabella。司令官カーレル・リーベンスゾーン Carel Lievensz. の子の母
ヘレナ。彼女の子で年七ヶ月。船長ヤコブ・ハーウ Jacob Gaauw との間に生れた者

コミナ Comina
彼女の娘アリヤーントヒーン Ariaantgien。年五歳。当時フロイト船ズワーン乗組の操舵手アールト Aart との間に生れた者

フケシヨ Fouckesio
彼女の娘スザンナ。年四歳。東京のジャンク船において殺された商務員補ハイブレヒト・エームス Huybrecht

（ Eemsとの間に生れた者
（オフケ
（マダレナ。年五歳。当時ヘンロー Venlo 乗組の砲手チヤベ・ヘンドリクス Ziabe Hendrix との間に生れた者
（フィケシオ Fikesio
（マチヤス・バール Matthias Baal。年六歳。船長バールとの間に生れた者
ウィルレム・ヤンセン
ピーテル・ファン・サンテン

Memorie van de mans, vrouwen ende kinderen per Breda uijt Japan op Batavia gecomen, 1 jan. 1640[K. A., 1041].

史料七　一六四〇年一月八日付、オランダ東インド総督アントニオ・ファン・ディーメン並びに参議員から東インド会社重役にあてた一般報告書原本(抜粋)

閣下。オランダ人との間に子を儲けた日本人婦人は皆日本から追放され、ブレダに乗って当地に来着した。また当地に住居を構えることを望んでいたメルヒオール・ファン・サントフォールトとビセント・ロメイン両氏も同様にして来着した。両人が共にそれぞれ平戸の商館に対して託してあった九〇〇〇タエルは、五七スタイフェル換算で当地においてこれを補償した。本状と共に日本から着いた男女、小児等の名簿を送付した。これらの小児達に対しては、神

に対する畏敬と真のキリスト教に導くよう試みるであろう。そして会社の負担はこれをできるだけ僅少に抑制するつもりなので、閣下におかれてはこれを信頼していただきたい。彼等友人の報ずるところによれば、日本においてローマ教に帰依した人々は今後引続いてすべて日本から追放され、四百名以上の日本人がその夫人を伴って当地に来るであろうとの意見である。彼等はバタビアの繁栄に寄与し、我等の役に立つであろう。

一六四〇年一月八日、閣下のバタビア城において

アントニオ・ファン・ディーメン

Originele generale missive van Gouverneur-Generael Antonio van Diemen aen de Camer Amsterdam, 8 jan. 1640, Coolhaas, *Generale missiven*, II, 97-8.

史料八　フランス・カピタン訴訟之事

一、阿蘭陀人平戸を引払、長崎へ引越被仰付候付、阿蘭陀人与嫁宿致し、子を設候女者、母子共ニ阿蘭陀国へ被遣候付、其年不残阿蘭陀与一所ニ紅毛国へ渡申候。然候処フランスハ平戸を仕廻候付、其年ハ平戸ニ逗留致し、翌年帰国仕筈也。就夫訴訟仕候者、当年妻子ヲ阿蘭国へ渡し申候而者、難儀に及申候。其訳ハフランス事十六ヶ年平戸江住居仕候得者、本国ニ一類共如何儀ニ成候哉難斗候。其上女之身ニ而誰ヲ頼候方茂なく、不図渡候而者、無十方(途方)儀与可有御座候得者、フランス帰国之節召連申度と長崎御奉行江願申上候得共、フランス一人の願ヲ言上難被成由ニテ、御取上無之候処、通詞貞方利右衛門申候者、此事言上被成間敷事共不被存候。我等江戸へ罷登御老中様江願可申とて、

江戸へ罷登り候処、土井大炊頭様御用有之、京都へ御登り被遊候道中ニ而、利右衛門を御覧被遊、何方へ参候哉与御尋被遊候ニ付、右之次第ニ付為訴訟江戸へ罷越申候と申上候得者、大炊頭御意被成候者、フランス申処不便之儀尤至極也。異国本朝相隔リ候得共、恩愛之情ハ不相替事也、此訴訟御取上なくハ不仁之儀也、フランス願之通ニ可仕也、此上ハ江戸に罷越候ニ不及、御仲門江者、御帰被遊候上、可被達由御意ニ付、大炊頭様之御供仕罷上り、京都ニ而御暇被下、利右衛門平戸へ罷下候。

一、フランス妻ハ江口十左衛門姉也。此腹ニ娘有。

（谷村友山覚書）

史料九　『オランダ人婚姻簿』一六一六年―一六五七年（抜粋）

当バタビアにおいてキリスト教市民のために法の規定した予告によって一六一六年以来結婚状態に入った人々の名

ヘブル人への書　第十三章第四節

「すべての人婚姻のことを貴べ。また寝床を汚すな。」

コリント人への前書　第七章第一節第二節

「男は女に近寄らざるを善とす。然れども淫行を免れんために男はおのおの其の妻をもち、女はおのおの其の夫を有つべし。」

一六一八年二月四日

日本のマヌエル　と　スカダナ Succadana のマリカ
一六一九年五月九日
日本のジョアン　と　ジャワのマリヤ
一六一九年十二月二十二日
日本人ディエゴ　と　パタナ Patana のリマ
一六二〇年一月十九日
平戸のバルトロメオ Bartholomeo　と　アロンザ・ロドリグェス Alonza Rodrigues
一六二〇年一月二十六日
兵卒アダム・ピーテルスゾーン・ファン・ディットマルス Adam Pietersz. van Ditmars　と　日本のマリヤ
一六二〇年二月十六日
ガスパルと称する日本人藤八 Topats　と　バンタンのイザンナ Ysanna
一六二〇年八月九日
日本人ジャンチョク Djantsjok　と　バリのマリヤ
上記の名はすべて故アドリヤーン・ヤコブスゾーン・フュルセボス Adriaen Jacobszoon Hulsebos の婚姻簿の中に見出された。

一六二二年
同九月二十八日

日本人トメ　と　バリのマリヤ
同　日
日本人パウロ　と　シアムのマヨン Majon
同じく九月二十五日
日本人長崎 Nanggeseyck のヨハン　と　バリのガニトリー Ganitrey
一六二三年七月二日
日本人ジョアン・スワレ Joan Sware　と　生前自由市民であったフランシスコ・ミランダ Francisco Miranda の寡婦ジョアンナ・デ・リマ Joanna de Lima
一六二四年
同年八月十一日
日本人マテウス　と　今マリヤと称するパタニア Patania のセミュエン Semuen
一六二五年一月五日
ミッセン Miessen の地から来た青年アダム・クルーク Adam Clouck　と　シモン・タイセン・ファン・ギュリック Symon Tijssen van Gulick の寡婦日本のスザナ Susana
一六二五年三月六日
駿河 Sringo のマンシス・五市 Mancis Goints　と　バリのヤンネケン
同　日
肥前 Visie のコスメ・カルロ Cosme Carlo　と　バンタンのスザンナ

同日
江戸Yendoのディオゴ・庄兵衛Diogo Sioube　と　江戸のアールケンAelken
同日
平戸Fierandoのレウン Leoen　と　長崎Langesacqのウルスラ
同日
筑前Siouckousienの善太Jenta　と　バリのカタリナ
一六二五年六月五日
ヤハト船アルムイデン de Armuydenの料理人でオルデンブル[フ] Oldenbur[gh]生れの青年ディルク・シモンセン Dirck Symonssen　と　アダム・コック Adam Cockの寡婦日本の田平Taburのスザンナ
一六二六年九月二十四日
日本人甲必丹大坂のミヒール　と　アドリヤーン・ファン・デ・ウェルフの寡婦バリのバルバラ
一六二七年五月十四日
堺Saccaijenの日本人ペドロ Pedro Japan　と　バリのルシヤ
一六二七年七月八日
平戸の日本人ユー・ヨアン・ストリック Joe Joan Strick　と　アドリヤーン・コルネリッセン Adriaen Cornelissenの寡婦パタニのスザンナ
一六二七年九月十一日
日本人ドミンゴス・フェルナンド Domingos Fernando　と　サン・トメのアンゲラ・ピンタ Angela Pinta

一六二九年八月十六日〔この日付に続いて非回と記してあって、この結婚の予告を三回掲示して異議のなかったことを示してある〕
平戸のペドロ　と　ヤン・クレメンツゾーン Jan Clementszoon の寡婦ビサヤ Bysay のアンナ
同九月七日　　　三回告示、異議なし
当市の市民で薩摩の青年ヨハン　と　ベンガルのアンナ・デ・ソーザ
一六三〇年四月二十五日　三回告示
長崎の青年日本人ドミンゴ　と　軍曹クレメント Clement の寡婦パタニのリスベット Lijsbet
同五月九日　　　三回告示、異議なし
日本人長崎の未婚青年ジョアン　と　ヒリス・ヘリッツゾーン Gillis Gerritsz. の寡婦ソロールのスザンナ
同七月十八日　　　三回告示、異議なし
日本の大村の青年アドリヤーン・ライス Adriaen Rijs　と　ルイス・デ〔・シルバ〕Louijs de〔Sylva〕の寡婦コーチンのウルスラ・デ・メスキテ Ursela de Mesquite
同七月十八日　　　三回告示、異議なし
日本の京 Mëaco の青年トメ　と　ヘンドリック・ファン・チーレマンス Hendrick van Tielemans の寡婦ベンガルのジュスタ・スワレス Justa Zuares
同七月二十五日　　　三回告示、異議なし
長崎の青年ミヒール　と　ヤコブ・ヤンスゾーン Jacob Jansz. の寡婦アンドラギリ Andragierij のマリヤ
一六三三年九月八日　　　三回告示、異議なしサン・トメのラウレンス・シモン Laurens Sijmon と 同じくサン・トメのマリヤ・メ[ン]デス Maria Me[n]des。両人共に日本人フランシスコ・シモン Francisco Symon の奴隷[欄外に「この両人は解放黒人の名簿に記入す」とある]

一六三三年十二月□(欠損、但し二十一日以前)

故シシリア・ピニェイロ Sijsijlia Pinjeero の鰥夫ビルマのガスパル・ピニェイロ と 故ニコラース・ヘリッツの寡婦日本のマリヤ・ファン・ファレ Maria van Vale

一六三五年四月二十六日　三回告示、異議なし

当市の市民でアムステルダム生れの青年ヒューブレヒト・ファン・デン・ブルック Hubrecht van den Broeck と 生前当地の市民であったアブラハム・マリスハル Abraham Marischal の寡婦平戸のフェメチェ Femmetie

一六三五年十二月六日　三回告示、異議なし

日本の平戸の青年ピーテル と ペドロ・ファン・コラ Pedro van Cora の寡婦パタニ Pathani のカタリナ

一六三六年三月十三日　三回告示、異議なし

日本の長崎生れの青年ジョアン と 以前セビリエ人のヤン・デ・フロリス Jan de Floris の妻であったベンガルのアンゲラ Angella

一六三六年三月二十日　三回告示、異議なし

日本の長崎の青年パウロ と 日本人故マテウスの寡婦パタニのマリヤ

一六三六年十一月二十日　三回告示

日本の長崎生れの青年ジョアン と 日本人故マテウスの寡婦バリ生れのヤンネチェ

一六三七年二月五日　　　三回告示、異議なし
日本の長崎の青年ペドロ　と　バタビア生れの若い娘アンネチェ・ヤンスエル Annetie Jans.er
一六三七年二月二十六日　　　三回告示、異議なし
日本の長崎生れの青年パウロ　と　自由婦人ボルネオのアンナ
一六三七年九月十日　　　三回告示、異議なし
日本の長崎の青年ドミンゴス・ローケイ Domingos Rookij　と　若い娘モニカ・デ・コスタ Monica de Costa
一六三七年九月二十四日　　　三回告示、異議なし
日本の堺生れの青年ジョアン　と　大ジャワのチェリボン生れの自由婦人ヤンネチェ
日本の長崎生れの青年ミヒール　と　故ディルク・ヤンスゾーン Dirck Jansz. の寡婦日本の堺生れのウルスラ
一六三九年六月九日　　　三回告示、異議なし
日本の長崎の青年ジョアン　と　故ユリヤーン・ヤンスゾーン Juliaen Jansz. の寡婦バタビアのディオニシヤ・デ・クラスト Dionisia de Crast
一六三九年七月十四日　　　三回告示、異議なし
バリの青年ヘンドリック・バレンツゾーン Hendrick Barentsz.　と　日本人ヤン・セカイン Jan Sekijn の寡婦バリのヤンネチェ・マルテンス Jannetie Martens
一六四二年一月九日　　　三回告示、異議なし
日本人キリスト教徒長崎生れのフランシスコ　と　平戸の若い娘日本人ヨハンナ
一六四二年二月二十七日　　　三回告示、異議なし

会社勤務の見習士官ブレーメン Bremen のヘンドリック・ベーケ Hendrik Beke と ヒューブレヒト・ベヌス Hubrecht Venus の寡婦日本の平戸のスザンナ

一六四四年四月十四日　三回告示、異議なし

会社勤務の青年旗手イギリスのミヒール・トレソイル・ファン・ファルマイエン Michiel Tresoir van Valmijen と 日本の平戸の若い娘エステル・ファン・ニューローデ Ester van Nieuroode

一六四六年三月八日　三回告示、異議なし

長崎のマグダレナの鰥夫で長崎生れの日本のミヒール と 若い娘バタビアのヤンネケン

一六四六年四月五日　三回告示、異議なし

東インド会社勤務の商務員、アムステルダムの青年ヘンドリック・ファン・エッケル Hendrick van Eckel と 日本の平戸生れの若い娘アンナ・ミュレール Anna Muller ［欄外に「一六四六年四月二十六日結婚す」と記入してある］

一六四六年五月二十四日　三回告示、異議なし

日本の長崎の青年ヤン と パンパンゲル人フランシスコ・アトカラス Francisco Atcaras の寡婦コーチン Cochijn のマリヤ・パレラ Maria Parera ［欄外に「結婚す」と記入してある］

一六四六年十月二十六日　三回告示、異議なし

バタビア城の門衛でバンダのイザベラの鰥夫ドルニック Dornik 出身のヤックス・デ・ホッキン Jacques de Hocquin と 按針士アールツセン Aertsen の寡婦日本のマグダレナ ［欄外に「結婚す」と記入してある］

一六四六年十一月二十九日　三回告示

東インド会社勤務の商務員補、平戸のシモン・シモンセン Simon Simonssen　と　長崎生れの若い娘ヒエロニマ・マリヌス Hieronima Marinus　［欄外に「結婚す」と記入してある］

一六四七年十月三十一日　　三回告示、異議なし

会社勤務の伍長でストラスブルフの青年ガリス・ホルストカッペル Gallis Holstcappel　と　日本生れの若い娘マグダレナ・九郎兵衛 Magdalena Grobe　［欄外に「十一月十七日に結婚す」と記入してある］

一六四八年一月十六日木曜日　三回告示、異議なし

会社勤務の兵卒アムステルダムの青年クライ・ヤンセン Crij Jansen　と　生前前記の会社勤務の軍曹故フィリップ・モルヘン Philip Morgen の寡婦日本のマリヤ　［欄外に「一六四八年二月六日に結婚す」と記入してある］

一六五〇年十一月二十四日　三回告示、異議なし

日本のマグダレナの鰥夫でバタビア城の門衛ドルニックのヤックス・デ・ヨッケオ Jacques de Joquejo　と　生存中当市の市民であったピーテル・ファン・サンテンの寡婦コロマンデル海岸のアンナ　［欄外に「一六五〇年十二月十一日に結婚す」と記入してある］

一六五二年二月二十二日　　三回告示、異議なし

会社勤務の商務員補バタビアの青年ヘルマン・クリストッフェル Herman Christoffel　と　バタビアの若い娘バルバラ・市右衛門 Barbara Itchiemen

一六五二年六月六日に始まる現地住民の婚姻簿

一六五五年十二月九日　　　三回告示、異議なし

故ベンガルのアンニカの鰥夫でキリスト教徒日本人長崎生れのヨハン・シェエモン Johan Sjemon と 生前会社勤務の商務員であった故アウフスチン・ミュレールの寡婦平戸のスザンナ・ミュレール Susanna Muller ［欄外に「一六五六年一月九日に結婚す」と記入してある］

一六五六年二月十日　　三回告示、異議なし

当市の市民でバタビアの青年ヘンドリック・ス＝ヘルトーヘンラート Hendrik 's Hertogenraed と 日本人ミヒール・武左衛門 Michiel Boijsemon の離別した妻で、同じくバタビアのアンネケン ［欄外に「一六五六年三月十二日に結婚す」と記入してある］

Holl. Trouwboek, 1616–57[B. S., 52].

史料一〇　『婚姻簿』一六二一年—一六四九年（抜粋）

結婚せんと欲する者の名の告知。バタビアにおいて一六二一年十月二十四日に始まる

一六二四年四月七日に結婚。

同七日

日本のペドロ・ゴンサロ Pedro Gonsallo　と　マラッカのアポロニヤ Apolonia

同二十一日

ヤン・ヤンセン・ファン・ハインデ Jan Jansen van Heinde　と　日本から来たオマン Oman

同　日
レーウェルデン Lewerden のヤコブ・ヘリッツ・ファン・ヘルタイト Jacob Gerrits van Heldyt　と　日本の田平 Tabera のオチソ Ottiso
同　日
ディルク・ハンスゾーン・ファン・セルダム Dirck Hansz. van Serdam　と　日本の長崎 Langisackie のヨハンナ
同　日
スヒーダムのハインドリック・ヘスペルセン Heindrick Hespersen　と　日本の平戸のヨハンナ
一六二四年五月
同月十二日
コールニール Coornier のヤン・ヘリッツェ Jan Gerritse　と　今アールチェ Aeltie と称する日本の江戸 Jedou のお松 Omats
一六二四年八月
同十一日
日本人マテウス　と　今マリヤと称するパタニのセミュエン
一六二五年
一月五日
ニーセン Niessen の地から来た青年アダム・クルーク Adam Clouck　と　故シモン・タイセ・ファン・ギュリ

ックSymon Thysse van Gulick の寡婦日本のスザンナ

三月六日　　三回告示、異議なし

駿河 Sringo のマンシオ・五市 Mancio Goints　と　バリのヤンネチェ

同三十日

肥前 Fisiën のコスモ・コルロ Cosme Corlo　と　バンタンのスザンナ

江戸のディオゴ・庄兵衛 Diogo Sjoubé van IJendo　と　江戸のアーチェ Aetje

平戸のルエオン Lueon　と　長崎 Langesacq のウ[ル]スラ Ou[r]sela

筑前 Sjouckousjen の善太 Ijenta　と　バリのカタリナ

一六二五年六月十九日　　三回告示、異議なし

オルデンブルフ Oldenburgh 生れの青年でヤハト船アルネムイデン de Arnemijden の理髪師ディルク・シモンスゾーン Dirck Symonssz.　と　故アダム・コックの寡婦日本の田平のスザンナ

一六二五年十月九日　　三回告示、異議なし

京《ミアコ(ママ)》 Miacca 生れの日本人甲必丹ミヒール　と　フィリップス・ファン・デル・ウェルフ Philips van der Werff の寡婦バリのバルバラ　［欄外に「結婚せず」と記入して、さらに消してある］

一六二六年九月二十四日　　三回告示、異議なし

日本人甲必丹大坂のミヒール　と　アドリヤーン・ファン・デル・ウェルフ Adriaen van der Werff の寡婦バリのバルバラ　［欄外に「結婚せず」と記入して、さらに消してある］

一六二七年五月十四日　　三回告示、異議なし

堺Saccajenの日本人ペドロ　と　バリのルシヤ　［欄外に「結婚せず」と記入してある］
一六二七年七月八日
平戸の日本人ジョアン・ストリックJoan Strick　と　アドリヤーン・コルネリッセンの寡婦パタニのスザンナ
［欄外に「結婚せず」と記入してある］
一六二七年七月二十二日　　三回告示、異議なし
当市の市民伏見Fuscimaの故フリーチェGrietgeの鰥夫ヤン・ヤンスゾーン・マッケルJan Jansz. Macker　と
ミヒール・スプリートMichiel Sprietの寡婦スカダネSuccadaneのロゼイナRoseina
一六二七年九月十六日　　三回告示、異議なし
日本人ドミンゴス・フェルナンド　と　サン・トメのクゲラ［アンゲラ］・ピンタCugela［Angela］Pinta
ジャカタラ王国のバタビアの教会で結婚す。
一六二九年八月十六日　　三回告示、異議なし
平戸のペドロ　と　ヤン・クレメンスゾーンJan Clemensz.の寡婦ビサヤBisayのアンナ
一六二九年九月六日　　三回告示、異議なし
当地の市民日本人薩摩のジョアン　と　ベンガルのアンナ・デ・ソーザ
一六三〇年四月二十五日　　三回告示、異議なし
日本人長崎のドミンゴス　と　軍曹クレメントの寡婦パタニのリスベット
一六三〇年五月九日　　三回告示、異議なし
未婚の日本人長崎のジョアン　と　ヒリス・ヘリッツゾーンの寡婦ソロールのスザンナ

一六三〇年七月十八日　　三回告示、異議なし

日本の京《ミヤコ》の青年トメ　と　ヘンドリック・［ファン・］チーレマンスの寡婦ベンガルのズスタ・スワレス Zusta Zuares

日本の大村 Omera の青年アドリヤーン・ライス Adriaen Rijs　と　ルイス・デ・シルバの寡婦コーチンのウルセラ・デ・メスキタ Ursela de Mesquita

七月二十五日　　三回告示、異議なし

日本の長崎の青年ミヒール　と　ヤコブ・ヤンスゾーンの寡婦アンドレギリ Andregirij のマリヤ

一六三一年四月二十四日　　三回告示、異議なし

当市の市民でアムステルダムの青年アブラム・マレスハル Abram Mareschal　と　平戸の若い娘フェメチェ・ファン・デン・ブルック Femmetge van den Broeck

以下現地住民の結婚

一六三三年九月八日

サン・トメのラウレンス・シモン Laurens Symon　と　同じくサン・トメのマリヤ・メンディス Maria Mendis。両人共に日本人フランシスコ・シモンの奴隷［欄外に「この両人は自由奴隷の名簿に編入す」と記入してある］

一六三三年十二月　日　　三回告示、異議なし

故シシリヤ・ピニェーロ Sysylja Pinjeero の鰥夫ガスパル・ピニェーロ Gaspar Pinjeero　と　故ニコラース・ヘリッツ Nicolaes Gerrit の寡婦日本のマリヤ・ファン・ファレ

一六三三年
日本人ジョアン・スワレ　と　生前自由市民であったフランシスコ・ミランド Francisco Mirando の寡婦ジョアンナ・デ・リマ　〔欄外に「七月二日結婚す」と記入してある〕
一六三五年四月二十六日木曜日　三回告示
当市の市民でアムステルダム生れの青年ハイブレヒト・ファン・デン・ブルック Huijbrecht van den Broeck　と　アブラハム・マリスハール Abraham Marischael の寡婦フェメチェン・テン・ブルック Femmetien ten Broeck
一六三六年三月十三日木曜日　三回告示、異議なし
当地のマルダイケルである日本の長崎生れの青年フワン　と　生前セビリヤのヤン・デ・フロレス Jan de Flores の妻であったベンガルのアンスゲラ Ansgela
一六三六年三月二十日　三回告示、異議なし
当地のマルダイケルである日本の長崎生れの青年パウロ　と　日本人マタイス Mattijs の寡婦パタニのマリヤ
一六三六年十一月二十日木曜日　三回告示、異議なし
当地のマルダイケルである日本の長崎生れの青年フワン　と　日本人マテウス Mattheus の寡婦バリ生れのヤンネチェ
一六三七年二月五日木曜日　三回告示、異議なし
当地のマルダイケルで日本の長崎生れの青年ペドロ　と　当地生れの若い娘アンネチェ
一六三七年二月二十六日木曜日　三回告示、異議なし

当市のマルダイケルで日本の長崎生れの青年パウロ　と　自由婦人ボルネオのアンナ
一六三七年九月[十日]木曜日　三回告示、異議なし
当地のマルダイケルで日本の長崎生れの青年ドミンゴス・ローケイ Domingos Roockij　と　若い[娘]モニカ・デ・コスタ
一六三七年九月二四日木曜日　三回告示、異議なし
当地のマルダイケルで日本の堺 Zackaij 生れの青年フワン　と　自由婦人チェリボン Cerribon 生れのヤンネチェ
一六三九年六月九日木曜日　三回告示、異議なし
日本人青年長崎生れのスワーン Swaen　と　ユリヤーン・ヤンスゾーンの寡婦、バタビア生れのデニェ・デ・クラス Denije de Cras
一六四〇年一月二十七日木曜日　三回告示、異議なし
マルダイケル青年アントニイ・デ・コスタ Antony de Kosta　と　日本人パウエル Pauwel の寡婦バリのエベッルラ Iebella
一六四〇年五月十七日木曜日　三回告示、異議なし
日本人キリスト教徒青年長崎のジョアン　と　バタビア生れの若い娘アドリヤーンチェン Adrieaentjen
一六四〇年七月十二日木曜日　三回告示、異議なし
長崎の青年ピーテル　と　パタニの若い娘ルイシヤ Lowisia
　　三回告示、異議なし
長崎の青年ミヒール　と　パタニの若い娘マリヤ

三回告示、異議なし

長崎生れの青年ペドロ　と　平戸生れの若い娘ルシア

一六四〇年十一月一日木曜日　三回告示、異議なし

長崎生れの日本人青年トメ　と　当バタビア市内生れの若い娘ドミンガ・ディヤス Dominga Dias

マルダイケルのベンガルのベリョソール Bellosoor のベンツーラ・デ・ロゼイル Ventura de Roseyl　と　日本人ドミンゴ・ローケイの寡婦モニカ・デ・コスタ

一六四一年十月二十四日木曜日　三回告示、異議なし

シナ人キリスト教徒青年アントニイ・ウィルレムス Anthonij Willems　と　日本人与兵衛 Johai Japan の寡婦チモールのスサンナ

一六四二年一月二十二日木曜日　三回告示、異議なし

当地の自由住民である日本人キリスト教徒長崎のミハエル Michael　と　日本人キリスト教徒である若い娘マグダレナ

一六四二年五月一日木曜日　三回告示、異議なし

自由なキリスト教徒青年平戸の日本人ヨハン　と　自由なキリスト教徒である若い娘平戸のアンナ

一六四二年十二月四日　三回告示、異議なし

当市のマルダイケルである日本人伏見(?)Susieme のヨハン　と　生前当地の自由市民であったユトレヒトの故ヤコブの寡婦マリヤ・デ・コスタ Maria de Costa

一六四三年二月五日　三回告示、異議なし

長崎の青年ペドロ　と　平戸の若い娘ヨハンナ
一六四三年六月十八日木曜日　　三回告示、異議なし
鰥夫長崎のドミンゴス　と　マレー人ヘンドリック Hendrick の寡婦バリのヤンネチェ・マルテンス Jannetje Martens
一六四三年十月十五日木曜日　　二回告示、異議なし
バリのスザンナの鰥夫サン・トメのアントニイ　と　日本人パウルス Paulus の寡婦パタニのマリヤ
パタニの青年ピーテル　と　日本人ウコン・ピーテルス Oukon Pieterss の寡婦カタリナ
バンタン生れの青年ペドロ　と　日本人フランシスコの寡婦バリのマリヤ
メドレ Medre の青年日本のミヒール　と　若い娘マリヤ・デ・コスタ
一六四四年一月二十一日　　三回告示、異議なし
長崎生れの日本人青年ミヒール・ディエス Michiel Dies　と　ヤン・デ・ゾーザ Jan de Zosa の寡婦アンナ・デ・ローザ Anna de Rosa
一六四四年三月三十一日
当市の住民ドミンガ・ディエス Dominga Dies の鰥夫長崎のトマス　と　トメ・デ・ビベロ Thome de Vivero の寡婦プネア・デ・ローザ Punea de Rosa
この結婚が法律上の理由により中止せられたことは、本月二十一日に司法委員会に登録された当事者の請求及びその適当な処理によって明白である。
一六四四年七月十四日　　三回告示、異議なし

長崎の青年ルイス Louwijs　と　自由婦人平戸のカタリナ
一六四六年五月二十四日　　三回告示、異議なし
日本の長崎の青年ヤン　と　パンパンゲル人 Panpanger のフランシスコ・アルクルス Francisco Alcurus の寡婦
コーチンのマリヤ Maria de Cochijn
一六四八年十月二十二日　　三回告示、異議なし
当市の住民でマラッカの故アンゲラ Angela の鰥夫である日本人キリスト教徒長崎のジョアン　と　生前会社勤務の兵卒であった故バルトロメウス・アレンツゾーン Bartholomeus Arentsz. の寡婦アラカンのアニカ・アレンツ Anika Arents

Trouw Boek, 1621-49[B. S., 53].

史料一一　一六二五年十月三十日付、日本人甲必丹ミヒール・市右衛門とバルバラ・ファン・デル・ウェルフの結婚契約書

わが主、救世主イエズス・クリスツスの御名においてアーメン。この証書によってすべての人々に対して告知することは、わが主の御年本一六二五年十一月三十日に、総督閣下によってその職に認可選任された当バタビア市の公証人たる予アドリヤーン・ワウテルセン・ドラックの前に、指名された下記の証人立会いの上で、一方にあっては目下当バタビア市の日本人の甲必丹で四十二歳のミヒール・市右衛門 Michiel Iytjemmo[n]、他方にあっては故フィリップ

ス・ファン・デ・ウェルフの寡婦バルバラ・ファン・デ・ウェルフ Barbara van de Werff’ 別名ボルシェ Borsje が出頭して、神はその御慈悲とその神聖なる叡智によってすでに予知し予定し給うところではあるが、彼ミヒールは一方においてそのバルバラと、他方において彼女バルバラは前記のミヒールとそれぞれ互いに意を決して結婚することに踏切り、あらゆる肉体的な欲望と私通を避け、一切の困難と不和を予防するために、結婚の一事によってこれを解決することとした。即ちそれぞれの負債はこれを各自継承して、以下の結婚の条件に特に留意することに同意した。

甲必丹ミヒールが以前にタイヘルス堀割通に建てた家屋、並びに彼がこれより先に東埔寨に送った四〇〇レアル、さらにこれまでに利益をもたらしてきた一切の証書、貸借証書、契約書、衣服類、宝石や、その他彼が結婚以前に手に入れた色々な資財はこれをすべて彼自身の自由になる確定した所有物として留め置き、いかなる法律によってもそれが高級であれ下級であれ、また特殊であれ一般的であれ、彼の未来の妻が彼に対してその所有権を主張することはできない。即ちこの結婚の条件によって、前記の資財は皆彼ミヒールの所有物として留め置かれるものとする。また彼は彼女の資財を侵害してはならず、またこれを用いて彼の負債を返済してはならぬ。また彼女は彼の資財を請求したり、あるいは彼女もしくは彼女の以前の夫もしくは夫等によって作られた彼女の従前の負債を支払うためにこれを売却してはならぬ。一方前記のバルバラは自分が結婚前に所有していた家具、衣類と宝石など一切を彼女の資財として手許に留め置き、前記のミヒール又はその代理人となる者も、彼甲必丹が彼女に贈物として与えた物以外はすべての資財を彼自身の財産として留め置くべきものとする。われわれは皆いずれも死すべきものであるから（神よこれを妨げ給え）、出頭人中の一人が遺言状を作成することもなく死亡するようなことが起った際には、もしミヒールが遺言状もなく最初に死亡したならば、彼の未来の花嫁は彼の資産の中から六レアル、並びに彼女の愛する者の所有に係るものを含む一切の衣類を受取るものとし、一方バルバラが遺言状もなく死亡したならば、ミヒールは彼女が彼に遺子供たちの処理に委ねられるであろう。

したもの一切をわがものとすることを言明する。しかし神の御意志によって彼等両人が生き永らえて、一人、またはそれ以上の子供に恵まれた場合、彼等の資財は最高政庁によって施行されている現行法律に従って、その子供または子供たちの処理に委ねられるであろう。

日本人の甲必丹ミヒール・市右衛門は前述のことを相違なく履行することを明らかにするものであるが、一方故フィリップス・ファン・デ・ウェルフの未亡人バルバラ、別名ボルシェも同様に上記の事項を履行することを約束し、それについては未亡人もしくは妻を規制している主権者無能力による契約無効に基づく利益を放棄するものである。

またこのわれわれの結婚契約を破らないようにするために、彼及び彼女は前に述べられている通りの形式のこの彼等の結婚契約がすべての法律のもとですべての判事たちによっていささかの例外も留保もなしに、この形式のままに尊重されんことを希望し、これについて全能の神の恩恵を祈るものである。

このようにして、前述の甲必丹市右衛門の家において日本語、マレー語、スペイン語に通じている通訳としてアンドリース・ロドリグス Andries Rodrigus、また共に予がよく承知して招請した信頼するに足る証人タイス・ファン・アケン Thijs van Aken とヒュールト・ハインデレイクスゾーン・ファン・ベンメル Geurt Heynderycxsz. van Bemmel 立会の下に、予公証人、及び前述のミヒールとバルバラ、並びに通訳が本状に署名した。

前述の年月日にバタビアにおいて

証人　署名す

タイス・ファン・アケン Thujs van Aken　　日本人の甲必丹ミヒール・市右衛門署名す

ヒュールト・ハインデレイクスゾーン・ファン・ベンメル　　バルバラ・ファン・デ・ウェルフ署名す

通訳としてA・ロドリクス Rodricus　　公証人A・W・ドラックこれを認証す。

Huwelijk contract van Michiel Eijtjemon van Osacke, capiteijn van de Japanders en Barbara van Baly, weduwe van Adriaenen van de Werfff, 30 oct. 1625[Draek, Te., P., 1624-26].

史料一二　洗礼簿

一二-一　『オランダ人洗礼簿』一六一六年―一六二〇年(抜粋)

一六一七年

四月、なお次の学童等が洗礼を授けられた。

日本のヤン。四月二十三日

一六一九年

十月

日本のハンニバル Hanibal。約十八歳。名親は司令官ヘンドリック・ヤンスゾーン Hendrick Jansz.、太泥の商館長ヘリッツ・フレデリクスゾーン・ドライフ Gerrit Frederixz. Druyff

十月二十日太泥商館において

下記は婚姻して結婚式を行なった者の名

ジャカタラにおいて
一六一九年十二月二十二日
日本人ディエゴ　と　同じくリマ
一六二〇年二月
日本の藤八 Tovats、別名ガスパル　と　バンタンのイザンナ Isanna[スザンナ]
いずれも二月十六日
八月九日
日本人ジャ[ン]チョク Djia[n]tsiok　と　バリのマルタ Malta

Holl. Doop Boek, 1616-20[B. S., 1].

一二－二　一六二二年一月二十三日以降バタビアの教会において洗礼を授けられた人々の名(抜粋)

一六二二年四月三日
信仰箇条を適当に復誦した後で、ヘーレ通の日本人アンドレアス Andreas とヤスパル・パニェール Jaspar Panjeer の左の奴隷等に洗礼を授けた。
スザンナ
男名親ヤスパル・ピニェール Jaspaer Pinjeer

女名親バンコ Banco の妻ジョアンナ Joanna
小僕フランシスコ
男名親ペドロ・ロドリゴ Pedro Rodrigo
女名親ヘンドリック・ヤンスゾーンの妻エスペランス
右両人はヤスペル・ピニェールの所有である。

一六二二年四月三日、バタビアにおいて
前記の奴隷の外にアンドレアス・ロドリゴ Andreas Rodrigo の所有する次の者に洗礼を授けた。
イザベラ
男名親ペドロ・パギ Pedro Pagi
女名親サルバドールの妻グラシア・リベルレ Gracia Ribelle
アントニカ Antonica
男名親アントニ・バルトロメウ Anthoni Bartholomeu
女名親サン・トメのアンナ

五月八日
日本人ミンゲール Mingeer、並びにバリのマリヤの子である小僕サルバドールに洗礼を授けた。
男名親日本人藤八 Thobath

女名親日本人ペドロの妻パタニのカタリナ

一六二二年八月二十八日
またバリのマッカル Maccar に洗礼を授けてマグダレナと命名し、日本人パウロと結婚させた。

一六二二年九月二十五日
バリのガントリー Gantry に洗礼を授けて□□と名付け、次いで日本人長崎のヤンと結婚させた。

Namen der persoonen gedoopt in de kercke van Batavia sedert den 23 january 1622[K. A., 990].

一二-三　『オランダ人洗礼簿』一六二三年九月三日—一六五二年五月三十一日(抜粋)

一六二四年五月
同月二十一日。マタイ[ス]・ファン・デン・ブロック Mathij[s] van den Brock の子洗礼を受く。日本において一日本婦人との間に生れてマタイスと命名された小僕である。
同日なお一キリスト教徒婦人の生んだ日本人小児洗礼を受く。ニルケン Nilken と命名された少女であって、ヤン・ヘリッツセン・ファン・ソールメン Jan Gerriitsen van Soormen がその母親と結婚しているので、父親としてこれに立会い、将来キリスト教徒に育て上げることを約束した。D・D・ドリセン Dorisen が証人であった。

一六二五年三月二日。
同じく洗礼を受く
ヤンネチェン
　　父親死亡。
　　母親はマリカと呼ばれる。
証人　日本人ディオゴ Diogo
　　　同　スザンナ
　　　同　ルシヤ

一六二六年六月五日　洗礼を受く
ペドロ
両親　日本人大村のマチヤス
　　　パタニのマリヤ
証人　アンドレ・ロドリゴ Andre Rodrigo
　　　クラーメンブルック Cramenbroeck の妻ドニヤ・マリヤ Doña Maria 殿

同日　洗礼を受く
アントニオ
両親　日本において死亡したモール人ヤン
　　　日本のアールチェ

証人 ヤックス・スペックス閣下
　　 ピーテル・クラーメンブルック Pieter Cramenbrouck
　　 その妻マリヤ・デ・ソーザ Maria de Zosa

一六二七年七月二十日
同日アントニオ・ルシア
　両親死亡
証人 マラバールのアントニオ
　　 マラバールのマリヤ
　　 日本人コスタ・マノス Costa Manos
　　 バリのヤンネチェン

一六三一年八月十三日
マヌエル
両親 日本人ジョアン
　　 アンナ・ソーゼ Anna Sose
証人 シモン・バレンタイン Simon Ballentyn
　　 ニコラース・ハイデル Nicolaes Huyder
　　 カタリナ・セーネ Catarina Cene
　　 バルトリス・スピンタ Bartoris Spinta

一六三四年十二月十日
［ベンガルの］バケラ Backela のラザルス Lazarus
コタ・マンゲラン Kota Mangelan のディオニシヤ・パリッツァイ Dionysia Parritzy
　アラカンのフランシスコ・プリンス Francisco Prins の奴隷
　証人日本のアンドレ・ロドリゴ

一六三五年二月四日
カルナチカ Carnatica のペドロ・ファン・エーレンブール Pedro van Eeremboer
　証人 ｛日本薩摩のジョアン・デ・ソーザ Joan de Sosa
　　　 ｛ベンガルのマグダレナ・シケレ Magdalena Xiquele

九月二日
ルイフィカ Luyfica
　両親 ｛日本長崎のペドロ
　　　 ｛バリのトサモ Tossamo のマリヤ
　証人 ｛日本堺のペドロ・コレア Pedro Correa
　　　 ｛バリのタバナン Tabanan のルイシア

　　わが主の年一六三五年に始まるバタビアの洗礼簿
一六三五年十一月二十五日

サン・トメのアントニオ・バレガ Antonio Barrega の妻バリのブリンキット Brinkit のスザンナ
証人｛日本の薩摩のジョアン・デ・ソーザ
　　　バリのタバネア Tabanea のルイシヤ
一六四〇年七月八日
日本平戸のカタリナ
証人｛日本人助右衛門 Schemon
　　　長崎のマリヤ
平戸のスザンナ
証人｛日本の堺 Sackhaey のペドロ
　　　長崎のイザベラ・ビンセンツ Isabella Vinsents
一六四〇年七月二十八日
太泥のルシヤ
証人｛日本の堺のペドロ
　　　バリのバドング Badongh のバルバラ
一六四四年九月十五日
マリヤ
両親｛フランケンダール Frankendae のヤコブ・デ・ハース Jacob de Haes 殿
　　　デルフトのエリザベス・ヨーステン Elisabeth Joosten 夫人

証人
- インドの財務官ゴアのヘラルト・ヘルベルスゾーン Gerrard Herbersz 閣下
- 前本国帰航艦隊司令官アベル・ヤンスゾーン・タスマン夫人
- ユトレヒトのヤンニチェ・ドゥールス Jannitje Doers 夫人
- 日本のフェメチェ・テン・ブルック Femmetje ten Broecke 夫人

一六四五年十一月十二日

モニカ Monika

両親
- エバンシス Evancis
- フワナ

日本人

[証人]
- ウィルレム・フェルステーヘン Willem Verstegen
- ハイブレヒト・ファン・デン・ブルック Huybrecht van den Brouck

上席商務員

- アドリヤーン・ピレット Adriaen Pilet
- スザンナ・ミュレール[日本人]

Holl. Doop Boek, 3 sept. 1623–31 mey 1652[B. S., 2].

一二―四 『オランダ人洗礼簿』一六二三年九月五日―一六五二年五月三十日(抜粋)

一六二四年四月二十一日

本日日本人婦人二名洗礼を受く。一名は田平 Taber のオチソ Dottiso といい、理髪師ヤコブ・ファン・ヘルダイト Jacob van Heldyt と結婚していて、今マリヤと命名される。他はオマン Oman といったが、エムデン Emden のヤン・ヤンスゾーン Jan Jansz. と結婚していて、今ヤンネケ Jannek と命名される。

一六二四年五月八日

本日江戸のお松という一日本人婦人が洗礼を受く。曾て按針士であったウォルメル Wormmer のヤン・ヘリッツ Jan Gerrits. と結婚していて、今アルチエ Alttie と命名される。

一六二四年五月二十一日

本日、日本において日本人婦人との間に生れたマタイスと称する小僕で、マタイス・ファン・デン・ブルック Mathys van den Broeke の子が洗礼を受けた。

同日なおニルケン Nilken と呼ぶキリスト教徒の娘が生んだ日本人小児が洗礼を受け、ヤン・ヘリッツ・ファン・ソールメンが父として立会ったが、彼はその母と結婚してキリスト教の信仰に入ると約束した。D・D・ドリセンが証人であった。

本日またマリヤというパタニの一婦人が洗礼を受けた。

　証人日本人シンゴシノ Syngosino と日本人トメの妻バリのマダレ

一六二五年二月二日

本日サルバドール洗礼を受く。両親はトマス・モスタールト Thomas Mostaert とルシア・メンデス Luzia Mendes

証人
ドミンゴ・ペレナ Domingo Perena
日本のペドロ
ヨハンナ・ゴンサルベス Johanna Gonsalves
アポロニヤ・デ・コスタ Apolonia de Costa

一六二六年六月八日

ペドロ

両親
日本大村のマチヤス Mathias Umbra
パタニのマリヤ

証人
アンドレ・ロドリグオ Andre Rodriguo
クラーレンブルーク Crarenbrouk 氏の妻ドニヤ・マリヤ

同じく

アントニオ

両親
日本において死んだモール人ヤン
日本のアールチェ

証人
ヤックス・スペックス閣下
ピーテル・クラーネンブルーク Pieter Cranenbrouck
その妻マリー・デ・コスタ Marie de Costa

Holl. Doop Boek, 5 sept 1623–30 mey 1652[B. S., 3].

一二-五　『オランダ人洗礼簿』一六四一年十一月二十四日―一六六一年十二月二十九日(抜粋)

一六四二年四月十三日
ベンガルのスンダクールのドミンゴス
証人｛日本の長崎のフランシスコ
　　　日本の平戸のマリヤ
ベンガルのバケラのジョアンナ
証人｛日本の長崎のペドロ
　　　日本の平戸のマリヤ
ベンガルのバケラのアントニ
証人｛日本の長崎のヨハン
　　　日本の平戸のヨハンナ
ゴアのマリヤ・バルバラ Maria Barbara
証人｛日本の長崎のペドロ
　　　バリのバルバラ
一六四三年十一月

同月二十一日
アンネケン
両親｛日本の長崎のペドロ・五郎兵衛殿
日本の平戸のヨハンナ・デ・セス
証人｛バタビアのマタイス・デ・ナイス
バタビアのマルテン・市右衛門
日本の平戸のヘステル・[ファン・]ニューロート
日本の平戸のアンネケン・メルデル
一六四四年六月
同月十八日
日本の平戸のマリヤ
証人｛日本の長崎のペドロ
平戸のアウフスチン・ミュレール
日本の平戸のヨハンナ
証人｛日本の長崎のジョアン
ベンガルのアンナ
一六四五年二月四日
ヤン

両親｛マラッカのフランシスコ、日本のミヒールの奴隷
　　　サン・トメのアンニカ、同人の女奴隷
証人｛日本の長崎のピーテル
　　　バタビアのバルバラ
［コロマンデル］海岸のアニカ。日本のミヒールの女奴隷
カタリナ
証人｛日本の平戸のミヒール
　　　ベンガルのアニカ
両親｛父親死亡
　　　ベンガルのウグリ Ougly のスザンナ Susanna、日本のミヒールの女奴隷
証人｛日本の長崎のトメ
　　　ボルネオのヨハンナ
一六四七年八月三日
カタリナ
両親｛サルバドール・ゴメス Salvador Gomes
　　　コロマンデル海岸のドミンガ
証人｛日本の長崎のトメ
　　　コロマンデル海岸のアンナ

一六五〇年八月二十八日

トメ

両親 アントニオ／カタリナ 日本人トメの奴隷

証人 日本人トメ／ヨハンナ・メンディス Johanna Mendis

一六五八年七月七日

ジョアン

共にバタビア出身のロウレンス・フェルナンデス Lourens Fernandes とイエベラ・フェルナンデス Jebela Fernandes の子

証人
ヘルブラント・イザークス Gerbrand Isaacx
バタビアのマヌエル・デ・ソーザ Manuel de Sosa
ヘステル・トレソヒール Hester Treshear
平戸のカタリナ

Holl. Doop Boek, 24 nov. 1641–29 dec. 1661[B. S., 4].

一二-六 『オランダ人洗礼簿』一六五二年六月十三日—一六七二年六月七日(抜粋)

バタビア　一六五二年八月二十二日

マリヤ

カーレル・オーストカッペル Carel Oostcappel とマダレーネ・九郎兵衛 Maddaleene Crobbe との子

証人
- フランシスコ・タイネッケンスゾーン Francisco Tuinekensz.
- コルネリス・スハイフタング Cornelis Schuyftang 殿
- モニカ・デ・九郎兵衛 Monica de Crobbe
- ピーテルネレ・ファン・アーペ Pieternelle van Ape

一六五二年一月九日

ロベルツ Robberts

ヤン・ロベルツゾーン Jan Robbertsz. とアリヤンチェ・アールツ Ariaentje Aerts の子

証人
- シモンス・シモンスゾーン Simons Simonsz. 殿
- 軍曹ツライン・ヤンスゾーン Trijn Jansz.
- 平戸のマリヤと平戸のカタリナ

一六五八年　バタビア　一月六日

ハルト Hart

アルクマール Alkmaer のヤン・ロベルツセン Jan Robbertsen と平戸のアドリアーンチェ Adriaentje との子

証人　シモン・シモンセンとマリヤ・カロン Maria Caron

一六五八年　バタビア　八月十八日

ハルマン Harman

バタビアの商務員補ヘルマン・クリストフェルス Herman Christoffels とバタビアのバルバラの子

証人
- 商務員ヒリス・ノンネマンス Gillis Nonnemans 殿
- 同じくコルネリス・フランクス Cornelis Franckx 殿
- ノンネマン殿夫人コルネリヤ
- ペトロネラ・カロンス Petronella Carons 夫人

一六五九年　バタビア　十二月二十一日

ヤコブ

アルベルト・ケンペン Albert Kempen とモニカ・バースチヤーンス Monica Baestiaens の子

証人
- デニス・デ・マイステル Denijs de Maister
- フェルディナンデス・デ・ラベルス Ferdinandes de Lavers
- ヘールチェ・ディヤス Geertje Dias
- 平戸のエレナ

同二十六日

エステル Ester

ピーテル・クノル Pieter Cnol とコルネリヤ・ファン・ニューエンローデとの子

証人
- ニコラース・フェルブルフ閣下
- ウィルレム・フェルベーク Willem Verbeeck 閣下
- ハルチンク夫人 Juffr Hartzink とフリシウス夫人 Juffr Frisius

一六六〇年　バタビア　一月□日

アンナ・クララ Anna Clara

シモンスゾーンとジェロニマ・マリン Jeronima Maring との子

証人
- シモン・ダンセル Simon Dansser
- アドリヤーン・フルーンスタイン Adriaen Groensteyn
- マリヤ・フェルブルフス夫人 Maria Verburgs［日本人］
- マリヤ・フリシウス夫人 Maria Frisius

一六六一年　バタビア　八月十一日

ピーテル

ヤン・デナイス Jan Denijs とマリヤ・カロンとの子

証人
- ピーテル・デュ・バン Pieter du Ban
- ヤックス・カロン Jacques Caron
- スザンナ・ヘンドリックス Susanna Hendricx
- マリヤ・ストライス Maria Struys

一六六四年　バタビア　一月二十七日

アンナ。三歳

アドリヤーン・ロンデガンゲルス Adriaen Rondegangers とホメス・バック Gommes Back 氏の女奴隷ベンガルのサラとの間の私生児

証人
アルベルト・オステルホッフ Albert Osterhof
アンネチェ・ファン・デル・フーベン Annetje van der Hoeven
日本人婦人アンテ・マイ Ante May

同月三十一日

ヨアンネス Joannes

ヤコブ・カル Jacob Car と平戸のエレナとの子

証人
ヘンドリック・ファン・デル・ベーク Hendrick van der Beec 氏
ダビット・リトミュレール David Ritmuller
スザンナ・シモンス Susanna Symons
カタリナ・六兵衛 Catharina Rochbieyee

一六六六年　バタビア　同八月二十九日

マリヤ

ピーテル・クノルとコルネリヤ・[ファン・]ニューエンローデとの子

証人
I・ヘルマヌス・ブュスホフ Hermanus Buschof
アベルス・ベンチング Abels Benting

アンゲラ・ファン・ベーク Angela van Beeck
コルネリヤ・レーンデルト Cornelia Leendert

一六六七年　バタビア　同五月五日

ヨハンネス

　カーレル・スミット・エン・ベルテ Carel Smit en Berte とバタビアのマリヤとの子

証人
アントニイ・パウルスゾーン Antony Paulusz.
モニカ・九郎兵衛 Monica Crobe

Holl. Doop Boek, 13 junij 1652–7 juny 1672[B. S., 7]

一二-七　『ポルトガル人洗礼簿』 一六五五年四月四日—一六六五年十一月十四日（抜粋）

一六五六年六月四日　バタビア

マグダレナ

　日本のミヒールの奴隷ベンガルのヤンとベンガルのジョアンナとの子。

証人
マラバールのマヌエル
バタビアのアンネチェ

Portugueesche Doopboek der Gemeente, 4 april 1655–14 nov. 1665[B. S., 8].

一二―八 『ポルトガル人洗礼簿』 一六四二年八月―一六五五年四月四日(抜粋)

次の子等は一六四一年度に洗礼を受けた者である。

一六四一年十二月二十九日

ベンガラのバケラのイザーク Isaack

証人
- 日本の長崎 Nangesacki のペドロ
- ディャンガ Dianga のルイス・ダンカルテ Louwijs Danckarte
- ベンガルのモニカ
- ベンガルのエスペランサ Esperansa

一六四二年四月十三日

ベンガラのスンダルクールのドミンゴス

証人
- 日本の長崎のフランシスコ
- 日本の平戸のマリヤ

ベンガラのバケラのアントニイ

証人
- 日本の長崎のヨハン
- 日本の平戸のヨハンナ

ゴアのバララ・マリヤ Balala Maria

証人｛日本の長崎のペドロ
　　　バリのバルバラ

一六四二年五月十一日

日本の平戸のアンネケン

証人｛バンダ・ネイラのコルネリス・セーネン Cornelis Senen
　　　日本の平戸のアンネケン・ミュレール Anneken Muller

一六四三年一月二十四日

イェベラ Jebela

両親｛日本のジョアン・デ・ゾーヤ Joan de Zoya
　　　ベンガルのアンナ・デ・ゾーヤ

証人｛日本のミヒール
　　　日本のジョアン
　　　日本のジョアンナ
　　　日本のスザンナ

一六四三年十月十日

スザンネ Susanne

両親 父親死亡
ヒレリヤ嬢 S^{ra} Hilerja の女奴隷シシリヤ Cicilia
給養係ルカス Lucas
証人 コルネリス・シナピウス Cornelis Sinapius
日本のエステル・メウエルローデ Ester Mewerroode[ニューエンローデ]
バタビアのマルチェ・ヘンドリクス Martgie Hendrix

アンネケン
両親 日本の長崎生れのペドロ
日本の平戸のヨハンナ・デ・セス
証人 バタビアのマタイス・デ・ナイス
日本の平戸のヘステル・ニューエフォールト Hester Nieuevoort[ニューエンローデ]
日本の平戸のアンネケン・モルデル Anneken Molder

一六四四年六月十八日
日本の平戸のマリヤ
[証人] 日本の長崎のペドロ
平戸のスザンナ・ミュレール

日本の平戸のヨハンナ

証人｛日本の長崎のジョアン
　　　ベンガラのアンナ

一六四五年二月四日
ヤン
両親｛日本のミヒールの奴隷マラッカのフランシスコ
　　　同人の女奴隷サン・トメのアンニカ
証人｛日本の長崎のピーテル
　　　バタビアのバルバラ
日本のミヒールの女奴隷で［コロマンデル］海岸のアンニカ
証人｛日本の平戸のミヒール
　　　ベンガラのアンニカ
カタリナ
両親｛父親死亡
　　　日本のミヒールの女奴隷でベンガラのウグリのスザンナ
証人｛日本の長崎のトメ
　　　ボルネオのヨハンナ

一六五二年三月十日
ドミンゴス

両親 日本人ヤン・助右衛門 Jan Schiymon
　　 ベンガラのアンニカ
証人 フェリプス・マルヒッツ Felips Margits
　　 マヌエル・デ・ソーゼス Manuel de Soses
　　 アンニチェ・ノガ Annitgie Noga
　　 マリヤ・クライン Maria Crijn

一六五四年一月九日　バタビア

バリのマリヤ

証人 コルネリス・セーネン Cornelis Cenen 氏と平戸のマリヤ

Portugueesche Doopboek der Gemeente, aug. 1642-4 april 1655[B. S., 5].

一二-九　『ポルトガル人洗礼簿』一六六五年十一月十四日—一六七二年十月三十日(抜粋)

一六六七年三月十三日

マリヤ

アンドレと平戸のスザンナとの子

証人　ピーテル・ドミンゴス Pieter Domingos、マリカ・ドミンガス

一六六七年七月三十一日
アンネチェ
シモン Simon と平戸のアミカ Amica との子
証人アントニイ・リベーロ Antony Ribeero とバルバラ・コチンゴ Barbara Cotingo
Portugeesche Doopboek, 14 nov. 1665–30 oct. 1672[B. S., 10].

史料一三　一六二〇年七月十二日付、オランダ領東インド総督ヤン・ピーテルスゾーン・クーンの長蔵に対する特許状

議員諸公、公爵閣下、及び連合ネーデルランド東インド特許会社の重役諸公に代り、インドの諸城塞、都市、領地、商館、船舶、及び貿易を総轄する総督ヤン・ピーテルスゾーン・クーンは本状を見たり、または読み聞かせられた諸人に対して次の通り告知するものである。即ち我等は最近太泥からモルヘンステルレで来た日本人長蔵 Tiosoo の願出により、彼の会社の勤務を解き、当地または議員諸公、公爵閣下、及び重役諸公の支配下にある当地、またはインドの他の各地において自由市民として来住し、住居を定め、かつ手工業、漁業、及びその他海陸において公認された一切の商業を営み、一地から他地へ赴き、会社に損害を及ぼさず、前記の会社の重役諸公、及びわれら並びに各地の城塞、領地、及び商館の首長が自由貿易その他について定め、または今後定めるであろう法規を守る限り、適当と認められ、許容されている一切の生活の手段を用うることを許可するものである。

一六二〇年七月十二日、ジャカタラ城において、

ヤン・ピーテルスゾーン・クーン(自署)

Originael vrij pas voor Tsiosoo, Japanees, gegeven door Gouverneur-Generael Coen, 21 juli 1620, Colenbrander, *Coen*, IV, 735.

史料一四　バタビア市の貸付帳簿(抜粋)

本一六二二年五月六日、ひとしく同市に在住する日本人等に対して、彼等の請願に基づいて河の上流、並びにその近辺にあるシリー Siry 樹の葉の摘取、利用、及び販売を下記のような条件と方法に基づいて認可、契約かつ特許するものである。

一、これらの日本人は今後一六二三年五月六日まで河の上流両岸、その近辺の未開拓農地、及び土地に生育しているシリー樹の葉を彼等だけで摘取り、運搬し、その利用と特許に対して前記の期間にわたる一年間、その利益について一ヶ月間五〇レアル、総額六〇〇レアルを納めるものとする。

二、シリーで収益をあげている土地を軟かで清潔に維持し、一年が経過した頃になっても同地を荒廃させるようなことなく、良好な状態で返還できるように維持することを確約するものとする。

三、シリーやその他の植物が繁茂している所を決して荒してはならぬ。そしてまたシリーが生育している所を他人に損傷させてもならぬ。

四、シリーを市中でこれまで一般に売っているよりも決して高値に売ってはならず、またこれを諸人の利便のため

に常に清潔にして、市場に充分に供給すべきである。

五、インド総督、並びに参議員諸公の卓上に毎日必要と思われるだけのシリーを供給しなくてはならない。そして前記の特許人たちが、誰か他人がシリーを持去るのを森林中で見つけたならば、摘み取ったシリーを容赦なく差押え、これを司法長官の手に引渡して、その適当な処断に委ねるべきである。但し特許人たちは彼等が自分たちの土地に新たにシリーを植付けること、及びさらにまたこの河岸以外の土地でならば、それがナンケ Nanque やその他どこであろうとも、彼等がそれを自由に取って来て売ってもよいことを諒承するものとする。われわれはこれら一切について特許人に対して適宜な法令を与え、市役所においてこれを一般に公知するものである。

上記の年月日、バタビア城塞において

日本人若干名に対して河の上流地域とその周辺の土地に繁茂している一切のシリーの葉の利用と販売を一六二二年五月六日から来る一六二三年五月六日に至る一ヶ年間特許するものである。そこでわれらは何人に対しても、それがいかなる国民でも、またいかなる条件であろうとも、今後前記の土地にあるシリーの葉を取りに行ったり販売したりすることを一切厳禁し、その利用と販売の権利は専ら前記の日本人にのみこれを享受せしめ、これに違反する者が発見された場合には、その者は適宜処罰されるべきである。しかし何人も自分の土地に有利かつ良好と考えられるように、新たにシリーを植付けて利用することは、少なくとも自由たるべきである。そして何人たりともこれを無視したものに対しては、市役所の時計を公然と鳴らして、通例の場所において適宜告知させるものである。

一六二二年五月六日、バタビア城塞において一六二三年一月二十四日。

本日総督閣下は日本人平戸のペドロに対してミッデル通にあって第二横堀割の角にある東西七ルード、南北一ルードの庭地を前記の条件で使用を許可した。

本日総督閣下は、一日本人フーシ Goesy に対して、ヘーレン通 Heeren Strate にあり、東岸の東西五ルード、南北一ルードの庭地を前記の条件で使用を許可した。

Boek van leeningen in de Stadt Batavia, 1623[K. A., 990].

史料一五　バタビアにおけるシリー並びに檳榔子販売権特許

一六二六年　ピーテル・デ・カルペンチール
　六月三十日付、バタビアにおけるシリー並びに檳榔子販売権特許
河の上流両岸並びにその近辺において、未開拓で何人の所有でもない土地と農地に生育しているシリーと檳榔子の独占を一六二六年六月一日に始まる一年間日本人二名に対して認めた特許。
この独占を侵害した者はしかるべく処罰される。
自分の土地から取得したシリーと檳榔子は特許人が売る度合に応じて、専ら特許人に八分の五レアルで売渡さねばならない。
特許人によって雇われている番人達は当市の門外において前述の規定をまもり、彼等を補佐しなければならない。

この布告の当初から、シリーや檳榔子の特許料の支払がだらしなく、檳榔樹や他の果樹の伐採とシリーの灌木の荒廃によって森林内が大変乱雑になっていることは明らかである。

一六二六年　ピーテル・デ・カルペンチール
　八月三十一日、バタビアに持込まれた煙草の売買権の特許

特許人は当バタビア市の住民日本人若干名である。

この特許は六ヶ月間許可されて、外国人貿易商によって外部から当地に輸入された煙草をことごとく買占めて利益をあげることに関するものである。

この独占を侵害する者は適宜処罰される。

許可は特許人等の煙草の買入れと、これらを市民の間に卸し小売することに限られる。

一六二八年　ピーテル・デ・カルペンチール
　三月一日付、シリーと檳榔子の特許廃止

数年来特許を認められた日本人等は、その不適当な行為に関して責を負うことになった。

そこでシリーと檳榔子の売買市場は、これらを森から取って来る者に対して自由に公開され、シナ人の頭目の許可状一通が十ヶ月目毎に前金払いで入手できる。

この頭目に対しては、左記の金額を持参しなければならない。

a　シリーと檳榔子の通りに沿って立つ売買人は毎月は二分の一レアル。

b　家屋を持っているシナ人は皆毎年一レアル。
c　未婚の者は毎年二分の一レアル。
これに違反すればきびしく処罰されるものとする。
自分の土地にシリーと檳榔樹を植えて利用することは自由である。

Chijs, *Plakaatboek*, I, 112, 202-3, 221.

史料一六　一六一八年六月二十四日付、日本人通訳マヌエルの告白した陰謀者に関する各種の証言

当一六一八年六月二十四日に長官と下記参議員諸公の前に連合会社の当地の商館に勤務する日本人コンスタンチノ Constantino とフワンの両人が出頭して、次のようなことを真相として陳述した。即ち今から三ヶ月以前、その確実な時をはっきりとは知らないが、P・ルイス P. Louys というフランス船が当地の泊地に碇泊中に、フランス人甲必丹が当ジャカタラにいるイギリス人甲必丹の客として招かれたことがあった。我等のところで勤務している一日本人通訳マヌエルが真夜中にこの商館の中にたっている前記二人の家屋を訪れ、前記のフワンの聞いているところで、前記のコンスタンチノに対して、バンタン王がイギリス人、フランス人とともに、われわれの商館にいる黒人を使ってオランダ人全員を皆殺しにすることに決めたと告げた。

彼等はまた前記の日本人通訳マヌエルがそれから約六週間後に再び彼等の宿舎にやって来て、彼が酔っていたかどうかははっきりわからなかったが、ともかく完全で注意深い話しかたをして、同じ説明と話をもちかけて来たと陳述

した。

前記の年月日にジャカタラの商館において以上の通り[証言が]なされた。

これは日本人コンスタンチノの署名、日本人フワンの押印

Diverse attestatien tegen den conspirateur Manuel, Japanse tolck, beleijt[K. A., 980].

史料一七　一六一九年二月二十三日から同年四月一日に至る期間にジャカタラ城塞において採択された判決の副本(抜粋)

一六一九年二月十四日夕刻、海軍士官候補生チーレマン・メンシェンス Tieleman Menschens が巡回中に城壁の上手に来て、常例としていたように彼の槍で砲座を二、三回叩き、そこに番兵がいないかどうかを尋ねたが、誰も返事をしないので、怒って伍長ミヒール・スミット Michgiel Smidt を呼びつけて、ここには番兵が一人もいないぞというと、彼は日本人が一人いなければならぬと答えた。そこでその者を探させると、彼がその頭を番兵のいた射的場の門内にある箱の上に横たえているのを見つけたので、その者の腕を取って眠りからゆさぶり起した。そこで彼を伍長スミットに引渡した。翌朝委員会は、そんな事態を隠匿するのは適当でないと指示した。そして彼はその後数日間拘留され、その後で委員会が彼を尋問した。そして陳述が真実であるので、前述の委員会は処罰にも当るまいとは考えた。しかし少なくとも他の処罰の例に照らして、前記の委員会は一切を熟考し、われわれが彼を咎めて判断を下すと同様に、ペドロという日本人を咎めて柱につけて銃殺するのが宜しいと宣告した。現在のところこの過失を犯したの

は、その国民ではまずその者一人であるが、われわれ自国民は二度にわたってこの過失を犯しているのに、総督クーン閣下によって両者共にその生命は赦されている。日本人のカピタンやその他の日本人一同はこのことを前記の委員会に穏かに訴え出たので、当地の第一審においては裁判の本質に基づいて彼の赦免を考慮し、その生命を恵み、銃丸が彼の頭上を通り過ぎるようにと願った。今後過失が判明するかも知れないが、その場合でも最高の死刑が課されて銃殺されるよりも、若干の特赦が行われるだろうことは誰でもが理解していることである。

本一六一九年二月二十三日、ジャカタラ城塞における前記の委員会の会合においてこのように取り行われた。

Copie sententien genomen in 't Fort Jacatra, 23 feb.–1 april 1619[K. A., 981].

史料一八　一六一九年十一月九日から一六二〇年一月十三日までの期間にジャカタラにおいてピーテル・デ・カルペンチールとその参議員によってなされ、彼等によって保管されている判決の副本(抜粋)

日本人左衛門 Saemon は、本十一月九日ホランディア稜堡 Punt Hollandia の番兵となり、銃を携えて巡回させられたが、その任務中に彼が眠ったかどうか正確にはわからないとはいうものの、それがもし事実とすれば大変不面目な過失を犯したことになるので、死刑に処せられるのが至当であると了解された。そこで総督閣下は法の本質に基づいて、違反者を処罰して［死刑の］宣告を下すようにさらに意が傾いたのにもかかわらず、諸公とその代表参議員等はこれに反対し、結局彼を有罪とし、プリンス通で一ヶ月間、命ぜられた通りの労役に服すべきことを宣告した。

ジャカタラ城塞において一六一九年十一月十七日に前記の通り署名された。

Copie sententien gewesen bij Pieter de Carpentier ende sijnen Raedt tot Jacatra, 9 nov. [oct.] 1619–13 jan. 1620[K. A., 982].

史料一九　一六三六年十二月三十一日から一六三七年十二月二十四日までの期間のバタビア城の決議録の副本（抜粋）

一六三七年一月十四日水曜日

捕虜たちは陸上に連行されたが、その中には白人と混血種十六名がいて、その中には船長とその妻、並びにフランシスコ会の修道士一名もいた。

日本人十三名
シナ人　六名
黒　人十九名

前述の決議のように合計五十四名。

船長はその妻と一緒に熱心に自由を願出た。この願出の件について司令官コルネリス・シモンスゾーン Cornelis Symonsz. は、特に前記の船長が金やその他の宝石類の捜索に当って、なすべきことをよくやったといわれ、これを熟考されて、同人並びにその妻を共に(今後命令が出るまで)キャピテン・ヤン・シルフェルナーヘル Jan Silvernagel の家に収容するよう命じ、残りの者は他のところに分属させた。

その時当市の［日本人］甲必丹と重立った日本人等が出頭して、当地に来た日本人十三名のために自由を願出た。彼等は皆東埔寨の皇帝の傭兵で、使節に随行してマカオに派遣され、再びマラッカを経て帰国する所存であったのである。このことについては、のちに事実を調査するために決定が延期され、上に述べたような懇願を行なった人々に対しては、彼等の懇願に留意し、事実を調査したのちにこのことについて処理しようと答えた。

上記の日にバタビア城でこのように決議した。

一六三七年一月十五日木曜日。

［日本人］甲必丹と当市住民である全日本人一同の切なる熱心な意見に基づいて、昨日と今日の両度にわたり、抑留日本人等の釈放について時間をかけて慎重に考慮したのち、同人たちの住居を当地に設定し、前以て許可を得ることなく当地を立去らぬことという条件のもとに、彼等成人十一名、少年二名、合計十三名を釈放し、このことに対してわれわれから再び警告を与えて前記の甲必丹を彼等の保証人として選任することとした。

上記の日、バタビア城において署名す。

フィリップス・ルカス Philips Lucas
ヨアン・フーッセネス Joan Goesenes
ヤコブ・デ・ウィット Jacob de Witte
コルネリス・ファン・デル・ライン Cornelis van der Lyn

Copie van resolutien in Batavia getrocken, 31 dec. 1636–24 dec. 1637[K. A., 1034].

史料二〇　一六三〇年に暹羅に航海し、同地で高官に捕獲され、没収されたバタビアの日本人市民所有のジャンクの積荷目録と覚書

一六三〇年六月に当地からオランダ人二名(その中一名は航海士)、日本人七名及びその他黒人が乗組んで、貿易するために暹羅に向かったジャンク船が、途中飲料水が欠乏したために太泥に寄港すると、同地の国王はこれを知ってジャンク船の積荷をことごとく差押えることを命じた。ジャンク船の日本人はこれを取返そうとして、自分たちはバタビアの市民であって、その統治に服しており、暹羅にいる日本人とは何の友好関係もなく、オランダ人と暹羅人とが敵対するようになったために、余儀なくオランダ人とともに暹羅人及び暹羅にいる日本人に敵対するようになったが、その結果彼等は暹羅にいる日本人を多少なりとも苦しめたことを承知し、幾分責任を感じていると申立てた。国王はこの道理に動かされて翻意し、このジャンク船を釈放したので、同船はその後間もなく出帆して暹羅に到着した。甲必丹並びにジャンク船の日本人三名は、ジャンク船の積荷を計量することを商人と契約するために河を溯航したが、その間に暹羅の摂政は国王のためにジャンク船を奪って、その人員、つまり溯航した者並びに船にいた者のすべてに足かせをして、一六三二年まで拘禁した。そこで司令官[アントニオ・]カーン Caen は摂政に彼等一同を釈放させ、彼等を自分の船で当バタビアに連れて来た。

前記の日本人のジャンク船が出帆前に当地から持ち出した金　六〇〇レアル

(彼等が自前で支払った)食糧品は計算されず、ただ単に持ち込まれた資金と商品　四六一〇

合計五二一〇

バタビアにおいて購入した同ジャンク船の積荷

海岸産の木綿赤糸　一二〇ピコル	七二〇
胡椒七〇ピコル　一ピコルにつき九レアル	六三〇
染料とその乾燥品	二五〇
シャム布二五コルジ［二〇反］　一コルジにつき一〇〇レアル	二五〇〇

パタニにおいて購入したもの

籐二〇〇〇把　一〇〇把につき一〇レアル	二〇〇
煙草若干と赤色タピアン色布　無税で合計	三一〇

以上合計四六一〇

Copie notitie betreffende een jonck met carga, toebehorende aan Japansche burgers, in juni 1630 van Batavia naer Siam gezeild en aldaer aengeslagen [K. Aanwinsten, Collectie Sweers, etc., I-1].

史料二一　一六三七年三月十六日付、ヤハト船ユディヤが暹羅に引返すことについてのヤン・ヤンスゾーン・ハルトの決議全能の神がわれわれに激しい暴風雨を与え給い、それが三昼夜続いて、われわれはマストと帆を失い、ヤハト船はすっかり漏水して、積載していた多量の食糧は水のために失われた。

ヤハト船もまた全く航海に耐えなくなり、航行することもできなくなったことがわかった。そこで前記のヤハト船はやむなく再び暹羅に引返すことに決した。というのは、同船でバタビアに帰り着くことは不可能であったからである。われわれが暹羅に帰航するのは会社に取って非常な損害を与え、全く有益ではないと考えられた。しかしこのヤハト船は本当に航海に適せず、全面的に漏水しており、その水を完全に排除することも不可能で、船をこれ以上航行させることはできないと判定したのである。

一六三七年三月十六日　ヤハト船ユディヤにおいて、

閣下の忠勤なる下僕、

ヤン・ヤンスゾーン・ハルト Jan Jansz. Hart(自署)

ヤン・ピーテルセン・バット Jan Pietersen Batth(自署)

山上吉左衛門　(自署・花押)

Resolutie van Jan Jansz. Hart c. sy., over het terugkeren van het jacht Judia naer Siam, 16 maert 1637[K. Aanwinsten, Collectie Sweers, etc., I-1].

史料二二　一六四六年三月十四日付、フランソワ・カロンの代理人日本人キリスト教徒フランシスコのシナ人リンテに対する住宅庭地貸付証書バタビア市の宣誓公証人たる予ワイナント・ファン・カーテルスフェルトの前に日本人キリスト教徒フランシスコ[・助九郎]がインド参議員フランソア・カロン殿の委任を受けて出頭し、下記証人立会の上で、タイヘルス堀割通にあって、目下ウィルレム・フェルステーヘン殿が居住している前記カロン殿の住宅の後方にある庭地を当地の住民シナ人リンテ Lingte に賃貸し、借主は毎月正確に一ヶ月五レアルの額を支払い、(前記の庭地を借入れている間)この庭地にある果樹をことごとく除外することなく利用することとしたことを陳述した。彼出頭人は、この債務が終るまで特にバドング Badong という女奴隷を、また一般的には彼の一身と現に所有し今後取得するであろう動産、不動産とをことごとく留保なしに、まさしく万事法律の規制のもとに置くものとする。

一六四六年三月十四日　バタビアにおいて

フランシスコ(自署)
バドング(自署)
リンテ(自署)

予立会の下に
W・カーテルスフェルト(自署)

われわれ立会の下に
ピーテル・ファン・ファイネス Pieter van Vuynez(自署)
マヌエル・ファン・ライデン Manuel van Leyden(自署)

Verhuur contract van Lingte, Chinees aen Francisco, Christen Japander,

14 marty 1646 [Hackius & Catersvelt, Omnia, 1645-46].

史料二三　一六五〇年二月十四日付、日本人キリスト教徒長崎のヤンのクエーコに対する果樹園貸付証書

バタビア市の宣誓公証人たる予ワイナント・ファン・カーテルスフェルトの前に、下記証人立会いの上で、当市の住民日本人キリスト教徒長崎のヤン［浜田助右衛門］と当地の住民［シナ人］クエーコ Queecko が出頭して、前者は一方にあって貸付を、後者は他方にあって借受をなし、これによって当市の西部地区でヨンケルス堀割通にあり、当市の市民ヤコブ・デ・モン Jacob de Mon の住宅に隣接し、シリー、檳榔樹、並びに他の果樹が植付けてある園地を来る三月一日に始まる一ヶ年、即ち最初の十二ヶ月とその後月々引続いて貸借し、この間借受人は一ヶ月三レアル半を遅滞あるいは猶予することなく几帳面に支払い、前記の園地に植付けてあるものをことごとく利用して、前述の借受期間が経過した際には、その園地を損うことなく貸主に引渡すことを陳述した。出頭人等はそれぞれその一身と現に所有し、将来取得するであろう動産、不動産をことごとく留保なしに、まさしく法律の規制のもとに置くことを約定するものとする。

一六五〇年二月十四日　バタビアにおいて

長崎のヤン（浜田）（自署・捺印）

シナ人クエーコ（自署）

予の立会の下に

宣誓書記W・カーテルスフェルト

われわれの立会の下に

P・カンセラール P. Kanselaer（自署）

ホスペイル・ファン・アスプラーン Gospair van Aspraen（自署）

Huur contract van Queecko, Chinees, aen Jan van Nangasackij, Christen Japander, 14 feb. 1650 [Hackius & Catersvelt, O., 1649-50].

史料二四　一六四五年四月十九日付、フランソア・カロンの代理人日本人キリスト教徒助九郎のシナ人ツェコに対する園地貸付証書

バタビア市の公証人たる予ピーテル・ハッキウスの前に、下記証人立会の上で、日本人キリスト教徒［フランシスコ・］助九郎 Sckiklo がインドの参議員で目下台湾の長官であるフランソア・カロン殿の命令委任を受けて出頭し、彼は一方にあってその資格で貸付を、他方にあってはシナ人ツェコ T'weko が借受をなし、貸付人は下級商務員ウィルレム・ハイルス Willem Geijls の住宅の裏で、タイヘルス堀割通の東側にある園地を今日から以後十二ヶ月にわたって貸付け、この借受について借受人はこれを受入れて、毎月几帳面に前記の助九郎、あるいはこの権利を提示した者に対して八レアルを支払うことを約束した。彼等出頭人はそれぞれその一身と現に所有し、将来取得するであろう動産、不動産をことごとく留保することなく、これらをすべて正しく法律の規制のもとに置くものとする。

一六四五年四月十九日　バタビアにおいて

日本人助九郎(自署)

シナ人ツェコ(自署)

予の立会の下に

公証人ピーテル・ハッキウス(自署)

一六四五年

われわれ立会の下に

マヌエル・ファン・ライデン(自署)

ヘリッツ・フォールブルフ Gerrit Voorburgh(自署)

Verhuur contract van T'weko, Chinees, aen Sckiklo, Japander, 19 april 1645[Hackius, O., 1644-45].

史料二五　一六五〇年九月二十六日付、日本人キリスト教徒長崎のヤンのヤン・ファン・ネスからの小家屋借受証書

バタビア市の公証人たる予ピーテル・ハッキウスの前に、インド参議員ヘラルト・デンメルス Gerardt Demmers 殿の代理人として当地の孤児財産管理委員次席ヤン・ファン・ネス Jan van Nes 殿が出頭して、下記証人立会いの上で、一方にあっては前記のネス殿が貸付を、他方にあっては日本人キリスト教徒長崎のヤン[浜田助右衛門]が借受を

行なうこととし、これに基づいて前記の市内の東はプリンス通に、西側はヘーレ通に面して、南は青物市場堀割通 Groenmarcktgracht に沿った石造小家屋三十四棟について本月一日から一ヶ年間、即ち今後十二ヶ月にわたり一五〇レアルの金額を毎月几帳面に支払うことを陳述した。同時にまた借受人がこの債務を果すまで前記十二ヶ月間、前記の小家屋を適当に維持修繕することを条件として、当事者双方はその一身と現に所有し、将来取得するであろう動産、不動産一切を留保することなくまさしく万事法律の規制のもとに置くことを約束するものとする。

一六五〇年九月二十六日　バタビアにおいて

ヤン・ファン・ネス

長崎のヤン　浜田　(自署・捺印)

われわれ立会の下に

マヌエル・デ・ソーセ(自署)

一六五〇年

P・カンセラール(自署)

一六五〇年

予の立会の下に

公証人ピーテル・ハッキウス(自署)

一六五〇年

Verhuur contract van Jan van Nangesackij, Christen Japander, aen Jan van Nes, 26 sept. 1650[Hackius & Catersvelt, O., 1650].

史料二六　一六五一年九月六日付、日本人キリスト教徒長崎のヤンのヤン・ファン・ネスからの小家屋借受証書

本一六五一年九月六日に、オランダ及びオランダ領インドの法院において認められた当バタビア市に在住する公証人たる予アントニイ・ハイズマンの前に、下記証人立会の上で、インド参議員ヘラルト・デンメル殿の代理人として会社勤務の商務員ヤン・ファン・ネスが出頭し、一方にあって貸主として、これまた同じく出頭した日本人キリスト教徒長崎のヤン〔浜田助右衛門〕に対して、当市内で東はプリンス通に、西はヘーレス通に面して南は青物市場堀割通に沿っている三十四棟の石造小家屋を貸付けることを承認し、一ヶ年、即ち本月一日から向う十二ヶ月間一六五レアルの金額を一レアルを四八スタイフェルに換算して毎月几帳面に支払い、前記十二ヶ月間これを適当に維持し、あらゆる必要な修理を施し、彼や彼の家族が破損させた所は、これをことごとく修復することを条件とした。もっとも火災またはその他の災厄(神よこれを防ぎ給え)によって生じたものは、これを除外する。そして当事者は前記の債務を果すまで、その一身及び財産を一切留保することなくして、まさしく万事法律の規制に従うことに同意するものとする。

ここに証人として招請された書記ダニール・イザークス Daniel Isaacx とヤコブ・フェルフーベン Jacob Verhoeven 立会いの上、予の役場においてこのように作成決定した。

ヤン・ファン・ネス

日本人キリスト教徒長崎のヤン 浜田（自署・捺印）
ダニール・イザークス（自署）
J・フェルフーベン（自署）
公証人A・ハイズマン（自署）
一六五一年

Verhuur contract van Jan van Nangesacky, Christen Japander, aen Jan van Nes, 6 sept. 1651[Huysman, V., 1651].

史料二七　一六四五年五月十九日付、長崎のトメ等三名のフランソア・カロンの代理人日本人フランシスコからの果樹園借受証書

バタビア市の公証人たる予ピーテル・ハッキウスの前に日本人フランシスコ、別名助九郎 Scekelo がインド参議員フランソア・カロン殿の代理人として出頭し、下記証人立会いの上で、一方にあって貸付を行い、他方において共にマルダイケルのクリスチャーン・デ・シルバ Christiaen de Silva とアンドレ・ロドリゴ、並びに長崎のトメ等が（借受人等が複数なることに基づく利益を留保して）借受を行ったことを陳述した。それによって彼等が同市の門外約四分の一時間行程の地にあって、大河の西岸にある園地に現在育生しているマンゴスチン樹 mangisboomen と、その樹になっている果実やその収穫をことごとく彼等の利益のために利用したり販売して、これに対して七五レアルの金額を支払うことを条件とするが、しかしその収穫が乏しく、果実の生産が半数にも達しない時には、前記の借受人はそ

の収量に応じた金額を支払っても宜しく、なおまた前記の借受人が前述のマンゴスチンの採取を(ジャワ人、並びにその他の)敵によって阻止されたり妨害されたりして、彼等が貸付人に支払う若干の金子を確保できないようになっても、すべては彼等借受人自身の負担となるべきものであって、この債務を果すまでは、彼等の一身、及び現に所有し、また将来入手するであろう動産、不動産を彼等の同意の下に留保なしにことごとく諸法律の規制の下に置くものとする。

本一六四五年五月十九日　バタビアにおいて。

フランシスコ、別名助九郎(花押)
クリスチャーン・デ・シルバ(自署)
アンドレ・ロドリゴ(自署)
長崎のトメ(花押)

われわれ立会いの下に
ワイナント・ファン・カーテルスフェルト(自署)
ヘリッツ・フォールブルフ(自署)

予の立会いの下に
公証人ピーテル・ハッキウス(自署)
一六四五年

Huur contract van Christiaen de Silva, Andre Rodrigo, Thome van Nangasacky aen Francisco Scekelo, Christen Japander, 19 mei 1645[Hackius, O., Tr., V., 1644–45].

史料二八　一六五六年十一月十一日付、アンナ・ケルデルマンス夫人の寡婦平戸のカタリナ夫人からの石造小家屋借受証書

本一六五六年十一月十一日に公証人たるブレダ出身の予ヤン・カイゼルスの前に、生前当地の日本人キリスト教徒であった故ルイス・六兵衛 Lowijs Rockbee の寡婦平戸のカタリナが下記証人立会の上で貸付をなし、会社勤務の簿記役ピーテル・ケルデルマンスの妻アンナ・ケルデルマンス Anna Keldermans 夫人が、大河の対岸にあって、貸主たる彼女の他の住宅に隣接してマラッカ通にある石造小家屋を来る十二月一日から一ヶ年にわたって借受け、毎月六レアルの金額を一レアル四八スタイフェルの換算で確実に支払うことを陳述した。この条件のもとで借受人がその夫と共に前述の期間中に当地から出立するようなことが起った場合には、出頭人等はこの債務を果すまで、彼等の一身、及び財産を法律の規制のもとに置くものとし、ここに決定した。

平戸のカタリナ夫人(花押)

アンナ・ケルデルマンス(署名)

証人　公証人ヤン・カイゼルス

われわれの立会の下に

アドリヤーン・ヨーステン Adriaen Joosten(署名)

チール・スウェールス・デ・ウェールト Tiel Sweers de Weert(署名)

Huur contract van Catarina van Firando, weduwe van zaliger Louwijs Rockbee, 11 nov. 1656[Keysers, V., 1656].

史料二九　一六四九年七月十四日付、シナ人クイチェンコの日本人キリスト教徒ミヒール・武左衛門からのシリー樹借用証書

バタビア市書記課の宣誓公証人たる予ワイナント・ファン・カーテルスフェルトの前に日本人キリスト教徒ミヒール・武左衛門 Michiel Bousaymon が出頭して、一方にあって貸付けを行い、他方にあっては当市の住人シナ人クイチェンコ Quitsiencko が大河の西岸で、前記武左衛門所有の園地内に良好に生育したシリー樹十八本を最初一年間、その後続いて一年半にわたり借受けることを陳述し、前記の樹木を彼が利益を挙げるように利用し、このシリーの享有に対して借受人は貸付人に毎月六レアルを確実に支払い、なおさらに前記のシリー樹を良好に維持し、このシリーに対するすべての経費を負担せねばならず、それと同時に合意した期間の終るまでに、借受人はこれを損傷することなく返還し、少なくともさらに何等かの要請をしたり、またはそれまで支出した費用の賠償を求めたりすることを差控えることを約束した。当事者はこの事を果すまで、おのおのその一身、及び現に所有し、将来取得するであろう動産、不動産を留保なしに、ことごとく法律の規制のもとに置くものとする。

本一六四九年十一月十四日　バタビアにおいて、

ミヒール・武左衛門(自署)

クイチェンコ(自署)

われわれの立会の下に

コンラドュス・エベルワイン Conradus Everwijn(自署)

マヌエル・デ・ソーセ(自署)

予の立会いの下に

宣誓公証人W・v・カーテルスフェルト(自署)

Huur contract van Quitsiencko, Chinees, aen Michiel Bousaymon, Christen Japander, 14 juli 1649[Hackius & Catersvelt, 1649].

史料三〇　一六五四年十一月三日付、日本人キリスト教徒ミヒール・ディヤスとシナ人大工正哥との間の建築契約書

本一六五四年十一月三日にオランダ及びオランダ領インドの法院で認められているバタビア在住の公証人たる予アントニイ・ハイズマンの前に下記証人立会の上で当市内在住日本人キリスト教徒ミヒール・ディヤス氏が出頭して、以下の施工を注文し、当地のシナ人大工正哥 Tsiako もまた出頭して、当市の西区に東から西にわたっているレイノステルス堀割通にある第一の出頭人所有の地面、即ち屋敷内に、互いに隣接して石造の小家屋六棟を注文主のために建築することを請負い、このことを相互に承認した。その小家屋は間口一ルードで、おのおの奥行が四ルード半あり、

これに隣接して建っているグラシア・デ・ソーゼ Gracia de Soose の小家屋と同じ高さで、同じ様式で、裏側の正面に框《かまち》つきの窓がないことと、天井裏の部屋には代用材を用いる以外は、いずれもチーク材を用いるものとする。そして請負人は、小家屋六棟の間の各三棟については厚い石材でその正面を施工し、さらに正面から四ルード半後方の壁面の背後に間口一八フート、奥行七二フートの住宅をつくるものとする。この住宅には十字の格子木つきの框がある戸口、並びに把手二個とその付属品つきの扉をつけ、各扉の上方には格子木つきの明り取り二ヶ所をつけ、さらにその上にT字形格子木つきの円窓と窓が一つある孤立した部屋を設け、ベランダにはまっすぐな階段と、その上方からこれと直角に登っていく階段を設け、そして屋根裏の部屋に登って行く扉がある框つきの戸口を設け、物置と料理室、並びに浴室には長方形の窓と扉つきの戸口をつけ、この料理室には煙突をつけねばならぬ。そして住宅とベランダとはその床の煉瓦の上を赤色で四角な化粧タイルで舗装せねばならぬ。そしてまた請負人は小家屋の後方によく流れる溝を通し、なおまた住宅の前面玄関の台石は白色の石で造り、必要ならば欄杆と腰掛を取りつけ、さらに木の梯子段もつけなければならぬ。住宅はすべてチーク材を用いねばならぬが、天井裏の部屋は代用材を用い、住宅の扉つきの框ある戸口、横桟つきの框ある窓と玄関の台石、並びに住宅の高さについては、平戸のカタリナ夫人の住宅と同じ外観にしなくてはならぬ。

請負人はすべての資材の費用のすべてと、また同時に請負ったこの工事に対する手間賃とを自分の勘定で支払わねばならぬ。これに対して注文主は請負人に対して二〇八〇レイクスダールデルの金額を一レイクスダールデル五一スタイフェルの換算で支払わねばならぬが、まず八八〇レアルを着工の始めに支払い、建築の組立てができてから同じく六〇〇レアルを、そして請負工事が完了してから残りの六〇〇レアルを支払わねばならぬ。そして請負人は前述のように、彼の勘定で今後三ヶ月以内に確実に一切を完成せねばならぬが、彼がなお長くかかる際には、小家屋と住宅それぞれ一棟について一ヶ月毎に[違約金]五レアルずつを注文主に支払わねばならぬ。

前述の事を確実に実行するために、出頭人等はその一身と財産を例外なく万事法律の規制と法の権威のもとに置くものとする。同時に前司法委員で市民の甲必丹であるジュアン・フェルメント Jean Ferment 氏も出頭して、主たる保証人として選任された。彼は前記の請負人に対して、注文主のために所定の時に引渡すこと、特に請負人によって条件がことごとく守られているかどうかを確かめ、条件をことごとく履行させるものとし、万事は前に陳述された通りの約定と規制に基づき、そのために検索、抗弁及び分別の利益を放棄し、その財産については自分を完全に法のもとに置き、すべてを前述の通りの規定のもとに置くものとする。

以上の如く予の公証人役場において、ここに招請された書記ダニール・イザークスゾーン Daniel Isaacxz. とカーレル・アグリコラ Carel Agricola 立会の上で作成決定された。

ミヒール・ディヤス(自署・花押

シナ人正哥(自署・花押

ヤン・フェルメント(自署

公証人A・ハイズマン(自署

一六五四年

ダニール・イザークスゾーン(自署

カーレル・アグリコラ(自署

Contract van de bouw van pedack tusschen Michiel Dias, Christen Japander, en Tsiako, Chinees timmerman, 3 nov. 1654[Huysman, V., 1654].

史料三一　一六三七年三月二十四日付、日本人キリスト教徒ペドロのアブラム・ウェルシングからの借金証書

日本人キリスト教徒ペドロが出頭して、インド財務官アブラム・ウェルシング Abram Welsingh 殿から三〇〇レアルの金額を借受けたが、これは同氏が親切に貸付け、彼出頭人も欣んで借受けた金子であるので、彼出頭人の同意のもとに毎月三〇〇レアルにつき二レアルの利子とともにこれを正しく前記ウェルシング、またはその権利を継承して提出する者に対して、最初に要請された際に少しの損失もなく皆済することを約束した。またこれに関しては相続譲渡の法に従って、ヘーレ通の東側にあって、J・S・パリス Paris の住宅に隣接している彼の住宅と庭地を特に担保に充て、さらに一般的には彼の一身とさらにその財産とをことごとく関係法律の規制のもとに置く責務を持つものとする。

一六三七年三月二十四日　バタビアにおいて作成す。

前記のペドロ(自署)

われわれ立会の下に

ウィルレム・ユルケン Willem Ulcken(自署)

G・ファン・デル・レイ(自署)

Obligatie van Pedro, Christen Japonder, aan Abraham Welsingh, **24 marty 1637[Hudde & van der Keer, O., P., B., V., 1634-38].**

史料三二　一六四四年二月六日付、マルダイケルのペトロの日本人マルダイケル長崎のヨハンからの借金証書

バタビア市の公証人たる予ピーテル・ハッキウスの前にマルダイケルのペトロ・マルチン Petro Martijn が出頭して、下記証人立会の上で、マルダイケル長崎のヨハンの手から一〇レアルの金額を借受け、前記のペトロはこの金子を受取った上で、さらに前記の長崎のヨハンに対して二ヶ年半の期間にわたり奉公することにしたことを陳述した。そこで長崎は(ママ、ヨハン脱)これに対して、このことをよく考慮した上で出頭して、今後この状態が終るまで、前述の期間中前記の出頭人の衣食の世話をすることにした。ここに当事者は彼等の一身、及び現に所有し、また将来入手するであろう動産、不動産をことごとく法律の規制のもとに置くことを約束するものである。

一六四四年二月六日　バタビアにおいて

ペトロ・マルチン(自署)
ヨハン・長崎(自署)

われわれ立会の下に

ワイナント・ファン・カーテルスフェルト(署名)
フレデリック・ヘンディリックセン Fredericq Hendiricksen(自署)

Obligatie van Pedro Martyn, Mardijcker, aen Johan van Nangesacky, Mardijcker, 6 feb. 1644[Hackius, O., 1643-44].

史料三三　一六四五年十一月一日付、シナ人四名の日本人キリスト教徒ミヒール・武左衛門からの借金証書

本一六四五年十一月一日にバタビア市書記課の宣誓公証人たる予ワイナント・ファン・カーテルスフェルトの前に、いずれも当市の住民シナ人サーコ Saacko、カーチョング Kaetsong、キューチー Keutie、ゴピア Gopia 等が出頭して、下記証人立会の上で、日本人キリスト教徒ミヒール・武左衛門から二〇〇レアルの金額を受取ったことを陳述した。これに対して出頭人等はこれを受取って、今日から二ヶ月間、毎月その金額に対し利子を支払う代りに、下僕三名ずつを木材の伐採運搬に従事させ、この三名が前記の武左衛門に利子を支払ったことにすることを約束し、同時に出頭人等は前記の金額を受取っても、これを森林内で賭博に費消したり、あるいは、敵がその森林内か、あるいはその近辺にいたかも知れないなどと主張して、故なくこれを費消したりしないで、その金額の元金を前述の二ヶ月以内に支払い、さらにその上前記三名の費用をも負担することを条件とし、彼等出頭人はこの事を果すまで、それぞれその一身、及び現に所有し、また将来取得するであろう資産を留保なしにことごとく法律の規制のもとに置く責務を有するものである。

本一六四五年十一月一日　バタビアにおいて

シナ人　サーコ(自署)
カーチョング(自署)
キューチー(自署)
ゴピア(自署)

予の立会の下に

宣誓公証人ワイナント・ファン・カーテルスフェルト(自署)

われわれ立会の下に

マヌエル・ファン・ライデン(自署)

ピーテル・ファン・ダイネン Pieter van Duijnen(自署)

Obligatie van Sacko, Kaetsong, Keutie, Gopia, Chineesen, aen Bosaymon, Christen Japander, 1 nov. 1645[Hackius & Catersvelt, 1645-46].

史料三四　一六四六年五月十五日付、シナ人郭祐哥の日本人キリスト教徒武左衛門からの借金証書

一六四六年五月十五日にバタビア市の公証人たる予ピーテル・ハッキウスの前に同市の住民シナ人郭祐哥 Quoyoeko が出頭して、下記証人の立会いの上で、日本人キリスト教徒武左衛門 Boseymon から六〇レアルの金額を相違なく借受け、武左衛門は貸付けて手渡したこの金額について、出頭人同意のもとに、毎月一〇〇レアルにつき二レアルの割合で利子をつけることを陳述した。出頭人は前述の武左衛門またはその権利を継承した者の要求ある場合には前記の金子を返済し、かつまた今後その利子を毎月几帳面に支払う旨を約束し、その保証としてまず出頭人はいずれもバリ島出身のスンパンガン Sumpangan、サガイ Sagij、タウマラン Tau Malan と呼ぶ女奴隷三名を提供し、さらに一般的に彼の一身、及び現に所有し、また将来入手するであろう動産、不動産を留保なしに、法律の規定に基づいてことごとくその保証にあてることを約束するものである。

一六四六年五月十六日　バタビアにおいて

郭祐哥（自署）

予の立会の下に

公証人ピーテル・ハッキウス（自署）

一六四六年

われわれの立会の下に

A・バイテンハイス A. Buytenhuys（自署）

ピーテル・ファン・ダイント Pieter van Duynd（自署）

一六四六年

Obligatie van Quoyoeko, Chinees aan Boseymon, Christen Japander, 15 mey 1646[Hackius & Catersvelt, Omnia, 1645-46].

史料三五　一六四九年二月六日付、日本人キリスト教徒で前甲必丹の市右衛門および喜左衛門のピーテル・ル・モイネからの借金証書

バタビア市の公証人たる予ピーテル・ハッキウスの前に、同じく当市の住民で共に日本人キリスト教徒である前甲必丹市右衛門 Itsiemon と商人喜左衛門 Ciseymon とが出頭して、下記証人立会いの上で、その効力が完全に法のもとに認められている債務者が複数なることに基づく利益を放棄して、会社勤務の上級商務員ピーテル・ル・モイネ Pieter le Moijne 殿からまさしく二〇〇〇レアルの金額を借受け、同氏は確かに貸付勘定とされたこの金子に対して、彼等出頭人等の同意を得て毎月一〇〇レアルにつき半レアルの割合で利子をつけることを陳述した。彼等出頭人は、その金額を償還するために、前述のル・モイネ殿またはその権利を継承した者の催促に基づいて、確実にその債務が終る時まで彼等の一身、及び現に所有し、また将来入手するであろう動産、不動産を留保なしに、ことごとく法律の規制のもとに置くことを約束するものとする。さらにインド参議員で政務総監であるフランソア・カロン閣下も出頭して、自ら親しく前記出頭人市右衛門と喜左衛門、並びにその正当な債務継承者の主たる保証人となることに決し、その目的のためにその効力が完全に法のもとに認められている順位及び検索の利益を明確に放棄し、これを前述の法と規定のもとに置いて、表裏なきものとする。

一六四九年二月六日　バタビアにおいて

市右衛門(自署)
喜左衛門(自署)
カロン(自署)

われわれ立会の下に
ワイナント・ファン・カーテルスフェルト(自署)
マノエル・デ・ソーゼ Manoel de Sose (自署)

予の立会の下に
公証人ピーテル・ハッキウス(自署)
一六四九年

〔欄外記入文〕

本一六四九年十二月二十一日に、会社勤務の商務員サカリヤス・ワーヘナール Zackeryas Wagenaer 殿がピーテル・ル・モイネ殿の委任代理人として出頭し、下記借金証文の内容が万遺漏なく履行され、支払いが済まされたことを言明した。同証文はここに破棄された。上記の日バタビアにおいて

公証人ピーテル・ハッキウス（自署）

Obligatie van Itsiemon, out Capiteyn, Ciseymon, coopman, Christen Japanders, aen Pieter Le Moijne, oppercoopman, 6 feb. 1649[Hackius, A., O., 1649].

史料三六　一六四九年十一月九日付、日本人源左の借金皆済証書

バタビア市の公証人たる予ピーテル・ハッキウスの前に、生前会社勤務の故アウフスチン・ミュレールの寡婦スザンナ・ミュレール、ヤソ・オンバ、ルシア・デ・ブウト Lusia de Bout とシナ人コイコ Koyco が出頭して、下記証人立会の上で、出頭人等は日本人源左 Genza が出頭人等からそれぞれ借受けて未払いになっていたのと同額の金子を故ビセント・ロメイン殿の寡婦長崎のイザベラ夫人の遺言状の執行人である政務総監でインド参議員のフランソア・カロン閣下、及び当市の法務長ヨハン・キュネウス Johan Cuneus 殿の手から受取ったことを陳述した。即ち出頭人スザンナ・ミュレールは二五レアル、ヤソ・オンバは二〇レアル、ルシア・デ・ブウトは六〇レアル、及びコイコは二〇レアルである。彼等出頭人は、そこでさらに前記執行人閣下等に対して、彼等に対する支払いについて感謝し、

したがって前記の源左は[その総額に対する]領収書をしたためた。

本一六四九年十一月九日　バタビアにおいて

スザンナ・ミュレール(自署・捺印)

ヤソ・オンバ(自署)

ルシア・デ・ブウト(自署)

コイコ(自署)

われわれ立会の下に

P・v・ランセラール(署名)

マヌエル・デ・ソーセ Manuel de Sose(自署)

一六四九年

予の立会の下に

公証人ピーテル・ハッキウス(自署)

一六四九年

Procuratie van Susanna Muller, weduwe, Jaso Omba, Lousia de Bout & Koijco, Chinees, 9 nov. 1649[Hackius & Catersvelt, O., V., 1649].

史料三七　一六五〇年十二月一日付、シナ人チンシアングの日本人キリスト教徒ミヒール・武左衛門からの借

金証書

バタビア市の公証人たる予ピーテル・ハッキウスの前に当市の住民シナ人チンシアング Tsinsiangh が出頭して、下記証人立会の上で、日本人キリスト教徒武左衛門の手から一九〇レアルの金額を借りて、それを受取ることを承知した。これに対して彼出頭人は今後四ヶ月経過する間に、前記の武左衛門に対して前記の金額を皆済するために、煉瓦三万個を一〇〇〇個につき四七レアル、オランダ瓦三五〇〇枚を一〇〇〇枚につき四〇レアルで引渡すが、その総計は前記一九〇レアルの金額となる。彼出頭人はこの事を果すまで、彼の現に所有し、また将来入手するであろう動産、不動産を留保することなく、ことごとく法律の規制のもとに置くことを言明した。さらに共にシナ人であるソングー Songhoe とサビッコ Sabitko も出頭して、それぞれ彼出頭人チンシアング及びその権利継承者のために主たる保証人となり、その順位及び分割及び検索の利益を明白に放棄して、既にその借用証書について前述の如く充分通告されたように、一切残すところなく、法の規制のもとに従うものとする。

一六五〇年十二月一日　当バタビアにおいて

チンシアング(自署)
ソングー(自署)皆シナ人
サビッコ(自署)

われわれ立会の下に
フレデリック・ルースト(自署)
G・ファン・アスペレン(自署)

予の立会の下に
公証人ピーテル・ハッキウス(自署)
一六五〇年
Obligatie van Tsinsiangh, Chinees, aan Michiel Bosaijmon, Christen Japander, 1 dec. 1650[Hackius & Catersvelt, O., 1650].

史料三八　一六五七年十月十日付、外科医アントニイ・フェルナンドの日本人キリスト教徒ミヒール・武左衛門からの借金証書

本一六五七年十月十日に公証人たるブレダ出身のヤン・カイゼルスの前に外科医アントニイ・フェルナンド Anthony Fernando が出頭して、当地の日本人キリスト教徒ミヒール・武左衛門殿からまさしく五〇レアルの金額を一レアルにつき四八スタイフェルの換算で借受けたことを陳述した。彼出頭人はこの借受けた金子についてはこれを喜んで受取り、進んで毎月一〇〇レアルにつき二レアルの割合で利子を付けることを承認し、前記の金額並びにその利子を一括して皆済することと、前記の武左衛門殿、またはその契約書を取得してこれを提示して最初に請求した者に対してこれを償還するまで彼出頭人はその一身、及び財産を法律の規制のもとに置くことを約束するものである。云々

アントニイ・フェルナンド(自署)
証人　公証人ヤン・カイゼルス(自署)
われわれ立会の下に

アドリヤーン・ヨーステン(自署)

ビセント・スタインス Vicent Stijns(自署)

Obligatie van Anthony Fernando aan Michiel Bosaymon, Christen Japander, 10 oct. 1657[Keysers, O., 1657].

史料三九　一六六三年七月七日付、広南在住日本人商人キコの会社船による煙草貿易に対する保証書

本一六六三年七月七日に、公証人たるブレダ出身の予ヤン・カイゼルスの前に広南在住日本人商人の甲必丹キコKiko[林喜右衛門]が出頭して陳述するところによれば、会社がシナのジャンク船一隻を四二〇レイクスダールデルで買上げて、当地の司法委員会委員ヤコブ・カイゼル Jacob Keyser 閣下がその一半を支払い、他の一半は共に会社に勤務している当地の港務長兼許可証発行官なる上級商務員のシモン・シモンセン Simon Simonss. 殿、並びに同じく商務員ヘンドリック・スヘンケンブルク Hendrick Schenckenburg 殿の両人が支払って、両名ともそのジャンクの保証人に選定された。そして彼出頭人は高貴なる総督閣下及びインド参議員諸賢から許可を得て、会社船で五〇乃至六〇ピコルのシナ煙草を暹羅に送って、同地において彼等のために売却して、挙げた利益を当地に送付してこれを保証人に受取らせることとした。そこで彼出頭人はこれを通じて常に前記の諸賢がこの煙草から得た前記の金額を会社に払込み、残品はこれを受取るように約定したが、しかし海上において災害が起るか、さもなければその煙草でほとんど儲けがないか、または保証金として十分な額に相当するだけの煙草が来ないようなことが起っても、彼出頭人は何時でも前記の諸賢に対しては、その保証金には一文の損失をも与えず、また広南においてか他においてこれを金子

に両替し、それを広南からバタビアに送って、前記の諸賢に皆済して満足させることを約束し、彼出頭人は法に基づいてこれに対してその一身、並びに資財一切を保証に充てることを約定する。

以上の如くして、バタビアにおいて、いずれもマルダイケルであるドミンゴ・ピント Domingo Pinto、ヤン・フランシスコ Jan Francisco、コルネリス・ヤコブスゾーン Cornelis Jacobszoon、並びに証人として要請した予の書記アブラハム・イザクス Abraham Isacx 立会の下に、出頭人キコは盲目であるので署名できないが、自分の印章を押す。

この印章は（号林 域哥）出頭人キコ自身によって押されたものである。(註)

ドミンゴ・ピント(自署)

ヤン・フランシスコ(自署)

コルネリス・ヤコブスゾーン(自署)

証人アブラハム・ヤコブスゾーン(自署)

公証人ヤン・カイゼルス(自署)

(註) 甲必丹キコとは広南日本町の頭領林喜右衛門のことで、キコとは彼の捺印の印文中の「域哥」と推せられる。

Transport van Capitein Kiko, Japans coopman, 7 july 1663[Keysers, V., 1663].

史料四〇　一六六七年六月七日付、マリヤ・助右衛門のコルネリヤ・ニューエンローデからの借金証書

本一六六七年六月七日に公証人たるブレダ出身の予ヤン・カイゼルスの前に、当市の若い娘マリヤ・助右衛門 Maria Schemon 嬢が出頭して、バタビア城の上級商務員ピーテル・クノル殿の妻である貞潔なコルネリヤ・[ファン・]ニューエンローデ夫人から八〇レアルの金額を一レアル六〇スタイフェルの換算で借受けたことを陳述した。彼女出頭人はこれは親切にも貸付けられた金子で、自分も欣んで毎月半レアルの利子を払う約束で受取った金子であるので、その金額並びにその利子を一括して、前記コルネリヤ・[ファン・]ニューエンローデ夫人か、あるいは彼女の証書を取得して提示した者に対して、最初の督促に応じて償還することを約束し、彼女出頭人の一身、及び現に所有し、また将来入手するであろう動産、不動産は例外なくこれと関連してことごとく法律の規制のもとに置く責務を持つものとする。

なおバタビアにおいてこのように作成決定した。

マリヤ・助右衛門(自署)

証人　公証人ヤン・カイゼルス(自署)

われわれの立会の下に

ピーテル・コルネリス Pieter Cornelis(自署)

ヤン・ピーテルス(自署)

Obligatie van Maria Schemon aan Cornelia Nieuwenroode, 7 juny 1667[Keysers, O., 1667].

史料四一　一六六九年九月二日付、スザンナ・助右衛門の日本人キリスト教徒ミヒール・武左衛門からの借金証書

本一六六九年九月二日に尊敬するス＝フラーヘンハーフにおけるブラバント参議員 Raed van Braband in 's Gravenhage に認められたオランダ領インドの当バタビア市在住の公証人たるブレダ出身の予ヤン・カイゼルスの前にヤン・助右衛門の寡婦スザンナ・助右衛門 Susanna Schemon 夫人が出頭して、下記証人立会の上で、予公証人に、日本人キリスト教徒ミヒール・武左衛門から一〇〇〇レイクスダールデルの金額を一レイクスダールデルにつき六〇スタイフェルの換算で借受けたことを陳述した。彼女出頭人はこれは親切にも貸付けられてこれを受取った金子であるので、去る八月十五日以降その利子を毎月一〇〇レイクスダールデルにつき一レイクスダールデルの割合となし、前記の金額とその利子とをあわせて前記の武左衛門か、あるいはその証書を取得して提示した者に対して、この件について最初に請求された時に償還することを約束し、これについて彼女出頭人はその一身と資財を法律の規制のもとに置く責務を持つものとする。

以上の如く予の公証人役場において、ここに招請された証人、並びに予公証人立会の下に作成決定して自署するものである。

スザンナ・助右衛門  〔自署・捺印〕

証人　公証人ヤン・カイゼルス（自署）

われわれ立会の下に

ヤン・ヨセプス Jan Joseps（自署）

ヤコプ・ヤンセン Jacop Janssen（自署）

〔欄外書入〕

この借用証書は皆済され、貸主の免責申立によって削除された。

一六六九年十一月二十日

証人　公証人ヤン・カイゼルス（自署）

Obligatie van Susanna Schemon, weduwe van Jan Schemon, aen Michiel Bosaymon, Christen Japander, 2 sept. 1659 [Keysers, O., 1669].

史料四二　一六七〇年六月六日付、ミヒール・武左衛門の広南在住シナ人リワンコに対する借金返済証書

本一六七〇年六月六日に公証人たるブレダ出身の予ヤン・カイゼルスの前に出頭して云々。シナ人船頭リテンコ Litengko が広南在住のシナ人商人リワンコ Liwangko の命令と委任を受けて、その資格で、孤児管財人である当市の自由商人シモン・シモンスゾーン[・ファン]・デル・ハイデ Simon Simonsz. [van] der Heyde、シナ人甲必丹故顔二官 Siqua の子顔テークワ Guanteecqua、並びに広南在住の日本人キリスト教徒アントニイ・鬼塚 Anthony Honiska 殿の同意と仲介で、当市の住民ミヒール・武左衛門殿の手から一レアル六〇スタイフェルの換算で二二〇レアルを受取ったことを陳述した。その金子は広南のヨセフ・塩村 Joseph Siombra が前記のリワンコに借受けた一五五広南テール、並びにその利息□その他一切□を清算するものであって、双方はその点を話し合ってから、前記の金額はリテンコに引渡され、主たるシナ文の借用証書、つまりこれに関する文書は前記のリテンコから武左衛門殿本人の手に渡された。その結果出頭人は前記の資格においてこの一五〇広南テールとその利息について直接たると間接たるとを問わず、また法律上もしくはその他の場合たるとを問わず、彼ジョセフ・塩村に対して支払を要求したり、要

求させたりすることなく、また彼ジョセフ・塩村を後日すべてについての取立の強制から免除するものであることを約束するものである。また出頭人はその一身と財産とをことごとく法律の規制のもとに置く責務を持つものとする。

このように役場において作成して決定された。

ガン・テンクワ

船頭リテンコによって自署される。

日本人キリスト教徒アントニイ殿

鬼塚源太郎 （花押）

証人　公証人ヤン・カイゼルス（自署）

［欄外記入文］

ミヒール・武左衛門と［ミヒール・］武左衛門の秘書の名□の命によって皆済された領収書と借用証書は□□された。

一六七二年六月三日　バタビアにて

ユリス・ヒュールスゾーン Julis Heulsz.（自署）

証人　ヤン・カイゼルス（自署）

Procuratie van Anachoda Litengko, Chinees, aen Michiel Bosaymon, vrij coopman, 6 junij 1670[Keysers, V., 1670].

史料四三　一六三四年九月二十二日付、日本人三十郎のヨンケル・ディルクに対する奴隷売渡証書

バタビア市の公証人たる予ダニール・ヒュッデの前に日本人三十郎 Sansuro が出頭して、下記証人立会の上で、バンダ人等の甲必丹ヨンケル・ディルク Joncker Dirck にブートン Bouton と呼ぶ彼自身所有の奴隷を四五レアルの金額で売渡したことを陳述した。これについて彼出頭人はすべてが履行されて、正しく支払を受取ったことを認めるものである。

本一六三四年九月二十二日　バタビアにおいて、

三十郎(自署)

われわれ立会の下に

ウィルレム・ユルケン(自署)

ヤン・パライス Jan Parijs(自署)

Transport van slaaf van Sansuro, Japonder, aen Joncker Dirck, 22 sept. 1634[Hackius & Catersvelt, 1650–51].

史料四四　一六三七年十一月七日付、奴隷ドミンゴの日本人キリスト教徒ヤンに対する半奴隷売渡証書

尊敬すべき司法委員会の書記ディルク・エミング Dirck Jemming の寡婦と結婚しているサルモン・スウェールス Salmon Sweers の奴隷ドミンゴが出頭して、日本人キリスト教徒ヤンに対して彼出頭人自身の所有する半奴隷 lijfeygen エルベイエン Erbejen を手離して売渡さんことを陳述したが、彼出頭人はこの半奴隷を約四年前に某シナ人から

一六レアルの金額で購入したものである。そしてこれについて彼出頭人はすべてが履行されて、その支払を受取ったことを述べた。また彼出頭人は前記のスウェールス殿が本国に出発せんとしているので、その金子で以てエルベイエンの自由を買取ることを書類にしたため約束をすることを申請するものである。

一六三七年十一月七日　バタビアにおいて、

ドミンゴ(自署)

われわれ立会の下に

ウィルレム・ユルケン(自署)

ファン・デル・レイ(自署)

Transport van Domingo, slaaf van Salmon Sweers, aen Jan, Christen Japander, 7 nov. 1637[Hudde, Tr., Vrybrieven & Acten, 1635–38].

史料四五　一六四三年十月二十一日付、シナ人仰山の日本人フランシスコに対する奴隷売渡証書

シナ人仰山 Jansang が出頭して、日本のフランシスコに対してバリ出身のカッパ Cappa と呼ぶ彼出頭人の一女奴隷を一二〇レアルの金額で売渡したことを陳述した。これについて彼出頭人は既にすべてが履行されて、支払を受取ったことを認めるものである。

一六四三年十月二十一日　バタビアにおいて

仰山（自署）

われわれ立会の下に

フランス・ヘルメルス Frans Helmers（自署）

一六四三年

B・フェルフーフ B. Verhoef（自署）

予の立会の下に

宣誓書記ピーテル・ハッキウス（自署）

Transport van Jansang, Chinees aan Francisco Japander, 21 oct. 1643[Hackius & van der Keer, Tr., 1643].

史料四六　一六四六年一月十五日付、マルダイケルのフランシスコ・スワリスの日本人キリスト教徒長崎のヨハンに対する女奴隷売渡証書

バタビア市の公証人の前にマルダイケルで当市の住民であるフランシスコ・スワリス Francisco Suaris が出頭して、日本人キリスト教徒長崎のヨハンに対してベンガルのマリヤと呼ぶ彼出頭人の一女奴隷を六〇レアルの金額で売渡したことを陳述した。これについて彼出頭人はこの譲渡の実施を万事法律に従って約束し、まさにこれを履行して支払を受取ったことを認めるものである。

一六四六年一月十五日

われわれ立会の下に

フランシスコ・スワリス(自署)

マヌエル・デ・ソーゼ(自署)

一六四六年

ピーテル・ファン・セッテリッヒ Pieter van Setterich(自署)

予の立会の下に

公証人ピーテル・ハッキウス(自署)

一六四七(六の誤記カ)年

Transport van Francisco Suaris, Mardycker, aan Johan van Nangesackij, Christen Japander, 15 jan. 1646[Hackius & Catersvelt, 1646].

史料四七　一六四九年三月二十四日付、日本人キリスト教徒ペドロ・五郎兵衛の日本人キリスト教徒ペドロ・喜左衛門に対する奴隷売渡証書

バタビア市の公証人の前に当市住民日本人キリスト教徒ペドロ・五郎兵衛 Pedro Gorobe が出頭して、同じく当市の住民日本人キリスト教徒ペドロ・喜左衛門 Pedro Kisaimon に対して共にマラバールのアントニイと呼ぶ彼出頭人の奴隷二名を一三〇レアルの金額で売渡したことを陳述した。これについて彼出頭人はこの売渡しが実行され、万事

法律に従うことを約束して、これが履行されて支払を受取ったことを認めるものである。

この一六四九年三月二四日、バタビアにおいて

ペドロ・五郎兵衛(自署)

われわれ立会の下に

ピーテル・ファン・セッテルリッヒ(自署)

バレント・マテウスゾーン Barent Matheusz.(自署)

一六四九年

Transport van Pedro Gorobe, Christen Japander, aen Pedro Kisaimon, Christen Japander, 24 maert 1649[Hackius & Catersvelt, 1649–50].

史料四八　一六五〇年十一月二十日付、フランソア・カロンの日本人キリスト教徒フランシスコ・助九郎に対する男女奴隷売渡証書

バタビア市の公証人たる予ピーテル・ハッキウスの前にフランソア・カロン殿が出頭して、下記証人立会の上で、日本人キリスト教徒で当地の住民フランシスコ・助九郎 Francisco Scheckro に対して彼出頭人殿の共にマラバール海岸出身のヤコブと呼ぶ奴隷とエスペランスと呼ぶ女奴隷を一二〇レアルの金額で売渡すことを陳述した。これについて出頭人殿はこの譲渡の実施について万事法律に従うことを約束し、すべてこれを履行して支払を受取ったことを

認めるものである。

一六五〇年十一月二十日、バタビアにおいて、

F・カロン(自署)

われわれ立会の下に

W・ファン・カーテルスフェルト(自署)

マヌエル・デ・ソーゼ(自署)

一六五〇年

予の出席の下に

公証人ピーテル・ハッキウス(自署)

一六五〇年

Transport van François Caron aen Francisco Scheckro, Christen Japander, 20 nov. 1650 [Hackius & Catersvelt, Tr., 1650–51].

史料四九 一六五一年二月十日付、半奴隷ピーテル・アウフスチンの日本人半奴隷ミヒールに対する奴隷売渡証書

バタビア市の宣誓書記たる予ワイナント・ファン・カーテルスフェルトの前に生前尊敬すべき会社の大尉で工場管

理官であった故ヤン・ファン・シルフェルナーヘル Jan van Silvernaegel 殿の寡婦シシリヤ・デ・マッテ Cicilia de Matte 夫人の半奴隷ピーテル・アウフスチン Pieter Augstyn が出頭して、下記証人立会の上で、スザンナ・ミュレール夫人の同じく半奴隷である日本のミヒールに対してマラバール出身のアブラハム Abraham と呼ぶ彼出頭人の奴隷を一二〇レアルの金額で売渡したことを陳述した。これについて彼出頭人は万事法律に従うことを約束して、これを履行してその支払を受取ったことを認めるものである。

一六五一年二月十日、バタビアにおいて、

ピーテル・アウフスチン Pieter Augustijn（自署）

予立会の下に

W・v・カーテルスフェルト（自署）

宣誓書記

われわれ立会の下に

ニコラース・デ・ウィテス Nicolaes de Wites（自署）

ヤン・ファン・デル・ハーヘン Jan van der Haghen（自署）

一六五一年

Transport van Pieter Augustyn, lijfeygenen, aen Michiel Japon, lijfeygenen, 10 feb. 1651[Hackius & Catersvelt, 1651].

史料五〇　一六五一年十一月十四日付、マレー人イスマエルの日本人キリスト教徒ミヒール・武左衛門に対す

る奴隷売渡証書

バタビア市の公証人の前にマレー人で当市の住民イスマエル Ismael が出頭して、日本人キリスト教徒で当市住民のミヒール・武左衛門に対してマンゲラーイ Mangelaey、別名ベサール Besaer とマンゲラーイ、別名キセリー Kiserie と呼び、共にマンゲライ出身の奴隷二名と、コレのコレア Corea van Core、バリのサイバン Sayban とサンバワのトトング Totonge van Sambawa 等女奴隷三名を一緒にして、三五〇レアルの金額で売渡したことを陳述した。これについて彼出頭人は万事法律に従うことを約束して、これを履行して支払を受取ったことを認めるものである。

一六五一年十一月十四日　バタビアにおいて、

マレー人イスマエル(自署)

われわれ立会の下に

マヌエル・デ・ソーザ(自署)

一六五一年十一月十四日

アブラハム・フェルフーベン(自署)

予の立会の下に

公証人W・v・カーテルスフェルト(自署)

Transport van Ismael, Maleyer, aen Michiel Busaymon, Christen Japander, 14 nov. 1651[Catersvelt, 1651-52].

史料五一　一六五二年一月十日付、マリヤ・ケルクホーベン夫人の平戸出身のマリヤ夫人に対する奴隷売渡証書

バタビア市の公証人の前に東インド会社勤務の敬すべき海軍中佐アントニイ・ケルクホーベン氏の妻マリヤ・ケルクホーベン Maria Kerckhoven 夫人が出頭して、前記の夫の受命代理人として、平戸出身のマリヤ夫人に対して彼女出頭人のマラバールのヨハンナと呼ぶ女奴隷を一〇〇レアルの金額で売渡したことを陳述した。これについて彼女出頭人はこの譲渡を実行し、万事法律に従うことを約束して、これを履行し、支払を受取ったことを認めるものである。

本一六五二年一月十日　バタビアにおいて、

マリヤ・ケルクホーベン夫人(自署)

われわれ立会の下に

フレデリック・ルースト(自署)

ウェルネリュス・ナイス Wernerus Nijs(自署)

予の立会の下に

公証人W・v・カーテルスフェルト(自署)

Transport van Maria Kerckhoven aan Maria van Firando, 10 jan. 1653[Catersvelt, 1651-52].

史料五二　一六五二年七月十日付、日本人キリスト教徒ヨハンネス・助右衛門の鉾槍兵フッデフレ・ファン・

エンテラールに対する女奴隷売渡証書

バタビア市の公証人たる予ワイナント・ファン・カーテルスフェルトの前に日本人キリスト教徒ヨハンネス・助右衛門 Johannes Schemon が出頭して、総督カーレル・レイニールスゾーン Carel Reyniersz. 閣下の鉾槍兵フッデフレ・ファン・エンテラール Goedefre van Entelaer に対して彼出頭人のマラバールのカタリナと呼ぶ女奴隷を八二レアルの金額で、一レアルを五二スタイフェルの換算で売渡したことを陳述した。これについて彼出頭人はこの譲渡を実行し、万事法律に従うことを約束して、既にこれを履行して、まさしく支払を受取ったことを認めるものである。

本一六五二年七月十日　バタビアにおいて

日本人助右衛門 (浜田) (自署・捺印)

予立会の下に

公証人W・ファン・カーテルスフェルト(自署)

われわれ立会の下に

フレデリック・ルースト(自署)

ヘイメン・ハイベルツ Heymen Huyberts(自署)

Transport van Johannes Schemon, Christen Japander, aan Goedefre van Entelaer, 10 july 1652[Catersvelt & Roest, Tr., 1652-53].

史料五三　一六五三年十一月二十六日付、マカッサル在住日本人次良兵衛のシナ人チョン・チョンコに対する女奴隷売渡証書

本一六五三年十一月二十六日にオランダ及びオランダ領インドの法院で認められ、当バタビア市に在住する予公証人アントニイ・ハイズマンの前にマカッサル在住の日本人次良兵衛 Dyerobe が出頭して、下記証人立会の上で、彼出頭人がマカッサルのサイル Sayr と呼ぶ女奴隷を当地の市場商人シナ人チョン・チョンコ Tiong Tiongko に五〇レアルの金額で、一レアルを五一スタイフェルの換算で売渡したことを陳述した。これについて彼出頭人はこれが履行されて、支払を受取ったことを認めて、彼女の一身、並びに資財で彼女のものと思われる物をことごとく引渡し、万事法律の規制に従うことを約束するものである。このようにして当市において、ここに招かれた証人ダニール・イザクスゾーン Daniel Jsacxz. とカロル・アグリコラ Carol Agricola 列席の下に作成決定された。

日本人次良兵衛(自署)

ダニール・イザークスゾーン(自署)

公証人ハイズマン(自署)

カロル・アグリコラ(自署)

一六五三年

Transport van Dyerobe, Japonder woonachtich op Macasser, aan Tiong Tiongko, Chinees, 26 nov. 1653[Huysman, V., 1653-54].

史料五四　一六六四年三月七日付、マルダイケル、ドミンゴ・市右衛門のマルダイケルのヨアン・チポンに対する奴隷売渡証書

本一六六四年三月七日に公証人たるブレダ出身の予ヤン・カイゼルスの前にマルダイケル、ドミンゴ・市右衛門 Domingo Itchiemon が出頭して、同じくマルダイケルのジョアン・チポン Joan Tipon に対してマニラのルイスと呼ぶ彼出頭人の奴隷を四四レイクスダールデルの金額で、一レイクスダールデルを六〇スタイフェルの換算で売渡したことを陳述した。これについて彼出頭人はこの譲渡を実行し、万事法律に従うことを約束して、既にこれを履行して、支払を受取ったことを認めるものである。予の公証人役場において以上の如く作成決定した。

ドミンゴ・市右衛門(自署)

証人　公証人ヤン・カイゼルス(自署)

われわれ立会の下に

ダニール・イザークス(自署)

ヨアン・ヨセプス Joan Joseps (自署)

Transport van Domingo Itchemon, Mardycker, aan Joan Tipon, Mardycker, 7 maert 1664[Keysers, Tr., 1664].

史料五五　一六六七年八月二十四日付、日本人商人ミヒール・武左衛門のマルダイケル、アントニイ・デ・シ

ルバに対する奴隷売渡証書

本一六六七年八月二十四日に公証人たるブレダ出身の予ヤン・カイゼルスの前に日本の商人ミヒール・武左衛門Michiel Boesaymon 殿が出頭して、当市の住民マルダイケル、アントニイ・デ・シルバ Anthony de Silva に対してベンガルのアントニイと呼ぶ彼出頭人の奴隷を七〇レイクスダールデルの金額で、一レイクスダールデルにつき六〇スタイフェルの換算で売渡したことを陳述した。これについて彼出頭人はこれを履行して、支払を受取ったことを認め、この売渡は万事法律に従ったもので、前記の奴隷がその金額を返済した時は、その買主は早急にこれを受取って、その奴隷を自由にして解放し、解放証書を渡さねばならぬことを約束するものである。以上の如く公証人役場において作成決定された。

ミヒール・武左衛門(自署)

立会人　公証人ヤン・カイゼルス(自署)

われわれ立会の下に

ヨアン・ヨセプス(自署)

ヤン・ピーテルスゾーン Jan Pieterszoon (自署)

Transport van Michiel Boesaymon, coopman, aan Anthony de Silva, Mardijcker, 24 aug. 1667[Keysers, Tr., 1667].

史料五六　一六六九年十月二十六日付、コルネリヤ・武左衛門夫人のエスペランサ・ディヤスに対する奴隷売

渡証書

本一六六九年十月二十九日にス＝フラーヘンハーフとオランダ領インドにおいて尊敬すべきブラバンド参議員諸賢に認められて、バタビア市内に居住する公証人たるブレダ出身の予ヤン・カイゼルスの前に敬すべき会社の簿記役ヤン・デ・ブラインの妻で敬すべきコルネリヤ・武左衛門 Cornelia Boesaymon が出頭して、下記証人立会の上で、アンドレ・デ・コスタ Andre de Costa の妻エスペランサ・ディヤス Esperança Dias に対して彼女出頭人のベンガルのマルタと呼ぶ女奴隷を証人二名立会の上で、彼女売渡人の前で五五レイクスダールデルの金額で、一レイクスダールデル六〇スタイフェルの換算で売渡したことを陳述した。これについて彼女出頭人はこの売渡しを実行し、万事法律に従うことを約束して、すでにこれを履行して、支払を受取ったことを認めるものである。ここに招請された証人立会の上で、その委細を以上の如くバタビアにある出頭人の住宅で作成決定して、予公証人が署名した。

コルネリヤ・武左衛門(自署)

証人　公証人ヤン・カイゼルス(自署)

われわれ立会の下に

商務員補ヨハンネス・デ・フォーフト・デ・ヨンゲ Johannes de Voogt de Jonge(自署)

申請人　武左衛門(自署)

一六六九年

ヨアン・ヨセプス(自署)

ヤコブ・ヤンスゾーン(自署)

（註）　本証書では、特別な用語以外はすべて印刷されている。

Transport van Cornelia Boesaymon aan Esperança Dias, 26 oct. 1669[Keysers, 1669].

一六六九年

史料五七　一六五三年九月十三日付、日本人キリスト教徒ヤン・助右衛門の女奴隷解放証書

バタビア市役所の宣誓公証人たる予フレデリック・ルーストの前に当市の住民日本人キリスト教徒ヤン・助右衛門 Jan Schiemon が出頭して、下記証人立会の上で、ベンガルのドミンガと呼ぶ彼出頭人の女奴隷の手から一〇〇レアルの金額を一レアルに付き五〇スタイフェルの換算で受取ったこと、及びこの金額に対して彼出頭人が前記のドミンガを解放して、自由で束縛されぬようにすることを認め、（このようにして）彼出頭人が同人について所有するあらゆる所有権、財産と証拠や、さらに同人がその精神的肉体的奉仕に対して今後引続き所有せんと要請するもの一切を引渡し、万事法律に従ってこの解放を実行することを約束するものとする。

本一六五三年九月十三日、バタビアにおいて

日本人ヤン・助右衛門 浜田（捺印・自署）

予の立会の下に

宣誓書記フレデリック・ルースト（自署）

われわれ立会の下に

リス・マウス Lis Maus

バステルト Bastelt(自署)

一六五三年

Vrijbrief van Dominga van Bengale door Jan Schiemon, Christen Japander, 13 sept. 1653[Catersvelt & Roest, 1652–53].

史料五八　一六五六年六月二十二日付、日本人キリスト教徒ミヒール・武左衛門の女奴隷解放証書

本一六五六年六月二十二日に公証人たるブレダ出身の予ヤン・カイゼルスの前に当地の日本人キリスト教徒ミヒール・武左衛門が生前にキリスト教徒であった日本人故ヤン・藤兵衛 Jan Tobe の寡婦であったバリ出身のヨハンナの遺産相続人として出頭して、下記証人立会の上で、前記のヨハンナによって一六五六年三月三十日に公証人クラース・デ・ウィルヘム Claes de Wilhem と証人等立会の上で作成された遺言状に基づいて、バリのペリンガン Pelingan と呼ぶ彼女の女奴隷を解放して、束縛のないようにすることを言明し、彼出頭人はその意が動いたので、前記のペリンガンに関して持っていて、なおかつ主張しているあらゆる出訴権、所有権並びに請求権の引渡しを約束などして云々作成するものである。

立会人

ミヒール・武左衛門(自署)

ヤン・カイゼルス(自署)公証人

われわれ立会の下に
チール・スウェールス・デ・ウェールト(自署)
バルトロメウス・ディヤス Bartholomeus Dias(自署)

Vrijbrief van Michiel Bosaymon, Christen Japander, 22 junij 1656[Keysers, V., 1656].

史料五九　一六六四年一月二十六日付、マルダイケルのドミンゴ・市右衛門の奴隷解放証書

一六六四年一月二十六日に公証人たるブレダ出身の予ヤン・カイゼルスの前にマルダイケルのドミンゴ・市右衛門が出頭して、マニラ出身のミヒール・コトン Michiel Koton と呼ぶ彼の奴隷を解放して自由を与えることを陳述した。また彼出頭人は彼が他の奴隷たちと共によく忠実に奉公してくれたので、今後前記のミヒール・コトンに自由を享受せしめることを言明し、それ故に彼出頭人が前記のミヒール・コトンに関して持っていたあらゆる権利、出訴権と請求権を彼に引渡し、かつまたこの解放を実行し、万事法律に従うことを約束するものである。予の公証人役場において以上の如く作成決定するものである。

ドミンゴ・市右衛門(自署)
立会人ヤン・カイゼルス(自署)公証人
われわれ立会の下に
ダニール・イザクス(自署)

ヨアン・ヨセプス(自署)

Vrijbrief van Domingo Itchiemon, Mardijker, 26 jan. 1664[Keysers, V., 1664].

史料六〇　一六三七年四月二十七日付、シナ人三名の申請に基づく他のシナ人二名の証言

いずれもシナ人であるシノSyno、シヤSija、サムシェウSamsijeuの要求と申請に基づいて、両人共にシナ人であるソプエアSophoeaとバークエンBaeckuenが出頭し、陳述して真相を証言するところによれば、約二ヵ月以前に、その正確な日時は記憶していないが、申請人等がそのジャンク船で埠頭に来た時に、証人等はその名を知らない一日本人が黒人奴隷を連れてそこに来た所に居合わせたが、彼は同所で申請人等から大小二三八〇枚の美事な焼物の皿を一七レアルで買取った。この売買は、一方にあっては前記の日本人の奴隷、他方にあっては証人バークエンの通訳で行われたが、これは双方共にポルトガル語を自由に話すことができなかったからである。この売買が行われてから後三日たって、申請人等は前述の日本人の家にその代金を請求しに行ったが、彼等は単に一四レアルの支払を受けたに過ぎなかった。そこで申請人等はその全額を要求したが、これに対して前述の日本人は怒って剣を鞘から抜いたので、申請人等は皿を取って彼の頭に投げつけ、木を取上げて彼の口中の歯を打って一本を傷つけた。そして申請人等は□前記の日本人に焼物の皿を若干売りつけるために□して同処から立去った。

本一六三七年四月二十七日　バタビアにおいて　ソプエア(十五)(自署)

バークエン(卯官)(自署)

われわれ立会の下に

ウィルレム・ユルケン(自署)

レナールト・コプ Lenaert Cob(自署)

Attestatie van Sophoeea ende Baeckuen, Chineesen, 27 april 1637[Hudde & Draeck, A., O., Tr., & T., 1628-38].

史料六一　一六四〇年八月一日付、平戸のドミンゴの申請に基づく日本人キリスト教徒ミヒールとマルダイケルのマニュエル・デ・マッテの証言

日本人キリスト教徒ミヒールとマルダイケルのマヌエル・デ・マッテ Manuel de Matte が予の前に出頭して、平戸のドミンゴの申請に基づいて事の真相を証言して陳述するところによれば、彼[ミヒール]は約十四ヶ月前に彼証人並びに申請人が当地の書記課を訪れた時、書記故ヘリッツ・リュードッツ Gerrit Rudts が申請人に向って、一兵卒が汝のためにアラック酒の壺三個をこなごなに打ち砕いたので、汝が一五レアルの弁償を命ぜられたのに、汝はそれを未だはたしておらず、支払うべきものをまだ保留していると非難しているのを確かに聞いた。またこのマヌエル・デ・マッテは自分は当時ウィルレム Willem というこの兵卒とともに檣の基台の上に座っていたが、その時彼は自分は申請人と争っているのだと語っていたと陳述した。そこで申請人は委員会によって書記課に一五レアルを支払うように命ぜられたので、彼はこれを書記課に弁償した。前述の事態はすべて証人等の陳述するところである云々。本一

六四〇年八月一日にバタビア市庁において、以上の如く作成決定した。

日本人キリスト教徒ミヒール（自署・花押）

予の立会の下に

マノエル・デ・マッテ Manoel de Matte（自署）

われわれ立会の下に

ヘンドリックセン Hendricksen（自署）

一六四〇年

D・フーベン D. Hoeven（自署）

公証人アンブロジオ・ファン・デル・ケール（自署）

一六四〇年

Attestatie van Michiel, Christen Japander, en Manuel de Matte, Mardijcker, ter requisitie van Domingo van Firando, 1 aug. 1640[Van der Keer, Omnia, 1640].

史料六二　一六五二年五月十四日付、ガブリエル・ハッパートの申請に基づくウィルレム・フェルステーヘンとザカリヤス・ワーヘナールの証言

本一六五二年五月十四日にオランダ及びオランダ領インドの法院で認められた当バタビア市在住の公証人たる予ア

ントニイ・ハイズマンの前に上級商務員で本城の理事官ガブリエル・ハッパートGabriel Happaert氏の申請と要求に基づいて、下記証人立会の上で、インド特任参議員ウィルレム・フェルステーヘン氏と商務員で本城の尊敬する司法委員会の顧問ザカリヤス・ワーヘナールZacarias Waegenaer氏とが出頭して、誓詞の代りに真実の言葉を以て陳述するところによれば、まず証人ワーヘナール氏は台湾において彼が下級商務員アドリヤーン・バスチンクAdriaen Bastincq氏に対して、彼が広南に到着した時に(およそ去る十二月の中頃であったが)、台湾に住んでいるピンクワPincqua[何斌]という一シナ人商人が約二〇ラストlast[一ラストは二トン]、即ち五〇〇ピコルの一ジャンク船(即ちワンカンWangkang船)のことをちょっと聞くように依頼したが、このバスチンク氏のいうところによれば、前記の台湾に住んでいるピンクワが広南に来て、前述の実情を調査したので、閣下は彼から前記のワンカン船の情報を手に入れられたのである。即ち閣下並びに前記フェルステーヘン氏は、同氏の陳述したように、フェイフォPheypho に住んでいる一シナ人から前記のピンクワのジャンク船はその同じ船主によって売却されたことを聞かれたのである。そして、他の船主の口から再び語られたところによれば、それは大きな取引であった由で、同氏がこのシナ人に対してそのことについて直ちに書面で説明をくれるように要請したにもかかわらず、その男はこれを避けて拒絶した。さらに、前記の証人各位が陳述するところによれば、広南において前記のフェイフォの町に住んでいる[塩村]太兵衛殿Taffidonneという一日本人で彼等の首領である人物から知らされたところによれば、イッコJccoという一船主がコワンカCowancquaというピンクワの友人に前記のジャンク船を大きな取引即ち売却したが、同船はその後広南を出帆して台湾に向けて航海する途中に難船して、同船に乗組んでいた前記ピンクワの息子がこの航海で死んだけれども、前述の船主イッコ自身は助かったということである。そして前記太兵衛殿は他に話すべきことを知らなかった。ここにおいて結局証人各位は前述の事一切をいつでも誓って証言することを約束した。このようにして本城において、ここに証人として招請された、共に会社勤務の甲必丹マキシミリヤーン・ボンタム Maximiliaen Bontam と上級外科医ペトルス・アンドレアス Petrus Andreas 殿立会の上で、その詳細を証言人各位の言に基き、予公証人の所で作成決定した。

W・フェルステーヘン(自署)

S・ワーヘナール(自署)

ここに証明す

公証人A・ハイズマン(自署)

一六五二年

Attestatie van Willem Verstegen ende Zackarias Waegenaer, ter requisitie van Gabriel Happart, 14 mey 1652[Huysman, A., 1652].

史料六三　一六五四年八月二十一日付、日本人キリスト教徒で前甲必丹のミヒール・市右衛門の証言

本一六五四年八月二十一日にオランダ及びオランダ領インドの法院で認められた当バタビア市在住の公証人たる予アントニイ・ハイズマンの前に下記証人立会の上で、日本人キリスト教徒で当地の日本人の前甲必丹ミヒール、別名市右衛門が出頭して、シナ人植木屋ヤンサン(仰山カ) Jangsang の申請と要求に基づいて、誓詞の代りに真実の言葉を以て次のように真相を陳述した。即ち前政務総監兼首席インド参議員フランソア・カロン氏が母国に向かって出帆する直前

に、彼は証人を自分のもとに呼びつけて、同氏の土地とマンゲス・ベルフ Manges berch という分水地の向う側にある申請人の土地との間にかかっている橋を毀すことを命じたが、これは申請人が誰か他人がこれを渡って困るのを避けるために、橋のあることを望まないからである。そこで証人は前記カロン氏の命令通りにこれを実行した。その後間もなく同氏は申請人を呼びつけて、証人の前で、申請人に対して次のような言葉、あるいはそれに似通った語句で、予は汝より以外にはその道を利用したり通過することを欲せず、予は汝の勧めた通りに道に種を蒔き、木を植えさせるが、予が再び帰って来たならば、予はその道を予のものにするであろうと述べた。申請人はこれを承諾して、そのようにすることを約束した。以上の如くして彼の証言は終っているが、彼証人は常に前述のことを誓って了承していると陳述した。このように当市において家具職で市民であるヘリッツ・ホーッセ Gerrit Goosse とシモン・ヤンスゾーン・ブラウス Sijmon Jansz. Blaus 立会の上で決定し作成した。

ミヒール別名市右衛門(自署・花押)
ヘリッツ・ホーッセ(自署)
シモン・ヤンスゾーン・ブラウス(自署)
公証人A・ハイズマン(自署)
一六五四年

Attestatie van Michiel alias Itsemon, Christen Japander, 21 aug. 1654[Huysman, A., 1654].

史料六四　一六五五年六月十二日付、寡婦スザンナ・ミュレール夫人の申請に基づく日本人キリスト教徒ヤ

ン・助右衛門とタイス・ピーテルスゾーン・ファン・ハルディンクの妻マグダレナ・ヘンドリックスの証言

本一六五五年六月十二日にオランダ及びオランダ領インドの法院で認められたバタビア市内在住の公証人たる予アントニイ・ハイズマンの前に、下記証人立会の上で、両人共に善良にして充分思慮ある年配の日本人キリスト教徒ヤン・助右衛門とタイス・ピーテルスゾーン・ファン・ハルディング Thys Pieterszoon van Garding の妻マグダレナ・ヘンドリックス Magdalena Hendricx が出頭して、故アウフスチン・ミュレールの寡婦スザンナ・ミュレール夫人の申請と要求に基づいて、誓詞の代りに真実の言葉を以て陳述するところによれば、本日申請人の家において、コルス・ヤコブスゾーン Cors Jacobsz. とパウルス・ヤンスゾーン Paulus Janssz. とがアレント・ファン・デン・ヘルムス Arent van den Helms 氏の名義あるいは指図に従って、前記申請人に対して平戸のヘレナのために孤児管財委員のもとに留め置かれている金子を出してやるか、または前記のヘレナの品物を入れている箱を再び返却してやる意志があるかどうかを尋ねたが、これに対して申請人は、箱は引取らせるが、しかし留め置いた金子の方は裁判官の判断に基づいて、そのままに留め置くであろうと答えた。これに対して前述のコルス・ヤコブスゾーンは前記のファン・デン・ヘルムス氏がその金子を出してやった場合、彼女申請人がその全部を請求することを欲しても、あるいは彼女がこれを全部出してもらわずにその幾分かを入手したいと提案しても、それは非常に難しいだろうと答え、その上何故に申請人等の事務弁護士フィリップス Philips が八日間の猶予を申し入れたのか、あるいは何故にヤコブ・カレー Jacob Caree と前記の平戸のヘレナとが結婚しているからという理由で訴訟手続を取らせなかったのかと尋ねて、前記の申請人等を裁判の日に召喚することに決定した。そこで前記の申請人等は事務弁護士が八日間の猶予を申し入れたことは知らなかったが、しかし八日間の猶予を要請したのは自分たちではなく、自分たちの事務弁護士であったと告げた。以上で彼等の証言が終った。彼等証人は前述のことを常に誓ってことごとく実行するものである。以上の如く当市内において証人として招請された会社勤務の下級商務員ピーテル・クノル氏と書記ダニール・イザックス立会の上で作成決定された。

ヤン・助右衛門 浜田（自署・捺印）
マグダレナ・ヘンドリックス（自署）
公証人A・ハイズマン（自署）
一六五五年
P・クノル（自署）
ダニール・イザークスゾーン（自署）

Attestatie van Jan Schemon, Christen Japander, ende Magdalena Hendricx, ter requisitie van Susanna Muller, 12 junij 1655[Huysman, A., 1655].

史料六五　一六五五年六月十三日付、ヤコブ・カレーの申請に基づくヘンドリック・ファン・デル・ベークの妻平戸のスザンナと長崎のオルサラの証言

本一六五五年六月十三日にオランダ及びオランダ領インドの法院で認められた当バタビア市在住の公証人たる予ア

ントニイ・ハイズマンの前に、いずれも当市に在住し、適当な年齢に達している当市の外科医市民でブレーメン出身のヘンドリック・ファン・デル・ベーク Hendrick van der Beeck、同人の妻平戸のスザンナと長崎のオルサラ Orsala 等が出頭して、下記証人立会の上で、当地在住市民ヤコブ・カレーの申請と要求に基づいて、一同誓約の代りに真実なる言葉を以て陳述するところによれば、証人等はしばしばスサンナ・ミュレール夫人の住居に行って、虱を採ったり、時々これをつぶしたりしていた時に、彼等が前記のスザンナ夫人と交わした言葉の中に次のようなことをいっているのを聞いた。即ち平戸のヘレナ嬢 dochterken Helena van Firando が彼女のもとに住んでいるにもかかわらず、彼女は同人のための費用を一スタイフェルも受取ろうとは望まず、また同人のために買ってやった衣類についても、その代金を支払わせることを望まなかったとか、それに似通った言葉を口にしたのを聞いたのである。そこで彼等証人は前述のような彼女の言辞をいつでも誓って証言することを約束するものである。以上の如く当市において、ここに証人として招請された会社の下級商務員レインデルト・ファン・ウールベーク Reyndert van Oerbeeck とダニール・イザークスゾーンの立会の下に作成決定された。

ヘンドリック・ファン・ベーク(自署)
平戸のスザンナ(自署)
長崎のオルサラ(自署)
公証人A・ハイズマン(自署)
一六五五年

Attestatie van Hendrick van der Beeck, Susanna van Firando en Orsala van Nangesacki, ter requisitie van Jacob Caree, 13 juny 1655[Huysman, A., 1655].

史料六六　一六五五年十一月二十四日付、シナ人フーコの申請に基づく平戸出身の寡婦カタリナの証言

本一六五五年十一月二十四日に公証人たるブレダ出身の予ヤン・カイゼルスの前に、下記証人立会の上で、生前キリスト教徒であった日本人故ルイス・六兵衛の寡婦平戸のカタリナ Catarina Firando が出頭して、所要の誓詞を提出して、シナ人フーコ Hoeko の願と申請に基づいて、次のような事を真実として陳述するところによれば、約四ヶ月前、その確かな日時は知らないが、申請人はツーワチェーコ Tsoewatseecko なる者に損害を受けた保証人として、石灰、石、砂その他の資材を彼女が注文した家屋の建築のために持って来たのを見たが、その家屋は前記のツーワチェーコがこれを建てることを請負ったと称しているが、彼女証人は、それは申請人によって建てられるべきもので、他の何人の造作するべきものでもないと陳述した。以上の如く作成す云々。

平戸のカタリナ(自署)

立会証人　公証人ヤン・カイゼルス(自署)

われわれの立会の上で

アドリヤーン・ヨーステン Adriaen Joosten (自署)

チール・スウェルス・デ・ウェールト Tiel Sweers de Weert (自署)

Attestatie van Catharina Firando, ter instantie van Hoecko, Chinees, 24 nov. 1655[Keysers, A., 1655].

史料六七　一六五六年六月二十二日付、日本人キリスト教徒ミヒール・武左衛門の申請に基づくジャワ人ワンソー、カタリナ・デニス、自由婦人ケリンガン等の証言

本一六五六年六月二十二日に公証人たるブレダ出身の予ヤン・カイゼルスの前に、いずれも当市内に住んでいるジャワ人ワンソー Wanghsoo、カタリナ・デニス Catarina Denis(女性)、自由婦人ケリンガン Kelinghan 等が出頭して、下記証人立会の上で、所定の誓を立てて、同じく当地に住んでいる日本人キリスト教徒武左衛門が(生前日本人キリスト教徒ヤン・惣兵衛 Jan Sobe の寡婦であった)バリのヨハンナの遺産の分配に与る人物として申請するところに基づいて真実を陳述するところによれば、約六ヶ月前に彼等証人はこのヨハンナの家にいて、同所でこのヨハンナが死亡する数日前に次のような言葉をしばしば語り、明言したことを見聞した。即ち、自分は今バリ島への航海に出帆せんとしているヨーマン・ターレイ Joman Taelay に貨物若干を手渡して、これでよい女奴隷一名を自分のために連れてきてくれと頼んだので、彼ヨーマンはその貨物を前記のヨハンナの家から運び出してこれを持去ったのである。このことは前記ヨハンナだけが陳述していたところであるが、そのことはヨハンナの近隣の婦人である彼等証人がその場に居会わせて知っているのである。以上の如し。

ジャワ人　ワンソー(自署)
カタリナ・デニス(女性)(自署)
ケリンガン(自署)

立会証人

公証人ヤン・カイゼルス（自署）

われわれ立会の下に

マヌエル・デ・ソーゼ（自署）

一六五六年

チール・スウェールス・デ・ウェールト（自署）

Attestatie van Wanghsoo, Catarina Denis ende Kelinghan, ter instantie van Michiel Bosaymon, Christen Japander, 22 junij 1656[Keysers, A., 1656].

史料六八　一六五九年十月十一日付、シナ人テーヂベーングの申請に基づく日本人キリスト教徒市右衛門とシナ人グイテンコの証言

本一六五九年十月十一日に公証人たる予アントニイ・ハイズマンの前に日本人キリスト教徒市右衛門 Itchi Emon と当市の西区在住のシナ人店主グイテンコ Goeytencko が出頭して、当地に住んでいるシナ人テーヂベーング Teedsi-beeng の申請と要求に基づいて、それぞれ誓詞の代りに真実の言葉を以て、共にその真相を陳述するところによれば、彼等証人は死亡したコーチン Coutchyn 出身のコウチョング Couthiong（同人は申請人がシナ人甲必丹[潘]明巌の船でチェリボンに向け出帆せんとした時、一軒の石造家屋から落ちて死亡した）をよく承知しているが、それは彼が四、五十年以上も申請人とその妻を知っていて、彼が毎日その家に水浴に行くことを申請人の妻もすべてよく承知してい

たからである。ここにおいて彼等は前述の事をすべて常に誓を立てて証言することを約束するものである。このようにして証人書記としてここに招請されたヘリッツ・ミラント Gerrit Millandt とパウルス・セルメント Paulus Sermento 立会の上で、予の公証人役場において作成決定された。

日本人キリスト教徒市右衛門(自署・花押)
シナ人グイテンコ(自署・花押)
公証人A・ハイズマン
一六五九年
G・ミラント(自署)
P・セルメント(自署)

Attestatie van Itchi Emon, Christen Japander, ende Goeytencko, Chinees, 11 oct. 1659[Huysman, A., 1659].

史料六九　一六五九年十月二十八日付、モール人ウマーディチーの申請に基づく日本人キリスト教徒ヤン・助右衛門の証言

本一六五九年十月二十八日に公証人たるブレダ出身の予ヤン・カイゼルスの前に当市の住民である日本人キリスト教徒ヤン・助右衛門 Jan Schiemon が出頭して、所要の誓を立て、同じく当地の住民モール人ウマーディチー Oemaeditie の要請によって真相を陳述するところによれば、申請人は彼証人に対して一モール人マダリー Madarij の勘定

に対して五〇レアルの金額を一レアルにつき五一スタイフェルの換算で支払ったが、これに対して証人は前記のマダリーが同人に抵当として手渡した遺産請取書を申請人に手交した。このようにしてここに立会証人書記として招請されたダニール・イサークス Daniel Isaacks とベニヤミン・ディヤス Benjamin Dias 立会の上で、予の公証人役場において作成決定された。

ヤン・助右衛門(自署・花押)

立会人

公証人ヤン・カイゼルス(自署)

われわれ立会の上で

ダニール・イザークス(自署)

ベニヤミン・ディヤス(自署)

Attestatie van Jan Schiemon, Christen Japander, ter instantie van Oemeditie, 28 oct. 1659[Keysers, A., 1659].

史料七〇　一六六四年八月十四日付、コルネリヤ・武左衛門嬢のアレクサンデル・ホルストあて委任代理権設定証書

本一六六四年八月十四日公証人たるブレダ出身の予ヤン・カイゼルスの前に若い娘コルネリヤ・武左衛門 Cornelia Bosaymon 嬢が出頭して陳述するところによれば、ここに当地の両司法委員会の代理人に選定されたアレクサンデ

ル・ホルスト Alexander Holst 氏を彼女の名儀人兼代理人とし、バタビア城の司法委員会の前で会社勤務の簿記役ヤン・ファン・ホーヘンフック Jan van Hoogenhouck 氏に対して、彼女がこうした場合にするのと同様に彼女の件を処理させ、その目的のために万事法律の規定の要件を遵守させ、裁定を聴取せしめ、それに応じてこれを実行するか、もしくは控訴せしめることとした。この場合彼はそのことを主債権者に代って訴訟を遂行する権限に基づいて彼の最善の考えに従ってこれを行わなければならず、またさらに一般的にいって、彼女出頭人自身が出席して行わなければならないようなことをもみなことごとく[代りに]行わなければならない。この場合出頭人はその代理人もしくはその代行者がこれらについて行うことを正当にして有効と認め、彼女の一身並びにその財産はことごとく法の規制のもとに置かれるべきことを約束するものである。以上の如く作成された。云々

コルネリヤ・武左衛門(自署)

立会証人

公証人ヤン・カイゼルス(自署)

われわれ立会の下に

ヘンドリック・ファン・ドルプ Hendrick van Dorp(自署)

ピュエアネ Pueane[*sic*](自署)

Procuratie van Cornelia Bosaymon, jonge dochter, 14 aug. 1664[Keysers, P., 1664].

史料七一　一六五七年九月二十一日付、バンジャルマシン出身のインチー・ボンゴーの日本人キリスト教徒ミ

ヒール・武左衛門あて権限委任証書

本一六五七年九月二十一日に公証人たるブレダ出身の予ヤン・カイゼルスの前に、バンジャルマシン出身のインチー・ボンゴー Intjie Bongoh が出頭して、当地在住の日本人キリスト教徒ミヒール・武左衛門氏を代理人に選定して、前年パレンバンにおいて会社勤務の上級商務員フライトマン Grytman 氏がパレンバンからグリシク Grissick に航行せんことを口実としてその船に貨物を積込んだが、指名主本人は、貨物を積込んでバタビアに航海せんと欲していると厳かに言明しているので、総督ヨアン・マートサイケル Joan Maetzuycker 閣下から、当地の碇泊地に投錨している彼の船に、指名主のためにその名儀でその貨物と全く同じ数量の貨物を受取り、その受領書を出すことを委任し、会社はこれに対して請求することを一切取消すものとする。

インチー・ボンゴー（自署）

立会証人

公証人ヤン・カイゼルス（自署）

われわれ立会の上で

アドリヤーン・ヨーステン（自署）

チール・スウェールス・デ・ウェールト（自署）

Pretentie van Intje Bonghoh, Maleyer, in Bamjermasing, aen Michiel Bosaymon, Christen Japander, 21 sept. 1657[Keysers, P., 1657].

史料七二　寛永四(一六二七)年四月二十一日付、台湾における日本船の船長中村四郎兵衛の証言の副本

われわれは当地到着以来貿易を許可されているが、しかしこれは「タイオワン」長官閣下の命に服従するという条件のもとにおいてである。

われわれは日本から来航して以来、閣下からあらゆる好意を受けている。

われわれがこの航海をして当地に来て以来、われわれはかつて課税されたことがない。

若干の海賊が澎湖島の外辺並びに近海に拠っているのが判明したので、われわれは自分たちの資金を兵船でシナの海岸に護送するのを望んでいる。しかしわれわれが兵船若干隻を同地に出帆させることを希望したところ、閣下はそれを拒絶されて、そんな場合閣下はシナの大官に対して、自分はそんなことさせなかったが、日本人等が自国民にそうしたことをさせるので、会社は責任を負うことを欲しないのだと意見を述べた。そこでわれわれはこれに対して繰返して、われわれが自分たちの資金を心素 Simoun の手に渡すことを認めてほしいと陳述したが、心素は単にオランダ人との貿易を予定しているに過ぎないので、彼がそれを承知するような事はあり得ないだろうと再び通告された。これに対してわれわれは再び、われわれは自分たちの資金を他のシナ人たちに手渡したいと欲しているが、その相手が心素の仲間の船になる場合もあることを認めてほしいと陳述すると、われわれはまたもや閣下に拒絶された。そしてそれはシナの沿岸付近には(心素の船も含めて)余りにも多数のシナのジャンク船が集合しているので、そのことごとくを抑留することはできず、したがって、会社がこの危険《リスク》を救済する方法がないからであるということであった。

年号寛永 Qunne 四年四月二十一日

中村四郎兵衛 Nacamoura Sirobeo (自署)

Copie attestatie van Sirobeo, Capteyn van Jappanse joncken present in Tayouwan in faveur der Nederlanders, No. 19[K. A., 1004].

史料七三　［タイオワン］長官パウルス・トラデニウス Paulus Tradenius 閣下が当地からバタビアに直航するヤハト船リロ Lillo で送付した一六四三年二月二十五日から去る九月末日までの期間のゼーランディア城の日誌(抜粋)

一六四三年三月九日

マキシミリアーン・ルメール Maximilian Lemaire の命によって、台湾の北端に二十八年か三十年在住している日本人喜左衛門 Quesaymon から台湾に産出する金に関して聴取した審問は下記の通りである。

一、おまえの名は何で、何処から来たか。何歳で、また結婚しているか。何年基隆に住んでいるか。また［スペイン］国王に仕えているか。それとも自由の身であるか。また子供が何人あるか。

日本語で喜左衛門といい、京生れで、洗礼を受けてハシント Jacint という。六十二歳で、基隆で結婚して三十年たっているが、同地では三十五年を過し、かつて国王に仕えたこともない。自分は金包里 Quimaury で自活している貧しい者で、金包里婦人と結婚して、間に娘二名と息子一名があるが、息子は結婚している。

二、おまえは台湾に金が産出するとか、または金坑が存在するとか、それが発見される可能性があるとかいうことを知っているか。またはそれについて何か通報を受けたことがあるか。

三、それは何処にあって、基隆からどのくらい離れていて、其処は何というか。

四、同処は陸路で行くことができるか。または海路船で到達できるか。

五、陸上の交通は困難であるとしても、同処に到達するのに何日ぐらいかかるか。

六、どの経路を利用したらよいか。そしておまえはそれを知っていたのか。あるいは住民たちや蛮人たちの所で金を見たか。あるいは住民たちがそれについて話すのを知っていたか。

七、同地では金がどのような形で存在しているのか。塊か。砂のようか。あるいは叩いて板のようにされてい

曰く。同地に金が若干産出することを知らされてはいるが、金坑については知らない。金は海浜で産出するようである。

曰く。何マイル離れているかは知らないが、天気が晴れて風のある時には一日で航海することができる。人々は同処をタロボアン Tarroboangh と呼んでいる。

船でより他には行けない。そして晴天の時なら大船でも小艇でも行ける。

前述の点に関していえば、陸上から同地に達することはどのようにしてもできない。

曰く。自分は五、六回同地に行ったことがあるが、本年は一回だけである。同地で金若干を見たことがあるが、それは小量の砂金で、タロボアン人の話では、彼等は金のことをよく知っていて、彼等の方法でこれを交易しているということである。

曰く。砂のようであったが、その他は破片より外には見かけなかった。それは薄く叩いてあって、まるで紙片の

るか、またはその他の形に作られているのか。
八、金は住民の間では多少尊重されたり、あるいは値がつけられて、彼等の間で取引されているか。
九、金を手に入れるために、その代りにどんな商品と貨物を同地に持って行かねばならないのか。そして金の値段はその時時で値上りするか。
一〇、住民たちは若干の金で首、腕、脚とか、または身体のその他の部分を飾るか。同地ではそれをどんな風に嵌めているか。
一一、おまえはそんな金の装飾品の中に銅で作られたものが少しもないということを保証できるかどうか。おまえはそうしたことを本当に知っているのか。
一二、一年中で何時が交渉するのに最も適しているか。また何時でも同地を訪ねることができるか。

ようであった。

曰く。重量一レアルが銀六、または六レアル半で売られているが、その量は極めて少ない。

曰く。塩魚、カンガン布、醬油と銅の腕輪を基隆のシナ人から引取って、これを金包里人に売りつけ、彼等が代って取引する。そして陸には道路がないので、取引は船で海浜に沿って行われ、最初は金一レアルが銀四、後には五レアルであって、その後シナ人の要求の度合に応じ六、または六レアル半にもなる。

答えて曰く。婦人等は彼等の祭の時と結婚式の時に、胸の前、頭と首のまわりに飾るが、いずれも次のように、叩いて装飾する。

曰く。前述のように彼等はそれを単に祭日に使用するだけで、その他の場合は銅を使うことも知っている。しかし銅は火に遭うと忽ち黒くなるが、金はそうではなく、五十回火に投じても黒くならぬ。

曰く。南のモンスーンの始まる頃三ヶ月がこれに適している。即ち五月、六月、七月で、それ以外はこれに適し

一三、蛮人はイスパニヤ人と友好的であるか。またイスパニヤ人は前述の住民たちと交易し、それを通して若干の金を手に入れているか。またイスパニヤ人が彼等との間で行なっている取引はどんな風にやっているのか。

一四、前述の住民たちがなおイスパニヤ人に敵対していることは既に明らかであるが、同処は何等軍隊の力を用いずに占領されたのであろうか。そしてそれはどのようにして都合よく行われたのであろうか。

一五、おまえは、われわれオランダ人が台湾の東部にいることを多少は知っていたか。そしてここは金の産出する所からなお遠く隔たっているかどうか。

十六、今や金が出る場所の存在が発見されたことは確かである。時におまえは、同所で年々どれほどの分量を入手することができるか予想できるか。

ていないということであった。

曰く。住民たちが取引をやっているに過ぎない。したがってイスパニヤ人は基隆にやってくるのである。

住民たちは強力で、約三百名ほどもいて、銃撃に巧みであるので、彼等は忽ち森林中に隠れてしまい、発見しにくい。

曰く。住民たちの話によって、あなたがたの軍隊がタラロマ Talaroma にいたことは知っていた。同地は前述のタロボアンからは単に一日行程であって、同処に砂金が出るが、それは砂浜と、海岸に沿った平坦な道と、タロボアンの手前にある一筋の川にある。

前述のように、入手できる分量は少量で、砂を洗えば顕われてくる程度のものである。

十七、何故に[スペイン]国王のため千四百名にも上る強力な軍隊が基隆にいたのに、今では少数の守備兵が留まっているだけなのか。

曰く。そんなことは知らない。

一八、国王がその国を占領したことに対してどんな意見を持っているか。

答は前の通り。

一九、何故に数年前に白人が多数殺されたのか。

曰く。そんなことは承知していない。

二〇、おまえは同処に金のあることを承知していたし、後にはおまえは住民と知己になってこれと適切な状態を保っていたし、またイスパニヤ人や他国人の側ではそれを如何に尊重しているかもよく知っていたのに、何故にこれに対応するために大なる方法を講じなかったのか。

曰く。カスチリヤ人は金を買占めなかったが、住民とシナ人はそうしたことを行なっている。

二一、当地に滞住することに満足していないかどうか。そしてよい待遇が受けられるならば、金を手に入れるため援助してもらえるだろうか。

曰く。オランダ人に仕えることができれば満足である。そしてあなたがたにできる限り道案内をしよう。しかし基隆に自分の妻子がいるので、彼等を連れて来ることができるように乞うものである。

二二、何故にこの地方にやってきて、永年引続いて住んでいるのか。そして何故に台湾婦人に心が動いて結婚

曰く。広南から渡航したジャンク船が難破し、同地で坐礁した。乗組員は約百名ばかりいたが、五十名は溺死し

するようになったのか。

て、その他は住民たちに虐殺された。自分はその後現地住民婦人と結婚したからである。

二三、お前の妻はどこの生れか。また彼女のおかげで住民たちと多少の友好関係を保っているのか。

金包里から来たかわいそうな女であった。

Iournael ofte dachregister des Casteels Zeelandia, 25 feb.-30 sept. 1643[K. A., 1053].

あとがき

近世初期に南洋各地において活動した日本人関係の史料調査のため、私は昭和二年の夏、欧米出張のついでに同方面を巡歴された恩師東大教授黒板勝美先生に随行して、ポルトガル領澳門 Macao、越南、柬埔寨、タイ、さらにマレイ半島各地をめぐって、同年九月十一日にオランダ領東インドのジャワ島のバタビア、今のインドネシア共和国の首都ジャカルタに着いて、同地において初めて地方文書館なるものがあることを耳にした。この文書館はオランダ国のヘーグ市にある国立中央文書館に対してこのように名付けられたもののようで、第三十一代オランダ東インド総督レイニール・デ・クレルク Reinier de Klerk の旧邸を転用してその一年半ぐらい前に開館したばかりで、当時わが学界では全く未知のものであった。そこで私どもは多大な期待を抱いて直ちに馳せつけて、その豊富な蒐蔵文書、就中その日本関係文書を館長ホデー＝モルスベルヘン E. C. Godée Morsbergen 博士等館員の親切な案内によって参観することができた。日蘭通交貿易に関する史料が、わが幕末に至るまでかなり多く保存されていることがわかって驚いたものである。

もっともこれより先、同館の前身である東インド総督府内の文書館の初代館長シャイス J. A. van der Chijs が総督府の命によって編輯し、一八八二年に同地で出版した『バタビア地方文書館所蔵文書目録、一六〇二年—一八一六年』の中には初めて所蔵日本関係文書の目録も挙げられているが、それは主として十八世紀の中頃から十九世紀の初めに至る出島のオランダ商館に関するものであって、東インド地方在住日本人に関するものがあることは少しも記述されていない。ところがこの年から三ヶ年にわたり、別に同館所蔵の『バタビア城東インド総督府決議録事項別目録、一六三二年―一八〇五年』三巻がバタビア科学芸術協会から出版されて、初めて同地移住日本人に関する事項も一、二あることが判明し、その後さらに同協会からオランダの主たる植民史研究者等の協力によって相次いで出版された同館など各地所蔵の『バタビア城日誌』にも往時の日本人移民に関する記事が多少散見しているが、未だ同地移住日本人自身の手に成る文書の存否は明らかでなかった。

しかるに、一九一九年にバタビア開市三百年記念事業として、第二代目の館長ハーン Frederik de Haan 博士の著した『旧バタビア』が出版され、書中博士は同文書館の文書を利用研究して、日本人移民に関しても一、二ページを割いて略述し、付録図譜には一六五一年八月七日付日本人市右衛門の手になる日本風の署名が据えられた森林伐採開拓契約に関する公正証書を掲載したので、ここに初めてこの種の文書が同文書館に保存されていることが普く学界にも紹介された。

しかし当時未だわが学界では、この種の文書の存否はもとより、同地に文書館があることすら全く知られていなかったので、黒板先生は日程に随って進んでインドやイランから欧米各地に向って旅行を続けられたが、私は同地に居残って同文書館について調査を進め、所蔵日本関係文書の略目録を作成し、その中若干を筆写撮影して帰朝し、始めてわが学界に紹介することができた。ここにおいて、村上直次郎先生をはじめわが研究者の中には、その後同文書館を訪れて、それぞれその専攻の立場から文書を採訪する者もあった。殊に村上先生は同文書館所蔵の結婚記録やオランダ国ヘーグ市の国立中央文書館所蔵の関係文書類を研究されて、昭和九年三月『台北帝国大学文政学部史学科研究年報』第一輯に「ジャカタラの日本人」と題して極めて優れた一論文を発表された。その後の私の研究も、この論文に導かれるところが大であった。ついで同年夏にも、村上先生は再び同文書館を訪ねてさらに日本人関係文書数通を採訪し、前論稿に続いてその補遺を発表された。その後昭和十一年の夏に、台北帝国大学史学科出身で後年国立国会図書館員として勤務した原徹郎学士は村上先生の委嘱を受けて、同文書館に赴いて日本人関係の公正証書を多数探し出して撮影帰朝したので、村上先生は、さらに原学士の採訪文書によってその研究を進め、「ジャカタラの日本町」や"The Japanese at Batavia in the XVIIth Century"「十七世紀バタビアに於ける日本人」など二、三の関係論文を発表されたが、いずれも短編で、原学士が折角採訪した文書の大部分は殆んど研究されないままに残された。

これより先、第一回目の同文書館の調査以後、私は昭和五年の初夏にも欧州留学の途中同地に立寄り、第二回目の調査を行い、さらに第三回目の調査を敢行するため、半ヶ年の予定で昭和十四年の夏に同地に向かった。当時戦線はシナ全土に拡大し、米・英・中・蘭の所謂A・B・C・D四国の日本に対する外交・経済上の協力圧迫態勢はとみに強硬となり、東亜の国際情勢は緊迫して、調査研究の前途の不安も予測され、思い留まるように忠告する者もあったが、このチャンスを逃しては、当分研究に行けそうにもないと思い、意を決して出かけた。ところが滞在中九月一日に第二次世界大戦が勃発して、同地の空気も俄かにあわただしくなってきたが、徒らにあわてて見てもどうしようもないので、私は運を天に委せて、じっくり腰を据えて所期の目的通りに毎日文書館に通って、館長フェルフーベンF. R. Verhoeven博士等各位の温かい理解と援助を受けて調査に取組んだ。幸いにして内外先学の貴重な研究を土台として、前後三回にわたる調査で各種の日本人移民関係公正証書などを多く採訪して、ほぼその方面における日本人移民史研究の基礎的調査を遂げることができた。ただ遺憾に堪えないのはこれらの文書の中には、熱帯の地にあって三百数十年の長い年月を経過する間に腐蝕変色したものや、紙魚に荒されたものも少なからずあって、明らかに日本人関係の文書と推し得ながらも、殆んど判読できないものも若干通あったことである。その後四十余年経過する間に、今日では文書の腐蝕変色一層甚だしく、かつて私が撮影または筆写した文書や、その当時一部分判読できたものの中にも、もう新たに撮影判読することができないものも出てきた。

しかしこの間昭和五年三月から同七年五月にかけて欧州留学の際、私は約一ヶ年半にわたってオランダ国ヘーグ市の国立中央文書館において、つぶさに諸文書を精査して、多くの関係文書を採訪することができた。ついで転じてイギリス国ロンドン市の旧インド省記録部(Record Department of the India Office)などにおいても若干を得たが、その後数回渡欧のついでにも、さらに漏れた所を探し出して、ここにやっと本書の主要部分を構成する、十七世紀インドネシア諸島を中心とする南洋各地における日本人移民の活動の全貌をほぼ明らかにすることができた。

さて日本人の南洋各地における渡航は近世初期十六世紀の半過ぎ頃に萌し、江戸時代初期朱印船貿易の躍進に伴いその渡航移住は特に活潑となって、ついに呂宋、交趾、柬埔寨、暹羅には彼等の集団部落である所謂「日本町」も各地に建設され、さらにバタビアをはじめとして南洋の要衝各地にも移住するものが増加して、それぞれ同方面において軍事、経済や宗教方面に活躍するようになった。

しかし幾許もなくして江戸幕府の鎖国政策が断行されて、これらの在外日本人移民は母国からの積極的な支援を失い、その後僅々一世紀足らずの間に全く凋落衰滅して、関係史料の如き、わが国内に現存するものは殆んど無く、今日これが調査研究を進めるに当って多大な困難に直面せねばならなかった。

あまつさえ往時日本人が移住して活躍した現地の大部分も、その後三百年の歳月を経過する間に、一時ヨーロッパ人の植民地的支配体制が確立した。その学者の中にはこのようなヨーロッパ人の南洋発展の歴史や、その植民地開拓の過程を重視して、その研究に専念する者も少なくなく、これを主題とした大小の著書論文に到っては、枚挙にいとまないほどである。中には稀に日本人移民の活動に簡単に触れるものもあるが、元来当時の日本人の活動といっても、これを他のヨーロッパ人等の植民地経略の全過程から見れば、僅かに一時的補足的な小さな役割を演じたに過ぎず、しかも三百年前にその活動は全く停頓して、今日現地においてその影響も痕跡も殆んど認めることができない。そこで差当ってヨーロッパ人の学者には、上述の困難を克服してまでも、このような問題を究明せねばならぬほどの特別な興味も関心も起らなかったに違いない。自然その研究も等閑に付されて、遅々として進まなかったように思われる。

本研究は私のかねて意図して研究してきた近世南洋日本人移民活動の歴史の一部を成すものであって、さきに発表した『南洋日本町の研究』をその第一部集団移民聚落篇とするならば、本篇はそれに続いてその第二部島嶼地域分散移民篇を成すものともいってよい。そして前者が南洋における日本人移民の聚落の消長とその特質の研究に重点を置いたのに対して、本篇はインドネシア諸島を中心として広く南洋各地島嶼地域に分散移住した日本人の活動と、その特質について研究したものである。これは一面蒐集利用し得た関係史料の性格と制約によるものである。即ち前者が聚落を中心とする移民の集団的活動の型態とその動向とに叙述の重点を置かざるを得なかったのに対して、本論考にあっては閲読利用した文書の中に日本人移民の個々の私生活に関するものもかなり豊富であって、したがって前者にあって余り窺うことができなかった彼等の海外における日常生活も、これらの文書を吟味操作することによって相当に詳細に究明することができる。そこで、たとえ南洋各地島嶼地域に分散する日本人移民の総数が他の南洋各地の日本町などの在住者の全数に較べてもさまで多くもなく、いわんやさらにこれを他の有力な諸民族の発展に比べれば、その実勢力もその活動も、必ずしも盛んであったとは認め難いにもかかわらず、上述の点よりして、また南洋移住日本人の活動の本質と、その実生活の特徴とを究明することができる典型的な一事例とも考えられ、さらに本稿を通して、オランダ人の植民政策とその実施拡大の過程の一側面をも非常に具体的に瞥見することができる。前著『南洋日本町の研究』に続いて本稿をまとめ上げた所以もまたここにあるのである。

しかしいよいよ本稿の構想を練って起草し始めてから徒らに十数年を経過する間に、世の中は急テンポに激動していって、まさに戦争の連続であった。第三回目の史料採訪のためにバタビア滞在中図らずも第二次世界大戦が勃発し、やがてオランダ本国もドイツ軍の占領するところとなり、ついで世を挙げて太平洋戦争に突入して、戦火三年有半、その間、落着いて研究に専念して推考を重ねるのもなかなか容易なことではなかった。時には頭上敵機の爆音を耳にしながら想を練り、稿成るに随って、僅かに出征せずに残っていた台北帝大史学科の極めて少数の学生に対して講義を続けたが、戦争がいよいよ熾烈となって、中部台湾の山岳の麓の寒村に疎開してからは、薪炭食糧の買い出しなどをはじめ、日々の生活に追われて、研究も一時中断せねばならなかった。終戦後暫く台湾大学に留用されて教壇に立ったが、昭和二十一年の暮も押し詰って台湾から引揚げるに当り、携帯品は極度に制限され、僅かな身の廻り品の外は家財道具や図書類などを一切手離すことを余儀なくされたけれども、諸研究の草稿と海外で筆写して置いた関係史料やノート、写真の類だけはリュックサックに収めて、しっかりと身につけ、家族を引連れて帰国したが、爾来公私多忙にして、これが増補加筆も思うに委せず、永くそのまま篋底に収めていた。その間に幸いにして全く思いがけなく、数度ヨーロッパに出張したついでに、さらに補足すべき史料を捜索発見したので、これらを加えて旧稿に筆を入れて書き足すことを思い立った。そしてこの間まず東京大学の大学院でこの問題の一半を講じ、時にはその一部分を専門雑誌に発表したこともあるが、追々老境に入って、今のうちにまとめて置かないと年来の研究もついに書き上げることもできないままにこの世を終るかも知れないのを危惧したのと、世を挙げてひたすらスピードを競う時代に、こんな七面倒で、いたずらに労多くして功少く、しかも映えない問題にかじりついて、海外に出かけてまでして史料を渉猟して、何十年も打ちこんでやっていく私のような不器用で迂愚な研究者もあるいは今のところないかとも思われるので、ここに心気を新たにして老軀を奮い起して推考執筆して、法政大学などの大学院の史学科の学生に対して二年間にわたって連続開講し、ほぼ本稿をあらかたまとめ上げることができて、永年背負ってきた責任の一部を果したような気がしてほっとしている。

太平洋戦争終息以来既に四十余年を経過し、日本歴史の研究、特に近世社会経済史の研究の発展は、その量、その質共に目覚ましいものがあるが、その主体をなす庶民の日常生活自体の詳細については判然としない点も少なくなく、その研究に必ずしも十分満足できる段階に到達したとは言えない面もある。今本稿をまとめ上げて見て、三百余年も前に遠く異境で消えていった全く名も知られない人々の、その当時国内にいては世人の想像もつかなかったような変った日常生活体験の一部始終が多岐にわたって詳細に判明してきて、今さらに史学の研究にとって根本史料の保存と整理とその発掘とが如何に重要不可欠であるかを痛感せしめられると共に、時々海外に出かけることができて、このような多数の興味深い貴重な未刊の史料にめぐりあえたわが身の研究生活の幸運に対して感謝せずにはいられないと同時に、これに対しては重い責任を痛感してきた。

顧みれば昭和九年にこの問題に関する小論考を始めて発表してから、既に半世紀余り経過し、本稿をいよいよ本格的に推考執筆し始めてからでも既に三十余年に及ばんとしているが、何分にも生来筆の運びはことさらにのろく、まさに牛歩遅々、しかもその成果たるや誠に微々たるもので、あるいは叙述にも過誤あり、あるいは論旨に不徹底な点も多々あるかとも危惧するもので、今後さらに博雅の示教叱正を賜るならば、私の幸いとするところである。

なおもしこの拙い小研究の中で、幾分でも採るべき点でもあるならば、それは前著『南洋日本町の研究』の序文の中でも述べたように、一に全くこの研究推論の基礎となった海外各地の文書館所蔵の未刊の新発見の史料と直接間接垂教を与えられた先学恩師や内外同学の士の温かい賜物に外ならない。別して、旧バタビア地方文書館、ヘーグ市の国立中央文書館、ロンドン市の旧インド省内のインド省文書部、東京大学史料編纂所、日本学士院、東洋文庫、及び旧台北帝国大学付属図書館並びに史学研究室などの係員各位が貴重な所蔵文書や図書の閲覧、筆写、撮影に際して常に筆者に示された多大な理解と温かい好意、並びに筆者の慣れない海外各地の研究旅行をなすに当り、それぞれその地において種々な便宜を計られたわが在外公館や商社の多くの駐在員各位の好意と援助に対して、また殊に昭和十四年夏から年末までの長期にわたるバタビア滞在中、当時同地駐在台湾銀行森亮太郎支店長が行員寮の一室を提供して、安い実費で宿泊できるよう配慮され、また毎朝、文書館の門前まで支店長の自動車に同乗して登館することを許されるなど、私の研究に対して終始側面から温かい援助を与えられ、また文書館では館長フェルフーベン博士並びに館員フェルミューレン J. Th. Vermeulen 博士が私の研究に深い理解を以て援助されたことに対して、あらためて深甚の感謝の意を捧げるものである。なお本研究に利用したオランダ文公正証書の訳読に教示された日蘭学会幹事スホルテン Jacob Scholten 氏と、証書中に時々挿入してあるラテン語慣用句の訳解を教示された東京大学法学部の木庭顕助教授の厚意をもここに記して深甚の謝意を表するものである。

さらに極めて特異な内容の本著の出版について斡旋の労をとられ、原稿の整理や印刷の校正までも担当された大東文化大学国際関係学部の生田滋教授、また巻末につけた英文要約の翻訳の労をとられた米国イリノイ大学史学科のロナルド・ピー・トビイ Ronald P. Toby 教授、およびこの出版について大変お世話をいただいた岩波書店の松嶋秀三・田中得一両氏等の好意と労に対して心から謝意を述べる次第である。

昭和六十二年九月三十日

著者しるす

■岩波オンデマンドブックス■

続 南洋日本町の研究
──南洋島嶼地域分散日本人移民の生活と活動

1987年11月18日　第1刷発行
2014年10月10日　オンデマンド版発行

著　者　岩生成一《いわおせいいち》

発行者　岡本　厚

発行所　株式会社 岩波書店
〒101-8002 東京都千代田区一ツ橋 2-5-5
電話案内 03-5210-4000
http://www.iwanami.co.jp/

印刷／製本・法令印刷

ISBN 978-4-00-730144-5　　Printed in Japan

THE JAPANESE IMMIGRANTS IN ISLAND SOUTHEAST ASIA UNDER THE DUTCH IN THE SIXTEENTH AND SEVENTEENTH CENTURIES

Seiichi Iwao

It consists of the following contents:

The present work is intended to supplement my previous work, *The Japanese Quarters in Southeast Asia in the Sixteenth and Seventeenth Centuries* (in Japanese), which was published by the Iwanami Shoten in 1966. It aims at tracing the origins and describing the activities of the Japanese immigrants in Batavia (now Jakarta), Bantam, the Moluccas, Amboina, the Banda Islands, Celebes, Borneo, Solor, Sumatra, India and in Formosa.

After a long period of feudal wars, Japan was gradually united around the end of the sixteenth century. As it became politically more settled, its economic activities increased and foreign trade became more prosperous. Stimulated by this atmosphere, foreign ships as well as *Shuinsen,* or merchant ships issued with vermilion seal licence from the Shogunate, began to come and go with increasing frequency. As a result the number of the Japanese travelling abroad on board these ships increased. Some of them stayed and worked overseas. They formed the Japanese quarters, called *Nihonmachi* in such places as Tourane and Faifo in Central Vietnam, Ayuthia in Siam (Thailand), Ponhealu and Phnom Penh in Cambodia and Manila in the Philippines. These Japanese quarters flourished, for a while, in answer to the active trade of the *Shuinsen*. Their activities were fully described in my previous work mentioned above.

When the Dutch and the English were eager to establish themselves in Southeast Asia, they recruited and sent many Japanese on board their ships. The Dutch East India Company (VOC) opened a factory in 1609 at Hirado in northwestern Kyushu, which was later transferred to Nagasaki in 1641. As part of their activities they recruited large number of the Japanese every year to ease the shortage of labor and increase their military power in their Southeast Asian trading stations. This lasted until 1621, when the Shogunate prohibited Japanese from going abroad and forbade the export of arms. One of the reason was that the Portuguese asked the Shogunate to do so. Then in 1639, the Shogunate took measures to expell Japanese Christians and Japanese of mixed blood with Europeans. Many of these Japanese exiles were put on board Dutch ships bound for Batavia, where the VOC headquarters was located. Accordingly the number of Japanese residents in Batavia increased to as many as three hundred at one time, including not only those who came directly from Japan but also those who moved there from other places in Southeast Asia. Most of them were from Hirado, Nagasaki, and other places in north-western Kyushu, all areas close to points of foreign contact, but some came even from central parts of Japan as far as Yedo.

Most of the Japanese residents were either young or middle-aged males, who were

unmarried or came alone. First they served the Company mainly as soldiers. They took part in the defence of Batavia Castle against attacks by armies from the Mataram kingdom in Central Java. But their service as soldiers was not heard of after 1633. When their contracts were over, they left the service of the Company receiving a bonus. They lived in Batavia as free citizens and used their bonus as initial capital to start a new life. As they became settled, they began to get married, mostly with Asian women, especially from Bali. As for Japanese women, either Christian or of mixed blood, they married either Japanese or European men. With the help of the VOC authorities, the Dutch Reformed Church evangelized non-Christian Japanese. Consequently quite a few Japanese children were baptized. The missionaries also extended a helping hand to the Japanese poor and orphans.

Since it was the policy of the VOC authority in Batavia to appoint leading figures of different ethnic groups to act as their heads, who were called *captains*, they appointed a Japanese captain who was in charge of controlling Japanese residents from early on.

The daily activities of the Japanese in Batavia can be traced based on such Dutch archival materials, as the notarial records, kept in the National Archives of the Republic of Indonesia in Jakarta. They were engaged in public and private activities. They voluntarily helped to maintain order in the city; they also shared in the expenses of public construction works in the city. As part of their private business, they obtained from the VOC authorities licences for cutting down of woods and cultivating in the suburbs of Batavia. Some also got licences for planting and selling betel and tobacco, which were much in demand among citizens of Batavia, the former as a necessity, the latter as a luxury. Some operated or leased orchards, and rented houses and land for profit. They built or rented their own houses, but they did not form any Japanese quarter; their houses were scattered here and there around the city and in the suburbs.

Among the activities of the Japanese residents in Batavia, the most remarkable of all were money lending and their participation in the slave trade. The earliest evidence of their financial business dates back to 1634 and the latest 1670. It can be said that this is the period when the Japanese residents were most active in their business. The total amount of money loaned in 97 cases was a little less that 8,200 reals of eight, while that borrowed by the Japanese was 3,028 reals of eight covering only 13 cases, among which there were some lending by Japanese women. The counterparts of their business include Europeans and immigrants from various places in Southeast Asia, but 42 per cent of their transactions, namely 40 cases with the sum of 3,258 reals of eight in total, were made with Chinese. Also some Japanese sent their ships to various places in Southeast Asia. Some paid a huge amount of money for an order for a big ship at Rembang in East Java in 1671–2.

The slave trade had long been practiced in Southeast Asia. The Dutch too were engaged in this trade, importing both male and female slaves from various places in Southeast Asia, especially from Bali, south Celebes, and from India. Japanese residents followed the practice too. The total number of male and female slaves traded by the Japanese from 1634 to 1669 was 103. One Japanese resident held 25 slaves. In their wills Japanese slave owners usually provided for the manumission of their slaves after their own deaths; sometime they bequeathed part of their property to their slaves and slaves' children.

The number of Japanese residents who committed crimes or were responsible for negligence of public duties seems to have been much smaller than that of other ethnic groups. Between 1627 and 1673 there were 32 cases in which Japanese residents gave testimonies both at criminal and civil courts; 25 male and 7 female witnesses. Their testimonies covered a wide range; receipt of merchandise and its payment, payment of debts, quarrels, murder, accidental death, establishment of legal representatives, emancipation of slaves, engineering and construction, property rentals, payment for damages, donation of money or goods, shipwreck, share in clothing expenses, witness in making last will and testament, etc. We can guess some aspects of their daily lives from these notarial records.

When the Shogunate closed the door against foreigners other than the Dutch and the Chinese, exchange of correspondence between Japanese residents overseas and their relatives in Japan was strictly prohibited. As this prohibition gradually loosened, the Japanese residents in Batavia resumed to send letters to their relatives and friends at home. They wrote of their longing for the place of their birth, their daily life in distant countries; they acknowledged the receipt of gifts and their favourite foods sent from home; in return they sent expensive cloth. Some of these letters are still extant. Based on these letters, together with information from notarial records, especially the wills, we can reconstruct their family structure, their generational shift as well as their property transactions.

Some of the Japanese immigrants in Batavia also served the VOC in different places in Southeast Asia. They served in Bantam, to the west of Batavia, as soldiers or labourers. Bantam was the scene of Anglo-Dutch contest for the control of the pepper trade. The English, too, welcomed the Japanese as workers. For a while a total of 50 or 60 the Japanese were resident in Bantam. They were involved in the struggle between VOC and the English East India Company and some of them were killed in action.

The Moluccas, the Bandas and the Amboinas had long been the scene of Lusso-Castilian struggles for the control of the spice trade since the early sixteenth century. At the end of the sixteenth century, the Dutch also advanced into this area, to be followed by the English. Since the Dutch established their factory at Hirado, in

1609 they sent Japanese men and weapons on board their ships to this area. Also the Japanese formed part of their contingents dispatched from Batavia to this area. In 1613, when Jan Pietersz. Coen went on an expedition, leading a fleet of thirteen vessels, as far as Tidore, forty Japanese joined as soldiers. In 1621, when Coen conquered the Banda Islands, 87 Japanese soldiers were on board two of the twelve vessels. They fought so bravely that some of them received special rewards. After the battle some Japanese settled there.

In 1605, the Dutch took the small island of Amboina from the Portuguese. They built a fort there and let some Japanese and their families settle. Their daily commodities such as food were sent directly from Japan. In 1620, when the Dutch struck silver, they hired 22 Japanese miners to mine it, though the venture came to nothing. In those days, more than sixty Japanese immigrants lived in Amboina.

In March 1623, a Japanese soldier in the Dutch garrison asked his comrades various questions about the structure of the fort, the number of soldiers, and so on. He was considered suspicious and was arrested. He was tortured and confessed that some Japanese soldiers, together with the English, who also stayed in the English factory there, had plotted to occupy the Dutch fort. The Dutch immediately arrested ten Japanese, who served in the Dutch fort and in the English factory, together with some English and tortured them to obtain confessions. Based on their "confessions", the head of the English factory as well as nine Japanese were executed and their heads were exposed. This is the so-called "Massacre of Amboina". The affair became a diplomatic issue between England and the Netherlands. Later on, the Dutch government paid 85,000 pounds in compensation for the matter to the English government under Cromwell. In spite of the "Massacre", some Japanese remained there and were engaged in commerce with nearby islands.

In addition, some Japanese migrated to the Dutch settlements in such places as Macassar in south Celebes, Banjermasin in the southeast coast of Borneo, Flores island, the river port of Jamby in Sumatra, and so on. Japanese were also employed at the Dutch factory in Surat and Palliacate in India.

From the end of the sixteenth century Japanese ships began to sail to Formosa to carry out smuggling trade with Chinese ships coming from the opposite coast of Fukien in China. In order to maintain ports of call in Formosa a warship was once sent by the Arima clan in Kyushu. Then in 1624 the VOC founded the Zeelandia Castle together with a port of Tayouan on the southwest coast of the island, and made it the center of operations in Formosa. All Japanese ships then sailed to this port and traded there with Chinese vessels. Quite a few Japanese resided there, too. Furthermore, the Dutch built a new planned town for Japanese and Chinese residents. It was located inland to the east of the port. The town even had a water supply. Two years later the Spaniards, rivaling the Dutch, occupied northern For-

mosa and built forts in Kelung and Tamsui. Missionaries of the Dominican Order were sent from Manila to preach to the local inhabitants. Among them, were two Japanese missionaries. A Japanese family living there after being shipwrecked was baptized. Though some Japanese were working under the Spaniards, their number was quite small compared with that of those in southern Formosa under the Dutch.

In 1623 a combined fleet of English and Dutch East India Companies attacked Macao. Thirty or so Japanese served on board the fleet and were stationed on the Pescadores Islands for a while. Some of them were wounded or killed in action.

The activities of the Japanese immigrants in Southeast Asia received a fatal blow in 1641 when the Shogunate suspended the *Shuinsen* trade. *Nihonmachi* or the Japanese quarters declined rapidly, because they lost their commercial connections with Japan. On the contrary, the Japanese residents in Batavia seemed to become more active after 1640, for about a quarter of century. In fact the total number of residents was not large at all and no more immigrants came from Japan after 1641. Many young and middle-aged men were killed in action, since they served as soldiers in the VOC army. Most of men married with local women while most of women got married with Europeans. They were quickly assimilated into the local community. Nothing was heared of them after the early eighteenth century.

人名索引
地名索引
事項索引
船名索引

人 名 索 引

ア 行

カ 行

サ 行

タ 行

ナ 行

ハ 行

マ 行

ヤ 行

ラ 行

ワ 行

地 名 索 引

ア 行

カ 行

サ 行

タ 行

ナ 行

ハ 行

マ 行

ヤ 行

ラ 行

事項索引

ア行

カ行

サ 行

タ 行

ナ 行

ハ 行

マ 行

ヤ 行

船 名 索 引

引用文献目録

I. 邦文文献

1. 史　料

『有馬家代々墨付写』4冊(未刊)
『安南記』松本陀堂. 1冊(未刊)
『安南来状』1冊(未刊)
『異国渡海御朱印帳』1冊(未刊)
『異国日記』崇伝. 2冊(未刊)
『畹港漫録』大槻玄沢. 8冊(未刊)
「延宝長崎記」『通航一覧』巻170所引
「大村家秘録」『史籍雑纂』第1巻(東京, 1911), pp. 162-73
『阿蘭陀名目語』松平定信. 1冊(未刊)
『崎陽古今物語』天水彦左衛門. 1冊(未刊)
『剛斎漫筆』仲村善均
「絲乱記」高石某. 『江戸時代商業叢書』(東京, 1913), pp. 1-126
『末次文書』1冊(未刊)
『増補華夷通商考』西川如見. 東京, 岩波書店, 1944. (岩波文庫)
『大日本史料』第12之6. 東京, 1904.
『谷村友山覚書』1冊(未刊)
『訂正増補采覧異言』山村昌永. 東京, 1976
『通航一覧』林韑. 東京, 1912-13. 8冊
『唐通事会所日録』. 東京, 1955-68, 7冊. (大日本近世史料)
『長崎御役所留』3冊(未刊)
『長崎見聞集』3冊(未刊)
『長崎古今集覧』松浦東渓, 森永種夫校訂. 長崎, 1976(長崎文献叢書第2,3巻)
『長崎夜話草』西川如見. 東京, 岩波書店, 1942. (岩波文庫)
『南瞻部州世界図』能登惣持寺別院所蔵(未刊)
『日本異国通宝書』(未刊)
『日本長崎より異国之渡海の湊口迄船路積』石橋五郎旧蔵(未刊)
『譜牒余録』. 東京, 1973-75, 3冊. (内閣文庫影印叢刊)
『細川家記』1冊(未刊)
『松浦文書』1巻

2. 研究書, 論文, 翻訳書

『イギリス商館長日記』訳文篇. 東京大学史料編纂所編. 東京, 1979-82. 4冊. (日本関係海外史料)

生田滋，渋沢元則訳・注『ハウトマン，ファン・ネック 東インドへの航海』．東京，1981．(大航海時代叢書第 II 期第 10 巻)

岩生成一「安南渡航朝鮮人趙完璧伝について」．『朝鮮学報』6，1954

――「石橋博士所蔵世界図年代考」．『歴史地理』61-6，1933

――「江戸幕府の代官平野藤次郎――近世初期一貿易家の系譜」．『法政大学文学部紀要』13，1967

――「下港(Bantam)の支那町について」．『東洋学報』31-4，1948

――『新版朱印船貿易史の研究』．東京，1958

――「豊臣秀吉の台湾島招諭計画」．『台北帝国大学史学科研究年報』7，1941

――「長崎代官村山等安の台湾遠征と遣明使」．同上 1，1934

――『南洋日本町の研究』．東京，1966

内田銀蔵『国史総論』大阪，1941

岡村千曳「稀書抄録，大槻玄沢『畹港漫録』I，爪哇文《ジヤカタラブミ》」『早稲田大学図書館月報』18，1953

岡本良知『十六世紀日欧交通史の研究』(増訂版)．東京，1942

越智武臣，朱牟田夏雄，中野好夫訳・注『イギリスの航海と植民』I．東京，1983．(大航海時代叢書第 II 期第 17 巻)

川島元次郎『朱印船貿易史』．京都，1921

――『南国史話』．京都，1926

佐藤独嘯「ジャカタラ文の新発見」．『歴史地理』16-1,2,5，1910

菅沼貞風『大日本商業史』．東京，1940

杉本直治郎「時野谷博士の「アンボイナ虐殺事件に現はれたる日本人」を読みて該事件の史料に及ぶ」．『歴史と地理』32-5

竹越与三郎『日本経済史』東京，1924

田辺茂啓『長崎実録大成』．長崎，1973

時野谷常三郎「アンボイナ虐殺事件に現はれたる日本人」．『歴史と地理』32-2

――「杉本学士への御挨拶」．同上，32-6

永積洋子訳『平戸オランダ商館日記』．東京，1969-70．4 冊

永山時英『対外史料宝鑑』第 1 輯．長崎，1926

パジェス，レオン『日本切支丹宗門史』．東京，1938-40，3 冊．(岩波文庫)

林鶴一「第十七世紀中頃和蘭国ニ在リタル我数学者」．『東京物理学校雑誌』163，1905

――「我数学者 Petrus Hartsingius ニ就イテ」．同上，180，1906

日比野丈夫「ジャカルタ牛郎沙里義塚碑について」．『南方文化』1，1974

藤田豊八『東西交渉史の研究・南海篇』．東京，1932

村上直次郎「ジャカタラの日本人」．『台北帝国大学史学科研究年報』1，1934

――「ジャカタラの日本人・補遺」．同上 2，1934

――「ジャカタラの日本町」．『国史回顧会紀要』39，1939

――「ゼーランディア城築城史話」．『台湾文化史説』(台北，1930)，pp. 33-89

—— 『増訂異国日記抄』. 東京，1929(『異国往復書簡集』と合綴. 『異国叢書』)
—— 『長崎オランダ商館日記』. 東京，1956-58，3冊
——「南洋の日本町」. 『歴史教育』
——訳注，中村孝志校注『バタヴィア城日誌』. 東京，1970-75，3冊. (東洋文庫)
—— 『貿易史上の平戸』. 東京，1917
——，柳谷武夫『イエズス会士日本通信』. 東京，1978-9. (新異国叢書1，2)
——，柳谷武夫『イエズス会士日本年報』. 東京，1979. (新異国叢書3，4)
渡辺庫輔「正文ジャカタラ文」. 『ながさき』昭和35年2-9月号(1960)

II. 中文文献

「開吧歴代史記」許雲樵校註，『南洋学報』9-1，1953
『鏡山全集』何喬遠
『敬和堂集』許孚遠
『皇明世法録』陳仁錫
『蒼霞餘草』葉高向
『台湾紀略』林謙光
『東西洋考』張燮
『日本一鑑』鄭舜功. 三ケ尻浩校訂本，1937
「斐律史上李馬奔 Limahong 之真人考」張星烺. 『燕京学報』8，1930
「斐律史上李馬奔真人考補遺」李長傅. 『燕京学報』9，1931
「斐律史上李馬奔真人考補正」黎光明. 『燕京学報』10，1931
『閩海贈言』沈有容(台湾文献叢刊56)
『閩書』何喬遠

III. 欧文文献

1. 未刊史料

A. オランダ国立中央公文書館 Algemeen Rijksarchief, 's Gravenhage
「植民地文書」Koloniaal Archief (K. A. と略記し，その帙番号を付した.)
1) 「到着文書集」Overgekomen brieven en papieren ter Kamer Amsterdam, 1607-1794[K. A., 965-3886, 4464]
2) 「日本商館文書」Archief Nederlandsche Factorij Japan, 1611-1860[K. A., 11683-11855]
「植民地文書追加」Koloniaal Aanwinsten (K. Aanwinsten と略記し，帙番号を付した.)
B. インドネシア共和国国立公文書館(旧バタビア地方公文書館) Arsip Nasional, Jakarta ('s Lands Archief te Batavia)
「バタビア公証人文書」Protocollen van Bataviasche Notarissen (オランダ時代にも通架番号がないので，公証人の姓および年代と文書の種類を示す略号のみを示した. 即ち略号は次の如くである. A.—Act. At.—Attestatie. O.—Obliga-

tie. P.—Procuratie. Om.—Omnia. Tr.—Transport. T.—Testament. V.—Varia. たとえば[Hackius, T., 1644–45]とあるは，公証人ハッキウスが1644年から45年にかけて作成した証書の簿冊で，その内容は遺言書であることを示している．原文書には文書名がないために，著者が採訪の際に付した仮題を文書名として使用した．また本文，176–7ページの表に示した日本人関係遺言書については，その文書名を*11–12*ページの「表A」記載し，注においては表記を簡略にして，[A, 29]のように参照を指示してある．この場合「表A」の29を見ればその文書名を知ることができる．)

「バタビア城決議録」Generale Resolutiën van het Casteel Batavia (Resolutiën と略記した．)

「バタビア市役所戸籍役場文書」Burgerlijk Stand (これについては下記の通り略号をもって表記した．)

『オランダ人洗礼簿』(HDB)

1. Hollands Doop Boek, 1616–20[B. S., 1]
2. Hollands Doop Boek, 3 sept. 1623–31 mey 1652[B. S., 2]
3. Hollands Doop Boek, 5 sept. 1623–30 mey 1652[B. S., 3]
4. Hollands Doop Boek, 24 nov. 1641–29 dec. 1661[B. S., 4]
5. Hollands Doop Boek, 13 junij 1652–7 juny 1672[B. S., 7]

この場合2と3はほぼ同じ時期を扱っているが，関係記事はすべて付録12–2, 12–3に訳出されているので，混乱は生じない．

『ポルトガル人洗礼簿』(PDB)

6. Portugeesche Doopboek der gemeente, aug. 1642–4 april 1655[B. S., 5]
7. Portugeesche Doopboek der gemeente, 4 april 1655–14 nov. 1665[B. S., 8]
8. Portugeesche Doopboek, 14 nov. 1665–30 oct. 1672[B. S., 10]

『オランダ人婚姻簿』(HTB) Hollandsch Trouw Boek, 1616–57[B. S., 52]

『婚姻簿』Trouw Boek (TB), 1621–49[B. S., 53]

「遺言簿」Testament Boek (TB). ただし表Aのみに記載されている．

「告知簿」Biljet Boek. 件数が少ないので略号は使用していない

C. 英国図書館所蔵「インド省文庫」および関係記録 India Office Library and Records, The British Library, London.

1. 「インドからの通信原文書並びにイギリスと日本の間の各地から発した附帯文書」Original Correspondences from India, with Collateral Documents, originating at any places between England and Japan (O. C. と略記し，帙番号を付した．)
2. 商館文書 Factory Records, China and Japan, Java (Factory Records と略記し，帙番号を付した．)

2. 単行本，論文

[略号]

BTLV: *Bijdragen tot de Taal-, Land-, en Volkenkunde van Neder-*

landsch Indië.

TBG: *Tijdschrift voor Taal-, Land-, en Volkenkunde van het Bataviaasch Genootschap van Kunst en Wetenschappen.*

WHS: Works issued by the Hakluyt Society.

WLV: Werken uitgegeven door de Linschoten Vereeniging.

Aduarte, Diego: *Tomo primeiro de la historia de la provincia del Sancto Rosario de la orden de predicadores en Philippinas, Iapon y China.* Madrid, 1964.

Alvarez, Jose Maria: *Formosa. Geográfica e históricamente conciderada.* Barcelona, 1930. 2 vols.

"An Authentick Copy of the Acts of Process against the English at Amboyna", in Thomas Osborn: *A Collection of Voyages & Travels* (London, 1767), III, 326–336.

Birdwood, George: *Report on the Old Records of the India Office.* London, 1891.

Blair, Emma Helen & Roberston, James Alexander: *The Philippine Islands 1493–1803.* Cleveland, 1903–9. 55 vols.

Bocarro, Antonio: *Decada 13 da historia da India.* Lisboa, 1876. 2 vols.

Boxer, Charles Ralph: *The Affair of the "Madre de Deus".* London, 1929.

——: *A True Description of the Mighty Kingdoms of Japan & Siam by François Caron & Joost Schouten.* Reprinted from the English Edition of 1663, with Introduction, Notes and Appendices. London, 1935.

——: *A derrota dos Holandeses em Macao no ano de 1622.* Macao, 1938.

Brumund, J. F. C.: "Bijdrage tot de geschiedenis der kerk van Batavia", *TBG*, 1864. 1–189.

Chijs, J. A. van der: *De Nederlanders te Jakatra.* Amsterdam, 1860.

——: *Inventaris van 's Lands Archief te Batavia (1602–1816).* Batavia, 1882.

——: *Nederlandsch-Indisch plakaatboek. 1602–1811.* Batavia & Den Hage, 1885–1905. 17 vols.

——: *De vestiging van het Nederlantsche gezag over de Banda-eilanden (1599–1621).* Batavia & Den Hage, 1886.

Colenbrander, Herman Theodor: *Korte historiael ende journaels aenteyckeninge van verscheyden voyagiens in de vier deelen des wereldtsronde...door David Pietersz. de Vries.* Den Haag, 1911. (WLV, 3)

—— & Coolhaas, W. Ph.: *Jan Pietersz. Coen. Bescheiden omtrent zijn bedrijf in Indië.* 's Gravenhage, 1919–53. 7 vols in 8.

Commelin, Isaac: *Begin ende Voortgangh van de Vereenighde Nederlantsche Geoctroieerde Oost-Indische Compagnie.* Amsterdam, 1646. 2 vols.

Coolhaas, W. Ph.: "Aantekeningen en opmerkingen over den zogenaamden 'Ambonschen Moord' ". *BTLV*, 101 (1942), 49–93.

——: *Generale missiven van Gouverneurs-Generaal en Raden aan Heeren XVII der Verenigde Oostindische Compagnie.* 's Gravenhage, 1960–. 8 vols to date.

——: *Pieter van den Broecke in Azië.* 's Gravenhage, 1962–63. 2 vols. (WLV, 63, 64).

Dagh-registers gehouden int Casteel Batavia vant passerende daer ter plaetse als over geheel Nederlants-India. Batavia & 's Gravenhage, 1887–1931. 31 vols.

Dam, Pieter van: *Beschryvinge van de Oostindische Compagnie.* 's Gravenhage, 1929–54. 4 vols in 7.

Danvers, Frederik Charles: *The Portuguese in India.* London, 1894. 2 vols.

Des Cartes, Renato: *Geometria à Renato Des Cartes, Anno 1637 Gallicè edita; ... Gallicè conscriptas in Latinam linguam versa, & commentariis illustrata. Opera ataque studio Francisci à Schooten.* Amsterdam, 1659–61. 2 vols.

Dijk, L. C D. van: *Neerland's vroegste betrekkingen met Borneo, den Solo-Archipel, Cambodja, Siam en Cochin-China: Een nagelaten werk.* Amsterdam, 1862.

Dryden, John: *Amboyna or the Cruelties of the Dutch to the English Merchants: a Tragedy as it is acted at the Theatre-Royal.* London, 1673.

Encyclopaedie van Nederlandsch-Indië. 's Gravenhage, 1917–39. 8 vols.

Foster, William: *Letters Received by the East India Company from its Servants in the East.* London, 1896–1902. 6 vols.

——, ed.: *The Journal of John Jourdain, 1608–1617. Describing his Experiences in Arabia, India, and the Malay Archipelago.* Cambridge, 1905. (WHS, II, 16)

Fruin-Mees, W.· *Geschiedenis van Java.* Weltevreden, 1920–22. 2 vols.

Gijsels, Artus: "Verhael van eenige oorlogen van Indië, 1622", *Kronyk van het Historische Genootschap te Utrecht*, XXVII, 1871.

——: "Grondig verhael van Amboyna, 1621", *Ibid.*, 1871.

Ginsel, Willy Abraham: *De gereformeerde kerk op Formosa of de lotgevallen eener handelskerk onder de Oost-Indische Compagnie 1627–1661.* Leiden, 1931.

Granzin, Martin: *Des Ehregedachtnis des Hof- und Bergrats Peter Hartzing in der Scholtz Kirche St. Jacobi zu Osterrode.* 1964.

Groeneveldt, Willem Pieter: *De Nederlanders in China. De eerste bemoeiingen om den handel in China en de vestiging in de Pescadores 1601–1624.* 's

Gravenhage, 1898.

Grothe, J. A.: *Archief voor de geschiedenis der oude Hollandsche zending.* Utrecht, 1884–91. 6 vols.

Haan, Frederik de: *Priangan. De Preanger-regentschappen onder het Nederlandsch bestuur tot 1811.* Batavia, 1910–12. 4 vols.

——: *Oud Batavia. Gedenkboek* Batavia, 1922. 2 vols, met een platenatlas.

Hakluyt, Richard: *The Principal Navigations, Voyages, Trafiques and Discoveries of the English Nation.* London, 1927. 8 vols.

Harzer, Paul: "Die exacten Wissenschaften im alten Japan", *Jahresbericht der Deutschen Mathematiker Vereiningung*, XIV, 1905.

Heeres, J. F. & Stapel, F. W.: *Corpus Diplomaticum Neerlando-Indicum.* 's Gravenhage, 1907–55. 6 vols.

Hildreth, Richard: *Japan as it was and is.* Boston, 1855: Tokyo, 1905.

Historiographical Institute, The University of Tokyo, ed.: *Diaries kept by the Heads of the Dutch Factory in Japan (Dagregisters gehouden bij de opperhoofden van het Nederlandsche Factorij in Japan).* Tokyo, 1974. 4 vols to date.

"Historische ende iournaelsche aenteyckeningh, van 't gene Pieter van den Broecke op sijne reysen, soo van Cabo Verde, Angola, Gunea, en Oost-Indien (aenmerckens waerdigh) voorghevallen is &. c.", Commelin, II. (separate paging).

Hoetink, B.: "So Bing Kong. Het eerste hoofd der Chineezen te Batavia (1619–1636)", *BTLV*, LXXIII, 1917, pp. 344–415.

——: "Chineesche officieren te Batavia onder de Compagnie", *BTLV*, LXXVIII, 1922. pp. 1–137.

Hoogewerff, G. J.: *Journalen van de gedenckwaerdige reijsen van Willem IJsbrantsz. Bontekoe 1618–1625.* 's Gravenhage, 1952. (WLV, 54)

Humbertclaude, Pierre *Un japonais martyr à Java en 1579.* Paris, 1968.

Iesvs. Cartas qve os Padres e Irmãos de Companhia de Iesus qve andão dos Reynos de Iapão & China escreuerão aos da mesma Companhia de India, & Europa desde anno de 1549 atè o de 1580. Primeiro tomo. Evora, 1598.

Iesvs. Cartas .... Segunda parte.

IJzerman, J. W.: "Over de belegering van het fort Jacatra", *BTLV*, LXXIII, 1917. pp. 558–679.

——: *Cornelis Buysero te Bantam 1616–1618.* 's Gravenhage, 1922.

——: *De reis om de wereld door Olivier van Noordt 1598–1601.* 's Gravenhage, 1926. 2 vols. (WLV, 27, 28)

Iwao Seiichi: "Li Tan 李旦, Chief of the Chinese Residents at Hirado, Japan

in the Last Days of the Ming Dynasty", *Memoirs of the Research Department of the Toyo Bunko*, XVII, 1958.

Jonge, J. K. J. de: *De opkomst van het Nederlandsch gezag in Oost-Indië*. 's Gravenhage & Amsterdam, 1862–88. 13 vols.

King, A. F.: "A Gravestone in Batavia to the Memory of a Japanese Christian of the Seventeenth Century", *Transaction of the Asiatic Society of Japan*, XVII–2, 1889. pp. 97–101.

Kalff, S.: "François Caron", *De Gids*, III, 1898.

Launay, Adrien: *Histoire de la mission du Tonkin. Documents historiques*. Paris, 1927.

Lauts, G.: *Japan in zijne staatkundige en burgerlijke inrigtingen en het verheer met Europesche natiën*. Amsterdam, 1847.

Leeuwen, Simon van: *Nederlandse practyck ende oeffening der notarissen*. Amsterdam, 1680.

[Leupe, P. A.]: "Verhael van de belegeringhe der stadt Batavia in 't coninckrijck van Jaccatra, anno 1628, den 22 Augustij door een ooggetuige [etc.]", *BTLV*, 1855. pp. 289–312.

——: *Reize van Maarten Gerritsz. Vries in 1643, naar het noorden en oosten van Japan*. Amsterdam, 1858.

——: "Belegering van de stad Batavia, 1628", *BTLV*, 1859. pp. 305–12.

MacLeod, N.: *De Oost-Indische Compagnie als zeemogendheid in Azië*. Rijswijk, 1927. 2 vols.

Montanus, Arnoldus: *Gedenkwaerdige Gesantschappen der Oost-Indische Maatschappij in 't Vereenigde Nederland aan de Kaisaren van Japan*. Amsterdam, 1669.

Mooy, J.: *Bouwstoffen voor de geschiedenis der protestantsche kerk in Nederlandsch-Indië*. Weltevreden, 1927–31. 3 vols.

Müller, Hendrick, P. N.: *De Oost-Indische Compagnie in Cambodja en Laos. Verzameling van bescheiden van 1636 tot 1670*. 's Gravenhage, 1917. (WLV, 13)

Murakami Naojiro: *Diary of Richard Cocks, Cape-Merchant in the English Factory in Japan, with Correspondence*. Japanese Edition with Additional Notes. Tokyo, 1899. 2 vols.

——: "The Japanese at Batavia in the XVIIth Century", *Monumenta Nipponica*, II–2, 1939.

Nachod, Oskar: *Die Beziehungen der Niederländischen Ostindischen Kompagnie zu Japan in siebzehnten Jahrhundert*. Leipzig, 1897.

Otsuka, T.: *The First Voyage of Captain John Saris to Japan, 1613*. Tokyo, 1941.

Pagés, Léon : *Histoire de la réligion chrétienne au Japon depuis 1588 jusqu'à 1651*. Paris, 1869–70. 2 vols.

Pastells, Pablo P. : *Historia general de Filipinas*. Barcelona, 1925–26.

"Pascaert waerin verthoont de gelegentheyt van Pechouw tot het eyland Tayouan en Wankan, 1624–1625, door Hendrick Adriaense, lootsman", in Leupe, P. A., *Inventaris der verzameling kaarten, berustende in het Rijksarchief, Eerste Gedeelte*, 1914, no. 301.

Purchas, Samuel : *Hakluytus Postumus or Purchas his Pilgrims, contayning a History of the World in Sea Voyages and Lande Travells by Englishmen and others*. Glasgow, 1905–7. 20 vols.

Realia. Register op de Generale Resolutiën van het kasteel Batavia, 1632–1805. Leiden, 1882–85. 3 vols.

Records of the Relations between Siam and Foreign Countries in the Seventeenth Century. Bangkok, 1915–21. 5 vols.

"Relação breve da i ha de Ternate, Tidore e mais ilhas Malucas, aonde temos fortaleza e presidios, e das forças, naos e fortalezas que o enemigo olandes tem por aquellas partes", *Documentação ultramarina portuguesa*, I (1960), pp. 163–70.

"Relación de la vitoria que alcançó da Ciudad de Macau, en la China contra los Holandeses, Lisboa, 1623", Reprinted in Boxer, *Derrota*.

Rouffaer, G. P. & IJzerman, J. W. : *De eerste schipvaart der Nederlanders naar Oost-Indië onder Cornelis de Houtman 1595–1597*. 's Gravenhage, 1915–29. 3 vols. (WLV, 7, 25, 32)

Ruinen, W. : *Overzicht van de literatuur betreffende de Molukken*. Amsterdam, 1928.

Sainsbury, W. Noel : *Calenders of State Papers, Colonial Series. East Indies, China and Japan*. London, 1862–92. 5 vols.

San Antonio, Gabriel de : *Breve y verdadera relacion de los successos del reyno de Camboxa*. Paris, 1934.

Satow, Ernest M. : *The Voyage of Captain John Saris to Japan, 1613*. London, 1900. (WHS, II, 5).

Stapel, F. W. (ed.) : *Geschiedenis van Nederlandsch Indië*. Amsterdam, 1937–40. 5 vols.

——: "De Ambonsch "Moord (9 Maert 1623)", *Tijdschrift voor Indisch Taal-, Land- en Volkenkunde*, 1942.

Tiele, P. A. & Heeres, J. E. : *Bouwstoffen voor de geschiedenis der Nederlanders in den Maleischen Archipel*. 's Gravenhage, 1886–95. 3 vols.

Troostenburg de Bruyn, C. A. S. van : *Biographisch Woordenboek van Oost-Indische Predikanten*. Nijmegen, 1893.

A Trve Relation of the Vnivst, Crvell, and Barbarovs Proceedings against the English at Amboyna in the East-Indies, by the Neatherlandisch Governovr and Covncel there. London, 1624.

Van Dale's Groot woordenboek der Nederlandsche Taal. Leiden & 's Gravenhage, 1924.

Valentijn, François: *Oud en Nieuw Oost-Indien.* Dordrecht & Amsterdam, 1724-26. 5 vols.

Wieder, F. C.: *De reis van Mahu en de Cordes door Straat van Magalhães naar Zuid-Amerika en Japan 1598-1600.* 's Gravenhage, 1923-25. 3 vols. (WLV, 21, 22, 24)

Wurffbain, Johann Sigmund: *Reise nach den Molukken und Vordere-Indien 1632-1646.* 's Gravenhage, 1931. 2 vols. (Reisbeschreibungen von Deutschen Beamten und Kriegsleuten im Dienst der Niederländischen West- und Ost-Indischen Kompagnien 1601-1797.)

Yule, H. & Burnell, A. C.: *Hobson-Jobson. A Glossary of Colloquial Anglo-Indian Words and Phrases, and of Kindred Terms, Etymological, Historical Geographical and Discursive.* New Edition. London, 1903.

表A, 第5章, 日本人遺言状リストの原題名

1. Testament van Maria van Tabara uit Jappan, 12 nov. 1626 [Wouters & Draeck, Te., P., 1624-28].
2. Testament van Andries Rodrigo, geboortich van Japan, 24 maert 1641 [v. d. Keer, Te., 1641-42].
3. Testament van Maria Miaco, Japanse vrouw, 27 aug. 1642 [v. d. Keer, Te., 1641-42].
4. Testament van Michiel, Christen Japander [Nangasacky], 21 juny 1645 [Hackius & Catersvelt, Te., 1644-48].
5. Testament van Isabella van Nangasackj, 13 nov. 1647 [Hackius, Te., 1644-48].
6. Originele testament van Isabella van Nangasackij, 18 sept. 1648 [T. B., 1649-51].
7. Codicillaire dispositie van het testament van Isabelle van Nangesacky, 21 aug 1649 [Hackius & Catersvelt, O., 1649].
8. Appointment op het voorsz. testament en codicillaire van Isabella van Nangesackj, 26 oct. 1649 [T. B., 1649-51].
9. Quitantie van de boedelscheiding van Isabella van Nangasacki aen Genza, Japander, enz., 9 nov. 1649 [Hackius & Catersvelt, O., V., 1649].
10. Quitantie van de boedelscheiding van Isabella van Nangessacki, aen Pieter, enz., 9 dec. 1649 [Hackius & Catersvelt, O., V., 1649].
11. Testament van Louwijs Locqbe, Christen Japander, 25 maert 1651[Huysman, Te., 1651].
12. Testament van Franchoys Schickero, Christen Japander, 10 april 1651[Huysman, Te., 1651].
13. Testament van Thomas van Nangesacky, Christen Japander, 11 dec. 1651 [Huysman, Te., 1651].
14. Testament van Pedro Sakey, Christen Japander, 29 nov. 1652 [Huysman, 1652; T. B., 1652-55].
15. Testament van Cruyn Jansz. van Amsterdam ende Maria van Firando, 26 jan. 1654 [T. B., 1652-55].
16. Testament van Michiel Tresahar van Engeland, capiteyn leytenant deses Casteels, 18 maert 1655 [T. B., 1652-55].
17. Testament van Francisco Sckeklau van Nangasacki, Japander, 26 nov. 1657 [T. B., 1662-63].

18. Testament tusschen Isaac Soolman van Amsterdam ende Maria Caron van Fierande in Japan, 30 nov. 1657 [Huijsman, Te., 1657].
19. Testament van Nicolaes Verburg van Delft ende Maria van Santen van Firando in Japan, 4 aug. 1660 [Huysman, Te., 1660].
20. Testament van Michiel Dias, Christen Japander, 29 maert 1661 [Keysers, 1661 ; T. B., 1662–63].
21. Testament tusschen Nicolaes Verburch van Delft ende Maria van Santen van Fierando jn Japan, 23 mey 1662 [Huysman, Te., 1662].
22. Testament tusschen Jacob Carre van Langemarckt jn Vlaenderen en Helena Carre van Firando jn Japan, 21 jan. 1665 [Huysman, Te., 1665].
23. Testament tusschen Symon Symonssen, geboortich van Firando, ende Jeronima Marinus van Nangesacky, 13 feb. 1665 [T. B., 1672–74].
24. Testament van Joan de Harde van Batavia ende Cornelia Kouckebacker van Firando, 26 aug. 1667 [Huysman, Te., 1667].
25. Testament van Abelis Benting van Leewarden, 28 sept. 1669 [T. B., 1669].
26. Testament van Jan van Couwenburgh van Zeelant ende Maria Schemon van Makau, 19 nov. 1669 [Huysman, Te., 1669].
27. Testament van Pieter Cnol van Delft ende Cornelia van Nieuwenroode van Firando, 15 feb. 1672 [T. B., 1672–74].
28. Testament van Cornelia van Nieuwenroode, weduwe van zal^{r} Pieter Cnol, 8 maert 1673 [Huysman, O., 1673].
29. Testament van Michiel Boesaymon, Christen Japander, 30 juni 1674 [Keysers, Te., 1674].
30. Besloten testament van Jan de Bruyn ende Cornelia Boesaymon, 4 feb. 1675 [T. B., 1674–75].
31. Testament van Hester van Nieuwenroode, weduwe van zal^{r} Abelis Bentingh, 16 sept. 1676 [T. B., 1681–82].
32. Codicillaire dispositie van Jeronima Marinho, weduwe van wylen Symon Symonsz. van der Heyde, 17 mey 1692 [Reguleth, Te., 1692].
33. Ampliatie van de codicillaire dispositie van Jeronima Marina, weduwe van wylen Symon Symonsen van der Heyde, 20 maert 1697 [Reguleth, Te., 1697 ; T. B., 1697].

注

第1章

(1) *Iesvs. Cartas.* Primeiro tomo, f. 38；村上『日本通信』上，117ページ.

(2) Humbertclaude, pp. 30–3.

(3) *Iesvs. Cartas.* Segvnda parte, f. 47–47 v；村上『日本年報』上，114–5ページ.

(4) 岡本，730–2ページ.

(5) Colenbrander, *Coen*, IV, 496–7；Haan, *Oud Batavia*, I, 10, 38；Jonge, IV, 177–85.

(6) Copie missive van Hendrick Brouwer uyt Firando aen Pieter Both, Gouverneur-Generael van Indië, Firando in Japan, 21 junio 1614 [K. A., 11722].

(7) Colenbrander, *Coen*, II, 373.

(8) *Ibid.*, II, 654.

(9) *Ibid.*, II, 727–8.

(10) *Ibid.*, II, 747.

(11) Gijsels, "Verhael", p. 624.

(12) Originele missive van Pieter de Carpentier ende Jacob Dedel uijt Jaccatra aen de Camer Amsterdam, 8 maert 1621 [K. A., 984].

(13) Colenbrander, *Coen*, II, 106.

(14) *Ibid.*, IV, 507–8.

(15) *Ibid.*, I, 731.

(16) Murakami, II, 41–4；Historiographical Institute, *English Factory*, II, 298–301；『イギリス商館長日記』下，324–35ページ；Colenbrander, *Coen*, I, 434.

(17) "Relation of Events in the Filipinas Islands, 1618–19. [Unsigned]; Manila, July 12, 1619" (Blair & Robertson, XVIII, 204–34), p. 231.

(18) Colenbrander, *Coen*, I, 636.

(19) *Ibid.*, III, 60.

(20) 『異国日記』上；村上『増訂異国日記抄』，313–4ページ.

(21) 『異国日記』上；村上『増訂異国日記抄』，216ページ.

(22) 『細川家記』忠利譜，元和7年7月27日の条.

(23) 『大村家秘録』，169ページ.

(24) Colenbrander, *Coen*, VII, 801；Murakami, II, 191；Historiographical Institute, *English Factory*, III, 155；『イギリス商館長日記』上，797ページ；Heeres, I, 172–4.

(25) Letter from Richard Cocks at Firando to the East India Company, 30 Sept.

1621 [O. C., 924].
(26) Valentijn. V, Japan, pp. 29-32.
(27) Colenbrander, *Coen*. III, 164-6.
(28) *Ibid*., III, 195.
(29) Coolhaas, *Generale missiven*, I, 202.
(30) Colenbrander, *Coen*, I, 738.
(31) *Dagh-register*, 1624-29, pp. 40-1；村上『バタヴィア城日誌』1, 54-5 ページ.
(32) 第4章注21参照.
(33) Groeneveldt, pp. 82, 375; *Records*, I, 116.
(34) Groeneveldt, p. 564.
(35) Colenbrander, *D. P. de Vries*, pp. 113-4.
(36) Originael missive van Hans Putmans uyt 't fort Zeelandia, aen den generael Hendrick Brouwer, 9 maert 1635 [K. A., 1028].
(37) Verclaringhe van twee persoonen welcke binnen Malacca gevangen geset-ten hebben [K. A., 1011].
(38) Colenbrander, *Coen*, V, 533.
(39) *Dagh-register*, 1631-34, pp. 64-5；村上『バタヴィア城日誌』1, 124 ページ.
(40) 第6章注116参照.
(41) Originele generale missive van den Gouverneur-Generael ende Raden van Indië, 28 dec. 1636 [K. A. 1031]; *Dagh-register*, 1636, pp. 56-7；岩生『日本町』, 91, 99, 106, 108, 123, 203, 362, 363, 367, 368 ページ；村上『バタヴィア城日誌』1, 243 ページ.
(42) Coolhaas, *Generale missiven*, I, 149.
(43) 『長崎古今集覧』上, 649 ページ.
(44) Pagés, p. 817; パジェス, 下, 291 ページ；『通航一覧』5, 39-40 ページ；『長崎実録大成』, 177 ページ.
(45) 『長崎夜話草』, 230 ページ.
(46) 『長崎御役所留』上.
(47) Historiographical Institute, *Dutch Factory*, IV, 16-7；永積, 4, 177-8 ページ.
(48) *Ibid*., IV, 20；同上, 181 ページ.
(49) 『剛斎漫筆』第10帙, 外国通信志；菅沼, 482-3 ページ.
(50) Historiographical Institute, *English Factory*, II, 323；『イギリス商館長日記』下, 368 ページ.
(51) Murakami, II, 186; Historiographical Institute, *English Factory*, III, 147; 同上, 783 ページ.
(52) Memorie ende aenteeckening van het gepasserde dat Willem Janssen in Nangesacqui is geweest tot 13 maert dat met de joncq Zeelandia naer Batavia is vertrocken, anno 1630 [K. Aanwinsten, Collectie Sweers, etc., I-5].

(53) Wieder, III, 125–6.

(54) *Dagh-register*, 1641–42, pp. 98–9, 125–6.

(55) *Ibid*., 1640–41, pp. 259, 260；村上『バタヴィア城日誌』2, 115–6ページ.

(56) 史料8およびCopie resolutiën by den Gouverneur-Generael ende Raden getrocken, 29 dec. 1646–8 jan. 1647 [K. A., 1061]; Kalff, p. 93; Boxer, *Description*, pp. 147–50.

(57) Granzin; Haan, *Priangan*, I, Personalia, pp. 216–7; Harzer; 林「我数学者」; 同「Petrus Hartsingius ニ就イテ」.

第2章

(1) Gijsels, "Verhael", p. 549.

(2) Chijs, *Nederlanders*, pp. 64–5; Colenbrander, *Coen*, I, 428; Valentijn, IV, Groot Djava, p. 429.

(3) Foster, *Jourdain*, p. 331.

(4) Colenbrander, *Coen*, I, 574.

(5) Rolle van alle het volck tegenwoordich op Jacatra leggende, mitsgaders wat die ter maent winnen ende hoe veel de maentlijcke montcosten beloopen, 20 aug. 1621 [K. A., 985].

(6) Rolle van de persoonen op 't fort Batavia, 20 jan. 1622 [K. A., 987].

(7) 第6章注31参照.

(8) 第6章注99参照.

(9) 第6章注107参照.

(10) Monsterrolle der burgerije jegenwoordich in de stadt Batavia sijnde, 31 jan. 1623 [K. A., 990].

(11) Copie van de resolutiën by d'Heer Gouverneur-Generael ende Raden van Indië, 29 jan. 1624–21 jan. 1625 [K. A., 994], 26 juli 1624；村上「日本人」175ページ.

(12) Dagh-register van de jachten Brouwershaven ende Sloterdijk vant passerende op haer reyse naer Quinam, 1633 [K. A., 1025].

(13) Müller, p. 61.

(14) 第7章注38参照.

(15) Colenbrander, *Coen*, III, 363–4.

(16) Notitie van alle de schepen, jachten ende fregatten adij 22 jan. 1620 in dienst van Generale Compagnie in Indië sijnde [K. A., 982].

(17) Colenbrander, *Coen*, III, 528.

(18) *Ibid*., III, 380.

(19) Lijst van de vrijgeworden Compagnies dienaers in den jaer 1654 [K. A., 1093].

(20) 本章注9参照.

(21) Colenbrander, *Coen*, III, 952.

(22) Jonge, V, 27-8.

(23) Memorie van alle d'mans persoonen die A° 1632 den 1 november in Batavia aen landt resideert [K. A., 1017].

(24) 第6章注61参照.

(25) 第8章注3およびChijs, *Plakaatboek*, I, 89.

(26) Mooy, II, 124.

(27) *Ibid*., I, 209, 210, 211.

(28) *Ibid*., I, 358.

(29) 村上「日本人」(付録), pp. 212, 214.

(30) Daghregister des comptoir Nangasacki [K. A., 11686], 23 juli 1642 ; 村上『長崎商館日記』上, 166-7ページ.

(31) Verklaring van Susanna Schejemon, weduwe van Jan Schejmon, enz., op verzoek van Michiel Boesaymon, 21 maert 1665 [Houmes, A., 1665].

(32) Dam, III. 462 ; Haan, *Priangan*, I, Personalia, p. 197.

(33) Brumund, pp. 1-2.

(34) *Ibid*., p. 81.

(35) Mooy, I, 229.

(36) *Ibid*., I, 217.

(37) *Ibid*., I, 228.

(38) *Ibid*., I, 476.

(39) *Ibid*., I, 560.

(40) Grothe, III-VI ; Ginsel.

(41) 村上「日本人」18ページ所引.

(42) Colenbrander, *Coen*, I. 503.

(43) 本章注4参照.

(44) Hoetink, "So Bing Kong", pp. 354-6. なおシナ人以外の他民族の甲必丹も選任されていたことについては1659年3月18日付, ナッソウ稜堡 punt Nassauw の真向いにあって, 当市西部地区にいるジャワ人等の甲必丹ワンサ・ピーツロック Wangsa Pietrock や, 同年6月16日付, 当地在住マレー人等の甲必丹インチー・アブドル・ボグス Intie Abdul Bogus 等の法廷証言書などによって判明する[Huysman, A., 1660].

(45) Hoetink, "Chineesche officieren", pp. 8-50.

(46) Colenbrander, *Coen*, II, 234-5.

(47) *Ibid*., III, 366.

(48) 史料17およびJonge, IV, 151.

(49) Monsterrolle van 873 persoonen tot Jacatra door de Generaele Compagnie onderhouden werden, 22 jan. 1620 [K. A., 982].

(50) Mooy, I, 208, 209, 210, 212, 245, 260.

(51) *Dagh-register*, 1624–29, pp. 367–8 ; Colenbrander, *Coen*, V, 97, 709, 771 ; Leupe, "Verhael", p. 293.

(52) Obligatie van Krobe, capiteijn van Japanders, aen Aycko, Chinees, 29 sept. 1634 [Hudde, Tra., Vrijbrieven & Acten, 1634–5].

(53) Copie verhael van 't gepaseerde in Macao bij 't aenweesen van d'Engelsen, aug. 1637–maert 1638 [K. A., 1037].

(54) 第 6 章注 129 参照.

第 3 章

(1) Tiele & Heeres, I, 128.

(2) Colenbrander, *Coen*, I, 210.

(3) 第 6 章注 31 参照.

(4) 第 6 章注 99 参照.

(5) 第 6 章注 107, 108 参照.

(6) 第 2 章注 9 参照.

(7) Groeneveldt, pp. 73, 88, 355 ; Boxer, *Derrota*, pp. 21, 27, 35, 40.

(8) 第 7 章注 68 参照.

(9) Jonge, IV, 139 ; Colenbrander, *Coen*, I, 460.

(10) IJzerman, "Belegering", pp. 619–20.

(11) Colenbrander, *Coen*, III, 674.

(12) 第 2 章注 51 参照.

(13) Leupe, "Belegering", pp. 308–10.

(14) Valentijn, IV, Groot Djava, pp. 84–5.

(15) Leupe, "Verhael", pp. 294–5.

(16) Jonge, V, 152–3 ; Leupe, "Verhael", pp. 305–6.

(17) *Dagh-register*, 1631–34, p. 160.

(18) Transport van Frans Tinnekens, 27 juli 1647 [Hackius & Catersvelt, 1647].

(19) Colenbrander, *Coen*, I, 32.

(20) 第 2 章注 5 参照.

(21) Chijs, *Plakaatboek*, I, 70–1 ; Colenbrander, *Coen*, III, 988.

(22) Chijs, *Plakaatboek*, I, 107–8.

(23) *Ibid*., I, 610.

(24) *Dagh-register*, 1647–48, p. 19.

(25) Jonge, V, 28.

(26) *Ibid*., V, 91.

(27) *Ibid*., V, 180–1.

(28) Resolutiën bij den Gouverneur-Generael ende Raden van Indië, 20 jan. 1654–28 dec. 1657 [K. A., 577], 7 april 1654.

(29) Chijs, *Plakaatboek*, I, 112.

(30) Verhuur contract van Geubing, Chinees, aen Sckikolo, Japander, 10 mey 1645 [Hackius, O., 1645].

(31) Verhuur contract van Michiel Itchiemon, Christen Japander, 7 aug. 1651 [Huysman, P., O., 1651]; Haan, *Oud Batavia*, Platen album, J. 10, Documenten.

(32) Verhuur contract van Jan van Nangesackij, Christen Japander, aen Jan van Nes, 26 sept. 1650 [Hackius & Catersvelt, O., 1650].

(33) Verhuur contract van Jan van Nangesacky, Christen Japander, aen Jan van Nes, 18 oct. 1651 [Huysman, 1651].

(34) Huur contract van Jan Schemon, Christen Japander, aen Abraham Pittavin, 16 mei 1659 [Keysers, V., 1659].

(35) Huur contract van Jan Schemon, Japans coopman, aen Tedsitse, Chinees aracq vercooper, 4 feb. 1664 [Keysers, V., 1664].

(36) Testament van Louwijs Rocqbe [A, 11].

(37) Procuratie van Catharyna van Firando, 13 oct. 1651 [Huysman, O., P., 1651].

(38) Attestatie van Catharina Firando, 24 nov. 1655 [Keysers, A., 1656].

(39) Attestatie van Catharina Firando, 24 juny 1656 [Keysers, A., 1656].

(40) Transport van Magdalena, Bengale, 27 july 1657 [Billjet Boek, 1654-59].

(41) Testament van Jan van Cauwenburg ende Maria Schemon [A, 26].

(42) Testament van Francisco Sckekrau [A, 17].

(43) 村上「日本町」, 118ページ.

(44) *Dagh-register*, 1631-34, p. 34.

(45) *Ibid*., 1668-69, p. 111.

(46) *Ibid*., 1672, p. 176.

(47) 「開吧歴代史記」, 47ページ; 日比野, 46-8ページ.

(48) Chijs, *Inventaris*, pp. 134-8.

(49) Obligatie van Sioocko, Chinees, aen Jan Schemon van Nangasacky, Christen Japander, 27 feb. 1652 [Catersvelt & Roest, Omnia, 1651-52].

(50) 第2章注52参照.

(51) Leeuwen, pp. 167-74.

(52) Obligatie van Siesay, Chinees, aen Michiel Bosaymon, Christen Japander, 11 oct. 1650 [Hackius & Catersvelt, Omnia, 1650].

(53) Obligatie van Boekiean van Baly aen Michiel Bosaymon, Christen Japander, 9 junny 1656 [Keysers, O., 1656].

(54) Obligatie van Oeij Siclingh, Chinees, aen Michiel Bosaymon, Christen Japander, 31 aug. 1657 [Keysers, O., 1657].

(55) Obligatie van Gonsael, Japander, ende Joan Toris, mardijcker, aen Codja Saleman, 12 july 1657 [Keysers, O., 1657].

(56) Obligatie van Francisco Coir de Costa, mardijcker, aen Schichero, Christen Japander, 16 meij 1647 [Hackius & Catersvelt, Omnia, 1647-48].
(57) 岩生『日本町』, 53-7ページ.
(58) 同上, 57ページ.
(59) Attestatie van Michiel Bosaymon, coopman, over de schuld van Daniel Nicolaes, mardijcker, 11 nov. 1665 [Houmes, A., 1665].
(60) Obligatie van Viela, Javaen, aen Michiel Bosaymon, Christen Japander, 16 jan. 1656 [Keysers, O., 1656].
(61) Obligatie van Sietze, Chinees, aen Michiel, Christen Japander, 22 jan. 1646 [Hackius, Omnia, 1645-46].
(62) Obligatie van Suncko, Chinees, aen Michiel Bosaymon, Christen Japander, 3 juny 1651 [Hackius & Catersvelt, Omnia, 1650-51].
(63) Obligatie van Tansungtsengh & Siennio, Chineesen, aen Francisco Sckeckro, Christen Japander, 1 feb. 1652 [Catersvelt & Roest, 1651-52].
(64) 第5章注16参照.
(65) Mooy, I, 215.
(66) Tiele & Heeres, II, 222-9; Instructie voor den commy^s Joost Schouten, opperhoofd in Siam, enz., 9 april 1633 [K. A., 1019].
(67) *Ibid.*; Vervolck van journaelisch aenteeckening des Comptoirs Siam, 10, jan. 1634 [K. A., 1025]; Rapport door Joost Schouten nopende des Compagnies affairen A° 1634 op 't Comptoir Siam [K. A., 1030].
(68) Daghregister gehouden bij Jochem Roelosse gaende met Artus Gijsels, Raet van Indiën, etc., naer Amboyna, 4 dec. 1634-31 jan. 1637 [K. A., 1035], 9 dec. 1634.
(69) 史料21およびJournael vant noteerens waerdichst dat in 's Compagnies affairen onder directie van Jeremias van Vliet, 3 maert-31 oct. 1637 [K. A., 1035], 5 & 6 april 1637.
(70) 第6章注129参照.
(71) 本章注55参照.
(72) Launay, I, 23.
(73) Colenbrander, *Coen*, V, 533, 646.
(74) 第6章注116参照.
(75) 第1章注41参照.
(76) Daghregister gehouden bij den ondercoopman Gobijn, 13 july-30 oct. 1643 [K. A., 1052].
(77) *Dagh-register*, 1664, 49-50.
(78) Attestatie van Pieter, Japander, 4 & 27 april 1637 [Draeck, 1637].
(79) *Dagh-register*, 1670-71, p. 287.
(80) *Ibid.*, 1670-71, p. 317.

(81) *Ibid.*, 1670-71, p. 346.

(82) *Ibid.*, 1672, p. 116.

(83) Acte van Michiel Bosaymon, Christen Japander, 11 mey 1655 [Keysers, Omnia, 1653-69].

(84) Acte van Michiel Bosaymon, Japans coopman, 3 maert 1664 [Keysers, O., 1664].

(85) 本章注 35 参照.

(86) Haan, *Oud Batavia*, I, 351-2, 451-61.

(87) *Van Dale*, Lijfeigen, s. v.

(88) 第 2 章注 49 参照.

(89) 第 2 章注 5 参照.

(90) Transport van Joan van Tingela aen Isacx Willemsz, mardijcker, 6 jan. 1662 [Catersvelt, 1662].

(91) Transport van Anthony Lopis, mardijcker, aen Johan Itchemon, Christen Japander, 12 mey 1650 [Hackius & Catersvelt, 1650-51].

(92) Transport van Jasper Adriaenssz. aen Thome van Nangesackij, Christen Japander, 8 oct. 1648 [Hackius & Catersvelt, 1648-49].

(93) Transport van Dirck Pietersz. aen Jan van Nangasacky, Japander, 17 nov. 1648 [Hackius & Catersvelt, 1648-49].

(94) Transport van Pedro Groffe, Christen Japander, aen Gonsael de Cheylon, 8 marty 1649 [Hackius & Catersvelt, Tr., 1649-50].

(95) 本章注 52 参照.

(96) Emancipatie door Michiel Boesaymon, Japans coopman, 20 sept. 1667 [Keysers, V., 1667].

(97) Emancipatie van Francisco van Bengale, lijffeygen van Catharina Japan, 23 oct. 1664 [Huijsman, V., 1664].

(98) Testament van Andries Rodrigo [A, 2].

(99) Testament van Franchoys Schickero [A, 12].

(100) Testament van Thomas van Nangesacky [A, 13].

(101) Testament van Pedro Sakey [A, 14].

(102) Codicillaire dispositie van Isabella van Nangasacky [A, 7].

(103) Haan, *Oud Batavia*, I, 453-4.

(104) Chijs, *Plakaatboek*, I, 136-7.

(105) Colenbrander, *Coen*, IV, 125-6.

(106) 第 2 章注 48 参照.

(107) Col nbrander, *Coen*, IV, 267-70.

(108) *Ibid.*, VI, 218-9.

(109) *Ibid.*, VI, 218-9.

(110) Haan, *Oud Batavia*, I, 38-9.

(111) Chijs, *Plakaatboek*, I, 126–32.
(112) Diverse inventarissen [K. A., 1003].
(113) Copie sententiën genomen bij den Raet van Justitie tot Batavia, 3 dec. 1626–20 oct. 1627 [K. A., 1005].
(114) Colenbrander, *Coen*, V, 673–4.
(115) Groeneveldt, pp. 590, 593.
(116) *Dagh-register*, 1631–34, p. 275.
(117) *Ibid*., 1631–34, p. 392.
(118) *Ibid*., 1636, p. 126.
(119) Attestatie van 3 Christen Japanders ter requisitie van Pieter Nangasackje, Christen Japander, 4 april 1637 [Hudde & Draeck, A., O., P., Tr. & Te., 1628–38].
(120) Attestatie van J. Sijmonsen, P. de Roose en Francisco Sijmon, Japander, ter requisitie van Jan Ferron, Arminier, 18 feb 1637 [Hudde & Draeck, A., O., P., Tr. & Te., 1628–38].
(121) Attestatie van Michiel Dias, ende Joan Japon, Christen Japanders, 17 mey 1658 [Keysers, A., 1658].
(122) Attestatie van Michiel Bosaymon, Christen Japander, 4 july 1653 [Huysman, O., P., 1653].
(123) Attestatie van Michiel Boesaymon, Christen Japander, 26 oct. 1662 [Huysman, A., 1662].
(124) Attestatie van Anachoda Loemang, 16 aug. 1661 [Keysers, O., 1661].
(125) Attestatie van Joan Schiemon, Christen Japander, ende uw vrouw Roftijna, 10 april 1657 [Keysers, A., 1657].
(126) Testament van Pouloanko, Chinees, 14 feb. 1661 [Keysers, Te., 1661].
(127) Attestatie van Catharina, weduwe van Louwijs Rockbe, Christen Japander, 12 oct. 1651 [Huysman, O., P., 1651].
(128) Attestatie van Michiel Dias, Jan Japander, ende Catharina van Firando, enz., 29 maert 1652 [Huysman, A., 1652].
(129) 本章注 39 参照.

第 4 章

(1) Dagh-register van 't comptoir Decima [K. A., 11687], 19 feb. 1655.
(2) Copie missive van Pieter Nuijt uijt Japan aen den Gouverneur-Generael Jacques Specx, 11 dec. 1632 [K. A., 1022].
(3) 『長崎御役所留』上.
(4) Dagh-register van 't comptoir Decima [K. A., 11686], 25 july 1641 ; 村上『長崎商館日記』上, 65–6 ページ.
(5) *Ibid*., 29 july 1641 ; 同上, 70 ページ.

(6) *Ibid.*, 26 nov. 1641；同上，132-3ページ.
(7) 『通航一覧』4，472ページ.
(8) Montanus, p. 386.
(9) 『唐通事会所日録』1，6-7，27，35ページ.
(10) 『安南来状』.『安南記』；川島『朱印船』452-78ページ.
(11) 『長崎見聞集』巻2；『通航一覧』4，471-2ページ.
(12) Missive door Cornelis Volckelier ende Raet tot Tonckin, 30 oct. 1667 [K. A., 1156].
(13) Dagh-register van 't comptoir Decima door Jacob Gruys [K. A., 11687].
(14) 本章注39参照.
(15) 村上『平戸』付録，21-41ページ.
(16) 村上「日本人」，270-82ページ.
(17) 川島『南国史話』，209-46ページ.
(18) 同上，224-5ページ；村上「日本人」，270-1ページ.
(19) Copie testament van Cornelis van Neyenroode, 3 feb. 1632 [K. A., 1035].
(20) Dagh-ergister van 't comptoir Firando [K. A., 11686], 31 jan. 1633; *Dagh-register*, 1631-34, p. 157; 村上『バタヴィア城日誌』1，145.
(21) "Verhael van de reyze gedaen in de meest deelen van de Oost-Indiën door den Opper-Coopman Hendrick Hagenaer, uytgevaren in den Jaere 1631. Ende weder gekeert A° 1638" (Commelin, II), p. 127-8; Translaet van acte door commandeur Willem Jansen aen de moeders van de E. Cornelis van Neijenroode sal sijn twee dochters verleent [K. A., 1035].
(22) Dam, III, 462; Haan, *Priangan*, I, Personalia, p. 197.
(23) *Dagh-register*, 1656-57, p. 306.
(24) *Ibid.*, 1661, p. 189.
(25) 川島『南国史話』，228-33ページ．村上「日本人」，276-9ページ.
(26) Haan, *Priangan*, I, Personalia, p. 197. ただしマリヤは史料12-6によって補った.
(27) Dam, I, 738; Yule & Burnell, Salempoory, s. v.
(28) 『阿蘭陀名目語』.
(29) Dam, I, 738；『阿蘭陀名目語』.
(30) 村上「日本人」，192ページ.
(31) *Dagh-register*, 1670-71, pp. 120-1.
(32) *Ibid.*, 1670-71, p. 380.
(33) *Ibid.*, 1666-67, p. 80.
(34) *Ibid.*, 1666-67, p. 249.
(35) 川島『南国史話』，235-40ページ；村上「日本人」272-5ページ.
(36) Testament van Louwijs Locqkbe [A, 11].
(37) 第3章注37参照.

(38) 川島『南国史話』, 241-4ページ；村上「日本人」, 280-2ページ.
(39) 『長崎夜話草』, 230-8ページ.
(40) 『晥港漫録』.
(41) 『訂正増補采覧異言』5; 岡村, 28-9ページ.
(42) 同上, 27ページ.
(43) 渡辺, 50-3ページ.
(44) 岡村, 29ページ.
(45) *Dagh-register*, 1663, p. 599.
(46) 『増補華夷通商考』, 106ページ.
(47) Resolutiën, Batavia, 21 juny 1679; *Realia*, II, 42.
(48) 『増補華夷通商考』, 133-4ページ.
(49) 『唐通事会所日録』1, 192ページ.
(50) 同上, 3, 41ページ.
(51) 同上, 2, 262；3, 56, 141, 281；4, 30, 56, 142, 168, 252ページ.
(52) Dagh-register van 't comptoir Decima [K. A., 11692], 12 april 1684.
(53) 『長崎夜話草』, 238ページ.
(54) Haan, *Oud Batavia*, I, 485.
(55) 永山；川島『南国史話』, 241ページ.

第5章

(1) これらの遺言状の原題は*31-32*ページ参照.
(2) Testament van Franchoys Schickero [A, 12].
(3) Testament van Francisco Sckeklau [A, 17].
(4) Originele testament van Isabella van Nangasackij [A, 6]; Codicillaire dispositie van Isabella van Nangesacky [A, 7]; Appointment van Isabella [A, 8].
(5) Testament van Verburg [A, 19]; Testament tusschen Verburg en Marica Santen[A, 21].
(6) Testament van Michiel Tresahar [A, 16].
(7) Haan, *Priangan*, I, Personalia, p. 197.
(8) Testament van Jan van Couwenburgh ende Maria Schemon [A, 26].
(9) Testament van de Harde [A, 24].
(10) Testament van Michiel Dias [A, 20].
(11) King; Haan, *Oud Batavia*. Platen album, E, 15.
(12) Attestatie van Jan Schemon ende Michiel Boeseymon, Christen Japanders, 10 mey 1664 [Huysman, 1664].
(13) Testament van Michiel Bossaymon [A, 29].
(14) Testament van de Bruijn ende Cornelia Boesaymon [A, 30].
(15) *Dagh-register*, 1675, pp. 65, 92.

(16) *Ibid.*, 1682, I, 790.

(17) Testament van S.ra Constantia de Costa (alias Justa), vrije vrouw, 13 feb. 1689 [T. B., 1689].

(18) *Dagh-register*, 1674, p. 28 ; *Ibid.*, 1678, pp. 65, 92.

(19) Testament tusschen Symonssen ende Marino [A, 23].

(20) *Dagh-register*, 1672, p. 152.

(21) Codicillaire dispositie van Jeronima Marino [A, 32].

(22) Ampliatie van Jeronima Marina [A, 33].

(23) 『長崎夜話草』, 238 ページ.

(24) 本章注 21 参照.

(25) Lauts, p. 201 ; Leupe, *Vries*, p. 38.

(26) 墓碑の銘文は次の通りである.

Hier leyt begraven Vicent Romeyn in sijn leven vrij-coopman en schepen deser stadt Batavia overleden den XXII Maert anno XVIXLII [Museum Kota, Jalan Pintu Besar, Jakarta].

(27) Testament van Isabella van Nangesackj [A, 5].

(28) Originele testament van Isabella van Nangasackij [A, 6].

(29) Codicillaire dispositie van Isabella van Nangasackij [A, 7].

(30) Quitantie van Pieter, enz. [A, 10].

(31) Quitantie van Genza, enz. [A, 9].

(32) Testament van Pieter Cnoll[A, 27].

(33) Dam, III, 463, n.

(34) Huwelijk boek [B. S., 55], p. 372.

(35) *Dagh-register*, 1681, p. 703.

(36) Valentijn, IV, Groot Djava, p. 315.

(37) *Dagh-register*, 1676, p. 356.

(38) Valentijn, IV, Groot Djava, p. 385.

(39) *Dagh-register*, 1679, pp. 509, 570.

(40) 本章注 36 参照.

(41) Haan, *Priangan*, Personalia, pp. 197–8.

(42) Testament van Tresahar [A, 16].

(43) Huwelijk boek [B. S., 55], p. 271.

(44) Testament van Benting [A, 25].

(45) Testament van Cnol [A, 27].

(46) Testament van Hester van Nieuwenroode [A, 31].

(47) Haan, *Priangan*, I, Personalia, p. 197.

第 6 章

(1) Fruin-Mees, I, 118 ; II, 27–8.

(2) 『敬和堂集』7,「海禁条約行分守漳南道」;『東西洋考』3, 下港.
(3) 岩生「下港」.
(4) Rouffaer & IJzerman, I, 71-3, 84; 生田, 110-12, 127ページ.
(5) "The First Voyage made to East-Indies by Master James Lancaster, now Knight, for the Merchants of London, Anno 1600" (Purchas, II, 392-437), pp. 429-32 ; 越智, 113ページ ; "A Discourse of Java, and of the First English Factories there, with Divers Indian, English, and Dutch Occurents, written by Master Edmund Scot, contayning a Historie of Things done from the Eleventh of Februarie, 1602 till the Sixth of October, 1605" (Purchas, II, 438-96), pp. 439-40 ; 越智, 131-5ページ.
(6) Colenbrander, *Coen*, I, 63.
(7) Satow, p. 1 ; Otsuka, pp. 68-9.
(8) Satow, p. 183 ; Otsuka, p. 203.
(9) "The Second Voyage of Captaine Walter Peyton into the East-Indies, in the *Expedition*, ... gathered out of his Large Journal" (Purchas, IV, 289-309), p. 289.
(10) *Ibid.*, 294-5, 300.
(11) Murakami, I, 297, 299, 300 ;『イギリス商館長日記』中, 150, 152, 154ページ.
(12) "The Admirable and Prosperous Voyage of the Worshipfull Master Thomas Candish of Trimley ......" (Hakluyt, VIII, 206-55), p. 237.
(13) Richard Cocks to the East India Company, Firando in Japan, 27 Jan. 1616 [1617] [O. C., 433]; Foster, *Letters*, V, 47-8.
(14) Murakami, II, 180 ; Historiographical Institute, *English Factory*, III, 136 ; 『イギリス商館長日記』上, 763-4ページ.
(15) Colenbrander, *Coen*, II, 108.
(16) Copie brief van Cornelis Buisero uyt Bantam, 13 mayo 1616 [K. A., 11722]; Instructie voor Cornelis Buisero, in Bantam, 14 mayo 1616 [K. A., 11722].
(17) Colenbrander, *Coen*, II, 112.
(18) IJzerman, *Buijsero*, pp. 56-7, 72-3, 87 ; "A Letter of Master Thomas Spurway, Merchant, touching the Wrong done at Banda to the English by the Hollanders, ... written in a Letter to the Companie" (Purchas, IV, 508-35), p. 532 ; Colenbrander, *Coen*, I, 269.
(19) *Ibid.*, III, 400.
(20) Copie resolutiën van Laurens Reael, july-7 dec. 1617[K. A., 978]; IJzerman, *Buijsero*, pp. 71-3, 105-6.
(21) Sainsbury, 1617-21, p. 186 ; "A French Account of Events at Bantam, July-Dec. 1617. Dieppe, 15/25 Aug. 1618" (Foster, *Letters*, VI, 312-5), 313-4.
(22) Colenbrander, *Coen*, I, 426.

(23) *Ibid*., I, 654.

(24) *Dagh-register*, 1631-34, p. 134.

(25) *Ibid*., 1631-34, p. 138.

(26) San Antonio, pp. 13, 107.

(27) 岩生『日本町』, 276-7ページ.

(28) Colenbrander, *Coen*, IV, 319.

(29) 『異国渡海御朱印帳』.

(30) 川島『朱印船』, 136-7ページ.

(31) Colenbrander, *Coen*, I, 16, 17.

(32) *Ibid*., I. 17.

(33) "Portuguese and Spanish Expedition against the Dutch, 1615. Juan de Rivera and Valerio de Ledesma, S. J.; [1616 ?]" (Blair & Robertson, XVII, 251-80), pp. 256-61, 272-9; Colenbrander, *Coen*, I, 180; Bocarro, II, 427.

(34) *Ibid*., II, 426, 427.

(35) Colenbrander, *Coen*, II, 6.

(36) *Ibid*., I, 294, 345, 371-2, 519, 562.

(37) Originele missive van Laurens Reael uijt Maleye op Ternate aen de Camer Amsterdam, 18 july 1616 [K. A., 975].

(38) Originele missive van Steven van der Haghen uijt Malaye op Ternate aen de Camer Amsterdam, 18 july 1616 [K. A., 975].

(39) Copie resolutiën genomen bij Laurens Reael ende synen Raedt, 28 juny-11 dec. 1617 [K. A., 978].

(40) MacLeod, I, 301.

(41) *Ibid*., I, 301.

(42) *Ibid*., I, 302.

(43) Monsterrolle van de persoonen in dienst van de Compagnie in de Molucques op 29 aug. 1623, als mede notitie van de amonitie van oorloge [K. A., 992].

(44) 1622, Mey 18/25. Moluccas, Malayo. Reply of the Dutch Governor Houtman to the Protest of Agent W. Nicolls. Answer of Six Articles to Another Protest [Factory Records, O. C., 1050].

(45) "Relação breve", pp. 164, 165.

(46) Lijste van de soldaten in Malleyen verlost [K. A., 1015].

(47) Rolle der soldaten ende officieren, guarnisoen houdende in 't casteel Amboyna ende omliggende quartieren, 1 sept. 1630 [K. A., 1012].

(48) Monsterrolle van alle d'officieren ende soldaten tegenwoordich alhier ende op Talucquen in garnissoen, tegen 31 augustij 1631 op Taffasoh [K. A., 1012].

(49) Rolle vant garnisoen op Taffasoh, 1 sept. 1630[K. A., 1012].

(50) Rolle der officieren, soldaten ende mardijkers, jegenwoordich, jn dienst van de E. Compagnie op 't Taffasoho in guarnisoen, mitsgaders wat maentelyck tot rantsoen ende gagie genieten, 31 july 1633 [K. A., 1022].
(51) *Encyclopaedie*, Amboina, s. v. ; Stapel, *Geschiedenis*, III, 41, 42, 49.
(52) *Trve Relation*, pp. 1-4.
(53) Colenbrander, *Coen*, II, 1.
(54) *Ibid*., III, 581.
(55) *Ibid*., II, 6.
(56) Gijsels, "Grondig verhael", p. 467.
(57) Colenbrander, *Coen*, II, 650.
(58) Origineel missive van Herman van Speult uyt Amboyna aen de Gouverneur-Generael Coen, 4 mey 1620 [K. A., 984].
(59) Colenbrander, *Coen*, VII, 629.
(60) Gijsels, "Grondig verhael", p. 469.
(61) MacLeod, I, 269, n. 1.
(62) Ruinen, A. N°. 7-10, 12, 14, 16 ; C. N°. 42, 54.
(63) Hildreth, pp. 185-6, 557 ; 竹越, 3, 321 ページ ; 川島『朱印船』, 40 ページ ; 藤田, 155 ページ. 以上はいずれもヒルドレスの著書によるものである.
(64) Pagés, p. 567-8 ; パジェス, 中, 298-9 ページ.
(65) Jonge, V, v-xxix.
(66) Sainsbury, 1622-24, p. xv-xvii.
(67) Stapel, "Moord".
(68) Coolhaas, "Aanteekeningen".
(69) 時野谷常三郎, 杉本直治郎などの叙述はいずれもヒルドレスによるもののようである.
(70) Originele missive van Herman van Speult uijt Amboyna aen den Gouverneur-Generael Pieter de Carpentier, 5 juny 1623 [K. A., 992].
(71) Copie authenticq van den confessiën ende sententiën van Mr Towerson ende complicen over de moordadige conspiratie op 't casteel Amboyna voorgenomen, dat door Godes merkelijcke genadige beschickinge op 23 feb. 1623, is aen den dach gecomen, als mede de resolutiën by den Hr Gouverneur van Speult ende den Raet daerover genomen [K. A., 992].
(72) Copy of the Proceedings of the Dutch Governor & Council at Amboyna relating to the Execution of the English at the Island [Factory Records, Java, Vol. 2, Part II].
(73) 本章注 71 参照.
(74) 同上 ; "An Authentick Copy", pp. 326-36.
(75) 岩生「趙完璧伝」.
(76) Stapel, *Geschiedenis*, III, 74-5 ; Sainsbury, 1622-24, pp. xvii-lix.

(77) Interrogations from the Judge Delegate in Holland, delivered by the Fiscall in the Cause of the Dutch Council at Amboyna [Factory Records, Java, Vol. 2, Part III, 1623-31].

(78) Deposition of John Joosten, 9 Feb. 1628, Dep. 1 [Factory Records, Java, Vol. 2, Part III, 1623-31].

(79) Deposition of John Jacobs Winecop, 7 April 1628, Dep. 2 [Factory Records, Java, Vol. 2, Part III, 1623-31].

(80) Deposition of Laurence Marshalck, 2 March 1628 [Factory Records, Java, Vol. 2, Part III, 1623-31].

(81) Deposition of Peter van Santen, 9 March 1628, Dep. 8 [Factory Records, Java, Vol. 2, Part III, 1623-31].

(82) *Trve Relation*, p. 4.

(83) Rolle der soldaten ende officieren guarnissoen houdende, ende tot besettinge vant casteel Amboyna, ende omliggende quartieren, 1 sept. 1630 [K. A., 1012].

(84) Copie resolutiën, 27 mey 1631-12 mey 1632 [K. A., 1016].

(85) Rolle vant garnisoen van Amboina, 15 sept. 1631 [K. A., 1015].

(86) Rolle der soldaten ende officieren guarnisoen houdende ende tot besettinge van 't casteel Amboyna, 31 aug. 1632 [K. A., 1017].

(87) Rolle der soldaten ende officieren guarnisoen houdende & tot besettinge vant casteel Amboyna, mey 1633 [K. A., 1022].

(88) Copie rolle der soldaten ende officieren garnisoen houdende ende tot besettinge vant casteel Amboyna, 31 aug. 1633 [K. A., 1026].

(89) Memorie van des Compagnies schulden uytstaende onder verscheyden borgers op Amboyna, 1633 [K. A., 1022].

(90) Rolle der officieren ende soldaten guarnisoen houdende in Amboyna tot besetting van 't casteel Victoria, 1 sept. 1643 [K. A., 1051].

(91) Copie resolutiën by den Gouverneur-Generael Cornelis van der Lijn ende Raden van India, 14 jan. 1650-3 ; jan. 1651 [K. A., 1070].

(92) Trostenburg de Bruyn, pp. 87-9 ; Boxer, *Description*, pp. 147-50.

(93) Vervolch van 't journael, acten ende resolutiën gehouden op de tweeden tocht van den Gouverneur-Generael van Diemen naer d'eijlanden Amboyna, Banda, etc. [K. A., 1036].

(94) *Ibid.*

(95) *Encyclopaedie*, Banda eilanden, s. v. ; "A Journall of the Third Voyage to the East Indies,...... written by William Keeling, Chiefe Commander Thereof" (Purchas, II, 502-49), pp. 528-45.

(96) Extract uyt de resolutie ghenomen by den Raedt vant comptoir tot Firando in Japan die van 't schip Out Zeelandia, mitsgaders den schipper vant Jacht

Jacatra van 12 aug. 1614[K. A., 11722].
(97) Colenbrander, *Coen*, II, 1-2.
(98) *Ibid*., II, 106.
(99) *Ibid*., I, 123-4 ; Coolhaas, *Broecke*, I, 64 ; "Historische ende iournaelsche aenteyckeningh", p. 26 ; Chijs, *Vestiging*, p. 70.
(100) Colenbrander, *Coen*, I, 123.
(101) Foster, *Jourdain*, p. 327.
(102) Tiele & Heeres, I, 144-5.
(103) Colenbrander, *Coen*, I, 196 ; Chijs, *Vestiging*, pp. 81-82.
(104) "A Brief Description of the Forts, Souldiers, and Militarie Provision, as also of their Trade and Shipping in the East Indies, under the Service of the Generall States of the United Provinces ...." (Purchas, II, 230-1), p. 230.
(105) 本章注 16 参照.
(106) Colenbrander, *Coen*, II, 371.
(107) *Ibid*., II, 686.
(108) *Ibid*., III, 698-9.
(109) *Ibid*., III, 700-1.
(110) *Ibid*., III, 703.
(111) *Ibid*., III, 712-3.
(112) Rolle van alle de persoonen soo blancquen als swarten, vrij als onvrij in de eylanden in Banda, Anno 1633 [K. A., 1022].
(113) Wurffbain, I, 120-1.
(114) *Dagh-register*, 1624-29, p. 81.
(115) *Ibid*., 1624-29, pp. 183-4.
(116) *Ibid*., 1631-34, p. 353.
(117) 第 1 章注 41 参照.
(118) *Dagh-register*, 1636, pp. 99-100.
(119) 岩生『日本町』, 119, 123-4 ページ ; Müller, pp. 61, 32.
(120) *Ibid*., pp. 94-5.
(121) *Dagh-register*, 1637, p. 280.
(122) *Ibid*., 1637, p. 291.
(123) *Ibid*., 1637, p. 291.
(124) 第 3 章注 76 参照.
(125) *Dagh-register*, 1656-7, p. 306.
(126) IJzerman, *Noordt*, I, 129.
(127) 『異国渡海御朱印帳』.
(128) *Dagh-register*, 1637, p. 63; 岩生『日本町』, 57-8 ページ.
(129) Dijk, pp. 72, 207.
(130) *Ibid*., p. 60 ; Originele generale missive van Gouverneur-Generael ende

Raden van Indië, 22 dec. 1638 [K. A., 1036].
(131) Colenbrander, *Coen*, II, 6-7.
(132) Tiele & Heeres, I, 96.
(133) Danvers, II, 205.
(134) Colenbrander, *Coen*, II, 153.
(135) *Ibid.*, I, 227.
(136) *Ibid.*, II, 221.
(137) *Dagh-register*, 1624-29, p. 127.
(138) Stapel, *Geschiedenis*, III, 79 ; Birdwood, p. 214.
(139) Rolle van 't volck in de logie van 't comptoir Suratte [april, 1620] [K. A., 984].
(140) Rolle van alle persoonen in dienst der Compagnie tot Palliaccate, dec. 1632 [K. A., 1021].
(141) Boxer, *Affair*, pp. 44-5.
(142) Journall of a Voyage intended by Gods Assistance with the *Marie*, *Hart*, *Starre*, *Hopewell* and *Refudge* under the Command of Capt. John Hall [Factory Records, O. C., 1269].

第7章
(1) 『日本一鑑』「浮海図鏡」巻1, 万里長歌, 407ページ;「同」巻2, 滄海津鏡, 424-5ページ.
(2) 『閩書』146, 島夷志;『東西洋考』5, 東番考.
(3) Pastells, II, xxiv-xliv ;「斐律史上李馬奔之真人考」,「同補遺」,「同補正」.
(4) 岩生『朱印船貿易史』, 149-58ページ.
(5) 岩生「豊臣秀吉」.
(6) 『閩海贈言』,「東番記」.
(7) 川島『朱印船』122ページ.
(8) 『有馬家代々墨付写』;『大日本史料』12-6, 133ページ.
(9) 岩生「村山等安」.
(10) 内田, 423ページ.
(11) 岩生「世界図」.
(12) 岩生『朱印船貿易史』, 361-2ページ.
(13) 『異国渡海御朱印帳』, 18.
(14) Nachod, p. 110.
(15) Iwao.
(16) 岩生「平野藤次郎」.
(17) Groeneveldt, p. 102.
(18) 『末次文書』.
(19) Nachod, pp. 123-4.

(20) Groeneveldt, p. 392.
(21) Copie missive van Cornelis van Neyenroode aen Willem Jansen, Firando, 21 april 1631 [K. A., 11722].
(22) Alvarez, II, 427.
(23) 『皇明世法録』75, 澎湖図説.
(24) 『台湾紀略』.
(25) Descripcion del Pverto de los Olandeses en Ysla Hermosa, reprinted in Alvarez, II.
(26) Copie van resolutiën genomen by den gouverneur Martinus Sonck, 4 aug. 1624-27 aug. 1625, mitsgaders bij den Commandeur G. F. de Witt ende den Raet in Tayouan, 19 sept. 1625-18 nov. 1627 [K. A., 1005] ; 村上「ゼーランディア城」, 55-6 ページ.
(27) *Dagh-register*, 1624-9, p. 145 ; 村上「ゼーランディア城」, 57-8 ページ.
(28) 本章注 27 参照.
(29) Pascaert.
(30) 村上「ゼーランディア城」59 ページ.
(31) Copie van resolutiën…(本章注 26), 21 mey 1626.
(32) *Ibid.* ; Copie missive van de Witt uyt Tayouan, 15 nov. 1626 [K. A., 1005].
(33) 『鏡山全集』24,「議海洋開議」.
(34) Brieven van het comptoir Firando, 20 dec. 1623-20 sept. 1632[K. A., 11722]; Copie brief aen den commandeur Sonck, uyt Firando, 26 oct. 1626 [K. A., 11722].
(35) Troostenburg de Bruyn, p. 83.
(36) *Ibid.*, p. 269 ; Valentijn, IV, Formosa of Tayouan, pp. 89-92.
(37) Wieder, III, 125-6.
(38) Mooy, I, 710.
(39) Copie resolutiën des casteels Zeelandia, 20 maert 1645-16 nov. 1646[K. A., 1055], 29 april 1644.
(40) *Ibid.*, 29 april 1644.
(41) Boxer, *Description*, pp. lxvi, 147-9.
(42) Troostenburg de Bruyn, p. 87.
(43) Mooy, I, 38, 45, 46.
(44) *Ibid.*, I, 76.
(45) *Ibid.*, I, 119.
(46) *Ibid.*, I, 163-4.
(47) *Ibid.*, I, 165.
(48) Copie resolutiën by den Gouverneur-Generael Cornelis van der Lijn ende de Raden van Indië, 14 jan.-13 oct. 1650 [K. A., 1070].
(49) Troostenburg de Bruyn, p. 77.

(50) Mooy, II, 555.
(51) Ginsel, pp. 83, 112.
(52) Aduarte, II, 260-1.
(53) *Ibid.*, II, 415-25.
(54) Alvarez, II, 439.
(55) Brief van Jeremias van Vliet aen Nicolaes Coeckebacker, Iudia in Siam, aug., 1634 [K. A., 11722].
(56) Daghregister des casteels Zeelandia [K. A., 1055bis], 6 juny 1643.
(57) Resolutiën genomen int casteel Zeelandia [K. A., 1055bis], 17 mei 1645.
(58) Copie brief door den Raedt tot Tamsuy, 8 feb. 1648 [K. A., 1067bis].
(59) Brief van ondercoopman Antony Plonckhoy uyt Tamsuy, 12 feb. 1648 [K. A., 1067bis].
(60) 『譜牒余録』前編 36 (刊本, 中, 144 ページ);「絲乱記」, 25-6 ページ.
(61) Groeneveldt, pp. 172, 173, 327-8.
(62) Colenbrander, *Coen*, III, 160.
(63) Groeneveldt, p. 73.
(64) Monsterrolle van de burgerije in de stadt Batavia, 31 jan. 1623[K. A., 990].
(65) Hoogewerff, p. 65.
(66) Groeneveldt, p. 355.
(67) "Relacion", pp. 27, 35.
(68) Missive van 't schip den Engelsch Beer leggende in de revier van Chincheo, 7 dec. 1623 [K. A., 993].
(69) Sententiën die over eenige misdadigeren in de Piscadores gepronuncieert ende geexecuteert zijn, 18 oct. 1622-16 aug. 1623, 10 mei 1623[K. A., 989].
(70) *Ibid.*, 13 juli 1623.
(71) 『蒼霞餘草』1.

第8章

(1) Colenbrander, *Coen*, V, 163.
(2) Tiele & Heeres, I, 128.
(3) Colenbrander, *Coen*, III, 11.